Tod dem Management

Siegfried Kaltenecker ist geschäftsführender Gesellschafter der Loop GmbH, die sich auf agile Unternehmensentwicklung spezialisiert hat. Seit mehr als 20 Jahren unterstützt er die Umsetzung innovativer Arbeits- und Organisationsformen in den unterschiedlichsten Bereichen. Die Erfahrungen, die er dabei sammelt, verarbeitet er in Artikeln und Büchern wie *Kanban in der IT*, *Selbstorganisierte Teams führen*, *Selbstorganisierte Unternehmen* und *Tatort Kanban*.

Siegfried Kaltenecker

Tod dem Management

Ein agiler Kriminalroman

 dpunkt.verlag

Siegfried Kaltenecker
siegfried.kaltenecker@loop-beratung.at

Lektorat: Christa Preisendanz
Copy-Editing: Ursula Zimpfer, Herrenberg
Satz: Gerhard Alfes, mediaService, Siegen, *www.mediaservice.tv*
Herstellung: Stefanie Weidner
Umschlaggestaltung: Helmut Kraus, *www.exclam.de*
Druck und Bindung: mediaprint solutions GmbH, 33100 Paderborn

Bibliografische Information der Deutschen Nationalbibliothek
Die Deutsche Nationalbibliothek verzeichnet diese Publikation in der Deutschen National-
bibliografie; detaillierte bibliografische Daten sind im Internet über *http://dnb.d-nb.de* abrufbar.

ISBN:
Print   978-3-86490-820-0
PDF   978-3-96910-149-0
ePub   978-3-96910-150-6
mobi   978-3-96910-151-3

1. Auflage 2021
Copyright © 2021 dpunkt.verlag GmbH
Wieblinger Weg 17
69123 Heidelberg

Hinweis:
Dieses Buch wurde auf PEFC-zertifiziertem Papier aus
nachhaltiger Waldwirtschaft gedruckt. Der Umwelt zuliebe
verzichten wir zusätzlich auf die Einschweißfolie.

Schreiben Sie uns:
Falls Sie Anregungen, Wünsche und Kommentare haben, lassen Sie es uns wissen:
hallo@dpunkt.de.

5 4 3 2 1 0

Inhalt

Mittwoch, 13:09
Ferragosto in Wien

8 Minuten, 23 Sekunden, stellte Chefinspektor Robert Nemecek mit einem kurzen Blick auf seine Stoppuhr fest. Wenn das so weiterging, dann würden sie bald keine fünf Minuten mehr für ihr Standup-Meeting benötigen! Andererseits gab es wahrlich Schlimmeres, als bei 35 Grad Celsius eine Besprechung kurz zu halten, bei der es ohnehin nur wenig abzustimmen gab. Immerhin befanden sie sich mitten in dem, was die Italiener so schön *Ferragosto* nannten. Denn während sich die Österreicher mit einem einzigen Feiertag begnügten, gingen die südlichen Nachbarn rund um den 15. August für gewöhnlich gleich länger in Urlaub. Dieser Kultur folgend, sollte man die heißeste Zeit des Jahres, wie Bezirksinspektorin Nina Obermayr in schillernden Farben ausmalte, tunlichst am Meer und nicht in einem stickigen Büro verbringen. Doch so begeistert seine Kollegin das hochsommerliche Dolce Vita beschwor, so schwer fiel es Nemecek, dabei nicht an zähe Blechlawinen, überteuerte Hotels und endlose Reihen von Sonnenschirmen zu denken. Ob das wirklich eine attraktive Alternative zu ihrer aktuellen Schwitzhütte war? Zusammengepfercht wie die sprichwörtlichen Sardinen auf einem brandheißen Strand zu liegen? Oder sprach da wieder einmal der klassische Wiener aus ihm, der bekanntlich an allem etwas auszusetzen hatte?

»Was für eine Affenhitze«, stöhnte Nina Obermayr auf, als wollte sie diese Grundhaltung illustrieren. »Da fängt dir ja das Hirn zu kochen an!« Mit einer theatralischen Geste wischte sie sich die Schweißperlen von der Stirn und ließ sich dann auf ihren Bürostuhl plumpsen.

»Aber Nina«, meinte Lilly Zukic grinsend, »damit wir nicht überhitzen, hat uns der Herr Oberst doch mit ausreichend *Cold Cases* versorgt.« Die junge Kriminalassistentin war zwar erst vor ein paar Monaten zu ihnen gestoßen, fügte sich aber bereits bestens in ihr eigenwilliges Ermittlungsteam ein, zu dem eben auch ihr Chef Heribert Kappacher gehörte.

»Hör mir bloß auf!«, schimpfte Obermayr. »Den machen die Temperaturen endgültig gaga. Wie kann man nur auf so eine bescheuerte Idee kommen?!«

Wenn er ehrlich war, musste Nemecek seiner langjährigen Sparringpartnerin recht geben. Und diese war schon wieder ordentlich in Fahrt. »Gott sei Dank ist er zwei Wochen in Urlaub, da geht er uns wenigstens nicht jeden Tag auf die Nerven!«

»Wenn die Katze aus dem Haus ist, tanzen die Mäuse auf dem Tisch«, kommentierte Zukic. Worauf Obermayr knurrte: »Der Käse, den die Katze zurückgelassen hat, ist allerdings ziemlich ranzig.«

Nemecek schüttelte den Kopf. Natürlich war das wieder mal so eine typische Idee ihres Vorgesetzten gewesen. Eines Morgens hatte er sein Ermittlungsteam zu sich beordert, um ihnen lang und breit darzulegen, dass sie die Saure-Gurken-Zeit in diesem Jahr dafür nützen würden, systematisch alte Fälle aufzuarbeiten. Zu allem Überfluss hatte er offenbar wieder einmal ferngesehen, denn plötzlich hießen diese ungelösten Fälle nach einer amerikanischen Krimiserie.

»Mir reicht's jedenfalls«, beschloss Obermayr und sprang von ihrem Stuhl auf, als hätte die Sitzfläche gerade Feuer gefangen. »Wie wär's stattdessen mit einer erfrischenden Zitronade? Selbstverständlich on the rocks, wie sich das für ein weltoffenes Kommissariat so gehört.«

»Gute Idee!«, ließ sich Zukic nicht zweimal bitten, obwohl sie im Unterschied zu Obermayr keinerlei Erschöpfungszeichen zeigte. Aufgrund ihrer kroatischen Wurzeln schien sie in der Hitze eindeutig im Vorteil zu sein. Sie wirkte ruhig und gelassen, während sich ihre oberösterreichische Kollegin schon wieder den Schweiß von der Stirn tupfte.

»Also gut«, rang sich Nemecek ebenfalls durch, »ein wenig abgestandene Kantinenluft kann an so einem Tag sicher nicht schaden.«

»Wie geht's eigentlich den Mädels?«, fragte Obermayr, als sie wenig später die Treppe erreicht hatten. »Schwitzen die auch brav vor sich hin?«

»Höchstens am Badesteg.«

»Sind die schon am See?«

»Seit letzten Sonntag. Zwei Wochen Kärnten. Wie immer in Faak. Mit der Frau Mama.«

»Und der Herr Papa?« Zukic blickte ihn neugierig an.

»Wird morgen dazu stoßen. Und sich dann bis Sonntagabend in eine stabile Sommerlage bringen. Nichts als Wasser, Liege, Sonne.«

»O sole mio«, setzte Obermayr gerade zu einer ihrer gefürchteten Singattacken an, als sie plötzlich von lautem Geschrei unterbrochen wurde.

»Das ist doch nicht zu fassen!«, tönte eine aufgebrachte weibliche Stimme aus der Eingangshalle des Polizeipräsidiums zu ihnen herauf. »Glaubt ja nicht, dass ich mir das gefallen lasse!«

Verwundert drehte sich Nemecek zu Obermayr um. Seine Kollegin hatte jedoch auch keine Erklärung, sondern nur ein kurzes Schulterzucken zu bieten. Ohne es zu wollen, beschleunigten sie ihre Schritte. Als sie im ersten Stockwerk angekommen waren, nahm die Schimpftirade neue Fahrt auf. »Das wird ein Nachspiel haben. Darauf könnt ihr alle miteinander Gift nehmen!«

»Kärntnerin, oder?«, versuchte Zukic den Dialekt der Frau zuzuordnen. Während Obermayr noch versuchte, das landestypische Verschlucken der ch-Laute nachzuahmen, konzentrierte sich Nemecek ganz darauf, mit seinen Kolleginnen Schritt zu halten. Denn Zukic hatte ebenfalls einen Zahn zugelegt und nahm nun immer gleich zwei bis drei Stufen auf einmal.

»Das war Mord!«

Der grelle Schrei der unbekannten Frau hallte im Foyer wider, bevor das schwere Eingangstor mit einem dumpfen Knall ins Schloss fiel. Als sie endlich unten ankamen, war nichts mehr von einer Kärntnerin zu sehen. Vor dem Ausgang standen jedoch noch zwei Uniformierte, die sich leise miteinander unterhielten.

»Was war denn da los?«, rief ihnen Obermayr schon von Weitem zu. »Und wo ist die Frau?«

»Gott sei Dank ist die wieder weg«, antwortete der ältere der beiden Beamten, der anscheinend ebenfalls aus Kärnten kam. »Die macht einen noch ganz verrückt.«

»Das geht schon den halben Vormittag so«, bekräftigte sein Kollege in diesem langgezogenen, ein wenig weinerlich klingenden Ton, der in der Wiener Vorstadt zu Hause war. Obermayr drehte sich zur Seite, blies die Backen auf und ließ die Luft dann mit einem kurzen Zischen entweichen. Als sie sich wieder den Beamten zuwandte, schien sie fürs Erste ausreichend Spannung abgebaut zu haben.

»Und worum ging es der Frau, wenn man fragen darf?«

»Na, ihr Göttergatte hat letzte Woche einen tödlichen Unfall gehabt und jetzt ist die Witwe mit den Nerven am Ende.«

»Das kann man ja irgendwie verstehen, wenn man einen geliebten Menschen verliert, oder?«, meinte Zukic.

»Das verstehen wir eh auch. Aber muss man dann gleich so einen Aufstand machen?«

»Die hat sich echt total hineingesteigert, sag ich euch«, bekräftigte sein Kollege.

»Wieso hineingesteigert?«

»Na, die marschiert da rein und behauptet steif und fest, dass ihr Mann ermordet wurde.«

»Ermordet?«, kam nun auch Nemecek ins Staunen. »Wie kommt sie denn auf so was?«

»Das fragt ihr am besten den Bialek. Der hat sich gerade fast eine Stunde mit ihr beschäftigt.«

»Marina Joschak heißt die Frau«, erklärte besagter Bialek, seines Zeichens Chef des Unfallkommandos, wenig später. »Ihr Mann ist vor ein paar Tagen im Faaker See ertrunken.«

»Ausgerechnet im Faaker See?«, meinte Obermayr mit einem Seitenblick auf Nemecek.

»Jawolle, Frau Holle«, entgegnete Bialek betont locker. Er gehörte zu den Menschen, die schallend über ihre eigenen Witze lachen konnten – selbst wenn diese gar nicht lustig waren oder vielleicht dann sogar am meisten.

»Die Gute ist sogar zwei Mal von Wien nach Kärnten und wieder zurück gefahren, um überall für Wirbel zu sorgen.«

»Frau Joschak stammt selbst aus Kärnten?«

»Genau wir ihr verunglückter Mann. Die beiden wohnen aber schon über 30 Jahre in Wien. Wartet kurz.« Bialek hob die Hand wie ein Verkehrspolizist, der ein allgemeines Stopp signalisierte. Während er die linke in der Luft behielt, wühlte er mit der rechten in den vor ihm liegenden Unterlagen. »Da haben wir's schon.«

»Sie haben gar kein Protokoll aufgenommen?«, wunderte sich Zukic.

»Geh bitte!« Bialek verdrehte demonstrativ die Augen. »Wenn ich für jede aufgeregte Angehörige einen offiziellen Bericht schreiben tät, käme ich den ganzen Tag zu nix anderem.«

Obermayr warf dem Unfallchef einen gefährlichen Blick zu. Nemecek war klar, dass ihr die überhebliche Art des Kollegen total gegen den Strich ging. In seinen Ohren klang Bialek ebenfalls ziemlich respektlos – vom sprichwörtlichen Freund und Helfer ganz zu schweigen. Aber darauf konnte er jetzt keine Rücksicht nehmen. Erst einmal mussten sie in Erfahrung bringen, worum es hier eigentlich ging.

»Warum war sie denn so aufgebracht?«

»Wie gesagt: Sie war sich sicher, dass die Kärntner Kollegen ihre Arbeit nicht richtig gemacht haben.« Obwohl er sich demonstrativ entspannt zurücklehnte und dabei seinen imposanten Bierbauch zur Schau stellte, war Bialek deutlich anzuhören, wie viel er von einem solchen Vorwurf hielt.

»Aber wie kommt sie darauf?«

»Das müsst's ihren Psychiater fragen!«

Nemecek hörte, wie Obermayr neben ihm die Luft ausstieß. Lange würde es nicht mehr dauern, bis sie explodierte. Doch Nemecek setzte auf Deeskalation und wiederholte deswegen betont sachlich: »Wie kommt Frau Joschak darauf, dass es sich um Mord handelt?«

Jetzt blies auch Bialek die Backen auf. Es war offenkundig, dass ihm die lästigen Fragen der Kripo-Kollegen allmählich auf die Nerven gingen. Entsprechend säuerlich erklärte er: »Weil sie nicht akzeptieren kann, dass ihr Mann einem ganz normalen Badeunfall zum Opfer gefallen ist.«

»Aber sie wird doch einen Grund für ihren Verdacht haben?«

»Die hat sich eine regelrechte Verschwörungstheorie zusammengesponnen: dass man ihn aus dem Weg räumen wollte, dass sich das schon lange abgezeichnet hat, dass bestimmte Leute nur auf eine passende Gelegenheit gewartet hätten, was weiß ich!«

Während er sich regelrecht in Rage redete, verfärbte sich Bialeks Gesicht mehr und mehr. Mittlerweile hatte es eine besorgniserregende dunkelrote Farbe angenommen. »Glaubt ihr denn wirklich, dass an der G'schicht irgendwas dran ist?«

»Glauben bringt uns nicht weiter«, zischte Obermayr. »Wie wär's zur Abwechslung mal mit den Fakten? Wen genau hat sie mit ›bestimmte Leute‹ gemeint? Wer wollte ihm etwas antun? Wir brauchen Namen, Bialek, konkrete Anhaltspunkte!«

Bialek warf ihr einen wütenden Blick zu und sah dann mit aufforderndem Gesichtsausdruck zu Nemecek. Es schien, als würde er allen Ernstes erwarten, dass dieser jetzt den Vorgesetzten gab und seine Kollegin zurückpfiff. Nachdem Nemecek keinerlei Anstalten machte, griff der Unfallchef schließlich resigniert nach seiner Computermaus. »Ich weiß zwar nicht, warum euch das so interessiert, aber bitte: Wenn ihr es unbedingt genau wissen wollt, dann schick ich euch halt den Unfallbericht der Faaker Kollegen zu.«

Donnerstag, 11:40
Aufbruch in den Süden

Nemecek hatte keine Ahnung, warum ihn dieser Zwischenfall nicht mehr losließ. Vielleicht war es wegen Bialeks zynischer Art, die ihm den ganzen Abend über sauer aufstieß. Oder es hatte etwas mit seinem kriminalistischen Instinkt zu tun, der nach der bürokratischen Fadesse all ihrer *Cold Cases* wieder zum Leben erwacht war. Oder er hatte bloß eine willkommene Ausrede gesucht, um der überhitzten Stadt früher als geplant den Rücken zu kehren und zu seiner Familie an den Faaker See zu fahren? Als er Donnerstag früh aus seinem durchgeschwitzten Bettlaken kroch, stand sein Entschluss jedenfalls fest: Ja, er würde die ohnehin geplante Auszeit am See mit einem kleinen Lokalaugenschein verbinden. Was sprach schon dagegen, sich den Unfallort mit eigenen Augen anzuschauen? Und sich anzuhören, was die Kollegen vor Ort dazu zu sagen hatten? Den Faaker Inspektionsleiter Rudi Hinteregger kannte er ja seit vielen Jahren. Der würde ihm sicher ausreichend Auskunft geben können und sich womöglich sogar über seinen Überraschungsbesuch freuen.

So kam es, dass er bereits um 8 Uhr 40 in seinem Dienstwagen saß und in Richtung Südautobahn unterwegs war. Um Punkt 9 las er seine Kollegin, mitsamt einer großen Tasche voller Reiseproviant und zwei brühfrischen Kaffees, an der Gumpendorfer Straße auf. Nach einem kurzen Telefonat hatte sich Obermayr spontan zum Mitkommen entschieden. »Mal auf einen Sprung zum Wörthersee«, meinte sie trotz der frühen Stunde überraschend gut gelaunt. »Marie wartet ohnehin bereits seit Wochen auf meinen Besuch.«

Als sie sich eine halbe Stunde später immer noch im Schneckentempo über den wieder einmal hoffnungslos verstopften Wiener Gürtel quälten, war die gute Laune verflogen.

»So ein Mist«, fluchte Obermayr. »Ist heute denn die ganze Stadt unterwegs?«

»Der Wiener Baustellen-Sommer«, bemerkte Nemecek lapidar, bevor der Verkehrsfunk ansprang, um von einem neuen Unfall auf der A2 zu berichten. Also genau auf der Strecke, die sie nehmen wollten. Das konnte ja heiter werden!

»Soll ich mal checken, welche Ankunftszeit uns prophezeit wird?«, fragte Obermayr kauend. Nemecek verfolgte aus den Augenwinkeln, wie sich seine Kollegin ihr Croissant zwischen die Zähne klemmte, um beide Hände für das Navigationsgerät frei zu haben.

»13:23«, presste sie nach einem kurzen Fingerspiel hervor. »Zum Nachmittagskaffee sind wir am See.«

»Na, dann hoffen wir, dass sich der Verkehr ausnahmsweise mal an die Propheten hält«, kommentierte Nemecek und rückte langsam bis zur nächsten Haltelinie vor.

»Gönn dir, gönn dir a zwa Minuten Leichtigkeit, gönn dir, gönn dir die Zeit fia di alan«, tönte es aus dem Radio. Nemecek wusste nicht, ob er lachen oder weinen sollte. Mittlerweile standen sie bereits seit einer guten halben Stunde im Stau, eingeklemmt zwischen unzähligen anderen Fahrzeugen, die genauso wenig weiterkamen wie sie selbst. Pkws und Lkws so weit das Auge reichte. Ab und an quetschte sich ein Motorrad zwischen der Blechlawine hindurch. Ansonsten hatte sich die Autobahn wieder einmal in einen riesigen Parkplatz verwandelt. Weit und breit keine Spur von Alleinsein, geschweige denn von Leichtigkeit. Während Nemecek den ersten Gang einlegte, um das Auto ein paar Meter nach vorne zu bewegen, empfahl der Sänger unverdrossen ein wenig Gemütlichkeit.

»Der hat leicht singen!«, meinte Obermayr zerknirscht. Das hielt sie allerdings nicht davon ab, im falschen Takt gegen die Fensterscheibe zu klopfen. Es wirkte, als hätte sie eine ganz andere Melodie im Kopf.

Dann wischte sie erneut über ihr Tablet. »Also, ich rekapituliere.«

»Ich bitte darum«, ermutigte Nemecek und konnte ein weiteres Stöhnen nicht zurückhalten. Wenn sich dieser vermaledeite Stau nicht bald auflöste, würde er noch einen Anfall bekommen. Er wunderte sich ohnehin seit Jahren, dass es im Straßenverkehr nicht mehr Amokläufer gab. Schließlich steckten zigtausende Leute jeden Tag zur selben Zeit an derselben Stelle im Stau fest. Südosttangente, Gürtel, Wienzeile, Altmannsdorfer Straße, ratterte er die neuralgischen Punkte der Bundeshauptstadt herunter. Wie man das bloß aushielt? Oder gewöhnte man sich im Lauf der Zeit daran? Gehörte das einfach dazu, dass man jeden Tag 15, 30, 45 oder noch mehr Minuten im alltäglichen Verkehrsgefängnis absaß? Genau wie die vielen Urlaubsreisenden, die auch jedes Jahr zur selben Zeit in den Sommerurlaub aufbrachen, um dann stundenlang vor dem Tauern- oder dem Karawankentunnel festzusitzen?

»Der Notruf ging am 13. August exakt um 9 Uhr 42 ein«, startete Obermayr nun endlich mit ihrem Bericht. »Anrufer war ein gewisser Harald Kometschnig, wohnhaft am Fischerweg 4 in Faak am See. Laut Protokoll meldete dieser Kometschnig den Fund eines männlichen Körpers, der am Steg neben dem Wiesenbad mit dem Gesicht nach unten zwischen den Booten trieb. Trotz der sofortigen Bergung, die Kometschnig zusammen mit seinem Nachbarn vornahm, kam für den Mann jede Hilfe zu spät.«

Nemecek legte die Stirn in Falten. So weit konnte er sich noch ganz gut daran erinnern, was ihnen Bialek bereits am Vortag berichtet hatte. Nachdem er ihnen das Protokoll der Kärntner Kollegen weitergeleitet hatte, ließ er es sich nämlich nicht nehmen, noch ein paar Spekulationen anzustellen. Sonderbarerweise beschäftigte ihn vor allem die Frage, warum dieser Kometschnig überhaupt zum Steg gekommen war. Doch welche Rolle spielte es, ob dieser nach möglichen Gewitterschäden an der Anlegestelle sehen, bloß sein eigenes Boot vertäuen oder einfach zum See spazieren wollte? Reflexartig schüttelte Nemecek den Kopf, um das schräge Gespräch mit Bialek aus seinem Gedächtnis zu vertreiben.

»Alles okay?«, fragte Obermayr ein wenig besorgt. »Kann ich fortfahren?«

»Apropos fortfahren«, erwiderte Nemecek, nachdem sich vor ihm wieder eine Lücke von ein paar Metern aufgetan hatte. Kaum, dass er zu dem Pkw vor ihm aufgeschlossen hatte, fuhr dieser ein weiteres Stück nach vorne.

»Siehst du, sogar der Verkehr kommt jetzt wieder ins Fließen. So mögen das auch die Informationen tun!«

»Dein Wort in Hermes' Ohr«, gab Nemecek in Anspielung auf den griechischen Gott zurück, der ja nicht nur göttliche Botschaften überbrachte, sondern auch alle Reisenden beschützte.

»Um 10 Uhr 14 sind jedenfalls die Kollegen am Fundort eingetroffen«, setzte Obermayr ihren Bericht fort. Stichwortartig fasste sie die vorliegenden Fakten zusammen: dass der aus dem See geborgene Körper in schwer ramponiertem Zustand gewesen sei; dass er sich aufgrund des starken Windes zwischen den Booten verfangen habe; dass sein Neoprenanzug in Fetzen hing; dass die Gliedmaßen an mehreren Stellen unnatürlich verformt und die Gesichtszüge kaum zu erkennen waren. Nemecek war froh, dass Obermayr den beigefügten Ordner mit den Tatortfotos vorerst beiseite ließ. So ein paar Horrorbilder hätten ihm jetzt gerade noch gefehlt!

»War sicher kein schöner Anblick, wenn du mich fragst.« Während seine Kollegin ihr Gesicht verzog, schaltete Nemecek zum ersten Mal seit Langem wieder in den dritten Gang hoch.

»Und wie hat man ihn schließlich identifiziert?«

»Das war kein großes Kunststück«, berichtete Obermayr mit neuem Schwung. Auch ihr war die Erleichterung über das Ende der Stauzone deutlich anzumerken.

»Marina Joschak hatte ihren Mann Marco bereits am Vorabend als vermisst gemeldet.«

»Bereits am Vorabend?«

»Ja, mit seiner Frau hatte das Unfallopfer nämlich vereinbart, dass er sich nach seinem Triathlontraining bei ihr melden würde.«

»Hat er aber nicht.« Obermayr nickte.

»Nachdem sie ihn den ganzen Abend über nicht erreichen konnte, rief sie jedenfalls die Polizei in Faak an. Ich bin sicher, dass sie die Kollegen wie üblich zu beruhigen versucht haben – von wegen: vielleicht einen Freund getroffen, noch etwas trinken gegangen oder einfach noch ein wenig Zeit für sich selbst gebraucht. Du kennst ja die übliche Taktik.«

»Wahrscheinlich sind die Kollegen von einer heimlichen Affäre ausgegangen.« Obermayr nickte. »Gut möglich.«

»Und die Todesursache?«

»Marco Joschak ist ertrunken – das wurde vor Ort bereits vom Amtsarzt konstatiert und zwei Tage später durch die Obduktion bestätigt. Das Opfer hatte offenbar fast zwei Liter Wasser in der Lunge!«

Während Nemecek endlich wieder die auf der Autobahn erlaubte Höchstgeschwindigkeit erreichte, kamen die Erinnerungen zurück: an Bialeks überheblichen Ton, an seinen reichlich schulmeisterlichen Verweis, dass doch jedes Jahr über 30 Menschen in den österreichischen Seen ertrinken würden, dass Marco Joschak trotz Sturmwarnung ins Wasser gegangen sei; dass er immer aussichtsloser gegen die Wellen zu kämpfen hatte, irgendwann keine Kraft mehr gehabt und dann das erste Wasser zu schlucken begonnen hatte. Noch viel stärker erinnerte er sich allerdings an seine Verwunderung darüber, dass all das einem Spitzensportler passiert sein soll, der noch dazu in Faak am See aufgewachsen war!

»Die Botschaft hört ich wohl. Allein mir fehlt der Glaube«, griff Obermayr wieder einmal ins klassische Fach. »Joschak gehörte anscheinend seit vielen Jahren zu den besten Triathleten Österreichs. Beim letzten Iron Man war er in seiner Altersklasse sogar dritter! Und als jemand, der keine zehn Kilometer entfernt aufgewachsen war, kannte er den See sicher wie seine Westentasche.«

»Ja«, bestätigte Nemecek, »schon sehr seltsam, dass ein solcher Modellathlet einfach so verunglückt?«

Obermayr grinste. »Du kennst ja das Sprichwort.«

»Welches Sprichwort?«

»Sport ist Mord!«, äffte Obermayr Bialeks höhnischen Kommentar nach, der das Fass zum Überlaufen gebracht hatte. Während sie dem Unfallchef gestern fast an die Gurgel gegangen war, konnte sie heute schon wieder Witze darüber reißen. Das war eben Obermayrs Art: Sie kochte schnell hoch, beruhigte sich aber ebenso rasch. Und konnte sich dann über das lustig machen, was sie gerade erst zur Weißglut getrieben hatte. Schlimm wäre nur, so ihr Credo, wenn dir dauerhaft das Lachen vergeht.

»Ich bin jedenfalls gespannt, was die Kärntner Kollegen dazu sagen. Aber dafür ist morgen noch Zeit genug. Lass uns heute nur noch einen kurzen Lokalaugenschein machen. Ich würde mir nämlich gerne den Ort ansehen, an dem sie Joschak gefunden haben.«

»Apropos morgen«, meinte Obermayr, als hätte sie Nemeceks Vorschlag gar nicht gehört. »Ich lade dich in Faak ab und nehme mir den Dienstwagen, um zu Marie an den Wörthersee zu fahren – wenn das für dich passt.«

»Sowieso«, versicherte Nemecek, bevor er den vor ihm fahrenden Lkw überholte und gleich darauf in den nächsten Tunnel eintauchte.

Donnerstag, 15:57
Karawanken-Karibik

Nemecek ließ seinen Blick über das Wasser schweifen. Er musste sich die Hand vor die Augen halten, so sehr blendeten ihn die kleinen Sonnenpunkte, die über das Wasser tanzten. Dennoch war die Aussicht atemberaubend. Der Faaker See hatte jetzt wieder diese türkisblaue Färbung angenommen, die ihn so auszeichnete. Die Karibik der Karawanken hatte das ein findiger Tourismusmanager einmal genannt. Dazu das Grün des Grases, das trotz der spätsommerlichen Hitze immer noch erstaunlich frisch wirkte. Selbst die Nadelbäume auf der gegenüberliegenden Insel schienen zu leuchten. Keine 500 Meter entfernt, das wusste Nemecek von seinen zahlreichen Seeüberquerungen, sei es nun schwimmend, mit dem Ruderboot oder dem sogenannten Wassertaxi, das alle Gäste zwischen Festland und Inselhotel hin und her transportierte. Er hob den Kopf. Über dem Dobratsch hingen tiefschwarze Wolken. Ob es heute noch gewittern würde?

»Die dunklen Flecken stammen wahrscheinlich von Joschaks Blut«, holte ihn Obermayr aus der Seeidylle wieder in die Gegenwart ihres Lokalaugenscheins zurück. Nachdem sie sich eine Zeit lang in der näheren Umgebung umgesehen hatten, standen sie nun wieder nebeneinander auf dem Steg.

Nemecek blickte seine Kollegin entgeistert an. »Seit wann verliert eine Wasserleiche noch Blut?«

Obermayr war so perplex, dass sie lachen musste. »Upps! Da ist wohl meine kriminalistische Fantasie mit mir durchgegangen.«

»Du solltest dir vielleicht weniger Horrorfilme ansehen – und mehr von diesen forensischen Videos. Da sind auch jede Menge Ertrunkene dabei.«

»Jaja, ich weiß schon, die Blutlosen.« Obermayr nickte abwesend und streckte dann noch einmal die Hand aus. »Den Fotos vom Fundort zufolge, lag er genau hier, als die Kollegen eingetroffen sind.«

Nemecek folgte ihrer Geste: Ja, laut Protokoll hatten sie Joschaks Körper in diesem Bereich aus dem Wasser gefischt. Sonst aber deutete nicht das Geringste darauf hin, dass an dieser Stelle vor Kurzem ein Mensch ums Leben gekommen war. Wie gewohnt schaukelten die Boote im leichten Wellengang. Zwölf, zählte Nemecek, oder dreizehn, wenn man das kleine Schlauchboot mitrechnen wollte, das ganz vorne am Stegende befestigt war. Die anderen Boote waren ebenfalls relativ klein, schließlich war am Faaker See nur Elektroantrieb erlaubt. Kein Vergleich mit dem keine fünfzehn Kilometer entfernten Wörthersee, der von vielen großen Motorbooten und Ausflugsschiffen bevölkert war. Hier am Faaker See gab es nichts davon. Keinen Lärm, keinen Gestank und nichts von diesem aufgeregten Treiben, das seine Töchter gerne als Halligalli bezeichneten.

Nemecek ließ seinen Blick noch einmal über den See gleiten: von der Reihenhausanlage, die sie vor ein paar Jahren im Ort errichtet hatten, über den breiten Schilfgürtel, der sich vom Faaker Campingplatz auf der Westseite nach Norden zog, bis zum Tabor, dem Hausberg, der am Ostufer knapp 800 Meter in die Höhe ragte. Erst jetzt fiel Nemecek auf, dass von den Unwettern der letzten Tage kaum mehr etwas zu sehen war. Üblicherweise war der See nach Gewittern immer ziemlich aufgewühlt. Ab und an trat er sogar über die Ufer und sorgte für großräumige Überflutungen. Tagelang war das Wasser dann ganz braun gefärbt und überall schwammen Gras- und Schilfreste herum. Jetzt allerdings ließen nur mehr die mächtigen Schotterbänke erahnen, was sich hier in den letzten Tagen abgespielt hatte. Laut Wetterdienst hatte es nicht nur sintflutartige Regenschauer gegeben, vielmehr waren auch Unmengen Steine und Sand aus dem Gebirge in die Tiefe gestürzt. Wer einmal das bis zu 50 Meter breite Flussbett gesehen hatte, das sich in Richtung Mittagskogel in die Landschaft grub, verstand den Ausdruck Naturgewalten sicher um einiges besser.

Nemecek schreckte hoch. Hatte Obermayr etwas zu ihm gesagt? Als er jedoch zur Seite blickte, sah er sie ganz ruhig am Steg stehen. Nur ihre Augen waren ganz eng zusammengekniffen, da auch sie ihre Sonnenbrille im Auto vergessen hatte. Soweit er feststellen konnte, gab es keinen Hinweis darauf, dass ihm seine Kollegin eine Frage gestellt hatte. Stattdessen schien sie ähnlich in Gedanken versunken zu sein wie er selbst. Er trat einen Schritt zurück. Je länger sie am Steg standen, desto unsicherer war sich Nemecek, was er hier eigentlich zu finden hoffte. Eine überraschende Spur? Einen konkreten Hinweis auf den Tathergang? Gar ein Gefühl für den Toten?

Er blickte auf die Uhr. Verdammt, schon fast fünf Uhr! Dabei hatte er seiner Familie versprochen, spätestens um vier am Strand zu sein. Sie sollten hier Schluss machen. Immerhin hatten sie sich nun ein Bild von der Umgebung gemacht und gedanklich einige Szenarien durchgespielt.

»Brauchst du noch Zeit?«

»Nicht im Geringsten.« Demonstrativ streckte Obermayr ihre verschwitzten Arme aus und deutete einen Kopfsprung an. »Ich verzehre mich danach, ins kühle Nass einzutauchen!«

Nemecek grinste. Da war es wieder, das dramatische Talent, das seine Kollegin zwischendurch gerne aufblitzen ließ. »Dann lass uns hier die Zelte abbrechen und endlich ins Wasser hüpfen. Sonst bilden sich womöglich noch Blasen auf unserer Haut.«

»Bist du zu lange in der Sonne, beschert der Brand dir keine Wonne«, kalauerte Obermayr. Damit war von ihrer Seite her wohl wieder einmal alles gesagt. Doch Nemecek täuschte sich, denn keine zwei Schritte später fragte sie plötzlich: »Verdammt! Wollten wir nicht noch Lillys Recherchen durchgehen?«

Nemecek fluchte innerlich. Wie konnte er das nur vergessen? Natürlich war es sinnvoll, sich noch ein möglichst vollständiges Bild zu machen, bevor sie morgen früh die Kärntner Kollegen trafen. Also musste das Schwimmvergnügen weiter warten.

»Wo sind wir denn stehen geblieben?«, fragte er ungeduldig.

»Beim beruflichen Werdegang von Marco Joschak. Aber keine Sorge, das geht schnell.«

»Hoffentlich.«

Obermayr zog ihr Tablet aus der Tasche. »Alsdann in medias res. Nachdem Joschak 1994 die Schule abgebrochen und sich ein paar Jahre lang mit Ge-

legenheitsjobs durchgeschlagen hatte, absolvierte er 1999 die Abendmatu-
ra. Nur fünf Jahre später hatte er das Diplomstudium Informatik abgeschlossen und weitere zwei Jahre danach auch noch einen MBA in der
Tasche. Scheint ihm irgendwie der sprichwörtliche Knoten geplatzt zu sein.«

Nemecek gab ein anerkennendes Pfeifen von sich. Das musste man erst einmal bringen!

»Ab 2001, also noch während seines Studiums, war Joschak für die Firma
Best Data als Softwareentwickler tätig. Eine kleine IT-Firma in Klagenfurt,
die drei Jahre später von der *Acros* gekauft wurde.«

»Dieser Mikroelektronik-Bude in Villach?«

»Genau. Ab 2004 war der frisch gebackene Diplomingenieur dort als Pro-
jektleiter, dann auch als Teamleiter eingesetzt. 2006 machte man ihn zum
stellvertretenden Leiter der Softwareentwicklung, eher er ein Jahr später die
Gesamtleitung übernahm.«

»Aha«, fühlte sich Nemecek zumindest zu einer nonverbalen Reaktion verpflichtet. Das Ganze erinnerte ihn unweigerlich an die *SafeIT*, jenes auf digitale Sicherungssysteme spezialisierte Familienunternehmen, das letztes Jahr
in einen spektakulären Mordfall verwickelt war. Während ihrer Ermittlungen in diesem Unternehmen hatten sie allerdings nicht nur dunkle Machenschaften, sondern auch erhellende Arbeitsweisen entdeckt. In der *SafeIT*
wurde nämlich allerorten das sogenannte visuelle Arbeitsmanagement mit
Kanban eingesetzt, das ursprünglich aus der Automobilproduktion stammte
und im Laufe der letzten Jahre auf alle möglichen Bereiche komplexer Wissensarbeit übertragen wurde. Aufgrund dessen hatten sie bereits im Laufe
ihrer Ermittlungen damals vom *Tatort Kanban* gesprochen.

»Einige Jahre lang ist die *Acros* rasant gewachsen, aber in den letzten Jahren
scheint die Expansion ins Stocken geraten zu sein. Angeblich kam es ver-
mehrt zu Qualitätsproblemen, sodass das Unternehmen sogar einige Groß-
kunden verlor und in die roten Zahlen abrutschte. Anfang des Jahres hat
man offenbar die Notbremse gezogen und einen neuen CEO geholt. Einen
Schweizer namens Reto Pflückinger.«

»Aha«, wiederholte Nemecek, weil ihm nichts Besseres einfiel. Irgendwie
hing er immer noch in seinen Erinnerungen an die *SafeIT* fest, ohne dass er

darin einen besonderen Hinweis entdecken konnte. Wie sollte ihm der alte Fall schon in seiner aktuellen Situation weiterhelfen?

»Und jetzt rate mal, womit der gleich Schlagzeilen gemacht hat.«

Unwillkürlich presste Nemecek die Lippen aufeinander. Obermayr wusste ganz genau, dass er solche Rätselfragen nicht leiden konnte. Warum nervte sie ihn ständig damit?

»Du wirst es mir hoffentlich gleich sagen«, knurrte er.

»Pflückinger hat sich vor allem dadurch einen Namen gemacht, dass er im gesamten Unternehmen auf zukunftsweisende Arbeitsmethoden setzte.«

»Zukunftsweisende Arbeitsmethoden?«

»Ich sag nur: agil, lean, selbstorganisiert!«

»Nicht schon wieder!«, entfuhr es Nemecek, der sich nun endgültig wie auf einer Zeitreise in die Vergangenheit fühlte. Auch bei der *SafeIT* wurde ja die gesamte Organisation völlig neu gestaltet, was zu neuen Formen der Zusammenarbeit und sogar zu einem aufsehenerregenden neuen Bürogebäude führte. Ein derartiges Unternehmen, das gänzlich auf die traditionellen hierarchischen Strukturen und Ebenen verzichtete und stattdessen auf das Arbeiten auf Augenhöhe und Selbstverantwortung setzte, war Nemecek zuvor noch niemals untergekommen. Obwohl der Mordfall damals einen gewissen Schatten auf das Unternehmen warf, schien ihnen der anhaltende Erfolg recht zu geben. Der strategischen Kombination von Kundennähe und interner Vernetzung schien die Zukunft zu gehören.

»Unternehmerische Agilität stellt das Management vor völlig neue Herausforderungen.«

Nemecek blickte irritiert zur Seite. »Sagt wer?«

»Pflückinger himself. Und zwar in einem Interview mit dem *Economy*-Magazin.«

»Und was sagt er noch so?«

»Eine ganze Menge – zumindest, wenn man von den Artikeln ausgeht, die uns Lilly beigelegt hat. Ich leite dir das gleich weiter. Ist garantiert eine unterhaltsame Strandlektüre.«

»Pflückinger sieht sich also als agiler Manager?«

»Scheint so«, bestätigte Obermayr. »Zumindest wird er in dem Interview als mutiger Pionier in Sachen innovatives Organisationsdesign bezeichnet.«

»Innovatives Organisationsdesign?« Nemecek blieb seiner skeptischen Linie treu. »Große Worte. Fragt sich, was da tatsächlich dahintersteckt.«

»Offenbar geht es um die Gestaltung von Unternehmen, die einerseits nahe am Markt sind und andererseits attraktive Arbeitsbedingungen schaffen. Einfach gesagt: Kunden- und Mitarbeiterorientierung so miteinander verbinden, dass man möglichst rasch und flexibel agieren kann.«

Nemecek schürzte die Lippen. »Das sollten wir uns wirklich noch genauer anschauen.«

Obermayr steckte ihr Tablet in die Tasche zurück. »Doch bevor wir uns in diese ganzen Klugheiten vertiefen, dürfen wir hoffentlich mal in den See springen.«

»Jawolle, Frau Holle«, bekräftigte Nemecek mit ungeahntem Schwung. Bis ihm gleich darauf einfiel, dass ihr Kollege Bialek keine 24 Stunden zuvor genau dieselben Worte gebraucht hatte.

Donnerstag, 17:44
Gepflegte Arschbomben

»Achtung, Achtung!«, rief Lea, während sie im Vollsprint auf die Stegkante zuraste. »Arschbombeeee!« Ihr Schlachtruf endete mit einem lauten Klatschen und einer eindrucksvollen Wasserfontäne. Das darauf folgende Geschrei machte deutlich, dass Nemeceks ältere Tochter ihre Ankündigung perfekt umgesetzt hatte. Wie von der Tarantel gestochen sprangen ihre zwei Jahre jüngere Schwester Sophie sowie deren Freundinnen Lydia und Klara auf und rissen ihre Handtücher vom Steg. Die dunkle Färbung des Holzes dokumentierte eindrucksvoll, wie gut Leas Paradesprung gelungen war.

»Leaaaa!«, empörten sich die drei Mädchen lauthals, während sie leicht panisch über ihre Smartphones wischten.

»Na warte«, verkündete Sophie gleich darauf mit erhobener Faust. »Das wirst du büßen!«, sekundierte Lydia und auch Klara zeigte mit einer kurzen Handbewegung an, dass sie ihr am liebsten den Hals abschneiden würde.

»Ihr kriegt mich eh nicht«, heizte die große Schwester noch weiter an. Das konnten sich die drei Arschbombenopfer selbstverständlich nicht gefallen lassen. Zuerst der heimtückische Angriff und jetzt auch noch Spott! Kaum, dass sie ihre Strandsachen in Sicherheit gebracht hatten, nahmen sie die Verfolgung auf.

»Racheeee!«, versprach Sophie, bevor sie sich fast zeitgleich mit ihren Freundinnen in den See stürzte. Zu dritt jagten sie nun die Übeltäterin, die wohlweislich bereits ein Stück weiter hinaus geschwommen war.

Schmunzelnd verfolgte Nemecek die turbulente, von spitzen Schreien und lautem Gelächter begleitete Jagd. Blitzlichtartig flammten Erinnerungen an die eigene Kindheit auf, in der er sich mit seinen Freunden ausgedehnte Wasserschlachten geliefert hatte. Das waren noch Zeiten gewesen, als Sebastian

Neufeldner, Rudolf Pokorny und er fast den ganzen Sommer an der alten Donau verbrachten!

»Eine wilde Bande, oder?«, holte Bettina ihn aus seiner sentimentalen Reise wieder in die Gegenwart zurück.

»Ja. Die Kids wissen halt, wie man den Sommer genießt!«

»Tust du das etwa nicht?«

Irritiert blickte Nemecek zu seiner Frau. »Doch, natürlich«, beteuerte er rasch. Auf das alte Thema, dass er die Arbeit nicht aus dem Kopf bekam, hatte er jetzt wirklich keine Lust. »Ich bin froh, dass ich mal zum Lesen komme.«

»Was liest du denn?«

»Ach, ein bisschen dies, ein bisschen das.«

»Soso.« Bettina war deutlich anzumerken, dass ihr die ausweichende Antwort ihres Mannes nicht schmeckte.

Wenn Nemecek ehrlich gewesen wäre, hätte er zugeben müssen, dass seine Gedanken in der letzten Stunde ständig zu Marco Joschak gewandert waren. Wie war er ums Leben gekommen? Was genau war passiert? Warum ertrank jemand, der als ausgezeichneter Schwimmer galt? Nemecek versuchte den Gedanken an den Mordvorwurf von Marina Joschak abzuschütteln, der war jedoch klebrig wie einer dieser altmodischen Fliegenfänger.

Um sich abzulenken, hatte er sich das von Zukic zusammengestellte Dossier vorgenommen. Die vorliegenden Fakten waren rasch abgehakt. Doch dann blieb er längere Zeit bei dem Interview hängen, das der neue Vorstand der *Acros* für dieses Wirtschaftsmagazin gegeben hatte – und entdeckte daraufhin sogar einen Artikel, der in einem Sammelband zu *Die Zukunft der Unternehmen* veröffentlicht wurde. In beiden bot Pflückinger starke Kernbotschaften: Von veränderten Anforderungen war da die Rede, von der konsequenten Ausrichtung auf die Bedürfnisse der Kunden, von der Fähigkeit, rasch auf veränderte Wünsche zu reagieren, und der Notwendigkeit, entsprechend bewegliche Prozesse zu gestalten. *Die wichtigste Aufgabe des Managements ist die Gestaltung geeigneter Rahmenbedingungen,* schrieb Pflückinger an einer Stelle. *Manager sind heutzutage viel weniger als Verwalter denn als Gestalter gefragt. Business-Designer statt Business-Administratoren.*

Nemecek musste zugeben, dass das alles ziemlich interessant klang – und ihn einmal mehr in die Zeit zurück katapultierte, als sie in der *SafeIT* im Mordfall Paul Steiner ermittelt hatten. Damals hatte er sich ja auch schon mit den Phänomenen Agilität, Selbstorganisation und Führung beschäftigt. Er erinnerte sich noch gut, dass er dazu einiges gelesen und sich viele Notizen gemacht hatte. Er hatte allerdings keine Ahnung, wo seine Notizbücher von damals abgeblieben waren. Wäre sicherlich interessant, noch einmal nachzulesen, was er sich damals dazu aufgeschrieben hatte. Schließlich hatte ihm sein früherer Chef und Mentor Josef Kallinger jahrelang eingeschärft, dass man den Kontext klären musste, wenn man die Textur eines Verbrechens erkennen wollte. Bislang hatte sich dieses Credo noch in jedem Fall bewahrheitet. Ohne die genauen Umstände erhellt zu haben, waren weder das Motiv noch die Mittel eines Mordes zu entschlüsseln. Geschweige denn die Gelegenheit, die der Täter für seinen tödlichen Anschlag genutzt hatte. Was ihn einmal mehr auf die alles entscheidende Frage zurückwarf, ob sie es in der aktuellen Situation überhaupt mit einem Mordfall zu tun hatten. Und, falls ja, welche Rolle dabei die Themen spielten, über die Plückinger sprach. Hatte Joschaks Tod überhaupt etwas mit seiner beruflichen Tätigkeit zu tun? Spielte es eine Rolle, dass er als Manager tätig war? Und wenn ja, lag das Motiv möglicherweise in den Veränderungsprozessen begründet, die die *Acros* gerade durchlief?

Ohne es zu wollen, zuckte Nemecek mit den Schultern. Zweifellos war es noch zu früh, um darauf schlüssige Antworten liefern zu können. Bis es so weit war, konnte er immerhin sein Verständnis über die neue Arbeitswelt vertiefen. Dementsprechend entschlossen klickte er auf einen weiteren Link auf seinem Tablet.

»Wir sollten uns allmählich eingestehen, dass wir diese neue Welt niemals mit unseren alten Landkarten bewältigen können.« (Meg Wheatley)

Nemecek setzte den Stift ab. Diese Verbindung von Welt und Landkarte gefiel ihm – nicht zuletzt, weil sie auch einiges mit seiner eigenen Familiengeschichte zu tun hatte. Sie weckte Erinnerungen an legendäre Diskussionen, die sie in der Familie bei Wanderungen regelmäßig hatten. Einmal war Lea sogar wutentbrannt in den Wald gelaufen, nachdem sie als Navigationsverantwortliche lautstark infrage gestellt wurde. Damals waren sie noch mit

echten Wanderkarten unterwegs gewesen, aus Papier und so trickreich ge-
faltet, dass Nemecek sich regelmäßig verhedderte. Statt einer kompakten
Mappe glichen die von ihm zusammengelegten Karten eher einem unförmigen Stapel Papier.

Die Karte in ihrer Hand hinderte Lea damals freilich nicht daran, die gesuchte Abzweigung gleich zweimal zu verpassen. Während die ganze Wandergruppe im Kreis lief, mehrte sich der Unmut der anderen Kinder, die
schon länger über Hunger klagten und am liebsten den direkten Weg zur
Jausenstation eingeschlagen hätten. Lea schwor natürlich Stein und Bein,
dass dies der richtige Weg war. Nemecek stellte fest, dass es auf der Karte
genau danach aussah. Umso größer war die Überraschung, als sie später im
Biergarten entdeckten, dass es sich gar nicht um eine Karte des Anninger
handelte, auf dem sie unterwegs waren, sondern um eine des benachbarten
Prielstein!

Die ganze Geschichte war letztlich halb so wild, schließlich war ihnen die
Umgebung vertraut. Nachdem sich die Gemüter wieder einigermaßen beruhigt hatten, mussten sie nur einem der ausgetretenen Pfade folgen, um zu
dem gesuchten Rastplatz zu kommen. Da war die Welt in globaler Hinsicht
schon ein ganz anderes Kaliber. Allein, wenn er Revue passieren ließ, welche
tiefgreifenden Veränderungen seit der Geburt seiner beiden Töchter stattgefunden hatten: seien es nun politische Veränderungen, wie die weltweiten
Flüchtlingsströme, ökologische, wie sie die von seinen Töchtern leiden-
schaftlich unterstützte *Friday for Future*-Bewegung thematisierte, soziale
Veränderungen, die nicht zuletzt durch die sozialen Medien forciert wurden,
oder eben ökonomische Veränderungen, die Unternehmen vor ungeahnte
Herausforderungen stellten. Dafür gab es eben schon lange keine verlässli-
chen Landkarten mehr, geschweige denn ausgetretene Pfade, denen man
einfach folgen konnte. Dazu kam, dass sich mit dem Markt auch die inneren
Anforderungen an Organisation und Management gewandelt hatten.
Schließlich legten die Kunden mittlerweile auf ganz andere Dinge wert, als
dies 20 Jahre zuvor der Fall war. Und dasselbe galt für die Mitarbeiterinnen
und Mitarbeiter der diversen Generationen X, Y und Z, die klammheimlich
die Unternehmenskulturen dieser Welt veränderten.

»*Wir bewegen uns durch unbekanntes Gelände*«, las er weiter, »*und dafür
brauchen wir neue Formen der Navigation.*« Das war zwar reichlich meta-

phorisch, doch Nemecek liebte seit jeher starke Bilder, die nicht nur trocke-
ne Fakten boten, sondern Raum zum Nachdenken öffneten. In diesem Fall
wurde die Tür zu einer der Kernfragen der Agilität aufgestoßen: Wozu das
Ganze? Wenn der Weg in eine erfolgreiche Zukunft durch unbekanntes Gelände führt, so die Argumentation, brauchen Unternehmen jedenfalls mehr
Flexibilität. Und sie brauchen andere Formen der Steuerung, um eine solche
Flexibilität zu gewährleisten.

Das leuchtete ihm ein und er vertiefte sich weiter in den Text. Wenn sich die
Welt schneller drehte und zugleich immer unberechenbarer wurde, müssen
Unternehmen möglichst bewegliche Systeme schaffen. Das konnte jedoch
nur gelingen, wenn die Unternehmen agiler wurden, was ja buchstäblich
mehr Beweglichkeit und Schnelligkeit versprach. Die gewünschte Agilität
hing allerdings davon ab, dass man überhaupt mitbekam, was sich rundhe-
rum tat. Dafür benötigte man wiederum eine besondere Form des Radarsys-
tems, das den eigenen Informationsstand beständig aktualisierte. Fragte sich
bloß, wie das in der Praxis gelingen konnte.

Nur wenig später stieß er auf eine überzeugende Antwort: Um für ein möglichst breites Sensorium zu sorgen, hieß es da, müssen nicht nur einzelne
Spezialisten, sondern alle Mitarbeiterinnen und Mitarbeiter ihre Fühler aus-
strecken. Sie würden, argumentierte die Autorin weiter, gleichsam zu Spio-
nen, die das Geschehen auskundschaften, indem sie mit Kunden reden, deren Wünsche erkunden, neue Möglichkeiten ausloten und ihre fachkundi-
gen Schlüsse zogen. Um die wahrgenommenen Chancen und Risiken möglichst effizient verarbeiten zu können, brauchte es wiederum geeignete
Kommunikationsformate und Arbeitsprozesse. Denn die beste Information
nützte wenig, wenn man organisationsintern nicht imstande war, die neuen
Anforderungen rasch zu teilen und entsprechend umzusetzen, um dem Kunden bessere Produkte und Dienstleistungen zu liefern.

»Hallooo? Wo bist du denn schon wieder mit deinen Gedanken?«

Nemecek hob den Kopf. Anscheinend war er so vertieft gewesen, dass er sei-
ne Frau nicht mehr wahrgenommen hatte. Bettina musterte ihn skeptisch.
»Du kannst wohl niemals abschalten, oder? Und wenigstens für ein paar
Stunden ganz bei uns sein?«

Mehr als ein hilfloses Schulterzucken hatte Nemecek nicht zu bieten. Er merkte, dass ihn die kritischen Worte seiner Frau störten. Aber noch mehr störte ihn die Ahnung, dass sie recht hatte.

»Also noch einmal«, sagte Bettina eindringlich. »Was wollen wir denn heute Abend essen? Die Kinder haben Hunger. Und wie du weißt, duldet das keinen Aufschub. Du kennst sie ja!«

Erst jetzt fiel Nemecek auf, dass die vier Mädchen bereits ihre Badesachen in den Händen hielten. Er hatte weder bemerkt, wie ihre große Seeschlacht weiterverlaufen, noch wann sie zu Ende gegangen war. Aber nun war offenkundig Aufbruch angesagt. Nemecek stand von seiner Liege auf und ging auf die jungen Damen zu.

»Hallo Mädels«, rief er mit demonstrativer Fröhlichkeit, »wie war's im See?«

»Eh lustig«, beschied Sophie kurz angebunden. »Nun haben wir aber vor allem eines: einen riesigen Hunger.«

»Ich könnte ein Mammut verdrücken!«, bestärkte Lea.

»Noch jemand, der Lust auf Mammut hat?«

»Papa!«, mahnte Sophie und hielt sich die Hand auf den Bauch. »Lass deine müden Witze. Sag uns lieber, was es zu Essen gibt.«

»Worauf habt ihr denn Lust?«

»Wie wär's mal wieder mit Pizza?«, preschte Klara vor.

»Oder Huhn«, meinte Lydia.

»Oder Lasagne«, ergänzte Sophie.

Nemecek musste lachen. »Was denn nun? Könnt ihr euch nicht auf ein Gericht einigen?«

»Wie wär's mit Kindergruppenessen?« Bettina blickte gespannt in die Runde.

»Ja«, riefen Sophie und Lea wie aus einem Munde. »Das machen wir!«

»Was ist Kindergruppenessen?«, fragte Klara skeptisch. Für sie klang das wahrscheinlich ein wenig nach Babybrei.

»Das ist unser Lieblingsgericht«, klärte Sophie ihre Freundin auf. »Das hat der Papa immer gemacht, wenn er in der Kindergruppe Kochdienst hatte.«

Klaras Zweifel schienen nicht geringer geworden zu sein. Kochdienst klang wohl nur wenig vertrauenserweckend.

»Und was ist das nun für eine Wunderspeise?«

»Hühnergeschnetzeltes mit Karotten, Zwiebeln und Paprika in einer weißen Sauce. Dazu Reis und Salat. Ur lecker!«

»Darin ist unser Dad ein echter Spitzenkoch«, bestätigte Lea.

»Von mir aus«, gab sich Klara geschlagen, klang jedoch alles andere als überzeugt.

»Und du?«, wollte Sophie nun auch von Lydia wissen.

»Okay.«

»Also«, zeigte sich der designierte Spitzenkoch entschlossen, »dann nehme ich hiermit eure offizielle Bestellung an! Ich hoffe nur, wir haben alle Zutaten im Haus.«

»Und ich hoffe, es dauert nicht lange. Ich habe nämlich schon einen totaaaalen …«

»Das wissen wir schon!«, fuhr Sophie ihrer Schwester in die Parade. »Du musst nicht alles tausendmal wiederholen.«

Freitag, 13:51
Freund und Feind

Die Sonne fiel durch die Blätter und warf ein zackiges Schattenmuster auf den Weg. Mit jedem Laufschritt ergab sich ein neues Bild. Zu seiner Rechten rauschte der Bach leise in Richtung See. Der Duft des Waldes kitzelte ihn in den Nasenlöchern. Nemecek atmete tief durch, um seine Lungen mit frischem Sauerstoff zu füllen. Obwohl die Sonne wieder gnadenlos herunter brannte, herrschte hier eine angenehme Temperatur. Die hohen Bäume spendeten ausreichend Schatten und das fließende Gewässer brachte eine zusätzliche Kühlung. Nemecek spürte, wie sich seine Anspannung allmählich zu lösen begann. Der gleichmäßige Bewegungsrhythmus war genau das, was er jetzt brauchte. Der Ausdruck »sich ein wenig Auslauf zu gönnen« fiel ihm dazu ein, aber auch »auf dem Laufenden zu sein«. Auf alle Fälle tat das sowohl seinem Körper als auch seinem Kopf gut.

Nichtsdestotrotz lastete die unklare Situation nach wie vor auf seinen Schultern. Hatte er die richtige Entscheidung getroffen? Warum ging er gerade diesem Unfall nach? Was, wenn es sich doch bloß um eine Verkettung tragischer Umstände handelte? Möglicherweise entpuppte sich der Mordvorwurf als völlig haltlos? Wie aufgescheuchte Vögel kreisten ihm die vielen offenen Fragen im Kopf herum.

Als Nemecek heute Mittag die kleine Polizeistation in Faak betreten hatte, sah alles noch ganz anders aus. Aufgrund seiner langjährigen Bekanntschaft hatte ihn Inspektionsleiter Rudi Hinteregger zwar freundlich begrüßt. Vonseiten seines Kollegen Andreas Ruschitz war ihm indes sofort eine deutlich ablehnende Haltung entgegengeschlagen. Während er einen vergnüglichen Small Talk mit Hinteregger führte, verfolgte Nemecek aus den Augenwinkeln, wie sich die Miene des jungen Polizisten zunehmend verfinsterte. Dass man es als Zumutung empfand, einen eigentlich abgeschlossenen Fall nochmals aufrollen zu müssen, konnte er durchaus nachvollziehen. Sogar Hinteregger schluckte merkbar, als Nemecek sein eigentliches Anliegen vorbrachte. Ruschitz aber machte kein Hehl aus seinem Ärger. Ohne ein einziges Wort zu sagen, stellte er klar, dass sich die Großstadtsheriffs wieder einmal in Angelegenheiten einmischten, die sie im Grunde überhaupt nichts angingen. Und nachdem er zu Nemeceks Erklärungen mehrfach geschnaubt und einmal sogar verächtlich aufgelacht hatte, verließ er kopfschüttelnd den Raum – natürlich nicht ohne mit der krachend ins Schloss fallenden Tür einen kraftvollen Schlusspunkt zu setzen.

Am Ende war sich Nemecek nicht ganz sicher, warum ihm Hinteregger dennoch seine Hilfe zusicherte. Vielleicht, weil er nach dem provokanten Verhalten seines Kollegen die Harmonie wahren wollte, vielleicht aber auch, weil im Laufe des Gesprächs immer mehr Fragen aufgetaucht waren, die er nicht zu beantworten vermochte. Warum hatte sich Joschak nicht rechtzeitig vor dem Gewitter in Sicherheit gebracht? Wann genau war er ertrunken? Und was genau hatte letztendlich zu seinem Tod geführt? Immerhin schien es eher unwahrscheinlich, dass ein durchtrainierter Athlet einfach so unterging.

Schließlich willigte Hinteregger ein, sich doch noch auf die Suche nach Augenzeugen zu machen, obwohl allen Beteiligten klar war, dass das der vielzitierten Suche nach der Nadel im Heuhaufen glich. Selbiges galt für die Kameraaufnahmen, die man in Betracht ziehen konnte – immerhin gab es rund um den See zahlreiche Campingplätze und Hotels. Möglicherweise, spekulierte Nemecek laut, konnte man sogar am Tabor etwas Brauchbares finden. In dem Hochseilgarten, der sich dort befand, waren ziemlich sicher Kameras angebracht, die auch den ganzen See überblickten.

Nemecek verlangsamte seinen Laufschritt und blickte rasch von links nach rechts. »Aichwaldsee«, stand auf dem obersten der gelben Hinweisschilder, die hier durch den Wald führten. Er entschied sich für die rechte Weggabelung, die ihn über die letzten Stationen des Fitnessparcours in Richtung Bahntrasse und dann zur Bundesstraße bringen würde. Dort konnte er sich immer noch entscheiden, ob er weiterhin bergauf laufen oder umkehren wollte.

Während er wieder Tempo aufnahm, schwenkten seine Gedanken zum nachmittäglichen Treffen mit Obermayr. Gemeinsam hatten sie die ermittelten Fakten sortiert: Als geklärt galt der Zeitpunkt, zu dem Joschak das Villacher Büro verlassen hatte. Seine Arbeitskollegen gaben an, ihn bereits gegen 16 Uhr 30 am Parkplatz vor der *Acros* gesehen zu haben, und bestätigten, dass sich sein Rad bereits auf dem Dachträger seines Wagens befunden hatte. Wie immer, wenn er am Kärntner Firmenstandort zu tun hatte, parkte Joschak direkt unter dem Bürofenster, sodass sein roter Karbon-Renner schwer zu übersehen war. Dementsprechend wahrscheinlich war es, dass sich seine Schwimm- und Laufsachen ebenfalls bereits im Wagen befunden hatten, sodass er nicht später als 17 Uhr am Parkplatz des Matschnighofs eingetroffen sein musste. Den Hotelchef Karl Matschnig, seinerseits ein alter Schulkollege von Marco Joschak, hatten sie gleich ganz oben auf ihrer Liste möglicher Augenzeugen gesetzt. Bislang war er nicht befragt worden – wozu auch, wenn man von einem tragischen Unfall ausging? Doch vielleicht hatten die alten Kameraden ja noch ein paar Worte miteinander gewechselt. Oder Matschnig hatte Joschak sogar am See beobachtet.

Den meteorologischen Aufzeichnungen zufolge brach das Gewitter erst gegen 17 Uhr 45 los, sodass Joschak eigentlich genügend Zeit geblieben wäre, sein Schwimmtraining abzubrechen und zum Hotelstrand zurückzukehren. Warum er trotz des zunehmenden Sturms nicht aus dem Wasser gegangen war, blieb rätselhaft.

Noch rätselhafter war allerdings, warum man seine Leiche genau am gegenüberliegenden Seeufer gefunden hatte. Man musste herausfinden, wo genau Joschaks übliche Trainingsstrecke verlief. Wenn man davon ausging, dass er mindestens 30, eventuell sogar 45 Minuten im Wasser und dabei in seinem üblichen Trainingstempo unterwegs war, musste er die Seerunde bei Ausbruch des Gewitters eigentlich bereits abgeschlossen haben. Oder sich zumindest wieder auf dem Rückweg und also in der Nähe seines Startpunkts beim Hotel befunden haben. Angespült wurde seine Leiche jedoch nicht am Nord-, sondern am Südufer. Stärkte das nicht die Vermutung, dass ihm während seines Schwimmtrainings etwas Ungewöhnliches zugestoßen war?

Angesichts der jüngsten Entwicklungen war klar, dass er noch heute Staatsanwalt Gunther Rüdinger anrufen musste. Der würde zwar keine Jubelsprünge machen, wenn er ihm am Wochenende einen neuen Fall aufhalste. Aber zumindest eine Vorermittlung sollte er ihm genehmigen. Denn einerseits wollte er Radingers offizielles Okay für eine neue Sonderkommission, bevor er mit Joschaks Witwe sprach, und andererseits brauchte er die notwendigen Kompetenzen, um den Leichnam noch einmal gründlich untersuchen zu lassen. Einen Herzinfarkt hatte man bei der ersten Totenschau ja ebenso ausgeschlossen wie einen Gehirnschlag. Doch doppelt hielt bekanntlich besser – und für besser gab es nur eine Adresse: Gerda Probisch.

Nemecek musste nur noch seinen Charme spielen lassen, damit sich die Grande Dame der österreichischen Gerichtsmedizin möglichst rasch an die Arbeit machte. Ausnahmsweise hatte er ja seit ihrem letzten Fall, den sie intern nur den Ziegelmord nannten, sogar etwas gut bei ihr. Schließlich war Probischs Sohn Raimund in diesen Fall involviert und eine Zeit lang sogar einer der Hauptverdächtigen gewesen. Oder zumindest der von Kappacher, der es sich zur Herzensaufgabe gemacht zu haben schien, Raimund Probisch hinter Gitter zu bringen. Anscheinend waren zwischen seinem Chef und der eigenwilligen Rechtsmedizinerin noch ein paar alte Rechnungen offen. Mehrmals hatte der Oberst auf eine Verhaftung gedrängt und es war nur Nemeceks Sturheit zu verdanken, dass es nicht dazu gekommen war. Dank seines Sondereinsatzes kam Raimund Probisch am Ende äußerst glimpflich davon. Mit Fug und Recht konnte Nemecek nun auch ein außerordentliches Engagement von der Chefforensikerin erwarten, die ja weithin als fachliche Koryphäe, aber eben auch als Diva bekannt war.

Nemecek schreckte hoch. Er war wieder einmal so in Gedanken versunken gewesen, dass er beinahe die Straße übersehen hätte. Die Hupe des gelben Sportwagens bewahrte ihn vor einem Blackout. Das hätte ihm gerade noch gefehlt, dass er jetzt einen Unfall baute! Während er dem schnittigen Cabriolet mit offenem Mund nachsah, rauschte das Blut in seinen Ohren. Als er sich wieder ein wenig beruhigt hatte, schaute er sogar zweimal von links nach rechts, bevor er endlich die Bundesstraße überquerte und den Weg in Richtung Aichwaldsee fortsetzte.

Es dauerte eine Weile, bis er gedanklich den Anschluss wiederfand. Zum einen saß ihm noch der Schrecken über seine Unachtsamkeit im Nacken, zum anderen nahm das sich verdichtende Wurzelwerk seine ganze Aufmerksamkeit in Anspruch. Vor allem bergauf konnte man leicht ins Stolpern geraten und nach dem gerade Erlebten wollte Nemecek keinen Sturz riskieren. Als er das letzte Waldstück durchquert und die große Wiese erreicht hatte, atmete Nemecek auf. Spürbar erleichtert ließ er noch einmal die nächsten Ermittlungsschritte Revue passieren, die er mit den Kärntner Kollegen vereinbart hatte. Hineregger würde sich, wie er im Hinblick auf seinen heißspornigen Kollegen betonte, mit allen ihm zur Verfügung stehenden Kräften auf die Suche nach möglichen Augenzeugen machen. Der Hoteldirektor und seine Angestellten waren ja bereits gesetzt, aber auch die kleineren Hotels und die Campingplätze sollten überprüft werden. Außerdem würden sie nach Kameraaufzeichnungen fahnden. Wäre doch gelacht, zeigte sich der Faaker Inspektionsleiter am Ende überzeugt, wenn es da rund um den See nichts zu finden gäbe!

Parallel zur genaueren Untersuchung des Leichnams würden Obermayr und er gleich Montag früh mit der Witwe reden. Außerdem sollten sie möglichst bald einen Termin bei Reto Pflückinger bekommen, um Joschaks berufliche Hintergründe zu durchleuchten. Parallel dazu sollte sich Zukic um Joschaks Handydaten und seinen PC kümmern. Neben den Anrufen und einschlägigen Nachrichten gab der Browserverlauf oft wertvolle Hinweise, womit sich jemand besonders intensiv beschäftigte.

Während er am Aichwaldsee vorbei bergab zu laufen begann, ertappte sich Nemecek aufs Neue dabei, dass er insgeheim von einem beruflichen Zusammenhang ausging. Die *Acros* schien ihn auf ähnlich magische Weise anzuziehen, wie das ein Jahr zuvor die *SafeIT* getan hatte. Oder war es viel weniger das Unternehmen selbst als die tiefgreifende Veränderung, die es gerade durchmachte, die ihn lockte? Jener vielschichtige Übergang von der aktuellen Situation zu neuen Vorgehensweisen in der Arbeitswelt, die Menschen und Strukturen in Bewegung setzten? Und kam dann nicht die intellektuelle Herausforderung hinzu, sich einmal eingehender mit den Themen Management und Organisation zu beschäftigen, über die er in seinem Polizeialltag immer wieder stolperte?

Doch je stärker er sich vom Thema Agilität angezogen fühlte, umso heftiger mahnte er sich zur Umsicht. Einerseits war er Chefinspektor und kein, wie ihm Kappacher schon des Öfteren vorgeworfen hatte, verkappter Philosoph.

Andererseits war zum jetzigen Zeitpunkt eine Beziehungstat genauso wahrscheinlich wie eine beruflich motivierte. Wer sagte ihnen, dass nicht eine alte Feindschaft hinter Joschaks Tod steckte? Die Konkurrenz zwischen Sportlern, die oft genug krankhafte Auswüchse annahm? Eine heimliche Affäre Joschaks, die einen gehörnten Ehemann ausrasten ließ? Vielleicht steckte sogar Joschaks Frau selbst hinter dem tödlichen Anschlag, den sie so heftig beklagte. Es wäre nicht das erste Mal, dass eine Täterin auf diese Weise ihre Schuld zu verschleiern versuchte. Was umso wahrscheinlicher war, wenn es eine Lebensversicherung gab. Zukic sollte klären, ob es eine entsprechende Police gab. Und sie sollte mit den Nachbarn der Joschaks reden, ob diese irgendwelche Auffälligkeiten in deren Ehe wahrgenommen hatten.

Ein dichtes Programm, bilanzierte Nemecek. Dennoch durften sie jetzt nichts überstürzen. Sie mussten Schritt für Schritt vorgehen. Eigentlich sollte er ja noch Kappacher über die neuesten Entwicklungen informieren. Andernfalls würde sich dieser sicher wieder aufregen, wie er das schon so oft getan hatte, wenn er sich zu wenig eingebunden oder gar übergangen fühlte, insbesondere wenn es um so weitreichende Entscheidungen wie die Einrichtung einer Sonderkommission ging.

Als er jedoch den Faaker See wieder vor sich auftauchen sah, stand Nemeceks Entschluss fest. Wenn er schon den gestrigen Feiertag und den heutigen Brückentag gewissermaßen in geheimer Mission unterwegs war, sollte zumindest der Rest des Wochenendes seiner Familie gehören. Und für Montag früh war ohnehin eine Besprechung mit dem frisch aus seinem Urlaub zurückgekommenen Oberst Kappacher angesetzt.

Montag, 8:12
Standpauke im Sitzen

Im Raum wurde es still, aber es war eine angespannte Stille wie zwischen einem Blitz und dem darauffolgenden Donnerschlag. Unwillkürlich musste Nemecek an das Gewitter denken, währenddessen Joschak ums Leben gekommen war. Dann räusperte er sich, um endlich die erwartete Antwort zu geben.

»Wir hatten ausreichend Hinweise, dass es sich hierbei nicht um einen Unfall handelte.«

Kappacher holte tief Luft. Und dann krachte es tatsächlich.

»Ausreichend Hinweise!«, bellte er, nachdem er mit der flachen Hand auf seinen Mahagoni-Schreibtisch geschlagen hatte. »Sind Sie von allen guten Geistern verlassen? Warum sind Sie der Sache nachgegangen, ohne sich vorher mit mir abzustimmen?«

»Sie waren im Urlaub und ich sah Gefahr im Verzug.«

»Gefahr im Verzug«, brauste Kappacher neuerlich auf und riss seine Arme in die Höhe. »Gefahr im Verzug«, wiederholte er nicht weniger laut, aber deutlich langsamer, als müsste er über die besondere Bedeutung dieser Worte nachdenken. Dann ließ er seine Arme wieder nach unten sinken.

Nemecek betrachtete seinen Vorgesetzten. Er war braun gebrannt und wirkte erstaunlich gut erholt. Die erste Urlaubswoche in den Bergen schien ihm gut getan zu haben, obwohl er sich wochenlang über seine Frau mokiert und gebetsmühlenartig geklagt hatte: »In den Tiroler Alpen! Ausgerechnet!« Immerhin handelte Kappacher mit seiner besseren Hälfte aus, dass sie die zweite Urlaubswoche am Meer verbringen würden. Angesichts des aktuellen Ärgers fragte sich Nemecek jedoch, wie lange der Erholungseffekt wohl anhalten würde. Die roten Flecken an Kappachers Hals ließen nichts Gutes ahnen.

»Wir haben nach bestem Wissen und Gewissen gehandelt«, beteuerte nun auch Obermayr, die bislang ungewohnt zurückhaltend agiert hatte.

»Nach bestem Wissen und Gewissen?«, kam prompt von der anderen Seite des Schreibtischs zurück. Nemecek fragte sich, wie lange Kappacher wohl jeden Satz wiederholen würde und ob dieses Echo ein Gradmesser für seinen Zorn war. Natürlich hatte Nemecek eigenmächtig gehandelt und ihm war von Anfang an klar gewesen, dass das ein Nachspiel haben würde. Er hatte allerdings nicht damit gerechnet, dass sich sein Vorgesetzter dermaßen aufregen würde.

Sich echauffieren, fiel Nemecek plötzlich der altmodische Ausdruck ein, nach dem er zuvor vergeblich gesucht hatte. Diese Erkenntnis half allerdings nur mäßig gegen das Donnerwetter, das sie nun über sich ergehen lassen mussten.

Nemecek vermutete, dass Kappacher vor allem deswegen so in die Luft ging, weil er immer noch viele Leute vom Kärntner Landeskriminalamt kannte. Immerhin war er in Klagenfurt aufgewachsen, hatte dort die Polizeiakademie besucht und sich später seine ersten Sporen als Kriminalbeamter verdient. Gut möglich, dass er mit dem aktuellen Polizeidirektor sogar persönlich verbunden war. War der nicht genau in Kappachers Alter?

»Mit ihrem unverantwortlichen Alleingang haben Sie uns in eine unmögliche Lage gebracht«, kam schon der nächste Vorwurf. »Ich habe keine Ahnung, wie ich das dem Karl erklären soll.«

Also lag er mit seiner Vermutung richtig, dass Kappacher den Kärntner LKA-Direktor Glantschnig gut kannte. Wahrscheinlich hatte ihn dieser noch am Wochenende angerufen und sich mächtig über das Vorgehen seiner Leute beschwert. Ob ihn der junge Kollege in der Faaker Inspektion angeschwärzt hatte? Der brauchte ja bloß jemanden im Bezirk zu kennen, der jemanden in der Stadt kannte, der wiederum jemanden im Landeskriminalamt kannte – und schon stieg der oberste Polizeichef auf die Barrikaden. Wie es nun einmal so lief in Österreich. Am wichtigsten schien es, das eigene Revier zu verteidigen.

»Sie kennen einander?«, versuchte Nemecek einen möglichst harmlosen Ton anzuschlagen.

»Natürlich kennen wir einander! Seit Ewigkeiten schon!« Aus irgendeinem Grund fragte sich Nemecek, ob sich die beiden aus dem Polizeidienst oder vom Studium her kannten, für das Kappacher später aus seiner Heimat in die Bundeshauptstadt wechselte. War Glantschnig ebenfalls Jurist? Und gehörten sie womöglich derselben Studentenverbindung an, die gewisse Kreise besonders intensiv zusammenschweißte?

»Wie gedenken Sie also, wieder aus dieser Sache herauszukommen?«

»Gar nicht. Wir machen erst einmal weiter wie geplant.« Obermayrs Trotz war nicht zu überhörbaren.

»Weiter wie geplant!«, polterte Kappacher postwendend. »Jetzt wird's mir aber langsam zu bunt!«

»Hätten Sie's denn lieber in Schwarz-Weiß?«, konnte sich Obermayr eine Widerrede nicht verkneifen.

Kappacher sah Obermayr an, als ob er sich gleich auf sie stürzen würde.

»Wenn dann schwarz auf weiß«, zischte er durch die zusammengebissenen Zähne. »Ich spreche von Fakten, falls Sie schon einmal davon gehört haben, Frau Kollegin!«

»Selbstverständlich, Herr Oberst.« Obermayr blieb gelassen. Kappachers drohender Unterton schien wieder einmal von ihr abzuperlen, als wären ihre Ohren mit Teflon beschichtet. »Deswegen sind wir der Sache ja nachgegangen.«

Nemecek sah, wie sein Vorgesetzter die Augen aufriss. Hinter seinen dicken Brillengläsern wirkten sie unnatürlich groß, wie unter einer Lupe. Hinter dem Brillenbügel sah man seine Schlagader heftig pulsieren. Dazu schienen Kappachers Kiefer gerade ein paar Kieselsteine zu zermahlen.

Obermayr wusste natürlich, wie man jemanden auf 180 bringen konnte. Und bei Kappacher stieg sie gerne nochmals extra aufs Gaspedal. Unvergesslich würde Nemecek deren allererste Konfrontation bleiben, die wohl in vieler Hinsicht die Weichen für das künftige Verhältnis zwischen der Bezirksinspektorin und dem Oberst stellte. Obwohl das gut und gern zehn Jahre her war, erinnerte er sich noch ganz genau, wie Kappacher die damals blutjunge Bezirksinspektorin angefahren hatte: »Haben Sie den Verstand verloren?« Worauf Obermayr geradezu reflexhaft zur Antwort gab: »Wieso? Haben Sie ihn gefunden?« Auch damals war Kappacher knapp an der Schnappatmung gewesen.

»Sie mit Ihren extraordinären Methoden«, presste er hervor. »Ih-ren Er-mitt-lun-gen«, betonte er Silbe für Silbe wie ein Lehrer beim Diktat.

»Aber damit ist jetzt Schluss! Das LKA Kärnten hat eine Dienstaufsichtsbeschwerde angekündigt. Ihnen droht ein Disziplinarverfahren, das sich gewaschen hat!«

Am liebsten hätte Nemecek mit den Schultern gezuckt. Er spürte es schon kribbeln, hielt sich aber im letzten Moment doch noch zurück. Obermayr hatte schon genug Öl ins Feuer gegossen. Gleich im Anschluss würde er nochmals Gunther Rüdinger anrufen, damit der ihm die nötige Rückendeckung gab.

»Ich bin es jedenfalls leid, Ihnen ständig den Allerwertesten zu retten. Glauben Sie denn, dass ich nichts Besseres zu tun habe, als mich den lieben langen Tag mit den Fehltritten meiner Untergebenen zu beschäftigen?«

»Ich wüsste nicht, was wir falsch gemacht haben.« Obermayr ließ es sich nicht nehmen, noch ein wenig Zunder nachzulegen.

Schon krachte Kappachers Hand wieder auf den Schreibtisch. »Sie begreifen es einfach nicht! Aber nun ist ein für allemal Schluss mit Ihrem eigenmächtigen Vorgehen! Ab sofort sprechen Sie jeden Schritt vorher mit mir ab, ist das klar?«

»Wir müssen abwarten, was die gerichtsmedizinische Untersuchung ergibt«, erklärte Nemecek ruhig, als hätte er Kappachers Anweisung überhaupt nicht gehört. »Und dann dürfen wir gespannt sein, was die Zeugensuche der Kärntner Kollegen ergibt.«

»Oder die Kameraaufzeichnungen«, ergänzte Obermayr.

Kappacher schnaubte. »Sind Sie schwerhörig? Sie stimmen alles, was Sie tun mit mir ab! Kapiert?«

»Nehmen Sie doch einfach wieder an unseren Standups teil«, schlug Obermayr vor. »Dann sind Sie stets auf dem Laufenden.«

»Aber jetzt müssen Sie uns entschuldigen«, sagte Nemecek und erhob sich. »Wir haben gleich einen Termin mit Joschaks Witwe.«

Während er sich rasch in Richtung Tür entfernte, hörte er Kappacher stöhnen. »Und wann ist mit ersten Ergebnissen zu rechnen?«

»Die Frau Professor hat mir versprochen, dass sie spätestens am Abend ihre Erkenntnisse vorlegen wird.«

»Dann beten Sie zu Gott, dass die Probisch etwas findet!«

»Das geht auch ohne Gebet«, rief ihm Obermayr über die Schulter zurück, während sie die Klinke hinunterdrückte. Wie so oft musste sie unbedingt das letzte Wort behalten.

Montag, 9:55
Grelle Trauer

Außer Betrieb, verkündete das rote Schild an der Gittertür.

»Na super!« Obermayr verdrehte die Augen. »Jetzt auch noch Fitnesstraining!«

»Tür 24«, erinnerte sich Nemecek. »Bei unserem Glück wahrscheinlich ganz oben.«

Vier Stockwerke später wussten sie, dass die Einschätzung richtig war. »Schön, dass wir den maximalen Trainingseffekt auskosten dürfen«, bemerkte Obermayr keuchend.

Nemecek war verwundert. Setzte ihr das Treppensteigen tatsächlich so zu? Sie war doch immer ganz gut in Form gewesen? Oder war das heute einfach nicht ihr Tag? Bevor Nemecek zu einer Antwort gekommen war, drückte seine Kollegin bereits den Schalter mit der kleinen Glocke. Von innen ertönte nicht mehr als ein leises Klingeln. Ansonsten gab es keinerlei Geräusche, die darauf schließen ließen, dass sich jemand näherte. Sicherheitstür, registrierte Nemecek automatisch, während er überlegte, ob die Witwe ihren Termin verschwitzt haben könnte. Instinktiv spitzte er die Ohren. War da ein Geräusch gewesen?

Als sich die Tür schließlich öffnete, musste Nemecek unwillkürlich blinzeln. Vor ihm stand eine stattliche Frau in einem schwarzen Kleid, dem man ansah, dass es nicht von der Stange war. Mitte 40, etwa 1 Meter 70 groß, schätzte Nemecek, zumindest wenn er die roten Stöckelschuhe abzog, mit denen sie jetzt fast so groß war wie er selbst. Ihr rundliches Gesicht war stark geschminkt, vor allem die schwarz umrandeten Augen stachen hervor, die zusammen mit den übernatürlich langen Wimpern ihre hellgrüne Iris noch stärker zur Geltung brachte. Dazu hatte sie einen kirschroten Lippenstift aufgetragen und trug kugelförmige Ohrringe im selben Farbton. Am Auffälligsten war indes dieser scharfe Kontrast zwischen ihrer Trauerkleidung und den wasserstoffblonden Haaren, die sie offensichtlich auftoupiert hatte, um für noch mehr Volumen zu sorgen. Dadurch wirkte die ganze Frisur wie ein überdimensionierter Helm. Ob sie sich extra für ihren Besuch so aufgedonnert hatte? Oder lief sie die ganze Zeit so durch die Gegend? Für Nemecek hatte Joschaks ganze Erscheinung etwas ungeahnt Grelles und er musste an sich halten, um nicht die Augen zusammenzukneifen.

»Frau Joschak?«, rettete ihn Obermayr aus seiner Verlegenheit. »Chefinspektor Nemecek, Bezirksinspektorin Obermayr. Dürfen wir hereinkommen?«

Wortlos trat Joschak zur Seite und gab den Blick auf den dahinter liegenden Flur frei. Kiefer? Buche? Eiche?, versuchte Nemecek die Holzart zu identifizieren, die hier dominierte. Während er weiter ins Wohnungsinnere vordrang, stieg ihm eine Wolke von schwerem Parfüm in die Nase. *Dior* kam ihm in den Sinn, obwohl er keine Ahnung hatte, ob das wirklich so roch. Aus irgendeinem Grund schien *Dior* perfekt zu der extravaganten Erscheinung zu passen.

Als er wenige Augenblicke später die Küche betrat, wusste er zumindest, woran ihn bereits der Eingangsbereich erinnert hatte – nämlich an die Ferienwohnung, die sie seit Jahren für ihren Sommerurlaub am Faaker See buchten. Also an genau jenes Quartier, in dem seine Familie derzeit ihren Urlaub verbrachte. Kärntner Landhausstil, pries dieses Quartier an, und das war es auch, was er hier vorfand: helles Holz so weit das Auge reichte, dunkle Maserung, glänzende Oberflächen und dazu dieser süßliche Geruch nach Bienenwachs, der dem Ganzen eine ganz besondere Note verlieh. Auf der rechten Seite stand eine mindestens zwei Meter hohe und wohl ebenso breite Kredenz, auf der linken eine Eckbank mit roten Sitzbezügen. Dazu gab es passende Tischdecken, Lampenschirme und Zierpolster. Es war kaum zu übersehen, dass hier eine versierte Gestalterin am Werk gewesen war.

»Nehmen Sie doch Platz.«

»Danke«, murmelte Obermayr, bevor sie einen der massiven Holzstühle unter dem Tisch hervorzog.

»Ich muss sagen, dass ich ein wenig überrascht bin«, eröffnete Joschak. Nemecek fiel auf, dass ihr Oberkörper dabei leicht hin und her pendelte.

»Sie sind überrascht?« Obermayr staunte. »Unsere Kollegin hat Ihnen doch unser Kommen angekündigt?«

»Was haben Sie herausgefunden?«, antwortete Joschak mit einer Gegenfrage, während der sie ihren Kopf zweimal auf- und abwippen ließ.

»Die Untersuchungen laufen noch«, erklärte Nemecek mit einer Polizeifloskel und legte gleich eine zweite nach. »In der Zwischenzeit durchleuchten wir das Umfeld des Toten.«

Mit geschlossenen Augen erwiderte Joschak: »Ich habe eigentlich nicht mehr damit gerechnet, dass die Polizei noch ihrer Arbeit nachgehen würde.«

»Lassen wir das«, wies Nemecek den Vorwurf in aller Entschiedenheit zurück. Er staunte selbst über seinen strengen Tonfall, doch er wollte sich keinesfalls auf das klassische Rechtfertigungsspiel einlassen. Stattdessen erklärte er, dass sie hier seien, um mehr über das Umfeld des Toten zu erfahren.

»Was können Sie uns über Ihren Mann erzählen?«, übersetzte Obermayr.

»Was genau wollen Sie wissen?« Wieder dieses leichte Pendeln mit dem Oberkörper. Hatte Joschak Probleme mit ihrem Gleichgewichtssinn?

»Was war er für ein Mensch?«

Die grelle Witwe faltete ihre Hände, trennte sie jedoch gleich wieder, als erinnere sie diese Berührung an ein Gebet. Gleich darauf fuhr sie sich vorsichtig über ihr Haar, als prüfe sie den Sitz ihrer Frisur. Sie öffnete ihre Lippen, blieb allerdings weiterhin eine Antwort schuldig. Dafür begann sie nun laut durch den Mund ein- und auszuatmen.

Verblüfft verfolgte Nemecek die seltsame Darbietung. Irgendwie erinnerte ihn das Ganze an das Spiel *Activity*, bei dem es um das Erklären und Erraten bestimmter Begriffe ging. Joschak schien die Karte mit dem Wort *Unentschlossenheit* gezogen zu haben und sich in der Phase zu befinden, in der man das Gesuchte pantomimisch darstellen musste. Je länger Nemecek die grelle Witwe betrachtete, umso befremdlicher kam ihm ihr Schauspiel vor. Irgendwie wirkte das Ganze einstudiert, wie eine Choreografie der Trauer, die Marina Joschak vor dem Spiegel eingeübt hatte. Doch von einem Moment zum anderen schien sie die Unentschlossenheit abgelegt und stattdessen den Begriff Verzweiflung in Arbeit zu haben. Jedenfalls griff sie sich nun an die Stirn und stöhnte theatralisch. »Das darf doch alles nicht wahr sein!«

Aus den Augenwinkeln bemerkte Nemecek, wie ihm Obermayr einen vielsagenden Blick zuwarf. Während sich die Stirn seiner Kollegin in Falten legte,
murmelte ihr Gegenüber: »Das ist alles nur ein böser Traum!« Ganz langsam nahm sie ihr Gesicht in beide Hände und schüttelte dann den Kopf:
»Nein! Nein! Nein!«

Nemecek spürte seine wachsende Unruhe. Konnte Joschak ihren Schmerz
nur auf diese exaltierte Weise zum Ausdruck bringen? Rang sie plötzlich
derart heftig mit ihrer Trauer, nachdem sie vor ein paar Tagen noch höchst
aggressiv aufgetreten war? Demonstrativ schüttelte Nemecek den Kopf. Im
Laufe seiner Karriere hatte er ja schon vieles gesehen, doch Joschaks Verhalten kam ihm ebenso dick aufgetragen vor wie ihre Schminke. Maske, Kos-
tüm, Bühne und sie als geduldige Zuschauer – passte doch alles wunderbar
zusammen.

Obermayr warf ihm einen genervten Blick zu, als ginge ihr gerade genau
dasselbe durch den Kopf. Lange würde sie sich diese Vorstellung nicht mehr
bieten lassen. Schon verformte sich ihre linke Augenbraue zu einem zorni-
gen Ausrufezeichen, als Joschak die Hände vom Gesicht riss und unvermittelt zu reden begann.

»Was war er für ein Mensch?«, wiederholte sie die ursprüngliche Frage,
während sie ihren wackligen Oberkörper energisch aufrichtete. Ihre Augen
waren jetzt nicht mehr auf die Tischplatte vor ihr fixiert, sondern starrten
geradewegs nach oben, als fände sie die Antwort irgendwo an der Küchen-
decke. »Als ich ihn kennenlernte, hatte Marco gerade die Schule abgebrochen. Im Grunde war er damals ohne jede Perspektive, ein klassischer Kandidat für die Straße.« Mit dieser Erinnerung schien sich Joschaks Blick
neuerlich in der Ferne zu verlieren.

»Aber es kam anders«, setzte Obermayr nach, um ihren Redefluss in Gang
zu halten.

»Er hat es immerhin bis zum Abteilungsleiter gebracht, der für über 100
Leute verantwortlich war«, sprang Joschak ansatzlos von der Frühgeschichte in die Gegenwart und dann gleich weiter in die Zukunft. »Und demnächst
sollte er sogar in den Vorstand aufrücken!«

Nun war es an Nemecek, überrascht zu sein. *Beförderung? Konkurrenz?
Neid?*, kritzelte er rasch in sein Notizbuch, das bis dahin unberührt vor ihm
lag.

»Das heißt, er war ein Mensch, der sich durchzusetzen wusste.«

Während Obermayr gespannt auf eine Reaktion wartete, begannen Joschaks Augenlider unkontrolliert zu flattern. Es sah gespenstisch aus und Nemecek fragte sich ernsthaft, ob mit ihrer Gesprächspartnerin alles in Ordnung war. Setzten sie sie zu sehr unter Druck? Unterschätzten sie, wie nahe ihr der Tod ihres Mannes ging? Unversehens senkte Joschak den Kopf und schloss die Augen. Nemecek befürchtete schon, sie könnte einfach einschlafen, als sie im nächsten Moment wieder hochfuhr und weitersprach, als wäre nichts gewesen.

»Er war der ehrgeizigste Mensch, den ich jemals kennengelernt habe. Ein Mann, der wusste, was er wollte. Und nicht nachließ, bis er das auch erreicht hatte.«

»Damit wird er sich nicht nur Freunde gemacht haben«, unterstellte Obermayr.

»Im Gegenteil, seine Mitarbeiter haben ihn verehrt«, gab Joschak spitz zurück. »Was ja auch kein Wunder ist, so wie sich Marco für sie eingesetzt hat.«

»Er hatte also keinen Streit, von dem sie wissen? Keine Feinde, die ihm Übles wollten? Keine Konkurrenten oder Neider?«

Statt die Frage zu beantworten, presste sie die Lippen zusammen und deutete ein Kopfschütteln an.

Nemecek sah, wie Obermayr ein Seufzen unterdrückte. Wahrscheinlich fragte sie sich genau wie er selbst, warum sich Marina Joschak so verschlossen gab, wenn sie doch wollte, dass aus dem vermeintlichen Unfall ein Mordfall wurde? Irgendetwas stimmte hier nicht. Vielleicht mussten sie pointiertere Fragen stellen?

»Lassen Sie uns noch einmal zu dem verhängnisvolles Abend zurückkehren«, schlug er vor. »Laut Protokoll der Faaker Kollegen haben Sie Ihren Mann bereits um 22 Uhr als vermisst gemeldet.«

Joschak starrte Nemecek an und er starrte zurück. Ihre Augen wirkten glasig. Erst in diesem Moment kam ihm der Gedanke, dass die Witwe unter Medikamenteneinfluss stehen könnte. Oder hatte sie getrunken? Oder beides? Das würde jedenfalls ihr seltsames Verhalten erklären und wohl auch diesen leichten Zungenschlag, den er bisher ihrem Dialekt zugeschrieben hatte.

»Warum haben Sie sich schon so früh Sorgen gemacht?«

Wieder reagierte Joschak erst mit Verspätung auf Obermayrs Frage. »Ich habe gespürt, dass etwas nicht in Ordnung ist.«

»Es war üblich, dass er sich gleich nach seinem Triathlontraining bei Ihnen meldete?«

»Selbstverständlich! Wenn er in Villach zu tun hatte, nützte er jede freie Minute dafür. Aber nach dem Training haben wir immer miteinander telefoniert.«

»Aber es ist doch sicher einmal vorgekommen, dass er dann noch etwas essen gegangen ist? Oder zumindest etwas trinken?«

Joschak drehte neuerlich ihren Kopf hin und her. Dann wechselte sie übergangslos vom Verwirrungs- in den Angriffsmodus. »Ihre Kollegen waren total inkompetent. Zuerst haben sie mich als lästige Bittstellerin behandelt und dann das Ganze als tragischen Unfall abgetan.«

»Was macht sie so sicher, dass es keiner war?«

»Hören Sie!« Joschak lehnte ihren Oberkörper noch weiter nach vorne. »Marco war Spitzensportler, er kannte die Gegend, ist praktisch am See aufgewachsen.«

»Sie wissen schon, dass die meisten unnatürlichen Todesfälle in den eigenen vier Wänden passieren«, hielt Obermayr dagegen. »Also in der Gegend, die man für gewöhnlich am allerbesten kennt.«

»Es war Mord!«, schrie Marina Joschak unvermittelt und sprang von ihrem Stuhl auf. Es klang wie ein fernes Echo des Vorwurfs, mit dem sie vor ein paar Tagen das Polizeipräsidium verlassen hatte. Nemecek sah, wie Joschaks Hände zitterten. Sie merkte es wohl auch selbst und stützte sich an der Tischplatte auf, um wieder festeren Halt zu finden.

»Was macht Sie so sicher?« Nemecek spürte deutlich, dass sie nun in einer neuen Gesprächsphase angekommen waren.

»Weil man meinen Mann gnadenlos unter Druck gesetzt hat«, erklärte Joschak, nachdem sie wieder Platz genommen hatte.

»Inwiefern?«

»Alles nur, weil sich dieser Schweizer in den Kopf gesetzt hat, dass alles anders werden muss.«

»Sie meinen Reto Pflückinger, den neuen CEO?«, fragte Obermayr.

»Plötzlich muss alles anders werden. Angeblich geht es um Verbesserung, dabei wird einfach nur ganz viel zerstört.«

»Wie zerstört?«

»Glauben Sie denn wirklich, dass mein Mann zufällig gestorben ist?« Joschak riss die Arme zur Seite. »Der ist gezielt ausgeschaltet worden!«

»Haben Sie dafür auch irgendwelche Beweise?«

»Und dass er demnächst zum Technikvorstand berufen werden sollte, rief natürlich jede Menge Neider auf den Plan.«

»Neider?« Nemecek horchte auf. Er hoffte, dass Joschak nunmehr Tacheles reden würde: spezielle Situationen, nachvollziehbare Zusammenhänge, konkrete Namen. Doch diese blieb ihrer Linie treu, direkte Fragen nicht zu beantworten. Zweifellos befand sie sich unverändert in ihrem eigenen Film.

»Natürlich haben sich auch andere für den Job beworben. Vor allem Johanna Kniewasser hat keine Gelegenheit ausgelassen, meinem Mann Prügel zwischen die Beine zu werfen.«

Kniewasser, notierte Nemecek rasch in sein Notizbuch und zeichnete einen dicken Pfeil zu den möglichen Motiven, die er zuvor festgehalten hatte. *Beförderung? Konkurrenz? Neid?*, las er. Es blieb ihm allerdings keine Zeit, um über weitere Zusammenhänge nachzudenken.

»Auch dieser seltsame Schwede, dieser Swartling, hat sich ja, wo es ging, gegen ihn gestellt.«

»Wie heißt der?«, rutschte Nemecek heraus, obwohl ihm klar war, dass auch dieses Fragezeichen ungeklärt bleiben würde. *Swartling?*, übertrug er stattdessen in sein Buch.

»Die Langholt spielt seit jeher sowieso ihr eigenes Spiel. Und aufgrund seiner Geschichte ist und bleibt der junge Wondratsch völlig unberechenbar.«

Langholt, Wondratsch, hielt Nemecek auch diese Namen fest. Viel mehr als die Namen verstand er allerdings nicht. Gut, dass sie gleich morgen früh einen Termin mit dem Vorstandsvorsitzenden von *Acros* vereinbart hatten. Dieses Gespräch würde mit Sicherheit so manches Rätsel lösen.

»Und außerdem«, erklärte Joschak lautstark, »bin ich mir ganz sicher, dass Gernot keinen normalen Autounfall hatte.«

»Wer ist jetzt Gernot?« Obermayr war verwirrt und Nemecek ging es nicht viel anders. *Gernot,* schrieb er auf und setzte gleich drei Fragezeichen hinzu, als könnte er damit eine Antwort erzwingen.

»Zettl stand genauso auf ihrer Abschussliste.«

»Was genau ist denn nun passiert? Ein Autounfall sagen Sie?«

»Angeblich war er sofort tot!« Joschak war jetzt wieder von ihrem Stuhl aufgesprungen und beugte sich nach vorn. Nemecek sah, wie ihre Hände zitterten, mit denen sie sich an der Tischplatte abstützte. »Und ein paar Tage später ertrinkt mein Mann im See. Einfach so! Zuerst Gernot, dann Marco. Sie glauben hoffentlich nicht, dass das Zufall ist?«

»Sie meinen«, setzte Nemecek zu einem neuen Klärungsversuch an, blieb aber schon im Ansatz stecken. Denn in diesem Augenblick sank Marina Joschak plötzlich in sich zusammen, als wäre alle Kraft aus ihrem Körper gewichen. Hilflos musste er mitansehen, wie sie, statt wieder auf ihrem Stuhl zu landen, leblos zur Seite kippte und mit einem dumpfen Knall auf dem Parkettboden aufschlug.

Montag, 12:18
Auf dem Weg zur Wahrheit

Nemecek lehnte sich zurück. Langsam fand er sein eigenes Gleichgewicht wieder. Nach dem sie das Tohuwabohu in Joschaks Wohnung hinter sich gebracht hatten, von der Erstversorgung der Witwe über den Notarzt bis zum abschließenden Krankentransport, befand er sich die längste Zeit über in einem eigenartigen Schwebezustand. Einerseits versuchte er die unerwartete Mitteilung über den Tod eines weiteren Mitarbeiters der *Acros* zu verarbeiten, die ihren Ermittlungen eine völlig neue Perspektive eröffnete. Mit einem Male hatten sie es anscheinend nicht bloß mit einem Unfall zu tun, sondern gleich mit zweien, die noch dazu innerhalb weniger Tage stattgefunden hatten. Andererseits war er in ungewohnter Hektik darum bemüht, alle notwendigen Klärungsschritte einzuleiten. Konnte das wirklich Zufall sein, dass innerhalb von nur einer Woche gleich zwei Manager der *Acros* ums Leben kamen? Stärkte das nicht den Verdacht, dass diese Ereignisse etwas mit dem Unternehmen zu tun hatten?

Das ganze Durcheinander in Nemeceks Kopf wurde durch Obermayrs wilde Autofahrt verstärkt, da sie es sich nicht nehmen ließ, ihren Wagen mit Blaulicht und Signalhorn durch den dichten Verkehr zu drängen. Das Verhalten seiner Kollegin kam ihm zwar reichlich übertrieben vor, aber auch er spürte selbst diese sonderbare Aufgekratztheit, die ihn immer befiel, wenn die Ermittlungen eine unerwartete Wendung nahmen.

»Schau dir den Trottel an!« Mit einer heftigen Geste wies Obermayr auf den blauen Lieferwagen, der nun quer zur Fahrbahn stand. »Der hat seinen Führerschein auch im Lotto gewonnen«, spuckte sie gegen die Windschutzscheibe. »Wenden ist auf Schienenstraßen verboten, du Hirni!«

Nemecek verfolgte, wie die Finger seiner Kollegin ungeduldig auf das Lenkrad trommelten. Ihre Augen waren zu schmalen Schlitzen verengt und an
der Schläfe pulsierte wieder einmal ihre Zornesader. Es lag auf der Hand,
dass sie sich nach dem angespannten Gespräch mit Marina Joschak und
dem hektischen Durcheinander nach deren Zusammenbruch abreagieren
wollte – und was gab es dafür Geeigneteres als Verkehrsteilnehmer, die mit
der Straßenverkehrsordnung auf Kriegsfuß standen! Auch er selbst hatte ja
schon oft erlebt, wie rasch man sich am Steuer vom vernünftigen Dr. Jekyll
in einen unkontrollierten Mr. Hyde verwandeln konnte. »Der ganz normale
Auto-Faschismus«, hatte das sein Freund Sebastian Neufeldner einmal genannt und dazu eine ganze Reihe klassischer Feindbilder angeführt: Sonn-
tagsfahrer, die im Schneckentempo auf der Mittelspur unterwegs waren,
Freizeitpiloten, die sich zu waghalsigen Überholmanövern hinreißen ließen,
Lkws, die bergauf ein sogenanntes Elefantenrennen starteten, oder jene no-
torischen Drängler, die einem ständig am Heck klebten.

Das Autofahren schürte indes nicht nur nach außen gerichtete Aggressionen. Wie Nemecek zu seinem eigenen Leidwesen wusste, richteten sie sich
bisweilen sogar gegen diejenigen, die mit ihm im Auto saßen. In seinem Fall
vorzugsweise gegen seine Frau Bettina. Egal, ob er dabei selbst am Steuer
saß oder nur Beifahrer war: Die heftigsten Auseinandersetzungen in ihrem
eigentlich recht harmonisch verlaufenden Eheleben hatten sie immer unterwegs. Vor allem Autobahnen brachten ihr Blut mitunter derart in Wallung,
dass sie sich Dinge an den Kopf warfen, die ihnen im Ruhezustand niemals
eingefallen wären. In solchen Situationen waren sie dann so ineinander ver-
hakt, dass sie auch keinerlei Rücksicht auf ihre ebenfalls im Auto sitzenden
Kinder nahmen. Einmal gerieten sie dabei so heftig aneinander, dass Sophie
zu weinen begann und Lea ganz schüchtern fragte, ob sie sich nun scheiden
ließen.

»Wenn der Fetznschädl nicht gleich abfährt, vergess' ich mich.«

Allmählich wurde es Nemecek zu viel. Obwohl er gut nachvollziehen konnte, dass sich seine Kollegin über die unerwarteten Ereignisse bei Marina Joschak ärgerte, durfte sie sich nicht derart gehen lassen.

»Bitte Nina«, setzte er zu einem entsprechenden Hinweis an, als seine Kollegin wieder laut wurde.

»Das gibt's doch nicht«, schrie sie aus dem Seitenfenster hinaus. »Schleich dich endlich aus der Spur, du Eierbär!«

»Hallo? Geht's noch?«, versuchte es Nemecek ein zweites Mal und klatschte dabei in die Hände. Obermayr blickte ihn erstaunt an, wie jemand, der aus einem Traum erwacht.

»Können wir das Gespräch nochmals kurz Revue passieren …«

»Wenn du mich fragst, klingt das Ganze durchaus verdächtig«, sprang Obermayr gleich mitten in die angestrebte Nachbetrachtung. »Obwohl Joschaks Angaben schon ziemlich verworren waren. Und zwischendurch echt nervig.« Ihre leisen Zischlaute machten klar, dass ihre Aufregung noch nicht verflogen war. Dennoch hoffte Nemecek, dass sie ihre Emotionen nun wieder im Griff hatte.

»Lass uns doch noch einmal …«, startete Nemecek einen neuen Versuch, kam aber auch dieses Mal nicht viel weiter. Emotionen, so die alte Lehre, ließen sich halt nicht einfach ausschalten wie eine Maschine.

»Ich glaub's nicht!« Langsam fädelte sich der querstehende Kastenwagen, der ihre Fahrspur blockiert hielt, wieder in den Verkehrsfluss ein. Obermayr stieg aufs Gas, konnte sich aber eine letzte Botschaft nicht verkneifen. Im Vorbeifahren warf sie dem Blockierer einen wütenden Blick zu und ließ dabei ihre flache Hand vor ihren Augen hin- und hergleiten. Scheibenwischer hieß diese Geste, wie ihn seine Kinder einmal aufgeklärt hatten – und immerhin waren die ja ausgewiesene Expertinnen in Sachen Schimpfkultur.

»Scheint so, als ob das Ganze tatsächlich etwas mit der *Acros* zu tun hat.« Obermayr nickte. »Das mit den beiden Unfällen ist jedenfalls sehr merkwürdig.« Nach Zukic' schneller Recherche wussten sie ja, dass es sich dabei keineswegs um ein Hirngespinst von Marina Joschak handelte. Obwohl der Notarzt bereits nach einer kurzen Untersuchung Nemeceks Eindruck bestätigte, dass sie wahrscheinlich eine schwere Medikamentenvergiftung erlitten hatte, hatte die Witwe die Wahrheit gesagt. Gernot Zettl, seines Zeichens Abteilungsleiter Operations in der *Acros* und ein langjähriger Kollege von Marco Joschak, war tatsächlich mit seinem Auto tödlich verunglückt. In der Nacht vom 8. auf den 9. August war er bei starkem Regen von der Höhenstraße in den Wiener Hausbergen abgekommen und mit überhöhter Geschwindigkeit frontal gegen einen Baum geprallt.

»Trotzdem heißt das nicht automatisch, dass wir es mit einem Mordkomplott zu tun haben«, überlegte Nemecek laut. »Es kann immer noch gut sein, dass es sich um zwei unglückliche Zufälle handelt.«

»Glaubst du das wirklich?«, wandte Obermayr ein. »Sicher hat uns Joschak, ihrem Zustand entsprechend, viel wirres Zeug erzählt. Aber ebenso sicher bin ich mir, dass da nicht alles mit rechten Dingen zugegangen ist.«

»Dennoch dürfen wir uns nicht zu früh auf ein berufliches Motiv einschießen«, wiederholte Nemecek die mahnenden Worte, die er erst vor Kurzem an sich selbst gerichtet hatte. »Selbst wenn sich der Mordverdacht erhärtet, heißt das noch lange nicht, dass die *Acros* damit zu tun hat.«

»Ja, ja, ich weiß schon«, winkte Obermayr unwirsch ab. »Wir müssen in alle Richtungen ermitteln.«

»Jedenfalls ist es zu diesem Zeitpunkt genauso wahrscheinlich, dass private Konflikte hinter den Vorfällen stecken«, beharrte Nemecek, wie um sich selbst endgültig zu überzeugen. »Eine eifersüchtige Geliebte, ein gehörnter Ehemann, ein anderer Triathlet, der es mit der Konkurrenz ein wenig übertreibt. Ganz abgesehen davon, dass selbst dann, wenn Joschak ermordet wurde, Zettl trotzdem einen ganz normalen Autounfall gehabt haben kann.«

»Marina Joschaks Verdacht kann ich aber ebenso gut nachvollziehen«, behauptete Obermayr trotzig, als hätte sie die Ausführungen ihres Kollegen überhaupt nicht gehört. »Ein neuer CEO, eine andere Unternehmensphilosophie, ein Veränderungsprozess, der alle Karten neu mischt und ehemalige Kollegen zu erbitterten Konkurrenten macht. Das ergibt für mich schon auf den ersten Blick eine höchst explosive Mischung.«

»Hältst du das agile Vorgehen denn für so gefährlich?«, versuchte es Nemecek mit ein wenig Ironie. Doch seine Kollegin, die ja sonst fast immer für eine humorvolle Wendung zu haben war, blieb ungewohnt ernst.

»Wir sind jedenfalls gut beraten, ganz genau hinzuschauen. Wer weiß, welche Dynamiken dort in Gang gesetzt wurden – und im Zuge der diversen Um- und Neubauten alles zutage kam.«

Für Nemeceks klang das ziemlich schlüssig. Selbstverständlich setzte der Versuch, ein Unternehmen schneller und wendiger zu machen, viele Dinge in Bewegung. Das lag, soweit er das verstanden hatte, in der Natur eines agilen Veränderungsprozesses, wie er bei der *Acros* anscheinend implementiert werden sollte. Ebenso brachte eine solche Veränderung zwangsläufig diverse Spannungen mit sich. Gewohnte Arbeitsabläufe wurden infrage gestellt, bisherige Entscheidungsroutinen außer Kraft gesetzt und das Zusammenspiel zwischen den einzelnen Mitarbeiterinnen und Mitarbeitern neu gestaltet. All das setzte, wie Reto Pflückinger in einem seiner Interviews sehr überzeugend argumentiert hatte, die ganze Organisation, vor allem aber ihr Management unter Druck. Doch konnte dieser Druck so stark zunehmen, dass daraus ein echtes Pulverfass entstand? Und genügte dann schon ein wenig Zündstoff, um dieses zur Explosion zu bringen?

»Zum Glück müssen wir nicht mehr allzu lange spekulieren, ob es sich überhaupt um Mordfälle handelt«, meinte Obermayr, als sie endlich in die Währingerstraße einbogen. Denn in wenigen Minuten würden sie das gerichtsmedizinische Institut erreichen und bald schon jeden Zweifel hinter sich lassen.

Montag, 14:16
Es war Mord

»Herr Chefinspektor«, verfiel Gerda Probisch in diesen schulmeisterlichen Ton, für den sie bekannt war, »wenn ich mit Sicherheit sage, dürfen Sie getrost davon ausgehen, dass da nicht der Hauch eines Zweifels besteht.«

Über den schmalen Rand ihrer goldenen Brille warf sie ihm einen dieser Blicke zu, die so typisch für sie waren: streng, unnachgiebig und mit dieser herablassenden Art von Menschen, die zu hundert Prozent von sich überzeugt sind.

Nemecek biss sich auf die Lippen, damit ihm nicht noch eine überflüssige Anmerkung entschlüpfte – oder er gar die Obduktionsergebnisse infrage stellte, von denen er soeben erfahren hatte. Die Grande Dame der Gerichtsmedizin hatte nämlich zweifelsfrei nachgewiesen, dass Joschak keinem Unfall zum Opfer gefallen war. Er war zwar ertrunken, die Wunde am Hinterkopf war ihm aber definitiv vor seinem Tod beigebracht worden. »3,4 cm lang, 1,5 cm breit und fast 2 cm tief«, lieferte Martin Habicher, Probischs ewiger Assistent, die pathologischen Fakten, bevor seine Chefin erläuterte: »Kräftiger Schlag mit einem scharfkantigen Gegenstand, der zu sofortiger Bewusstlosigkeit und in weiterer Folge zum Tod durch Ertrinken geführt hat.«

Scharfkantiger Gegenstand, überlegte Nemecek verwundert, mitten auf dem See?

»Könnte vielleicht ein Ruder gewesen sein«, relativierte Obermayr sogleich alle Wunder. »Oder ein schwerer Gegenstand, der ihm an den Kopf geworfen wurde.«

»Möglich«, räumte Probisch ein, »zumindest, wenn der Gegenstand aus Holz bestanden hat. In der Wunde haben wir nämlich mikroskopisch kleine Holzsplitter gefunden.«

»Und die Wunde kann nicht von einem der Boote stammen oder vom Steg, wo die Leiche gefunden wurde?«, setzte Obermayr mit einer naheliegenden Frage nach. »Da gibt es doch auch jede Menge Holzteile?«

»Die Form der Wunde spricht eindeutig dagegen«, beschied Probisch knapp und verstummte, als wäre hiermit alles gesagt. Doch Habicher, der ja trotz seiner treuen Dienerschaft seit vielen Jahren selbst eine Professur innehatte, fühlte sich noch zu einer Ergänzung bemüßigt. »Die anderen Wunden und die Knochenbrüche hat er definitiv erst post mortem erlitten.«

Es muss also noch jemand auf dem See gewesen sein, sah Nemecek seine ursprüngliche Vermutung bestätigt.

»Der große Unbekannte in einem Elektroboot?« Obermayr dachte offenbar in dieselbe Richtung. »Oder in einem Ruderboot. Oder vielleicht sogar auf einem dieser Stand-up-Paddle-Boards.«

»Bei heftigem Wellengang?«, fragte Nemecek. »Du vergisst, dass es zu dieser Zeit ein schweres Gewitter gab!«

»Stimmt«, räumte seine Kollegin ein. »Ich kann mich ja nicht einmal bei ruhiger See auf diesen Dingern halten.«

Wie auch immer, schob Nemecek die Frage nach dem Transportmittel vorläufig zur Seite. Der Täter musste Joschak jedenfalls überrascht haben. Wahrscheinlich hatte er sich von der Seite genähert, an der Joschaks Kopf nicht regelmäßig aus dem Wasser tauchte – zumindest, wenn man von der klassischen Krieltechnik ausging. Andernfalls hätte Joschak doch den Angreifer sehen müssen und es hätte Abwehrverletzungen gegeben. Oder war alles so schnell gegangen, dass er gar nicht mitbekam, dass es sich um eine mörderische Attacke handelte? Immerhin war extrem schlechtes Wetter und Joschaks Sicht durch die Schwimmbrille ebenso eingeschränkt wie sein Gehörsinn durch die Badehaube.

»Unser Opfer muss völlig überrascht worden sein«, nahm Probisch seine Gedanken auf. »Joschak war wahrscheinlich in seinem eigenen Flow, bis dieser brutal beendet wurde.«

Nemecek staunte, dass die Gerichtsmedizinerin sich solchen Spekulationen hingab und dabei noch dazu ein so überstrapaziertes Wort in den Mund nahm. Flow konnte heutzutage ziemlich vieles bedeuten: die völlige Konzentration auf eine bestimmte Herausforderung, das Aufgehen in einer bestimmten Tätigkeit oder eben ein besonderes Rauschgefühl im Sport. Seine Frau Bettina hatte sich einmal intensiver mit dem bekannten Glücksforscher beschäftigt, dessen Namen in seiner Erinnerung nur aus einer langen Reihe von C, I und Y bestand. Dass ausgerechnet die sprachverliebte Gerichtsmedizinerin darauf anspielte, war erstaunlich. Aber vielleicht war Gerda Probisch in ihrer Jugend selbst Schwimmerin gewesen? Und kannte daher sowohl die Kraultechnik als auch das Hochgefühl, das dabei entstehen konnte? Nemecek dachte an diesen besonderen Tunneleffekt, den er beim Laufen oder Downhillen erlebte und der mitunter, wie er gerade erst wieder erlebt hatte, zu gefährlichen Situationen führen konnte.

»Ich nehme an, die aufgefundenen Holzsplitter sind bereits in der KTU zur weiteren Materialanalyse?«

»Selbstverständlich.«

»Können wir sonst noch etwas für Sie tun?«, fragte Habicher zuvorkommend, als wäre er Verkäufer in einem Spezialitätengeschäft und erwarte die nächste Bestellung. Hatte er seinen Oberkörper nicht sogar kurz nach vorne gebeugt, wie das früher bei Dienstboten üblich war? Zuzutrauen wäre es ihm auf jeden Fall.

»Da ist tatsächlich noch etwas.« Kaum, dass er den Satz ausgesprochen hatte, sah Nemecek, wie sich die Augenbrauen der beiden Gerichtsmediziner fast gleichzeitig in die Höhe hoben. Damit hatten sie wohl nicht gerechnet.

»Haben Sie letzte Woche einen gewissen Gernot Zettl obduziert?«

»Ist auf der Höhenstraße bei einem Autounfall ums Leben gekommen«, ergänzte Obermayr.

»Was hat das mit dem vorliegenden Fall zu tun?«, wollte Probisch wissen, während ihr Assistent bereits nach seinem allwissenden Tablet griff.

»Wissen wir noch nicht«, gestand Nemecek. »Wir wissen allerdings, dass Zettl im selben Unternehmen wie Joschak gearbeitet hat. Sogar im selben Geschäftsbereich.«

»Joschak und Zettl waren seit vielen Jahren Kollegen«, setzte Obermayr nach. Nemecek fragte sich gerade, wieso sich seine Kollegin bemüßigt fühlte, jede seiner Wortmeldungen zu kommentieren. Wollte sie ebenfalls zu

Wort kommen? Oder passte ihr etwas an seinen Aussagen nicht? Doch bevor er sich weiter darüber wundern konnte, bestätigte Habicher: »Gernot Zettl. Unfall Höhenstraße am 8. August. Todesursache Genickbruch.«

»Ist Ihnen etwas Besonderes aufgefallen?«

Habicher blickte von seinem Tablet auf, als verstünde er die Frage nicht. Doch noch bevor Nemecek zu einer genaueren Erklärung ansetzen konnte, preschte Obermayr nach vorne: »Mein Kollege meint, ob Sie ungewöhnliche Verletzungen festgestellt haben?«

Nemecek spürte Ärger in sich aufsteigen. Was war heute mit seiner Kollegin los? Drückte er sich so undeutlich aus? Und selbst, wenn dem so wäre: Dachte sie denn, er sei nicht dazu imstande, das selbst zu klären?

»Soweit ich mich erinnere, handelte es sich um ein klassisches Unfallopfer«, mischte sich Gerda Probisch in die Diskussion ein. »Die Details über die unzähligen Knochenbrüche und inneren Verletzungen ersparen wir Ihnen lieber. Oder Herr Doktor, wie sehen Sie das?«

Habicher nickte seiner Vorgesetzten zu, wirkte dabei aber ein wenig zögerlich. »Wir sollten noch erwähnen, dass wir in Zettls Blut 1,8 Promille Alkohol und Spuren von Amphetamin gefunden haben.«

Nemecek zog die Augenbrauen hoch. War man mit einer derartigen Drogenmenge überhaupt noch fahrtüchtig? Aber das war wahrscheinlich wie in dem alten Witz von dem stockbesoffenen Mann, der seine Saufkumpanen bittet, ihn zum Auto tragen: Weil gehen kann ich heute nicht mehr!

»Könnten ihm die Drogen auch ohne sein Wissen verabreicht worden sein?«, zog Obermayr kurzfristig in eine andere Richtung. Was die Frage aufwarf, wo Zettl vor seinem Unfall gewesen war.

Wieder zögerte Habicher mit einer Antwort. Bevor er sich dazu äußern konnte, stellte Probisch fest: »Das herauszufinden, verehrter Herr Chefinspektor, fällt dann ja eindeutig in Ihr Ressort.«

Obwohl er gerne gewusst hätte, was Habicher durch den Kopf ging, musste Nemecek der Gerichtsmedizinerin recht geben. Mögliche Tathergänge durchzuspielen, war sicher nicht ihre Aufgabe. Auf alle Fälle hatte sie damit klargestellt, dass ihr heutiger Termin beendet war.

»Gut, dann bedanken wir uns für Ihren Sondereinsatz und stören Sie nicht länger.« Probisch hob kurz die Hand zum Gruß. Oder wollte sie mit der

Geste eher anzeigen, dass die Audienz nunmehr beendet und sie entlassen waren? Das hätte zu dem aristokratischen Gehabe gepasst, das Obermayr so oft an der Gerichtsmedizinerin kritisierte: »Als würden wir noch in der K & K-Zeit leben!«

Von einem Moment auf den anderen verwandelte sich der Sektions- wieder in einen Konzertsaal. Wie sie wussten, wurde die forensische Routine gerne in opernhafter Atmosphäre erledigt. Die klangliche Wucht des einsetzenden Orchesters war überwältigend. Eines Tages würde er Habicher nach der technischen Anlage fragen, mit der er für einen solchen Sound sorgte. Während Obermayr das Reich der Toten fluchtartig verließ, gab sich Nemecek noch kurz den pathetischen Klängen hin, die nun den Raum erfüllten: *Freude, schöner Götterfunken, Tochter aus Elysium, Wir betreten feuertrunken, Himmlische, dein Heiligthum!*

Im Hinausgehen fiel ihm ein, dass es Anfang der 70er-Jahre eine Dialektversion zu Beethovens Neunter gegeben hatte, die den Wiener als echten Menschenfreund präsentierte. Alle Menschen sind mir zuwider, hieß es darin sinngemäß, ich möcht' sie in die Gosch'n hauen. Aufs Maul, in die Fresse, zwischen die Zähne, gingen Nemecek noch eine Zeit lang verschiedene Übersetzungen des wienerischen Ausdrucks durch den Kopf, ohne dass er sich einen Reim darauf machen konnte. Ob diese wortreichen Aggressionen irgendwas mit dem Mordfall zu tun hatten, der nunmehr offiziell war?

Montag, 17:25
Unfälle, die keine Zufälle sind

Auf dem Rückweg ins Kommissariat gab Nemecek Gunther Rüdinger Bescheid. Wie üblich reagierte der Staatsanwalt ruhig und gefasst. In wenigen Worten sicherte er zu, umgehend alle notwendigen Folgeschritte einzuleiten. Mit dem offiziellen Ermittlungsauftrag in der Tasche, rief Nemecek gleich noch einmal in Kärnten an. Unglücklicherweise ging ausgerechnet der junge Ruschitz an den Apparat, der sich ihm gegenüber total ablehnend verhalten hatte. Sogar über das Telefon war seine negative Haltung deutlich zu spüren. Selbst als ihm Nemecek von den neuesten Erkenntnissen der Gerichtsmedizin berichtete, änderte sich daran nichts. Stattdessen wurde er mit wenigen Worten abgefertigt: Nein, Rudi Hinteregger sei derzeit nicht zu erreichen, eine genauere Spurensuche habe es nicht gegeben, jedenfalls sei er nicht daran beteiligt gewesen und über irgendwelche Ermittlungsergebnisse wisse er schon gar nichts. Für ihn sei der Fall abgeschlossen, von einem Mord wolle er nichts wissen, sie hätten wahrlich wichtigere Dinge zu tun, als irgendwelchen Spinnereien aus Wien nachzulaufen. Noch bevor Nemecek angemessen reagieren konnte, hatte sein Gegenüber einfach aufgelegt.

Als sie zehn Minuten später in ihrem Büro eintrafen, war trotzdem wieder ein wenig Ruhe eingekehrt. Nemecek nahm sich Zeit, um seine Tasche auszuräumen: Telefon, Tablet, Notizbuch, Wasserflasche und die Wochenendzeitung, die er erst heute morgen vor seiner Wohnungstür aufgelesen hatte. Betont langsam breitete er alles fein säuberlich auf seinem Schreibtisch aus. Dann schob er seinen Bürostuhl darunter, nahm sein Notizbuch in die Hand und trat vor ihr Ermittlungsboard, das sie seit ihrem Fall in der *SafeIT* nach Kanban-Prinzipien gestalteten. Höchste Zeit für ihr nächstes Standup-Meeting!

Zukic drehte das Post-it, auf dem *Unfall Zettl* stand, und begann sofort, den dazu vorliegenden Unfallbericht zusammenzufassen. »Gernot Zettl, geboren am 15. März 1972, kam am 8. August gegen 22 Uhr 30 mit seinem Oldtimer von der Höhenstraße ab, durchschlug eine Begrenzungsmauer, stürzte in den Straßengraben und prallte frontal gegen einen Baum. Zu dieser Zeit hat es stark geregnet, es bestand also erhöhte Gefahr von Aquaplaning. Deswegen konnte das Unfallkommando, das exakt um 23 Uhr 04 am Unfallort eintraf, keinerlei Bremsspuren feststellen. Für Zettl, der nicht angegurtet war, kam jede Hilfe zu spät. Beim Aufprall durchschlug sein Kopf die Windschutzscheibe seines Mini Cooper S und das kleine Sportlenkrad hat sich tief in seinen Brustkorb gebohrt.«

»War sicher kein schöner Anblick«, kommentierte Obermayr mit angewiderter Miene.

»Mit Sicherheit nicht«, bestätigte Zukic. »Die Feuerwehr hat fast eine Stunde gebraucht, um Zettls sterbliche Überreste aus dem Wrack zu befreien.«

Nemecek schüttelte heftig den Kopf, um die blutigen Bilder zu vertreiben, die vor seinem geistigen Auge herumtanzten. Zu oft schon hatte er mit ansehen müssen, zu welch schrecklichen Szenen der Leichtsinn von Autofahrern führen konnte. Unterdessen nahm Obermayr das Post-it *Obduktion Zettl* in die Hand, das als Nächstes anstand.

»Laut Gerichtsmedizin hatte Zettl zum Zeitpunkt seines Todes 1,8 Promille Alkohol im Blut. Außerdem Spuren von Amphetamin.«

»Speed?«, staunte Zukic. »Wie passend!«

»Klingt nach einem klassischen Fall von drogenbedingter Selbstüberschätzung«, pointierte Obermayr. »Die Kollegen von der Unfallabteilung gehen davon aus, dass Zettl mindestens 80 km/h drauf hatte, als seine Vorderräder aufschwammen.«

Schwungvoll heftete Zukic einige der Fotos auf die Magnettafel, die vom Unfallort gemacht wurden. Auf den ersten Blick war nur ein grell erleuchtetes Spiel von Farben und Formen zu erkennen. Nemecek brauchte eine Weile, um klare Konturen ausmachen zu können: das matte Blau der zersplitterten Windschutzscheibe, das helle Rot des Karosserieblechs, das dunkle Grün der Blätter, dazu die verschiedenen Brauntöne der Sträucher, die Zettls Mini Cooper durchpflügt hatte. Aus irgendeinem Grund hatte der Polizeifotograf das Ganze aus relativ großer Entfernung von schräg oben aufgenommen, dann aber nur einen relativ kleinen Ausschnitt herausgenommen. Wollte er die Aufmerksamkeit auf etwas Bestimmtes lenken? Oder war die Distanz so groß, dass er sich später für eine Bildvergrößerung entschieden hatte?

Die weiteren Bilder, die Zukic nun herumreichte, rekonstruierten den mutmaßlichen Unfallhergang: den Straßenverlauf, der genau auf die Spitzkehre zuführte; das nasse Kopfsteinpflaster, das Zettl zum Verhängnis geworden war; die kleine Mauer, die der Wagen durchschlagen hatte; schließlich die mächtige Eiche, an der die Fahrt ihr jähes Ende fand. Dazu gab es weitere Nahaufnahmen des zerstörten Fahrzeugs, von allen Seiten und sogar von oben. Vom Wageninneren hatte man ebenfalls eine Menge Fotos geschossen, aber die wollte sich Nemecek ersparen. Schließlich hatte er in seinem Leben schon genügend Bilder von Tod und Zerstörung gesehen.

»Was grübelst du?«, holte ihn Obermayr aus seiner dumpfen Nachdenklichkeit. Nemecek blickte ihr in die Augen.

»Je länger ich überlege, desto verdächtiger kommt mir die Sache vor.«

»Du meinst …?« Obermayr setzte an, ohne ihren Gedanken weiter auszuführen. Doch Nemecek wollte an dieser Stelle nichts unausgesprochen lassen.

»Ich meine, dass es schon überaus seltsam ist, dass zwei Manager aus demselben Unternehmen innerhalb weniger Tage ums Leben kommen. Und ja, ich meine, dass man wohl auch in Zettls Fall nachgeholfen hat.«

»Zwei Abteilungsleiter, beide im selben Alter, mit einer vergleichbaren Entwicklung und aktuell wohl auch in einer ähnlichen Situation.« Zukic konnte Nemeceks Überlegungen offenbar einiges abgewinnen. Was natürlich einige gewichtige Fragen nach sich zog: Was verband Zettl und Joschak miteinander? Wie verlief ihre Karriere in der *Acros*? Und wessen Hass hatten sie dabei auf sich gezogen?

Nemecek zeigte sich zuversichtlich. »Unser Gespräch mit Reto Pflückinger wird uns hoffentlich mehr Klarheit verschaffen.«

»Wir sollten uns auf jeden Fall das Autowrack genauer anschauen, richtig?«

»Wenn da etwas manipuliert wurde, wird das die KTU bestimmt herausfinden«, pflichtete Obermayr ihrer jungen Kollegin bei. »Abgesehen davon sollten wir auf jeden Fall mit seiner Ex-Frau reden.«

»Einer gewissen Raphaela Votrava«, spielte Zukic nach einem kurzen Blick auf ihr Tablet den Ball gleich wieder zurück, »wohnhaft Beheimgasse 24, 1170 Wien.«

»Dann fasse ich also wie folgt zusammen.« Nemecek griff nach dem Stapel Haftnotizen, der stets auf seinem Schreibtisch bereit lag. *Recherche Unfallwagen*, buchstabierte er vor sich hin, während der schwarze Stift in seiner Hand über das Papier huschte. *Auftrag KTU, Nachfrage Gerichtsmedizin, Gespräch Raphaela Votrava*. Dann blätterte er in seinem Notizbuch, um die Namen der weiteren Gesprächspartner nachzuschlagen, die er während des Gesprächs mit Marina Joschak festgehalten hatte. *Kniewasser*, las er, *Swartling, Langholt, Wondratsch*.

»Vergiss nicht Joschaks persönliches Umfeld, das du noch durchleuchten wolltest«, erinnerte ihn Obermayr. »Du weißt schon: heimliche Geliebte, alte Feindschaften, Konkurrenz unter Sportlern.«

Nachdem Nemecek auch diese Aufgaben auf eigenen Post-its vermerkt hatte, stand er auf, um sie in die *Next*-Spalte ihres Ermittlungsboards zu kleben. »Ich denke, wir sollten ab jetzt arbeitsteilig vorgehen.«

Obermayr und Zukic stimmten zu. Sie hatten sich nun ebenfalls erhoben. Rasch griffen sie nach ihren Farbmagneten, mit denen sie auf dem Board die Verantwortung für die jeweiligen Aufgaben-Tickets sichtbar machten. »Ich kümmere mich um das Wrack und die KTU«, sagte Zukic, zog die beiden Tickets von der *Next*- in die *To Do*-Spalte und setzte jeweils einen grünen Magnet darauf. »Und ich organisiere euch Gesprächstermine mit den Damen und Herren von der *Acros*.«

»Dann rede ich mit Zettls Ex-Frau.« Obermayr illustrierte ihre Entscheidung mit einem gelben Magnet. »Und mit einer gewissen Melanie Wunzer aus dem Produktmanagement.«

Nemecek blickte auf die Tafel. »Dann gehört Johanna Kniewasser wohl mir.«

»Und die freundlichen Kärntner sowieso«, ergänzte Obermayr grinsend.

Nemecek brummte zustimmend, bevor er die Post-its mit seinen eigenen Arbeiten auf dem Board aktualisierte. »Dann lasst uns gespannt sein, was wir bis zu unserem nächsten Standup herausfinden!«

Der Elan, mit dem sich seine Kolleginnen sogleich an ihre Aufgaben machten, war ansteckend. Gleichwohl er das unangenehme Gespräch mit Ruschitz noch im Ohr hatte, griff er erneut zum Telefon. Doch unter Johanna Kniewassers Anschluss war niemand zu erreichen.

Umso erleichterter war er, als sich kurz darauf Rudi Hinteregger bei ihm meldete. Ja, beruhigte ihn der Inspektionsleiter, natürlich seien sie den Hinweisen wie besprochen nachgegangen und sie hätten auch einige neue Einsichten zu bieten. Hoteldirektor Matschnig habe sich allerdings erst gestern Abend bei ihm gemeldet, sodass sie ein wenig im Verzug lägen. Jedenfalls versicherte Matschnig, Joschak am fraglichen Tag gar nicht gesehen zu haben, versprach aber bei seinem Personal nachzufragen. Und bei der heutigen Morgenbesprechung habe sich tatsächlich eine Kellnerin gemeldet, die sich an ein kleines rotes Boot erinnerte, das sich zur fraglichen Zeit auf dem See befunden hatte. Besagte Kellnerin, eine gewisse Reinhild Ziessegger, war sich dessen ganz sicher, da sie zu dieser Zeit die Sonnenterrasse abgeräumt hatte. Der starke Wind hatte bereits einige Gedecke von den Tischen gerissen. Während sie alle Hände voll damit zu tun hatte, diverse Servietten und Tischdekorationen einzusammeln, warf sie gelegentlich einen Blick auf das kleine Boot, das heftig in den Wellen schaukelte. Ziessegger meinte, das sei gegen 17 Uhr 30 gewesen. Falls dem so war, musste der tödliche Angriff jedenfalls vor 17 Uhr 45 erfolgt sein, denn zu diesem Zeitpunkt war die Wasserpolizei ausgerückt, um den See zu räumen. Diese hatte allerdings weder ein Boot noch einen Schwimmer gesichtet. Wer auch immer Joschak den tödlichen Schlag versetzt hatte, musste zu diesem Zeitpunkt bereits wieder am Festland gewesen sein.

Das waren in der Tat interessante Neuigkeiten. Stellte sich natürlich die Frage, wo der Täter angelegt hatte. Und vor allem, woher überhaupt sein Boot stammte. War es ein Privatboot? Oder gemietet? Traf Ersteres zu, musste es entweder an einer Anlegestelle zu finden oder auf einem Anhänger transportiert worden sein. Andernfalls sollte sich ein Vermieter auftreiben lassen. Oder war es womöglich gestohlen worden? Am Ende des Gesprächs versprach Hinteregger auch zu überprüfen, ob es eine entsprechende Anzeige gab.

Keine Stunde später läutete das Telefon erneut. Plötzlich ging es Schlag auf Schlag, denn den Kollegen war es tatsächlich gelungen, an einem der Campingplätze ein Video sicherzustellen, das die Geschehnisse zwischen 17 und 18 Uhr dokumentierte. Wie erhofft war darauf auch ein rotes Elektroboot zu sehen. Als sie den Datensatz übermittelt hatten, musste Nemecek allerdings feststellen, dass die Entfernung zu groß war, um die Person in dem Boot eindeutig zu identifizieren. Darüber hinaus regnete es zu dieser Zeit bereits so stark, dass man lediglich eine Gestalt erkennen konnte, die dunkle Regenkleidung und eine Kapuze trug. Noch enttäuschender war allerdings, dass auf dem Video keine Spur von einem Schwimmer zu entdecken war. Sofort stiegen Zweifel in Nemecek auf: Vielleicht war Joschak zu dieser Zeit bereits untergegangen? Und das Boot hatte überhaupt nichts mit seinem Tod zu tun? Wie aber hatte sich Joschak dann die Kopfwunde zugezogen? Blieb zu hoffen, dass die Spezialisten von der KTU noch mehr aus den Bildern herausholen konnten.

Angespornt durch ihre aktuellen Rechercheergebnisse versprach Hinteregger, die Suche nach weiteren Aufzeichnungen fortzusetzen. Unglücklicherweise war die Videoanlage des Inselhotels bereits seit längerer Zeit defekt, denn diese wäre noch um einiges näher am mutmaßlichen Tatort gelegen. Zumindest blieb noch die Hoffnung, dass vielleicht einer der Gäste zufällig etwas aufgenommen hatte. Außerdem wollten sie beim Bundessport- und Freizeitzentrum nachfragen, das ein wenig oberhalb des Inselhotels lag. Dort herrschte für gewöhnlich immer ein reger Betrieb.

Nemecek fasste zusammen. Erwartungsgemäß waren sie von einem Durchbruch noch weit entfernt. Doch ihre Sammlung an sachdienlichen Hinweisen vergrößerte sich sukzessive. Entsprechend zuversichtlich verließ er am Ende des Tages das Büro. Ja, schon morgen früh, wenn sie mit dem neuen CEO der *Acros* sprachen, würden sich viele der herumschwirrenden Puzzleteile zu einem deutlich klareren Gesamtbild fügen.

Dienstag, 10:01
Agiler CEO

Kurz nach 10 Uhr hatten sie ihren Wagen in der Tiefgarage abgestellt und hielten auf das hellgraue Gebäude zu, in dem sich der Firmensitz der *Acros* befand. Im Angesicht der verwaschenen Fassade mit den schmalen Fenstern, die aus der Distanz wie schwarze Löcher aussahen, drängte sich Nemecek der Ausdruck Betonbunker auf. Nemecek spürte einen Anflug von Enttäuschung. Hier sollte, wie Pflückinger in einem seiner Interviews ankündigte, die Zukunft des Unternehmens entstehen? Schon auf den ersten Blick stand das klassische Konzerngebäude vor ihnen in scharfem Kontrast zu dem architektonischen Spektakel, dem sie ein Jahr zuvor bei ihrem Fall in der *SafeIT* begegnet waren. Schwer vorstellbar, dass die *Acros* ganz auf dieselbe agile Karte setzte, um etwas Ähnliches zu verwirklichen wie der vielgelobte Vorzeigebetrieb. War das überhaupt möglich? Schließlich handelte es sich bei der *Acros* um einen internationalen Konzern mit vielen Tausend Mitarbeitern, während der Cybersecurity-Spezialist im 20. Bezirk ein familiengeführtes Unternehmen mit knapp 200 Angestellten war. Mal ganz abgesehen von der Frage, ob man hier überhaupt nach denselben Managementprinzipien vorgehen konnte, geschweige denn mit demselben Veränderungsansatz.

Nemecek ahnte, dass er auf diese Fragen keine schnelle Antwort finden würde. Fürs Erste war er einfach gespannt, wie gut das Innenleben der *Acros* zur äußeren Erscheinung passte. Allerdings erwartete er nicht allzu viel, nachdem sogar die den Eingang umflatternden Fahnen mit dem Firmenlogo seltsam farblos wirkten.

Brauner Teppich, beige Wände, niedrige, auf grobkörnigen Betonpfeilern ruhende Decken, sah er seine Vorurteile beim Betreten des Gebäudes sogleich bestätigt. Selbst die Yucca-Palme rechts vom Empfang hatte garantiert schon bessere Zeiten gesehen. Der schmale Tresen, an dem sie ihre

Dienstausweise präsentierten, war mit löchrigen Paneelen verkleidet. Welcher Designer dachte sich so etwas aus? Die Mitarbeiterin, die mit einem zwischen Schulter und Kinn eingeklemmten Telefonhörer hinter dem Tresen saß, warf nur einen kurzen Blick auf ihre Ausweise, bevor sie wortlos die Zugangssperre öffnete.

»7. Stock, Chefetage«, erklärte Obermayr, als sie den Lift betraten. Nemecek nickte. Auch er hatte im Vorübergehen die goldene Hinweistafel überflogen. Wenig später verkündete ein dumpfes Klingeln, dass sie ihr Fahrtziel erreicht hatten. »Kriminalpolizei«, begrüßte Obermayr die Frau mit den kurzen schwarzen Haaren, die hier offensichtlich den Zugang hütete. »Wir haben einen Termin mit Dr. Pflückinger.«

Nachdem sie kurz aufgeblickt hatte, wandte sich die Frau wieder den vor ihr liegenden Unterlagen zu. »Der Herr Direktor erwartet sie schon.« Dann drückte sie eine quadratische Taste auf ihrer altmodischen Telefonanlage und verkündete, dass die Herrschaften von der Polizei angekommen wären.

Im nächsten Moment flog die dunkel furnierte Bürotür auf und gab den Blick auf einen groß gewachsenen Mann frei. 1 Meter 90, etwa 50 Jahre alt, glattrasierter Kopf, Wohlstandsbauch, registrierte Nemeceks Radarsystem augenblicklich. »Reto Pflückinger«, begrüßte sie der Vorstandsvorsitzende der *Acros* mit einem strahlenden Lächeln, das den Blick auf makellose Zähne freigab. »Willkommen in unserer Villa Fürchterlich!«

Obermayr grinste. »Wenn man sich hier so umsieht, scheint mir das ein treffender Name zu sein. Aber wie wir gehört haben, ziehen sie bald um.«

Nemecek blickte seine Kollegin überrascht an. Woher hatte sie denn diese Information? War ihm da etwas entgangen? Oder hatte sie heimlich mit Zukic gesprochen?

»Gott sei Dank ist der Neubau fast fertig«, seufzte der CEO erleichtert. »Dieses schreckliche Labyrinth passt so gar nicht zu dem, wie wir in Zukunft arbeiten und uns präsentieren wollen.«

Locker, offen, leutselig, pointierte Nemecek seine ersten Eindrücke, gekrönt von diesem Schweizer Akzent, den er seit jeher sympathisch fand. Pflückinger trug weder Sakko noch Krawatte und hatte die Ärmel seines blütenweißen Hemds bis zu den Ellbogen aufgekrempelt. Das bestärkte das Image des engagierten Baumeisters, das ihm zugeschrieben wurde. Wenn sich Nemecek recht entsann, hatte sich der Schweizer seine Sporen in namhaften Technologieunternehmen verdient, war aber auch in Infrastruktur- und Automobilbetrieben tätig gewesen. Dabei kam der promovierte Telematiker nicht nur branchen-, sondern auch ländermäßig ganz schön herum: USA, Großbritannien, Frankreich, Italien, Deutschland, erinnerte sich Nemecek an das eindrucksvolle Profil, das seine Assistentin aus dem Internet gefischt hatte. Laut Selbstbeschreibung sah sich Pflückinger als jemand, der eine starke Vision verfolgte und sich nicht zu schade war, kräftig mit anzupacken, um diese zu verwirklichen. Und natürlich verfügte er ebenso über die vielzitierte Handschlagqualität, ohne die heutzutage kein Spitzenmanager auszukommen schien.

Nemecek war nicht so naiv, all das für bare Münze zu nehmen. Ihm war klar, dass dahinter ein geschicktes Marketing steckte, das sich nicht immer an dem orientierte, was ein Manager tatsächlich bewirkte. Oder überhaupt bewirken konnte – schließlich hielt er die Vorstellung eines souveränen Unternehmenslenkers, der hochkomplexe Zusammenhänge quasi per Knopfdruck steuerte, für völlig realitätsfremd.

Erst kürzlich hatte er mit Bettina wieder über die unheilvolle Verbindung von Machtfülle und Selbstüberschätzung diskutiert, die sie im Universitätsbereich erlebte. Natürlich konnte ein Institutsleiter, ein Dekan oder ein Rektor weitreichende Entscheidungen treffen; dass sie dabei mitunter unerwünschte Nebenwirkungen übersahen und zugleich völlig ausblendeten, dass die Umsetzung vieler Entscheidungen nicht in ihrer eigenen Hand lag, stand freilich auf einem anderen Blatt. Innerhalb des Polizeiapparats, der ähnlich hierarchisch organisiert war wie die Universität, wurden die zahlreichen Abhängigkeiten, mit denen es jedes Management zwangsläufig zu tun hatte, ebenfalls konsequent ausgeblendet. Oder darauf beschränkt, dass »die unten« von denen »da oben« abhängig waren – nicht umsonst sprach man ja immer noch von Vorgesetzten und Untergebenen. Dass das Gegenteil ebenso zutraf und jede Art der Führung davon abhing, dass Menschen folgten, wurde weit weniger beachtet. Im Laufe der Diskussion hatte sich seine Frau sogar zu einer kleinen Brandrede hinreißen lassen: Manager, so ihre Pointe, würden überhaupt nichts bewirken, wenn die Leute nicht bereit waren, ihr Bestes zu geben.

»Der blinde Fleck der Macht«, nannte Bettina diese Top-down-Abhängig-
keit, die sie an der Universität so intensiv erlebte. Nemecek hatte der Ausdruck so gut gefallen, dass er ihn später in seinem Notizbuch festhielt. Jetzt
fragte sich Nemecek, ob auch Pflückinger diesen blinden Fleck teilte. Oder
verfolgte der Schweizer, der sich ja dezidiert vom traditionellen Management abgrenzte, tatsächlich einen anderen Kurs? Bedeutete der Begriff agiles
Management weit mehr als ein modisches Label? Fürs Erste eilte dem neuen
CEO ein ausgezeichneter Ruf voraus, sodass man gespannt sein durfte, was
sich bei der *Acros* tatsächlich verändern würde – obgleich man nach den
wenigen Monaten, die er in Amt und Würden war, sicher noch keine Wun-
derdinge erwarten durfte.

»Nehmen Sie doch bitte Platz«, holte ihn Pflückinger aus seinen Überlegungen wieder in die Gegenwart ihrer Ermittlungen zurück. »Was darf ich Ihnen anbieten? Kaffee, Tee, Wasser?«

»Danke, Wasser reicht uns vollkommen.«

Geduldig verfolgte Nemecek, wie ihr Gastgeber nach der bereitstehenden
Karaffe griff, um die Gläser zu füllen. Bereits im Wagen hatte er sich mit
Obermayr darauf verständigt, dass sie dem Manager den Vortritt lassen
würden. Dementsprechend neugierig durfte man auf dessen Eröffnung sein.

Sie mussten nicht allzu lange warten. Denn kaum, dass er die Karaffe abgestellt hatte, sagte der CEO: »Ich muss Ihnen ehrlich sagen, dass mich Ihr Besuch überrascht.« Pflückinger wartete kurz, damit seine Worte die erhoffte
Wirkung erzielen konnten. »Bislang bin ich davon ausgegangen, dass Joschak
bei einem Schwimmunfall ums Leben kam. Und jetzt sitze ich der Kriminalpolizei gegenüber?«

»Bei solchen Unfällen sind wir verpflichtet, die genaueren Umstände zu klären«, fühlte sich Obermayr sofort zu einer Erklärung angehalten, merkte
aber selbst, wie fadenscheinig diese klang.

»Verstehe«, erwiderte der CEO nach einer weiteren Pause. Allerdings war
ihm deutlich anzusehen, dass das Gegenteil zutraf. Demonstrativ blickte er
auf seine Armbanduhr, die mit Sicherheit ein paar Monatsgehälter ver-
schlungen hatte – zumindest von den Gehältern, die ein Kriminalkommissar
durchschnittlich verdiente. Dann presste er seine Fingerspitzen aufeinander,
um mit seinen Händen eine jener Rauten zu formen, die die deutsche Bun-

deskanzlerin weltberühmt gemacht hatte. Das sollte zweifellos eine Botschaft sein.

»Wie genau kann ich Ihnen helfen?«

»Erzählen Sie uns doch für den Anfang einmal, wie es so war, mit Joschak zusammenzuarbeiten.«

Während Nemecek sein Notizbuch aus der Tasche kramte, fiel ihm auf, dass Obermayr ebenfalls eine Händeraute gebildet hatte. Spiegeln, nannte sie diese Strategie, die sie schon bei vielen Gesprächen eingesetzt hatte. Verstohlen blickte Nemecek zwischen seiner Kollegin und dem *Acros*-Chef hin und her. Beide hatten jetzt die Augenbrauen ein wenig zusammengezogen und den Mund leicht gespitzt. Konnte es sein, dass Obermayr nun sogar die Mimik ihres Gegenübers nachahmte?

»Ich muss vorsichtig sein«, setzte Pflückinger an, »da ich ja erst ein paar Monate im Unternehmen bin. Mit Sicherheit kann ich aber sagen, dass Joschak zu denen gehörte, die ich als alte Garde bezeichne.«

»Das klingt in meinen Ohren ziemlich negativ«, merkte Obermayr an, was Pflückinger mit einem kurzen Prusten quittierte. Gleich darauf ließ er seinen Blick durch den Raum schweifen, als suchte er dort nach den richtigen Worten.

»Ich will Ihnen nichts vormachen. Joschak war das, was man mit Fug und Recht als Urgestein bezeichnen darf. Seine Karriere erzählt viel über die Unternehmensgeschichte, die er fast zwanzig Jahre lang mit gestaltete.«

Es folgte eine weitere Pause, in der Pflückinger anscheinend seine Gedanken sortierte. Mit Sicherheit überlegte er, wie viel er preisgeben sollte. Fragte sich nur, wie diplomatisch er seine Aussagen anlegen würde – was ihm als Schweizer vermutlich besonders im Blut lag. Während Pflückinger weiter mit sich selbst beschäftigt war, warf Nemecek einen bangen Blick zur Seite, da er befürchtete, dass Obermayr wieder aufs Tempo drücken würde. Doch seine Kollegin saß ganz entspannt in ihrem Ledersessel und wartete, was als Nächstes kommen würde.

»Zweifellos hatte Joschak seinen Anteil an unserer Erfolgsgeschichte«, begann Pflückinger schließlich das Ergebnis seiner Überlegungen zu präsentieren.

»Das klingt nach einem Aber-Satz.«

»Andererseits«, nahm der CEO Obermayrs Anmerkung auf, »legte er dabei einen Managementstil an den Tag, der einem die Zusammenarbeit alles andere als leicht machte – wenn Sie verstehen, was ich meine?«

»Er war kein Teamplayer?«, versuchte Obermayr den säuerlichen Ausdruck zu deuten, den Pflückingers Gesicht angenommen hatte. Der Schweizer lachte auf, aber es war alles andere als ein fröhliches Lachen.

»Man soll ja bekanntlich nicht schlecht über Tote reden. Aber offen gesagt war gerade Joschak eine echte«, Pflückinger zögerte kurz, um das richtige Wort zu finden, »Herausforderung. Für mich als Vorstand, für seine Kollegen und fürs ganze Unternehmen.«

»Weil er immer sein eigenes Ding durchziehen wollte?«

»Weil er extrem machtorientiert war«, stieß Pflückinger mit unerwarteter Heftigkeit hervor. »Weil er seine Mitarbeitenden wie ein Marionettenspieler zu dirigieren versuchte, weil er sich ständig in die laufenden Arbeitsprozesse einmischte und weil für ihn letztendlich nur seine eigene Meinung zählte. Aufgrund seiner langjährigen Erfahrung fühlte er sich immer im Recht.«

»Das stand in krassem Widerspruch zu den umfassenden Veränderungen, mit denen Ihr Unternehmen gerade beschäftigt ist«, spekulierte Nemecek. »Stichwort Agilität?«

»Das sagt Ihnen etwas?«, wunderte sich sein Gegenüber.

»Wir hatten in einem unserer Fälle damit zu tun.«

»Sie erahnen wahrscheinlich, wie gut ein solcher, nennen wir es einmal traditioneller Managementstil mit agilen Werten vereinbar ist.«

»Agile Werte?« Obermayr runzelte die Stirn. Nemecek musste zugeben, dass er selbst Mühe hatte, sich zu erinnern. War das nicht etwas mit Offenheit gewesen? Oder Vertrauen?

Pflückinger schien ihre Verwirrung zu spüren. Oder er fühlte sich aufgrund von Obermayrs Stirnrunzeln zu einer Antwort verpflichtet. Jedenfalls hob er unversehens die linke Hand und erklärte mit gestrecktem Zeigefinger: »Commitment, verstanden als die Bereitschaft, mich für eine Sache wirklich verantwortlich zu fühlen und alles in meiner Macht Stehende zu tun, um ein bestimmtes Ziel zu erreichen. Einfachheit«, schnellte schon der Mittelfinger in die Höhe, »als Gegenentwurf zu unserer Neigung, vieles komplizierter als nötig zu machen.« Nemecek verfolgte gespannt, wie der CEO kurz durchatmete und dann seinen Ringfinger in Bewegung setzte. »Respekt als fundamentale, vorurteilsfreie Anerkennung jeder Person, wie sie ist. Schließlich Mut«, wie erwartbar vom kleinen Finger angezeigt, »im Sinne von Ehrlichkeit, offenem Feedback und der Bereitschaft, neue Dinge auszuprobieren und alte Gewohnheiten hinter sich zu lassen.«

Während Nemecek noch Pflückingers spontanem Wertevortrag nachhing, zeigte sich Obermayr wenig beeindruckt. Gut möglich, dass seine Kollegin sogar ein wenig genervt über die ungebetene Belehrung war. Ihre Stimme klang jedenfalls sonderbar, als sie wieder zu ihrem eigentlichen Gesprächsthema zurückkam: »Doch Joschak waren offenbar ganz andere Dinge wichtig?«

Pflückinger schien es nichts auszumachen, dass seine Gesprächspartnerin sang- und klanglos über seine agilen Werte hinwegging. Auf alle Fälle antwortete er wie aus der Pistole geschossen: »Joschak ging es vor allem darum, alle Fäden in der Hand zu behalten. Sich im eigenen Fachsilo einmauern, alle Mitarbeitenden engmaschig kontrollieren, Fehlleistungen drastisch sanktionieren – wollen Sie noch mehr hören?«

»Ich frage mich gerade, wie das Ganze zur bevorstehenden Beförderung passt, von der uns seine Frau erzählt hat.«

»Beförderung?« Pflückinger staunte.

»Laut seiner Frau hat er fix damit gerechnet, die offene Stelle des Technikvorstands zu übernehmen.«

Wieder dieses bittere Lachen. Dann fuhr sich der *Acros*-Chef rasch mit beiden Händen über das Gesicht, als könnte er damit seine Bitterkeit wegradieren. Mit matter Stimme setzte er fort. »Glauben Sie mir: Das ist das absolute Gegenteil dessen, was wir mit ihm vorhatten.«

»Joschak sollten entlassen werden?« Nemecek konnte seine Überraschung nicht verbergen.

Pflückinger hob die Hände. »Das stand zumindest im Raum.«

»Dann gab es in den letzten Wochen also jede Menge Konfliktstoff«, fasste Obermayr die Ausführungen des CEO zusammen. Für Nemeceks Ohren klang das Ganze nach einem echten Pulverfass. Ihm war, als könnte er die explosive Mischung geradezu riechen. Fragte sich, wie sich Joschak dazu verhalten hatte. Mit Sicherheit hatte er dem Funkenregen rund um ihn nicht tatenlos zugesehen. Doch was würde ein traditionell orientierter Manager wohl tun, der über viele Jahre hinweg sein eigenes Reich aufgebaut hatte und dieses nun massiv bedroht sah? Er würde in die Gegenoffensive gehen, gab er sich selbst die Antwort. Getreu dem alten Slogan: Angriff ist die beste Verteidigung!

»Mit seinem Verhalten hat sich Joschak sicher nicht nur Freunde gemacht«, griff Obermayr im nächsten Moment seine Gedanken auf. »Was Sie erzählen, klingt eher nach gepflegten Feindschaften.« Es war mehr eine Feststellung als eine Frage, doch Pflückinger schien das nicht zu stören. Offensichtlich bot ihm das Gespräch eine willkommene Gelegenheit, ein wenig Dampf abzulassen. Ob sie dieser Dampf in ihren Ermittlungen weiterbrachte, würde sich zeigen.

»Weder auf Kunden- noch auf Mitarbeiterseite. Joschak wollte einfach nicht anerkennen, dass der Markt heute völlig andere Anforderungen stellt als vor 20 Jahren! Und dass dies bedeutet, dass wir uns nicht nur anders organisieren, sondern diese Organisation auch anders managen müssen.«

»Ich nehme an, Sie sind nicht der Einzige, der das so sah.«

»Gottlob nicht. In vielen Bereichen greift die agile Veränderung ausgezeichnet. Die neuen Teams arbeiten großartig zusammen, die Stimmung ist gut und sogar die Leistung hat sich schon nach wenigen Wochen verbessert.«

»Ich gehe auch davon aus, dass Joschak nicht der Einzige war, der sich dieser Entwicklung verweigerte«, spitzte Nemecek seine konfliktorientierten Argumente weiter zu.

»Nein«, gestand der CEO schweren Herzens. Nemecek war klar, dass sein Gegenüber lieber weiter über die Zwischenerfolge seiner Veränderungsinitiative geredet hätte, doch darauf durfte er jetzt keine Rücksicht nehmen.

»Das klingt für mich nach einem astreinen Machtkampf.«

Pflückinger nickte.

»Nach einem Kampf, der für Marco Joschak tödlich endete«, ließ Nemecek nun endlich die Katze aus dem Sack.

»Marco wurde ermordet?« Von einem Moment auf den anderen schien jede Farbe aus Pflückingers Gesicht gewichen zu sein. Langsam öffnete er den Mund, brachte aber keinen Ton hervor.

»Seit gestern wissen wir definitiv, dass Joschak bewusstlos geschlagen wurde, bevor er im See ertrunken ist«, ergänzte Obermayr der Vollständigkeit halber. Ihr Gegenüber war immer noch leichenblass, schaffte es aber wenigstens, seine Lippen wieder zu schließen.

»Sie können uns sicher einige Personen nennen, mit denen Joschak in letzter Zeit besonders intensive Auseinandersetzungen hatte.«

Pflückinger streckte seinen Rücken durch. Es war ihm deutlich anzusehen, wie er mit sich rang. Um seine eigene Ungeduld zu bezähmen, begann Nemecek im Geiste langsam von zehn herunterzuzählen. Als er bei vier angekommen war, hatte Pflückinger offenkundig einen Entschluss gefasst.

»Nun, Sie finden es ja ohnehin heraus. Ja, es gab zuletzt einige unschöne Szenen, die zu einer Art Lagerbildung geführt haben.«

»Die Namen, Herr Pflückinger!«, zeigte sich Obermayr nun ungnädig. »Wir brauchen Namen, um in diesem Fall weiterzukommen.«

»Also, die Protagonisten des agilen Lagers sind Niels Swartling als gesamtverantwortlicher Change Manager, Johanna Kniewasser, unser Head of Product, sowie Felix Wondratsch und Melanie Wunzer aus den Entwicklungsteams. Gemeinsam mit mir bilden sie das sogenannte Agile Change Team, kurz: ACT, das alle Veränderungsmaßnahmen koordiniert.« Rasch hatte Nemecek die genannten Namen in seinem Notizbuch festgehalten. Beim letzten Namen stutzte er kurz, fand aber auf die Schnelle keine Erklärung dafür. Dennoch ahnte Nemecek, dass ihm diese Melanie Wunzer schon einmal irgendwo untergekommen war. Wo war das bloß gewesen?

»Und die andere Seite?«, gönnte ihm seine Kollegin keine Zeit, um weiter in seinem Gedächtnis zu graben.

»Neben Joschak vor allem Gernot Zettl, unser Head of Operations. Aber der ist ja leider letzte Woche tödlich verunglückt.«

»Das wissen wir schon«, erklärte Obermayr, »und sind gerade dabei, diesen Unfall auf Herz und Nieren zu prüfen.«

Pflückinger verzog das Gesicht. »Sie gehen jetzt aber nicht davon aus, dass auch Zettl einem Anschlag zum Opfer gefallen ist?«

Obermayr warf Nemecek einen kurzen Blick zu, als wollte sie sich stillschweigend mit ihm abstimmen. Doch ihre Richtung war längst klar.

»Die KTU klärt gerade, ob an Zettls Wagen etwas manipuliert wurde.«

Nemecek sah, wie der CEO heftig schluckte, bevor er hinzufügte: »Noch ermitteln wir natürlich in alle Richtungen. Aber die Hinweise verdichten sich, dass die Ereignisse zusammenhängen.«

Und dass diese wiederum etwas mit den laufenden Veränderungen in der *Acros* zu tun haben könnten, dachte Nemecek für sich. Ein Gedanke, der noch im Raum zu hängen schien, als sie das Büro verließen, nachdem ihnen der CEO jede in seiner Macht stehende Hilfe versprochen hatte, um diese schrecklichen Ereignisse so rasch wie möglich aufzuklären.

Dienstag, 14:20
Verschollene Verdächtige

»Hier spricht die Mailbox von Johanna Kniewasser. Bitte hinterlassen Sie mir eine Nachricht, ich rufe Sie dann umgehend zurück.«

Eine angenehme Stimme, dachte Nemecek, bevor der übliche Pfeifton erklang. Er räusperte sich kurz und hinterließ noch einmal die Botschaft, mit der er bereits den ganzen Tag über hausieren ging. »Guten Tag, Frau Kniewasser. Robert Nemecek hier, Kriminalpolizei Wien. Es geht um die Todesfälle Ihrer Kollegen Joschak und Zettl. Ich hätte da ein paar Fragen an Sie. Wenn Sie mich bitte so bald wie möglich zurückrufen. Vielen Dank und hoffentlich auf bald!«

Kaum, dass er die rote Taste gedrückt hatte, fragte er sich, ob er zu unverbindlich gewesen war. Oder zu freundlich, wie ihm Obermayr schon des Öfteren vorgeworfen hatte. Er schob seine Zweifel zur Seite, um sich wieder Zukic' Dossier zu widmen. Wenn er schon nicht mit Kniewasser reden konnte, wollte er sich wenigstens mit einigen der Themen beschäftigen, die die Produktmanagerin umtrieben. *Zu langsam, zu unzuverlässig, zu fehlerhaft, zu teuer,* überflog er die Punkteliste, die sie im Vorwort ihrer Diplomarbeit als *Problem Statement* zusammengestellt hatte. *Um auf der Höhe der Zeit zu agieren,* argumentierte Kniewasser weiter, *brauchen wir andere Arbeitssysteme. Agile Ansätze unterstützen Unternehmen dabei, rasch auf sich verändernde Kundenbedürfnisse einzugehen, um punktgenau die Produkte zu liefern, die tatsächlich gewünscht sind. Eine konsequente Organisationsentwicklung in diese Richtung sei allerdings ziemlich anspruchsvoll, da sie zwangsläufig viele bestehende Arbeitsroutinen infrage stelle. Ja, mehr noch,* so Kniewasser: *Agile Unternehmen geraten mit alten Überzeugungen in Konflikt und sorgen damit nicht nur für intellektuelle Herausforderungen, sondern auch für emotionale Turbulenzen.*

Turbulenzen, Herausforderungen, Konflikte, hielt Nemecek in seinem Notizbuch fest. Der Text war zweifellos höchst interessant, vor allem, weil er
eine Brücke zwischen den agilen Chancen und den Risiken schlug, mit denen man aus unternehmensentwicklerischer Sicht rechnen musste. Bald jedoch merkte er, dass er nicht recht bei der Sache war. Während seine Augen
über die Zeilen wanderten, drifteten seine Gedanken beharrlich in Richtung
Kniewasser ab. Welche neuen Aspekte der veränderungstypischen Spannungen würde er durch ihre Arbeit und Ausführungen entdecken? Welche Rolle
spielte die oberste Produktmanagerin der *Acros* in diesem ganzen Wirrwarr
an alten Verbindungen und neuen Verstrickungen? Und wie viel hatte sie
mit den Todesfällen ihrer Kollegen zu tun?

Nemecek überflog die biografischen Eckdaten: Geboren 1990 in Micheldorf in Oberösterreich, Volksschule und Gymnasium ebendort, danach Hö-
here Technische Lehranstalt für Kraftfahrzeugtechnik in Steyr. Ab 2008 Diplomstudium der Wirtschaftsinformatik, Abschluss 2012 mit einer Arbeit
zu »Agile Produktentwicklung – Ein Versprechen für die Zukunft«. Bereits
während des Studiums als Werkstudentin bei der Veith Stahl AG tätig. Erster Vollzeitjob 2008 als Delivery Managerin bei der Ambusch Software Services GmbH, danach als Produkt- und Portfoliomanagerin in verschiedenen
Unternehmen in Deutschland und der Schweiz tätig. Berufsbegleitendes
MBA-Studium von 2009-2011. Weiterbildungen zum Certified Product
Owner (2012) und Certified Agile Leader (2016). Diverse Vorträge auf agilen Konferenzen und Meetups.

Neben ihren beruflichen Leistungen als jemand, der nach eigener Aussage
für die Agilität lebte, sorgte Kniewasser auch durch ihr Hobby für Aufsehen. Sie betrieb nämlich eine eigene Website mit dem klingenden Namen
Oldies But Goldies, auf der sie jede Menge Tipps für Liebhaber alter Autos
gab. Dort posierte sie mit Klassikern wie einem Triumph Spitfire aus dem
Jahre 1966, einem Ford Taunus aus dem Jahr 1961 oder einem giftgrünen
MG Roadster aus dem Jahr 1960, aber auch mit einigen Motorrädern. Anscheinend ließ sie ihre Kenntnisse als Kfz-Technikerin nie einrosten. Im Gegenteil: Auf einer Unterseite dokumentierte sie minutiös, wie sie beim Bau
ihres eigenen Motorrads auf der Basis einer alten Honda 750 Four vorge-
gangen war.

Nemecek klickte sich durch die Fotogalerie. Auf jedem Bild strahlte Kniewasser mit ihren polierten Oldies um die Wette. Eine attraktive Frau mit der Ausstrahlung von jemandem, mit dem man Pferde stehlen kann. Sicher kein Nachteil, wenn es um ein modernes Management ging, das ganz wesentlich auf wechselseitigem Vertrauen aufbaute.

Nemecek versuchte, die virtuelle Hochglanzpräsentation mit dem Mord an Joschak zu verbinden. Sie wirkte kräftig genug, um ein Boot auch bei rauem Seegang auf Kurs zu halten. Fragte sich bloß, welches Motiv sie für einen Mord haben sollte. Konnten die Konflikte rund um die Veränderungen in der *Acros* derart eskaliert sein? Hatte es Joschak mit seinem Widerstand gegen die Agilisierung des Unternehmens übertrieben? Oder ging es gar nicht um berufliche Zusammenhänge, sondern um eine private Geschichte?

Erneut spürte Nemecek Ärger in sich aufsteigen. Die letzten Stunden hatten ihm nicht im Geringsten geholfen, zu richtungsweisenden Antworten zu kommen. Zuerst hatte er von der Wiener Zentrale erfahren, dass Kniewasser seit letzter Woche in Oberösterreich arbeitete. Als er daraufhin beim Linzer *Acros*-Büro anrief, hieß es wiederum, dass sich Kniewasser kurzfristig frei genommen habe. Nach mehreren vergeblichen Versuchen, sie mobil zu erreichen, wandte sich Nemecek erneut an das Büro. Er wurde zwar unzählige Male hin und her verbunden, erfuhr dabei jedoch nicht viel mehr, als dass die Produktmanagerin vermutlich aufs Land gefahren war.

»Wahrscheinlich brauchen ihre Eltern etwas von ihr«, vermutete eine Frau, die Kniewasser anscheinend ein wenig besser kannte. »Vielleicht ist wieder etwas am Haus zu machen. Oder sie nutzt das schöne Wetter für eine Radtour.«

Nachdem auch in Kniewassers Elternhaus in Hinterstoder niemand abhob, machte sich Frustration breit. Sollte er jetzt wirklich die Kollegen vor Ort mobilisieren? Obwohl ihm das Gespräch mit Kniewasser wichtig erschien, entschied er sich am Ende dagegen. Der Aufwand kam ihm doch ziemlich übertrieben vor. Außerdem wollte er nach den Kärntner Erfahrungen nicht schon wieder den Eindruck erwecken, dass der Herr Sonderkommissar aus der Landeshauptstadt die Kollegen aus den Bundesländern als Laufburschen missbrauchte. Nüchtern betrachtet, handelte es sich ja bloß um eine einfache Zeugenbefragung.

Offenbar gab es massive Konflikte zwischen Kniewasser als Verfechterin des agilen Vorgehens und Joschak und Zettl als Vertreter des traditionellen Managements. Hinzu kam, dass sich durch den Tod der beiden die interne Konkurrenz rund um den Posten des Chief Technology Officer erledigt zu haben schien. Nemecek wollte zwar möglichst unvoreingenommen in das Gespräch mit Kniewasser gehen, musste sich aber eingestehen, dass das plausible Mordmotive waren. Je länger er grübelte, desto dringlicher erschien ihm die Befragung.

Doch so schwer es ihm auch fiel: Vorerst musste Nemecek akzeptieren, dass die Produktmanagerin nicht zu erreichen und er selbst wohl oder übel in der Warteschleife gefangen war. Normalerweise fiel es ihm relativ leicht, sich in der Zwischenzeit mit anderen Dingen zu beschäftigen. Dieses Mal fühlte er sich allerdings in einem regelrechten Aufmerksamkeitstunnel gefangen.

Um sich abzulenken, öffnete Nemecek seinen Computer. *12 neue Nachrichten,* verkündete sein Mailprogramm. Er überflog die Informationen, die ihm die Welt in der Zwischenzeit zugetragen hatte. Doch bis auf eine Nachricht von Zukic erschien ihm seine aktuelle Post völlig irrelevant. Seiner jungen Kollegin war es gelungen, zumindest einen konkreten Gesprächstermin für ihn auszumachen. Gleich heute Nachmittag würde er mit Niels Swartling sprechen können.

Nemecek blickte auf die Uhr. Er hatte noch etwas mehr als eine Stunde, bevor er sich auf den Weg machen sollte. Kurz entschlossen druckte er sich die Informationen aus, die ihm Zukic über Swartling zusammengestellt hatte. Dann stand er auf, steckte die Ausdrucke in seine Tasche und verließ das überhitzte Büro.

»Darf's noch ein Espresso sein?«

Nemecek sah von seinem Notizbuch auf und blickte in das vertraute Gesicht des Kellners. Er musste nicht lange überlegen.

»Gerne. Und noch ein großes Glas Wasser bitte.«

»Kommt sofort«, versicherte der Kellner, bevor er ihn wieder seiner Lektüre überließ. *Niels Heiner Swartling,* überflog Nemecek die ihm vorliegenden Kerndaten. *Geboren 1982 in Hamburg als zweites von drei Kindern des schwedischen Staatsbürgers Per Albin Swartling und der Deutschen Inga Rosen-*

thal. Grundschule in Flensburg, Abitur 2000 am Schiller-Gymnasium in Berlin-Charlottenburg. Zivildienst beim Rettungsdienst in Köln, danach Studium der Organisationsentwicklung an der Universität München. Studienabschluss 2008.

»Mit 26«, kalkulierte Nemecek laut, als ob er den Kellner davon in Kenntnis setzen wollte. Der war ohnehin mit anderen Dingen beschäftigt, sodass sich Nemecek nicht lange überlegen musste, wozu eine solche Mitteilung gut sein sollte. Stattdessen vertiefte er sich wieder in den vor ihm liegenden Bericht. *2009 Master of Business Administration,* las er und begann erneut zu rechnen. Den dafür erforderlichen Lehrgang muss Swartling also noch während seines Studiums begonnen haben, überlegte Nemecek. 2011 kürt sich der umtriebige Deutsch-Schwede sowohl zum Agile Change Expert als auch zum Certified Product Owner. Es folgen weitere Zertifizierungen zum Design Thinking Master und zum Flight Levels Coach.

»Bitte sehr«, sagte der Kellner, als er das ovale Tablett mit den gewünschten Getränken über die Theke schob.

»Danke«, murmelte Nemecek ohne aufzublicken. Gerade eben war ihm ein Gedanke durch den Kopf gehuscht, den er unbedingt festhalten wollte. Doch so sehr er sich bemühte, er bekam ihn einfach nicht mehr zu fassen. Dann halt nicht, beendete Nemecek seine Spurensuche, um sich stattdessen die Liste an Unternehmen vorzunehmen, für die Swartling bereits gearbeitet hat. Er musste zugeben, dass diese Liste nicht weniger beeindruckend war als dessen umfassende Ausbildung. Insgesamt zählte er nicht weniger als zwölf Firmen, für die Swartling bereits tätig gewesen war, darunter viele namhafte Vertreter ihrer Zunft. Zudem war Swartling ordentlich in der Welt der Technik herumgekommen. Infrastruktur, Automotive, Mikroelektronik, Telekommunikation umriss er noch einmal die verschiedenen Branchen, in denen der Change-Experte einschlägige Erfahrung gesammelt hatte.

Plötzlich wusste er wieder, was ihm vorher in den Sinn gekommen und dann gleich wieder durch die Lappen gegangen war. Er öffnete seinen Laptop und rief den *Acros*-Ordner auf, den er mittlerweile angelegt hatte. Die Datei, die er suchte, trug den simplen Titel CEO. Kurz darauf fand er seine Ahnung bestätigt. Tatsächlich hatte Swartling vor der *Acros* bereits in drei Unternehmen gearbeitet, in denen auch Pflückinger tätig war – noch dazu genau im selben Zeitraum: 2010-2011 bei der *SwissData,* 2014-2016 bei der *Textron*

Automotive und 2017-2018 bei der *TeleMind*. *Head of Product Development* bzw. *Agile Coach*, begann Nemecek die jeweiligen Jobtitel zu vergleichen, *CTO – Agile Transition Master* und jetzt also *CEO – Agile Change Manager*.

Soweit er das beurteilen konnte, hatten beide Männer in der letzten Dekade eine beachtliche Karriere hingelegt. Waren Pflückinger und Swartling also so etwas wie das Dream-Team der agilen Szene? Ergänzten sie sich so gut, dass das laufende Geschäft und dessen gezielte Veränderung produktiv ineinander griffen? Sich also wechselseitig ergänzten und bestärkten, statt einander zu widersprechen? Und rechnete sich das Ganze dementsprechend nicht nur für die beiden Spezialisten, sondern auch für die jeweiligen Unternehmen, für die sie tätig waren?

Langjährige Kooperation mit Reto Pflückinger?, begann Nemecek den Fragenkatalog in seinem Notizbuch zu ergänzen. *Gemeinsame Erfolge? Besondere Highlights und Lowlights? Wichtigste Herausforderungen?* Er war schon gespannt, welche Antworten er erhalten würde – und wunderte sich gleichzeitig, dass ihm der CEO nichts von seiner intensiven Zusammenarbeit mit Swartling erzählt hatte.

Wenig später signalisierte ihm die Erinnerungsfunktion in seinem Handy, dass er aufbrechen musste.

»Zahlen bitte«, rief er und legte einen Zehn-Euro-Schein auf die Theke. »Stimmt so.«

»Danke«, rief ihm der Kellner zu. Nemecek zog zum Abschied seinen imaginären Hut und stand kurz darauf auf der Straße.

Dienstag, 16:00
Marathon-Mann

Als er Niels Swartling das erste Mal von Angesicht zu Angesicht gegenüberstand, hatte Nemecek eine seltsame Assoziation. Er musste nämlich an den Filmklassiker *Marathon Man* denken, den er erst vor Kurzem wieder gesehen hatte. Wie der junge Dustin Hoffman, der darin die Hauptrolle spielte, war Swartling nicht besonders groß, wirkte dafür aber umso drahtiger. Hinter seiner dunklen Hose und dem cremefarbigen Hemd, das er trotz der Hitze mit langen Ärmeln trug, zeichneten sich jene sehnigen Muskeln ab, die so typisch für notorische Langstreckenläufer waren. Nemecek konnte sich jedenfalls gut vorstellen, wie der oberste Change Manager der *Acros* seine einsamen Runden durch den Central Park drehte. Oder eben durch den Wiener Prater, der nun mal um einiges näher lag.

»Niels Swartling, freut mich«, eröffnete sein Gegenüber das Begrüßungsritual und streckte die rechte Hand aus. »Chefinspektor Robert Nemecek, Kriminalpolizei Wien«, entgegnete Nemecek ordnungsgemäß. Während sie sich die Hand schüttelten, gönnte sich Nemecek noch eine Nahaufnahme. Swartling hatte dunkles, halblanges Haar, ein hageres Gesicht und eine schmale Nase, auf der eine schwarze Intellektuellenbrille saß. Das Ungewöhnlichste an Swartling waren wohl seine hellblauen, durch die dicken Brillengläser übernatürlich groß wirkenden Augen, die den Chefinspektor neugierig betrachteten. Wie zwei Kameras, konnte sich Nemecek immer noch nicht von seinen kinematografischen Assoziationen lösen.

»Bitte nehmen Sie doch Platz«, verwies Swartling auf einen kleinen Besprechungstisch, um den vier Stühle gruppiert waren. Nemecek stellte seine Arbeitstasche ab, setzte sich und legte seine Unterarme auf den Tisch.

»Sie wissen, warum ich hier bin?«

»Ich habe gehört, es hat mit Joschaks Unfall zu tun.« Nemecek fiel auf, dass Swartling dabei ein wenig zurückwich, als ob er einem unsichtbaren Schlag ausweichen wollte. Doch der würde ihn trotzdem erreichen.

Nemecek holte aus. »Das war kein Unfall, wie wir mittlerweile mit Sicherheit wissen. Es war Mord.«

Swartling zog die Augenbrauen nach oben. »Joschak wurde getötet? Ich dachte, er ist ertrunken.«

»Seit gestern wissen wir, dass er bewusstlos geschlagen wurde, bevor er ertrunken ist.«

Zu Nemeceks Überraschung hielt Swartling seinem Blick stand. Außerdem wirkte er nicht sonderlich geschockt. Nur seine Augenlider zuckten für einen Sekundenbruchteil, als er von dem tödlichen Schlag erfuhr.

»Aber wer …«, setzte Swartling zu einer naheliegenden Frage an, schaffte es allerdings nicht, sie fertig auszuformulieren. Das »hat ihn ermordet?« wollte ihm aus irgendeinem Grund nicht mehr über die Lippen.

»Wir ermitteln in alle Richtungen.«

Nemecek hatte sich vorgenommen, erst einmal nur Fragen zu Joschaks Tod zu stellen und erst später auf Zettls Autounfall zu sprechen zu kommen – hinter dem ja möglicherweise ebenfalls ein Mordanschlag steckte.

»Und was kann ich für Sie tun?« Swartling schien sich schnell wieder gefangen zu haben, wie jemand, der zwar ins Stolpern geraten war, dessen Körperbeherrschung ihn aber vor einem Sturz bewahrte. Seine Stimme, die zuvor leicht gezittert zu haben schien, klang wieder so kraftvoll wie zu Beginn.

»Sie könnten mir fürs Erste einige Fragen beantworten.«

Swartling lehnte sich nach vorne. Wollte er damit signalisieren, dass er nichts zu verbergen hatte?

Nemecek wartete noch einige Augenblicke, bevor er betont langsam verkündete: »Also wir wissen mittlerweile, dass bei Joschaks Unfall jemand nachgeholfen hat. Jemand mit einem starken Motiv.«

Reflexartig legte sich Swartlings Stirn in Falten. »Nun vermuten Sie, dass ich dieser Jemand sein könnte.«

Nemecek fiel auf, dass das keine Frage, sondern eine Feststellung gewesen war. Anscheinend hatte Swartling von vornherein damit gerechnet, in Verdacht zu geraten. So oder so war es eine interessante Reaktion. Nemecek öffnete sein Notizbuch, um wieder etwas Zeit zu gewinnen. Jetzt nur nichts überstürzen, sondern Schritt für Schritt vorangehen. »Verwundert Sie das?« Swartling verzog die Mundwinkel.

»Nein, an Ihrer Stelle würde ich wahrscheinlich genau dieselben Schlüsse ziehen.«

Dieselben Schlüsse, kritzelte Nemecek ganz langsam in sein Buch, hauptsächlich, damit wieder ein wenig Zeit verstrich. Aus seiner Sicht bewährte es sich, manchen Befragten gerade am Anfang ausreichend Zeit zu geben, damit sie nachdenken konnten. Oft war es spannender, abzuwarten, in welche Richtung sich das Gespräch entwickelte, wenn er es nicht zu stark durch Fragen lenkte.

»Lassen Sie uns nicht um den heißen Brei herumreden«, sagte Swartling. »Zwischen Joschak und mir gab es immer wieder Streitigkeiten. Heftige Streitigkeiten.«

»Andere würden es Krieg nennen.«

»Ich dachte …«, entgegnete der Veränderungsexperte, wusste aber anscheinend nicht so recht, was er dachte. und verstummte wieder.

»Worum ging es bei Ihren Streitigkeiten?«, versuchte ihm Nemecek auf die Sprünge zu helfen.

»Ich fand, dass sich Joschak in vielen Situationen absolut kontraproduktiv verhielt: gegen die Dynamik des von uns angestrebten Wandels, gegen die Interessen des Unternehmens und auch gegen die Bedürfnisse hoch qualifizierter Mitarbeiterinnen und Mitarbeiter.«

»Und das heißt?«

»Das heißt, dass er die Entwicklungsabteilung wie ein kleiner Napoleon regierte. Entweder tat man, was der Feldherr befahl, oder es rollten Köpfe.«

»Alles hört auf mein Kommando?«, bot Nemecek an. »Das passt wohl nicht ganz zu dem agilen Mindset, das sich die *Acros* auf die Fahnen geschrieben hat?«

»Das sagt Ihnen etwas?« Swartling staunte.

»Wir hatten in einem unserer letzten Fälle damit zu tun.«

»Ach ja, natürlich, der Mord in der *SafeIT*. Ich erinnere mich.«

»Sie haben die Geschichte verfolgt?« Nun war es an Nemecek, verblüfft zu sein.

»Ich kenne Heidrun Glaser ganz gut. Und Nikolas Gauss, der sich ja auch seit Jahren in der agilen Community herumtreibt.«

Nemecek gab einen kurzen Stöhnlaut von sich, der wohl eher missmutig als zustimmend klang. Was im Grunde wenig verwunderlich war. Schließlich löste die Erinnerung an den Fall nach wie vor gemischte Gefühle in ihm aus. Insbesondere die Auseinandersetzung mit Gauss war reichlich zwiespältig verlaufen. Einerseits hatte ihm dieser geholfen, eine für ihn neue Welt zu verstehen und den Kontext des Mordes zu durchleuchten. Andererseits war er die längste Zeit über nicht ehrlich zu ihm gewesen und hatte fallrelevante Fakten vor ihm verborgen gehalten. Ob sich Swartling ähnlich ambivalent verhielt? Gab es typische Verhaltensweisen von agilen Experten? Zumindest beriefen sie sich doch auf dieselben Grundwerte? Bedeutete das nicht auch, dass sie die Welt ähnlich wahrnahmen und zu den gleichen Schlussfolgerungen kamen? Oder war das zu klischeehaft gedacht? Polizisten tickten ja auch nicht alle gleich.

»Kommen wir wieder zur Situation bei der *Acros* zurück«, schlug Nemecek vor. »Sie selbst wurden ja vor allem deswegen ins Unternehmen geholt, weil Sie sich in anderen Unternehmen einige Lorbeeren in Sachen agiler Transformation verdient haben.«

»Nun ja«, meinte Swartling düster, »Die vermeintlichen Lorbeeren haben sich im Laufe von nur wenigen Monaten in einen echten Dornenkranz verwandelt.«

»Wie darf ich das verstehen?«

»Wenn man Ihre Arbeit an allen erdenklichen Stellen torpediert, Ihnen ins Gesicht lügt und hinter Ihrem Rücken das Gegenteil dessen tut, was man Ihnen gerade zugesagt hat – noch mehr Dornenbeispiele gefällig?«

»Das muss Sie mit der Zeit ziemlich frustriert haben. Oder verärgert haben. Oder wütend gemacht haben.«

Swartling drehte seine hellblauen Augen nach oben und dachte nach. Dann sagte er: »So könnte man das kurz und bündig zusammenfassen.«

»Und Zettl?«

Anders als erwartet, zeigte Swartling keinerlei Anzeichen von Irritation. Fragte er sich denn gar nicht, warum Nemecek plötzlich Zettl ins Spiel brachte?

»Zettl war eher ein Opportunist, einer, der versuchte, es allen recht zu machen, und dabei doch bloß auf seinen eigenen Vorteil bedacht war.«

»Ich habe gehört, dass er zwar dem alten Managementsystem angehörte, den aktuellen Veränderungen aber gleichzeitig offen gegenüber stand.«

»Er tat zumindest so. Allein das brachte ihn mitunter gehörig in die Zwickmühle. Einerseits den«, Swartling malte Gänsefüßchen in die Luft, »agilen Geist zu markieren und andererseits sein langjähriges Bündnis mit Joschak nicht zu gefährden.«

»Und Joschak selbst?«

Swartling dachte nach. »Joschak war schon ein ganz anderes Kaliber. Der hat sich wie gesagt über Jahre hinweg sein eigenes Reich eingerichtet, in das er sich nicht hinein regieren ließ.«

»Ich nehme an, Zettl hat ihn dabei immer tatkräftig unterstützt.«

»Ja, aber Zettl ging dabei weit perfider vor als Joschak.«

»Wie darf ich mir das vorstellen?«

»Nun, bei Joschak wusste man, woran man war. Er leistete Widerstand, wo immer er konnte, widersprach öffentlich und verweigerte Entscheidungen, die er nicht mittragen wollte. Das war unangenehm, aber damit konnten wir trotz allem umgehen. Bei Zettl war es weitaus schwieriger, weil er vordergründig Zustimmung signalisierte, während er die vereinbarten Maßnahmen hinterrücks sabotierte.«

Nemecek bemerkte, dass Swartling nun deutlich lauter geworden war. Es war offensichtlich, dass er sich bereits länger mit diesen Themen herumschlug, Nemecek war gespannt, was dieser Ärger noch zutage fördern würde.

»Und wie genau ging diese Sabotage vor sich?«

»Da war Zettl äußerst kreativ. Mal schickte er seine Leute nicht zu Informationsveranstaltungen, dann sagte er wiederum kurzfristig agile Schulungen ab. Bei den Head-of-Meetings, in denen es um den laufenden Veränderungsprozess ging, erhielt er immer wieder dringende Telefonate oder musste wegen schwerwiegender Betriebsprobleme überhaupt aussteigen. Laut seinen Mitarbeitern war die agile Veränderung in seinen eigenen Regelmeetings kaum einmal Thema. Zu allem Überfluss meldete er sich unmittelbar vor der letzten Managementklausur, bei der wir unsere Veränderungsstrategie gemeinsam überarbeiten wollten, krank. Reichen Ihnen die Beispiele?«

Nemecek winkte ab. Gleichzeitig fragte er sich, ob sich aus der chronischen Frustration, von der Swartling hier berichtete, ein Mordmotiv ergab. Zuvor wollte er aber noch etwas anderes wissen.

»Ich nehme an, sowohl Joschak als auch Zettl haben diese Verhaltensweisen viele Jahre trainiert. Und der alte CEO scheint ja da nie nennenswert eingegriffen zu haben.«

Swartling deutete ein Nicken an und legte dann den Kopf ein wenig schief, als fragte er sich, worauf sein Gegenüber eigentlich hinauswollte. Dieses Mal wollte ihn Nemecek nicht zu lange auf die Folter spannen.

»Aber diese Zeit ist doch nun vorbei. Ich habe den Eindruck gewonnen, dass der neue CEO die Agilisierung mit aller Kraft unterstützt. Oder etwa nicht?«

Nemecek wusste selbst nicht, warum er seine Aussage am Ende infrage gestellt hatte. War das der Eindruck, den er aus dem Gespräch mit Pflückinger gezogen hatte? Dass trotz allem die Rhetorik im Vordergrund stand? Dass es primär um das politische Kalkül ging? Oder um die eigene Profilierung? Wie auch immer: Das »oder?« war ihm nun mal herausgerutscht. Umso gespannter durfte man sein, wie der Agilitätsmanager darauf reagierte.

Dieser blickte ihm nach wie vor offen in die Augen, wirkte auf einmal jedoch seltsam unentschlossen. Am Ende rang er sich ein mattes »Ja, natürlich« ab. »Seit Pflückinger an Board gekommen ist, weht ein anderer Wind.«

In Nemeceks Ohren klang das nicht sonderlich überzeugt. Ob es wohl auch zwischen Pflückinger und Swartling Spannungen gab? Oder etwas Bestimmtes vorgefallen war, das Swartling derart zögern ließ? Das wäre nicht das erste Mal, dass es im Hintergrund ganz anders zuging, als die schöne Fassade vermuten ließ.

»Wo waren Sie eigentlich am 12. August?«, zog Nemecek unvermittelt ein ganz anderes Register.

»Sie fragen mich nach meinem Alibi?«

»Und am achten?«, fügte Nemecek hinzu, ohne Swartlings Frage zu beachten.

»Wieso am achten?«, revanchierte sich der Angesprochene mit einer weiteren Gegenfrage. Dieses Mal entschied sich Nemecek für eine direkte Antwort.

»Wir sind gerade dabei, auch Zettls Unfall zu untersuchen.«

»Sie vermuten, dass Zettl ebenfalls ermordet wurden?« Swartling konnte es nicht fassen. »Von derselben Person?«, stotterte er.

Nemecek zuckte mit den Schultern. Dann blickte er auf die Uhr. Es war um einiges später, als er geglaubt hatte. Eigentlich hatte er sich den Abend ja reserviert, um sich weiter in die agilen Texte zu vertiefen. Davor stand allerdings noch die vereinbarte Abstimmung mit Obermayr an.

Höchste Zeit, sein Gespräch mit Swartling zu Ende bringen. »Also, wie steht's nun um Ihre Alibis?«

Dienstag, 18:19
Im Zeichen der Veränderung

Nemecek rauchte der Kopf. Das war eine Menge Informationen, die sie an diesem Tag zusammengetragen hatten: zuerst das morgendliche Gespräch mit Pflückinger; dann der Kassasturz vor ihrem Ermittlungsboard, die Recherchen von Zukic, sein Gespräch mit Niels Swartling, Obermayrs Gespräch mit dieser Produktmanagerin, deren Namen er sich partout nicht merken konnte, schließlich noch der Austausch ihrer wichtigsten Erkenntnisse. Alles ein bisschen viel, um auf einmal verarbeitet zu werden.

Vor allem Obermayrs Bericht über die agilen Erfahrungen in Kniewassers Verantwortungsbereich schwirrte ihm noch im Kopf herum. Anscheinend gab es Bereiche in der *Acros*, in denen die Transformation schon weit fortgeschritten war. Jedenfalls zeichnete seine Kollegin ein ganz anderes Bild von der agilen Veränderung. Ein Bild, das nicht von Konkurrenz und Konflikt, sondern von Aufbruchstimmung, atemberaubendem Wandel und ermutigenden Zwischenergebnissen bestimmt war. Konnte es sein, dass der Change dermaßen unterschiedlich voranschritt? Dass einzelne Teams, ja, wie es schien, sogar ganze Geschäftsbereiche bereits agil agierten, während das Management noch mit sich selbst kämpfte? Dass ein Unternehmen gleichzeitig von Fortschritt und Stillstand, wenn nicht sogar Rückschritt geprägt war?

Diese offensichtlichen Diskrepanzen verwirrten ihn. Obwohl er sich zu Obermayrs Bericht viele Notizen gemacht hatte, fehlte ihm der Überblick. Von Einsicht ganz zu schweigen. Eventuell ging es der *Acros*-Führung ganz ähnlich? Dass sie die Geister der Veränderung zwar absichtlich gerufen, dann aber die Kontrolle darüber verloren hatte? Und dass diese Geister nun in einzelnen Unternehmensbereichen wie fleißige Heinzelmännchen agierten, während sie in anderen Bereichen alte Gespenster wieder auferstehen ließen?

Nemecek ahnte zwar, dass das wichtige Fragen waren, fühlte sich aber außerstande, sie zu beantworten. Natürlich trug die anhaltende Hitze nicht dazu bei, einen kühlen Kopf zu bewahren. Satte 34 Grad hatte das Thermometer vorhin angezeigt. Er stöhnte und konnte auf einmal gut nachvollziehen, wie es Obermayr die ganze Zeit über ging. Nur mit Mühe konnte er sich zurückhalten, an seinem verschwitzten Hemd herumzuzupfen.

Wie aufs Stichwort meldete sich seine Kollegin: »Wenn du mich fragst, haben wir heute schon genug geschwitzt. Was hältst du von einem kleinen Lokalwechsel? Ich habe da noch einige Fragezeichen, die ich noch gerne loswerden würde, bevor ich in den Tiefschlaf falle. Aber ohne frische Luft geht da gar nichts mehr.«

»Du denkst jetzt hoffentlich nicht an einen schattigen Biergarten?«

»Natürlich nicht.« Obermayr grinste. »Wo wir es im Büro so gemütlich haben.«

»Na, dann bin ich ja beruhigt«, grinste Nemecek zurück und griff nach seiner Tasche.

Die erste Zeit spazierten sie wortlos nebeneinander her. Sie schienen beide ihren eigenen Gedanken nachzuhängen. Und das war auch gut so, schließlich brauchten sie Phasen der Zerstreuung, um sich neu sammeln zu können.

Als sie den Biergarten erreicht und ihre Bestellung aufgegeben hatten, sagte Obermayr ansatzlos: »Ich hab dir noch gar nicht erzählt, dass mir Wunzer ein paar interessante Einblicke in die Arbeit dieses Agile Change Team gegeben hat.«

»Ins ACT?«, fragte Nemecek zurück, als könnte er diese Einblicke nur schwer nachvollziehen. Er brauchte einige Augenblicke, um sich auf das Thema einzustellen. »Und wie lief die Arbeit?«

»Im Großen und Ganzen konstruktiv, würde ich sagen.«

»Und im Kleinen und Halben?«, setzte Nemecek nach. Obermayr sah ihn verwundert an. Daraufhin hob sie ihre Hände nach oben, bis die Fingerspitzen ihre Lippen berührten.

»Falls du auf Unstimmigkeiten hinauswillst: Ja, laut Wunzer ist der Change in den letzten Wochen ins Stocken geraten. Das hat natürlich auf die Stimmung im ACT gedrückt.«

»Wie darf ich mir dieses Stocken vorstellen?«

Seine Kollegin nahm sich Zeit für ein paar tiefe Atemzüge. Es war ihr deutlich anzusehen, wie ihr die Hitze zusetzte. Nachdem sie ihre Lungen mit frischem Sauerstoff gefüllt hatte, riss sie sich wieder zusammen und erklärte mit fester Stimme: »Zuerst konnte die *Acros* ihren Zeitplan nicht einhalten. Scheinbar war dieser Plan von Anfang an recht ehrgeizig angelegt, aber sie wollten mit der agilen Veränderung ja im Fahrplan bleiben. Leider wurde der Zug dann aber viel zu oft angehalten.«

»Lass mich raten«, fuhr ihr Nemecek in die Parade: »Joschak und Zettl haben sich als Bremsklötze betätigt.«

Obermayr nickte. »Das stieß anscheinend ziemlich viele Leute vor den Kopf. Zuerst wird mit Pauken und Trompeten ein großer Change angekündigt, das ACT stellt seine Ideen vor und lädt die Mitarbeiterinnen und Mitarbeiter zur Mitgestaltung ein. Schließlich sollte die agile Veränderung selbst auf agile Art erfolgen: mit den Leuten und nicht für sie oder gar über ihre Köpfe hinweg. Der Change erfolgte – warte, das habe ich mir sogar ganz genau aufgeschrieben – *auf Basis regelmäßiger Feedbackschleifen, mithilfe derer der wirkliche Fortschritt überprüft und gegebenenfalls der Kurs korrigiert werden kann.* Dazu gab es eine klar definierte Schrittfolge, die sich anscheinend bereits in vielen Veränderungsprozessen bewährt hat.«

»Was meinst du mit Schrittfolge?«, fragte Nemecek, nachdem sie beide ihr Bier in Empfang und einen kräftigen Schluck genommen hatten.

»Laut Wunzer hat sich das ACT auf vier Etappen der Agilisierung verständigt.« Obermayr schielte neuerlich auf ihr Tablet. »Die erste Etappe ist der allgemeinen Information gewidmet: Was heißt agil überhaupt? Warum beschäftigt sich die *Acros* damit? Und was möchte man damit erreichen?« Nemecek deutete ein Nicken an. »Die zweite Etappe dreht sich um ein solides Verständnis jedes Einzelnen: Was löst die Information in uns aus? Was spricht uns an? Und was ist noch unklar? Im dritten Schritt geht es um das praktische Erproben: Welche Formate und Werkzeuge gibt es in der agilen Welt? Wie funktionieren diese? Und worauf muss ich persönlich achten, damit das Unternehmen als Ganzes beweglicher und schneller werden kann?

Und viertens steht die kontinuierliche Übung des gewählten Vorgehens im Zentrum, getragen von Disziplin und Konsequenz, die durch entsprechende Trainings- und Coachingmaßnahmen unterstützt werden.«

Nemecek zeigte sich beeindruckt. Das klang alles gut durchdacht, konnte aber dennoch nicht wie geplant umgesetzt werden. Obermayr war indes noch nicht fertig. Mit dem rechten Arm malte sie eine kleine Schleife in die Luft und setzte dann ihren Bericht fort: »Für jeden dieser Schritte wurden vom ACT sogenannte Resonanzgruppen eingerichtet, um die gewünschte Mitgestaltung zu fördern. Alle Maßnahmen des agilen Veränderungsprozesses wurden transparent gehalten, sodass die Leute immer wussten, wie der jeweilige Stand aussah und was als Nächstes angedacht war. Schließlich, so hat mir Wunzer sehr überzeugend dargelegt, wird keine Veränderung passieren, wenn die Betroffenen nicht nachvollziehen können, was das Management vorhat und warum das wichtig ist – geschweige denn, dass sie sich konstruktiv beteiligen und die notwendigen Lernprozesse in Angriff nehmen.«

»Das weckte bestimmt jede Menge Hoffnungen, dass sich in der Acros nun wirklich etwas verändern würde.«

Obermayr verzog die Mundwinkel in einer sonderbaren Mischung von Zustimmung und Enttäuschung. »Was dann aber folgte, war eine Serie an Verschiebungen, Absagen, Vertröstungen. Das hat logischerweise nicht nur die Leute an der Basis, sondern auch das ACT frustriert.«

»Ich stelle mir vor, dass es deswegen nicht nur mit Zettl und Joschak, sondern auch innerhalb des ACT Spannungen gab«, spekulierte Nemecek.

Nach den ausladenden Gesten, mit denen Obermayr ihre bisherigen Ausführungen begleitet hatte, kamen ihre Hände jetzt wieder am Mund zur Ruhe. Erst jetzt fiel Nemecek auf, dass ihre Fingerspitzen ganz leicht gegen die Unterlippe schlugen, wie bei einer heimlichen Massage.

»Ja, laut Wunzer gab es tatsächlich einige recht heftige Diskussionen. Kniewasser und Wondratsch drängten scheinbar auf härtere Konsequenzen für Zettl und Joschak. Sie bezeichneten sie wortwörtlich als personifizierte Blockaden, die man dringend aus dem Weg räumen musste, um den Weg für die angestrebte Veränderung frei zu machen.«

»Das ist ja dann auch passiert«, kommentierte Nemecek trocken.

»Wie bitte?« Obermayr schien auf der Leitung zu stehen.

»Wenig später werden Zettl und Joschak ja tatsächlich aus dem Weg geräumt.«

»So war das, denk ich, nicht gemeint.«

»Schon klar«, winkte Nemecek ab. »Nichtsdestoweniger bleibt die Tatsache, dass das ACT nun wieder freie Bahn hat.«

Obermayr zuckte mit den Schultern, nahm einen weiteren Schluck von ihrem Bier und verfiel danach in tiefes Schweigen. Nemecek hätte gerne gewusst, was hinter ihrer gefurchten Stirn vorging. Hing sie noch seinen Worten nach? Überlegte sie, ob der agile Change jetzt wirklich wieder Fahrt aufnehmen würde? Oder spukten ihr noch bestimmte Szenen aus ihrem Gespräch im Kopf herum?

Wie auch immer: Fürs Erste mussten diese Schnappschüsse genügen. Immerhin sah Nemecek ihre These bestätigt, dass sich die fünf Ober-Agilen alles andere als einig waren. Was die Frage aufwarf, wie diese Uneinigkeiten zu den dramatischen Ereignissen der letzten Wochen beigetragen hatten. Nemecek konnte sich gut vorstellen, dass es Kniewasser und Wondratsch satt hatten, sich von Zettl und Joschak auf der Nase herumtanzen zu lassen.

Aber waren sie oder zumindest einer von den beiden tatsächlich so weit gegangen, ihre Kollegen deswegen zu ermorden? Und das Ganze dann noch als unglückliche Unfälle zu inszenieren, um den Eindruck tragischer Schicksalsschläge vorzutäuschen?

Nemecek war gespalten: Auf der einen Seite schien ihm das Szenario einer tödlichen Eskalation des Veränderungskonflikts sehr weit hergeholt, andererseits hatte er schon oft erlebt, dass Menschen unter bestimmten Umständen zu Dingen fähig waren, die ihnen unter normalen Umständen nicht einmal in ihren schlimmsten Alpträumen eingefallen wären. Fest stand allemal, dass sie diesbezüglich noch deutlich mehr Details in Erfahrung bringen mussten.

»Du denkst, dass das ACT oder zumindest eines seiner Mitglieder etwas mit den beiden Morden zu tun hat«, stellte Obermayr einmal mehr ihr Talent als Hellseherin unter Beweis.

»Wir sollten in diesem frühen Ermittlungsstadium nichts ausschließen.«

»Du predigst ja immer, dass der Kontext wichtig ist.« Obermayr ließ ihre Hände neuerlich durch die Luft gleiten.

»Das stimmt. Aber das kommt eigentlich nicht von mir, sondern vom alten Kallinger. Er war der Prediger, ich war nur sein Ministrant.«

Obermayr grinste. »Prediger hin, Ministrant her. Ich denke, wir sollten uns auf alle Fälle noch genauer mit diesen ganzen *Acros*-Themen beschäftigen.«

»Du meinst mit Agilität und Management und Veränderung?«

Seine Kollegin nickte.

»Na, dann lass uns mal zahlen, damit wir uns noch ein wenig in die Unterlagen vertiefen können, die uns Lilly zusammengestellt hat.«

Dienstag, 21:22
Seepiratinnen

Sophies Gesicht tauchte auf dem Bildschirm auf. »Hallo Papa. Wie geht's dir?«, sagte sie mit matter Stimme. Rasch legte Nemecek den Artikel zur Seite, den er gerade eben zu lesen begonnen hatte.

»Gut. Und dir?«

Schlagartig hellte sich Sophies Gesicht auf. »Papsch, stell dir vor! Ich habe heute die Seeschlacht gewonnen!«

»Die Seeschlacht?«

»Ja. Wir haben uns zwei Stand-up-Paddle-Boards ausgeborgt und sind damit auf den See hinaus. Dort gab es dann einen gnadenlosen Kampf mit den Schwimmnudeln.«

Das teuflische Grinsen, das seine Tochter zur Schau stellte, erinnerte Nemecek an eine Piratin. Vielleicht eine weibliche Ausgabe jenes Jack Sparrow, der seit Jahren über die Weltmeere Hollywoods segelte? Unversehens war ihm, als sähe er die besondere Faaker See-Armada mit ihren gelben, blauen und grünen Kunststoffstangen unmittelbar vor sich.

»Ich vermute, du bist als Einzige bis zum Ende auf deinem Board stehen geblieben?«

Sophies Grinsen wurde immer breiter. »Ja! Kannst du dir das vorstellen?«

»Wahnsinn!«, zeigte sich Nemecek ehrlich beeindruckt. Immerhin war Sophie die Jüngste der vier Mädchen und bei Weitem die Schmächtigste. Gleichzeitig verfügte sie über eine erstaunliche Körperbeherrschung, was ihr auf schwankendem Untergrund sicherlich entgegen kam.

»Also, pass auf«, begann seine jüngere Tochter und rückte noch näher an die Kamera. »Zuerst hat Lydia Klara abserviert. Dann haben wir gemeinsam Lea bearbeitet, bis sie sich nicht mehr halten konnte. Und dann kam es zum großen Finale mit Lydia.«

Mittlerweile klang Sophie so aufgeregt, als wäre das Ganze gerade eben erst passiert. Schon vorhin war Nemecek aufgefallen, dass sie ihre Erzählung ständig mit großen Gesten untermalte. In Windeseile huschten die Arme von links nach rechts, während sich ihre Hände zu Fäusten ballten, um sich gleich darauf wieder zu öffnen und einen kräftigen Stoß anzudeuten. Zugleich wurde auch Sophies Mienenspiel immer bewegter.

»Die Lydia ist ja eine super Turnerin«, erklärte Sophie, »total beweglich und alles. Die kann sogar einen Handstandüberschlag!«

Nemecek nickte anerkennend.

»Deswegen hat sie mich am Anfang ganz schön unter Druck gesetzt. Schon bei ihrer zweiten Attacke, hätt's mich fast vom Brettl g'haut.« Sophie blies die Backen auf, so wie sie es immer tat, wenn sie eine spannende Geschichte zum Besten gab. Dann stieß sie die Luft mit einem kräftigen Stoß wieder aus und setzte ihren Bericht fort. Aufgrund ihrer lebhaften Erzählung war Nemecek, als hätte er nicht nur ein Bild vor Augen, sondern auch die passende Geräuschkulisse im Ohr: von herzhaftem Lachen über lautstarke Anfeuerungen bis zu den spitzen Schreien der kämpfenden Piratinnen. Wahrscheinlich hatten die Mädchen wieder einmal die Aufmerksamkeit der ganzen Liegewiese erregt, wenn nicht den Ärger. Oder waren sie ausnahmsweise wirklich weit genug vom Ufer entfernt gewesen?

»Auf einmal hatte ich eine gute Idee. Statt zurückzuschlagen, habe ich mir die Schwimmnudel unter die Achsel geklemmt und nach dem Paddel gegriffen. Mit wenigen Schlägen war ich an der Spitze ihres Boards, hab kräftig dagegen getreten und sie dann von der Rückseite her angegriffen.«

»Ganz schön trickreich.«

»Gell?«, freute sich Sophie. »Jedenfalls ist die Lydia ins Straucheln geraten. Und als sie versucht hat, in die Knie zu gehen, habe ich ihr eine mit der Nudel übergezogen. Mit voller Power.«

Nemecek musste schlucken. Unweigerlich frischte die Erzählung seiner Tochter die Bilder von Joschaks Tod auf. Schon merkwürdig, dass das nur wenige Tage zuvor fast an derselben Stelle passiert war, nur ein paar Hundert Meter von dem Badeplatz entfernt, an dem die Mädchen und seine Frau derzeit den Großteil ihrer Zeit verbrachten.

»Am Ende ist passiert, was passieren musste«, holte ihn Sophie wieder in ihren Erlebnisbericht zurück. »Zuerst hat sie noch versucht, sich mit der Hand am Board abzustützen. Aber dann bin ich ganz nah an sie herangefahren, um ihr einen ordentlichen Kick zu verpassen. Und das war's dann.«

Jetzt lachte seine Tochter ihr glockenhelles Lachen, das oft so ansteckend wirkte. Tatsächlich hörte er plötzlich auch jemand im Hintergrund mitlachen. War das Lea?

»Sophie war spitze«, erschien seine Erstgeborene im nächsten Moment auf dem Bildschirm. »Wir haben sie dann auch ordentlich gefeiert.«

Letzteres konnte sich Nemecek gut vorstellen.

»Zuerst war Lydia noch ein bisschen sauer auf mich«, gestand Sophie, obwohl ihr der Stolz über ihren unerwarteten Triumph noch ins Gesicht geschrieben stand.

»Wenn du einen Arschtritt bekommst, bist du auch sauer!«, wandte Lea ein. Doch Sophie lachte nur.

»Ach, komm! Ein kleines Spitzerl in Ehren, kann niemand verwehren.«

»Außerdem war's eh extrem unfair, dass ihr zu zweit gegen mich gegangen seid«, beschwerte sich die große Schwester, klang dabei aber nicht wirklich beleidigt.

»Bei Erdbeerbowle und Vanilleeis waren die Damen dann eh im Handumdrehen wieder beste Freundinnen«, mischte sich nun auch Bettina in den Tagesbericht ein. Offensichtlich versuchte sie sich in die Kamera zu beugen, doch Nemecek sah nur ihr Haar und den oberen Teil ihrer Stirn. »Und am Abend haben sie dann auch anstandslos ihre Wettschulden eingelöst.«

»Wettschulden?«

»Na glaubst du, so eine Schlacht wird umsonst ausgetragen?« Sophie klang entrüstet. »Da geht es um unermessliche Schätze.«

»Und um welchen Schatz ging es in eurem Fall?«

»Wer gewinnt, darf sich ein Essen aussuchen – und wird von den Verliererinnen bekocht!« Sophies Begeisterung schien nun auf ihrem Höhepunkt angekommen zu sein.

»Und was hast du dir gewünscht?«

»Dreimal darfst du raten.« Es war nicht zu überhören, dass Lea höchstens halb so begeistert war – Lydia, Klara und sie mussten ja den ganzen Küchendienst verrichten, während es sich Sophie sicher auf der Terrasse gemütlich gemacht hatte.

»Spinatlasagne!«, ersparte ihm seine jüngere Tochter das ungeliebte Ratespiel.

»Ausgerechnet!«, murrte seine Ältere.

»Obwohl sie genau weiß, dass das voll viel Arbeit ist.«

»Jetzt tu doch nicht so arm. Du selbst wolltest Filet Wellington!«

Nun grinste auch Lea wieder. »Das werde ich dann halt morgen bekommen. Denn die Revanche wird auf jeden Fall an mich gehen. Darauf könnt ihr Gift nehmen!«

»Hat die Lasagne gut geschmeckt?«, wollte Nemecek wissen, obwohl seine Frage so gar nicht zum erwähnten Gift passte.

»Voll lecker!«

»Ist ja wohl klar, wenn die großen Küchenmeisterinnen am Werk sind«, erklärte Lea selbstbewusst, bevor sie sich unvermittelt nach links aus dem Bild drehte. Erst jetzt bemerkte Nemecek, dass Lydia und Klara im Hintergrund auf dem Sofa saßen. Waren sie etwa die ganze Zeit über anwesend gewesen? Das konnte sich Nemecek eigentlich nicht so richtig vorstellen, denn dann hätten sich die Freundinnen mit Sicherheit öfters eingemischt. Dasselbe traf wahrscheinlich auf Lea zu, denn die unterbrach ihre Schwester ohnehin gerne. Oder ständig, wie Sophie regelmäßig beklagte.

»Und was gab's bei dir Gutes?«

»Bei mir war wieder einmal Schmalhans Küchenmeister«, antwortete Nemecek mit den Worten, die er als Kind so oft von seiner Großmutter gehört hatte. In der Kriegs- und der unmittelbaren Nachkriegszeit, in der Oma Nemecek aufwuchs, waren die Lebensmittel ja tatsächlich knapp gewesen. Bei ihrem Enkel erwuchs der Schmalhans eher dem Umstand, dass er sich keine Zeit fürs Einkaufen nahm. Außerdem kochte er nicht besonders gerne, schon gar nicht für sich allein.

»Brot und Käse?«, mutmaßte Bettina.

»Brot und Käse.«

»Also dann: Tschüss Papa!«, verabschiedete sich Sophie. Sein Schmalhans-Menü war garantiert nicht nach ihrem Geschmack – und die Geschichten, die sich ihre Eltern zu erzählen hatten, sowieso nicht.

»Servus«, »Tschüss«, »Habe die Ehre«, »Küss die Hand«, erhob sich daraufhin ein vielstimmiger Kanon, begleitet von dem üblichen Gekicher und Gegacker, das ihren gemeinsamen Urlaub prägte.

»Tschüss, Mädels!«, rief Nemecek, obwohl er vermutete, dass seine Worte im allgemeinen Trubel untergingen. »Bis morgen!«

»Und sonst?«, leitete seine Frau einen Themenwechsel ein. »Wie geht's euch mit dem Fall?«

Nemecek schnaufte. »Ehrlich gesagt kommen wir nur sehr langsam voran. Es fühlt sich eher an, als träten wir auf der Stelle.«

»Wie das?«

»Mittlerweile wissen wir, dass Joschak bewusstlos geschlagen wurde, bevor er ertrunken ist. Das heißt, wir haben es definitiv mit Mord zu tun. Außerdem wissen wir, dass Joschaks Kollege Gernot Zettl nur vier Tage vorher bei einem Autounfall ums Leben gekommen ist.«

»Ihr vermutet einen Zusammenhang zwischen den beiden Fällen?«

»Wir überprüfen gerade, ob Zettls Wagen eventuell manipuliert wurde.«

»Zwei Morde?«

»Kann gut sein.«

»Hmmm. Alles in allem klingt das in meinen Ohren nicht nach Stillstand.«

Nemecek dachte nach. Schon oft hatte ihm seine Frau hilfreiche Resonanzen geboten. Gerade weil sie nicht in die Ermittlungen involviert war, konnte sie ihm gleichsam einen Spiegel vorhalten, um so manche Zerrbilder wieder ins rechte Lot zu rücken.

»Vielleicht bin ich ja bloß frustriert, weil ich es heute den ganzen Tag lang nicht geschafft habe, eine der *Acros*-Managerinnen zu erreichen.«

»Die du verdächtigst, etwas mit den Morden zu tun zu haben?«

»Ja, ehrlich gesagt ist sie sogar ziemlich verdächtig. Und du wirst es kaum glauben: Sie stammt aus Micheldorf und hält sich derzeit höchstwahrscheinlich in Hinterstoder auf.«

»Na, sowas«, reagierte Bettina so überrascht wie erwartet. »Vielleicht kenne ich sie sogar?«

»Sie heißt Johanna Kniewasser.«

»Johanna Kniewasser? Nein, das sagt mir nichts.« Das wäre wohl auch ein kurioser Zufall gewesen, schließlich war Bettina in Linz aufgewachsen und nicht in der Pyhrn-Priel-Region. Aber falls Kniewasser öfters in Hinterstoder war, hatten sie die *Acros*-Managerin vielleicht einmal unwissentlich getroffen, beim Skifahren oder im Sommer beim Mountainbiken.

»Hast du Nina schon gefragt, ob sie sie kennt?«

»Hab ich«, gab Nemecek zurück. »Die kennt sie ebenso wenig. Was aber kein Wunder ist, immerhin ist sie um einiges jünger als Kniewasser.«

Bettina enthielt sich eines weiteren Kommentars.

Nemecek nutzte die kurze Gesprächspause für einen Themenwechsel. »Und was tut sich bei dir? Bist du denn trotz der vier Seeräuberinnen zu der entspannten Lektüre gekommen, die du dir für den Urlaub gewünscht hast?«

»Naja.« Unversehens wirkte seine Frau etwas betreten. »Offen gesagt habe ich mich heute den ganzen Tag lang mit einer Dissertation beschäftigt, die ich derzeit betreue.«

»Bettina!«

»Ich weiß. Das ist natürlich das Gegenteil dessen, was ich mir vorgenommen habe.«

»Das kannst du singen!«, bekräftigte Nemecek.

»Ich sag dir was.« Bettinas Stimme war nun deutlich erhoben. »Mir ist trotz allem lieber, das hier in aller Ruhe zu erledigen als in Wien, wenn der ganze Stress wieder losbricht. Außerdem ist die Arbeit wirklich spannend.«

Nemecek lag bereits eine ironische Bemerkung auf der Zunge – von wegen, es sei also alles in bester Ordnung und das Konzept Urlaub sei sowieso nur etwas für Verlierer. Dann aber besann er sich. Wenn er ehrlich war, funktionierte er nicht viel anders. Wenn ihn etwas interessierte, kam er schwer davon los. Allein wie oft er Ermittlungsfragen in seinen Laufschuhen bearbeitete oder auf seinem Fahrrad! Ganz zu schweigen von den Stunden, die er sich in der Nacht damit herumschlug.

»Mama!«, hörte er plötzlich einen gellenden Schrei aus dem Hintergrund. »Komm schnell!«

Bettina seufzte. »Ich werde mal wieder gebraucht. Ich tippe auf eine mittlere Katastrophe – so wie gestern, als sie die Fernbedienung nicht gefunden haben, oder vorgestern, als das WLAN nicht funktioniert hat.«

Nemecek ertappte sich dabei, wie er die Augen verdrehte, wie das seine Kinder ständig zu tun pflegten. »Na dann bleibt mir wohl nur, dir ein gutes Katastrophenmanagement zu wünschen!«

»Danke, ich werde mein Bestes geben. Dicker Kuss, mein Schatz!«

»Ebenso!«, sagte Nemecek. »Und noch einmal liebe Grüße an die verzweifelten jungen Damen.«

Mittwoch, 11:03
Der Fall wächst

Mit einem leisen Surren drehte sich der Tischventilator von links nach rechts. Nemecek spürte zwar den Luftzug, aber keinerlei kühlenden Effekt. Ein Seitenblick auf das Thermometer erklärte, warum dem so war: 25,3 und 27,7 Grad zeigte das Display für die Temperatur draußen und innerhalb des Büros an. Und das um 9 Uhr morgens! Mit Mühe konnte Nemecek das comicartige »Uff« unterdrücken, das ihn am Gaumen kitzelte. Für seinen Geschmack stöhnte Obermayr ohnehin schon genug.

»Womit fangen wir an?«, fragte Zukic, nachdem alle die Tickets auf dem Ermittlungsboard gedreht hatten, über die sie in ihrem heutigen Standup sprechen wollten.

»Wenn ihr wollt, kann ich euch einmal von meinen Rechercheergebnissen berichten«, startete Obermayr mit überraschendem Elan. Heute zeigte sie keinerlei Spur von jener Hitzelähmung, die sie seit Tagen beklagte. Stattdessen wirkte sie auf Nemecek ungewohnt munter, ja fast euphorisch – eine absolute Seltenheit um diese Tageszeit.

»Leg los!«

»Das Gespräch mit Zettls Ex-Frau Raphaela Votrava war leider unergiebig. Seit der Scheidung hatten sie scheinbar nur noch wenig Kontakt und von den Entwicklungen in den letzten Monaten hat sie gar nichts mitbekommen.«

Nemecek war verblüfft. Der Bericht passte so gar nicht zu Obermayrs Grundstimmung. Warum wirkte sie so aufgedreht, wenn sie nichts Wesentliches in Erfahrung gebracht hatte?

»Das heißt, du hast nichts erfahren, was uns weiterhilft?« Zukic schien einen ähnlichen Eindruck gewonnen zu haben.

»Über seine Arbeit hat Gernot Zettl auch früher nur selten gesprochen«, berichtete Obermayr weiter, als hätte sie den Einwand ihrer jungen Kollegin überhaupt nicht gehört. »Wir haben immer versucht, Privates und Berufliches sauber auseinanderzuhalten, hat mir die ehemalige Frau Zettl gleich zu Beginn verraten. Wenn ihr mich fragt, ging dieses Arrangement eindeutig von ihrem Göttergatten aus. Der wollte sich nicht einmal zu Hause in die Karten schauen lassen!«

Gut, dachte Nemecek bei sich. Eine neue Erkenntnis war das natürlich keine. Aber es passte zu dem, was ihm Swartling geschildert hatte.

»Ganz so konsequent scheint die Trennung allerdings nicht gewesen zu sein. Denn kurz darauf berichtete Zettls Ex auf einmal, dass die Joschaks regelmäßig bei ihnen zu Gast waren. Vor allem im Sommer, wo sie den gepflegten Garten und ein angeblich herausragendes BBQ genießen konnten.«

»Ich nehme mal an, die Herren haben sich nach dem Mahle diskret zurückgezogen?«

»Während sich die Damen um dem Haushalt kümmerten.«

»Die klassische Rollenteilung halt«, schloss Zukic und verzog die Mundwinkel. »Passt haarscharf zum traditionellen Managementstil, den sie in der *Acros* pflegten.«

Nemecek verkniff sich eine Anmerkung zum, wie er fand, unnötig polemischen Ton seiner beiden Kolleginnen. Sicher war es skandalös, wenn im 21. Jahrhundert immer noch nach solchen Klischees gelebt wurde. Ermittlungstechnisch war dennoch viel wesentlicher, ob Joschak und Zettl auf diese Weise eine Art von Geheimzirkel gepflegt hatten, in dem sie unabhängig von den offiziellen Vereinbarungen ihre eigenen Absprachen trafen. Stimmten sie auf diesem Weg ihr Vorgehen ab, schmiedeten ihre Intrigen, bereiteten ihre nächsten Coups vor? Abseits der laufenden Kommunikation und natürlich auch jenseits aller *Acros*-Regeln? Oder war das gar nichts Besonderes im Topmanagement großer Konzerne? Wurden die wesentlichen Entscheidungen ohnehin abseits der offiziellen Gremien getroffen?

»Obwohl sie laut Votrava kaum noch Kontakt hatten, telefonierten sie ausgerechnet am Tag seines Unfalls miteinander«, setzte Obermayr ihren Bericht fort. »Angeblich hat Zettl dabei sogar erwähnt, dass er noch einen Abendtermin hätte. Wo dieser stattfand und wen er dabei treffen wollte, wusste seine Ex-Frau nicht. Sie ging allerdings fest davon aus, dass es sich um etwas Geschäftliches handelte.«

Möglicherweise wollte Zettl sich noch einmal mit Joschak treffen, überlegte Nemecek. Gesprächsthemen gab es sicher genug, seitdem mit Pflückinger ein neuer Spirit in die *Acros* eingezogen war. Eventuell ging es gar nicht um ihre aktuelle Verteidigungsstrategie gegen die agile Veränderung, sondern um Joschaks Bewerbung als CTO? Oder um die von Kniewasser?

»Nun gut«, fasste Nemecek das bislang Gehörte zusammen. »Alles in allem klingt das tatsächlich nach dünner Suppe.«

Obermayr breitete die Arme aus, als wollte sie ihre Machtlosigkeit illustrieren. Während sie ihr Glas mit frischem Wasser füllte, übersetzte sie ihre Geste noch in Worte. »Da war nun mal nicht mehr herauszuholen. Nach einer halben Stunde habe ich mich wieder verabschiedet.«

»Mmmh«, brummte Zukic nachdenklich. Nemecek fragte sich, ob sich dieses Brummen auf den Bericht bezog oder auf die seltsame Geste. Vielleicht war sie mit etwas ganz anderem beschäftigt. Bevor er nachfragen konnte, erhob Obermayr noch einmal ihre Stimme.

»Am Ende hat sie mir immerhin den privaten Laptop, das Tablet und das Smartphone ihres Mannes übergeben, mitsamt allen dazugehörigen Passwörtern. Da Zettl keine näheren Verwandten hat, erhielt sie nach seinem Tod nämlich sein ganzes Zeug.«

Zukic pfiff durch die Zähne. Nemecek wusste genau, was dieses Pfeifen zu bedeuten hatte: Wäre doch gelacht, wenn sich darauf keine fallrelevanten Hinweise finden ließen!

Ohne einen weiteren Kommentar stand Obermayr auf und ging zu ihrem Schreibtisch. Dort holte sie einen dunkelgrauen Computer aus ihrer Tasche, öffnete das Display und ließ ihre Finger rasch über die Tastatur tanzen. Wollte seine Kollegin jetzt demonstrieren, dass sie tatsächlich über die notwendigen Zugangscodes verfügte?

»Natürlich konnte ich der Versuchung nicht widerstehen und habe noch im Auto damit begonnen, mir seine Mails anzuschauen«, erklärte Obermayr auf dem Rückweg zum Besprechungstisch. »Und jetzt ratet mal, worauf ich schon nach wenigen Minuten gestoßen bin.«

Nemecek verdrehte die Augen, hätte aber ebenso gut mit den Zähnen knirschen können. Warum zum Teufel musste sie immer wieder mit diesem Rätselraten anfangen? Eines Tages trieb sie ihn damit noch in den Wahnsinn!

»Du wirst es uns hoffentlich gleich sagen«, fuhr Zukic dazwischen, um nicht schon wieder die alte Diskussion aufkommen zu lassen. Obwohl sie erst ein halbes Jahr lang im Team war, wusste sie längst, dass Nemecek höchst allergisch darauf reagierte.

Statt eine Antwort zu liefern, schob Obermayr ihnen den Laptop über den Schreibtisch.

Gernot Zettl, Überlebenswichtige Nachricht, An: Johanna Kniewasser, überflog Nemecek die Kopfzeile der Mail, die jetzt auf dem Display zu sehen war.

Ich habe euch gesehen. Wenn du nicht spurst, werden alle davon erfahren. PS: Glaub ja nicht, dass ich bluffe. Es gibt Fotos!!!

»Na, so was!«, brachte Zukic zum Ausdruck, was Nemecek gerade durch den Kopf ging. Das konnte man wahrlich eine erstaunliche Entdeckung nennen. Der Abteilungsleiter Operations hatte seine Kollegin aus dem Produktmanagement erpresst! Fragte sich nur, was Zettl gegen Kniewasser in der Hand hatte. Ging es um eine heimliche Liebesaffäre? Wenn ja, musste ihr etwas Anrüchiges anhaften. Vielleicht ging es um eine Beziehung mit einem verheirateten Mann? Oder mit einem *Acros*-Kollegen? Könnte sein, kam Nemecek nun ein völlig neuer Gedanke, dass das der Grund für Zettls letzten Abendtermin war. Auf der anderen Seite würde sich dieser wohl kaum mit Kniewasser treffen, um sich volllaufen zu lassen und das Ganze dann noch mit einer Prise Speed zu würzen.

»Da staunt der Fachmann und der Laie wundert sich«, riss ihn Obermayr mit einem ihrer klassischen Sprüche aus seinen Gedanken. Mittlerweile strahlte sie übers ganze Gesicht, als hätte sie eine detektivische Meisterleistung erbracht.

»Gute Arbeit, Nina«, zollte ihr Nemecek die erwartete Anerkennung. Interessanterweise reagierte seine Kollegin nicht im Geringsten darauf. Stattdessen dämpfte Obermayr ihre eigene Hochstimmung: »Leider konnte ich auf die Schnelle keinerlei verdächtige Fotos entdecken.« Schon im nächsten Augenblick zeigte sie sich allerdings wieder so zuversichtlich wie zuvor. »Ich bin jedoch sicher, dass eine gründlichere Recherche alles zu Tage fördern wird, was wir an Beweisen brauchen.«

Noch bevor sich Nemecek groß über den ungewohnten Optimismus seiner Kollegin wundern konnte, meldete sich Zukic zu Wort. »Das passt zu dem, was ich herausgefunden habe – wie die sprichwörtliche Faust aufs Auge.« Ihre Assistentin warf der Bezirksinspektorin einen schelmischen Blick zu. Diese zwinkerte zurück. Scheinbar war auch Zukic mittlerweile dem Club der Sprücheklopferinnen beigetreten.

Auf alle Fälle klang seine junge Kollegin nun ebenfalls ganz aufgeregt. »Die KTU hat herausgefunden, dass Zettls Wagen tatsächlich manipuliert wurde, nämlich an den Bremsleitungen. Wo auch immer Zettl vor seinem Unfall war. Laut unseren Technikern gleicht es einem Wunder, dass er überhaupt so weit gekommen ist. An der Stelle, wo sein Mini Cooper schließlich von der Höhenstraße abgekommen ist, hatte er so gut wie keine Bremsflüssigkeit mehr.«

Nemecek pfiff durch die Zähne. Das war in der Tat allerhand! Hiermit war ein für allemal erwiesen, dass sie es wirklich mit einem Doppelmord zu tun hatten. Natürlich waren noch zahlreiche Fragen ungeklärt. Wie war Zettl zu den vermeintlichen Beweisfotos gekommen? Hatte er Kniewasser zufällig ertappt? Oder stellte er ihr schon länger nach? Und worauf bezog sich die Aufforderung zu spuren? Auf Kniewassers Bewerbung um den Posten des CTO? Oder gar auf die gesamte agile Veränderung?

Jedenfalls rückte Kniewasser damit noch weiter in den Brennpunkt ihrer Ermittlungen. Mit dem schwelenden Konflikt um die agile Veränderung, der Konkurrenz um den Vorstandsposten und der Erpressung hatte sie gleich drei starke Motive. Und als gelernte Kfz-Technikerin hatte sie auch das Wissen und die Mittel, um Zettls Wagen in eine Todesfalle zu verwandeln. Blieb nur noch die Frage, ob sie auch die Gelegenheit dazu gehabt hatte. Nemecek brannte darauf, diese Frage endlich an Kniewasser persönlich richten zu können. Und ärgerte sich umso mehr, dass sie bislang keine Spur von ihr hatten. Obermayr hatte zwar bereits gestern ihren Charme spielen lassen und die Kollegen in Hinterstoder darum gebeten, nach Kniewasser Ausschau zu halten. Gefunden hatten sie sie trotz allem nicht.

Er schob seinen Ärger zur Seite und beugte sich noch einmal in Richtung Bildschirm. *Gesendet – Acros, 5. August 2019 um 18:43* stand im Mail-Fenster ganz oben rechts zu lesen. Die Erpressungsnachricht wurde also nur drei Tage vor dem Unfall versendet. War sie der unmittelbare Auslöser für den Mordanschlag gewesen? Der vielzitierte Tropfen, der das Aggressionsfass zum Überlaufen gebracht hatte?

Keine Frage: Die Indizien gegen Johanna Kniewasser verdichteten sich – und zwar für beide Morde. Für Nemecek stand nämlich außer Zweifel, dass Joschak von der Erpressung gewusst hatte. Vielleicht war er sogar daran beteiligt. Oder er hatte seinen langjährigen Weggefährten überhaupt erst auf die Idee gebracht. Umso wichtiger war es, endlich mit Kniewasser zu reden. Aber dafür mussten sie sie erst einmal finden. Rechnete die Produktmanagerin damit, dass sie ihr bereits auf der Spur waren? War sie deswegen nirgends zu finden, weil sie sich in Wahrheit längst auf der Flucht befand?

»Die Burschen von der KTU haben noch etwas anderes herausgefunden«, lenkte Zukic seine Aufmerksamkeit wieder auf die aktuellen Zwischenergebnisse. »Sie haben nämlich bereits Joschaks Handydaten ausgewertet. Dreimal dürft ihr raten, mit wem er als Letztes gesprochen hat.«

Kaum, dass ihr die Worte über die Lippen gekommen waren, biss Zukic sich bereits darauf. Ihre weit aufgerissenen Augen unterstrichen, wie peinlich ihr der verbale Ausrutscher war. Erst als Obermayr herzhaft auflachte, schien der Schrecken ein wenig von ihr abzufallen. »Ich wusste gar nicht, dass ich ein solches Vorbild für dich bin!«

Sogar Nemecek musste jetzt grinsen. Das Verklausulieren in Rätseln schien wie ein Virus zu sein, das sich klammheimlich breit machte. Wahrscheinlich war es nur eine Frage der Zeit, bis er ebenso angesteckt wurde.

»Was haben die Kollegen denn nun herausgefunden?«

»Also seine letzten aktiven Anrufe gingen um 16 Uhr 22 an Niels Swartling und um 16 Uhr 44 an Melanie Wunzer.« Zukic legte ihr Tablet zur Seite. Nemecek dachte bereits, ihr Bericht sei zu Ende. Doch scheinbar hatte sie nur eine kurze Pause eingelegt, um ihren nächsten Worten besondere Wirkung zu verleihen. »Und der letzte Mensch, mit dem Joschak vor seinem Tod gesprochen hat, war niemand anderer als Johanna Kniewasser. Und zwar um 17 Uhr 02.«

»Ich wüsste nur zu gerne, worüber die beiden da geredet haben.«

»Liegt ja auf der Hand, dass es dabei um die Erpressung ging«, meinte Obermayr. »Joschak wird wohl kaum gezögert haben, Kniewasser weiter unter Druck zu setzen.«

»Wahrscheinlich hat er die Daumenschrauben noch um einiges fester angezogen.«

Zukic' Hypothese klang überzeugend. Obermayr gab ihrer Kollegin ein bestätigendes Zeichen und übernahm dann wieder das Wort. »Zumal er Zettls angeblichen Unfall wohl kaum für einen solchen gehalten hat.«

»Du meinst, er hat Kniewasser auch wegen Mordes erpresst?«

»Ist doch durchaus wahrscheinlich, oder?«

Nemecek dachte nach. Natürlich konnte das sein. Mehr als eine plausible Annahme war das dennoch nicht. »Wir müssen auf jeden Fall so schnell wie möglich mit Kniewasser sprechen. Nina, kannst du gleich noch einmal bei den Kollegen in Hinterstoder anrufen? Die müssen doch irgendeine Spur von ihr haben. Wenigstens die Eltern sollten etwas wissen.«

»Gar kein Problem nicht«, gab seine Kollegin in herzhaftem oberösterreichischem Dialekt zurück. »Seit der Inspektionsleiter Stefan Prenneisen und ich herausgefunden haben, dass wir in dieselbe Schule in Kirchdorf gegangen sind, sind wir ohnehin die besten Freunde.«

»Außerdem brauchen wir die Bewegungsprofile von Kniewassers Handy. Wo genau war sie im jeweiligen Tatzeitraum? Und wenn wir schon dabei sind: Wo hat sie sich die letzten Tage herumgetrieben? Kümmerst du dich darum, Lilly?«

Zukic schürzte die Lippen, was Nemecek als Zustimmung wertete. Währenddessen schüttelte Obermayr heftig den Kopf. »Schon blöd, dass wir immer noch nicht wissen, wo sie sich gerade befindet!«

»Denkst du etwa, sie ist absichtlich abgetaucht?«, wollte Zukic von ihrer älteren Kollegin wissen.

»Mittlerweile spricht wohl einiges dafür.«

»Wenn sie bis heute Mittag nicht auftaucht«, bemühte sich Nemecek um einen möglichst entschlossenen Schlusspunkt, »schreiben wir sie …«

Das Telefon raubte ihm seine Pointe. In dem extralauten Klingeln, das sie sich letztes Jahr gegen ihre kollektive Schwerhörigkeit einrichten ließen, ging Nemeceks »zur Fahndung aus« vollkommen unter. Es hatte keinen Sinn, das nachzutragen. Denn längst folgten alle Blicke der Lärmquelle, die Zukic mit einer schwungvollen Bewegung zum Versiegen brachte.

Nach ihrer formvollendeten Begrüßungsformel geriet sie plötzlich ins Stocken. »Ah, hallo. Moment bitte«, hörte er sie noch sagen. Als Nächstes legte sie schon den Hörer auf den Tisch, sodass sie alle die gehetzte Stimme hören konnten, die von der anderen Seite der Leitung kam. »Hallo, hier nochmals Stefan Prenneisen. Wir haben Johanna Kniewasser gefunden.«

Mittwoch, 13:53
Tödliches Idyll

Das saftige Grün der Wiesen, das gelb-rote Mosaik der in der Sonne leuchtenden Blätter, dazu das tiefe Blau des Himmels, durch das gerade ein strahlend weißer Kondensstreifen schnitt. Es hätte ein perfekter Tag sein können, inmitten dieser spätsommerlichen Farbenpracht. Ein überwältigendes Naturschauspiel, gekrönt von diesem fast schon kitschigen Panoramablick in die Pyhrn-Priel-Region, die sich heute von ihrer schönsten Seite zeigte. Warscheneck, Spitzmauer, großer Priel, kleiner Priel, ratterten Nemecek die Bergnamen durch den Kopf, als säße er im Heimatkundeunterricht. Noch einmal sah er kurz zu dem lautlos dahingleitenden Flugzeug auf. Wohin es wohl unterwegs war? Dann trat er wieder nach vorne an die Steinmarkierung.

Sogartig zog es seinen Blick in die Tiefe. Hier gab es nichts als kantige Felsen, loses Geröll, ein paar kleine Sträucher und ganz unten einige Nadelbäume. 70 Grad, schätzte er das Gefälle, vielleicht sogar 80. Jedenfalls so steil, dass man hier nirgends mehr Halt fand. Auch der Pfad war steil, der sich die Felswand entlang nach oben schlängelte. Vielleicht 15 Grad, setzte Nemecek sein Zahlenspiel fort, und an der schmalsten Stelle kaum einen Meter breit. Nicht umsonst warnten die roten Schilder beim Einstieg in die Felswand: *Achtung Gefahrenstelle!* Warum man bei der Zusatztafel für die Radfahrer eine Leerstelle zwischen *Absitz* und *en* gesetzt hatte, war ihm allerdings schleierhaft. Sollte das etwas Besonderes bedeuten? Oder hatte jemand einfach nicht aufgepasst?

Er verscheuchte die überflüssigen Fragezeichen und lenkte seinen Blick wieder nach rechts zu dem leicht flatternden Absperrband. Ein rot-weiß-rotes Mahnmal, das sich von einem der spärlichen Laubbäume, die hier den Wegesrand säumten, bis zu dem alten Holzgeländer zog, das sich etwa 20 Meter weiter unten befand. Noch einmal ging er die paar Schritte um den

Felsvorsprung herum bis zu der Stelle, an der immer noch die Seile lagen. Nemecek betrachtete das chaotische Geflecht und versuchte nachzuvollziehen, wie sich die Rettungskräfte heute Vormittag die Felswand hinabgelassen hatten. Ohne es zu wollen, schloss er für einen Moment lang die Augen. Als er sie wieder öffnete, war sein Bild noch schärfer als zuvor. Genau hier war Johanna Kniewasser nur ein paar Stunden zuvor mit ihrem Mountainbike in den Tod gestürzt.

Er atmete tief durch. Trotz der angespannten Situation genoss er die frische Bergluft, die Zug um Zug seine Lungen füllte. Unwillkürlich spitzte er die Ohren. Kein Ton war zu hören, selbst der schwache Wind blies jetzt völlig lautlos. Dabei hatte bis vor Kurzem hektische Betriebsamkeit geherrscht. Nachdem die Wandergruppe kurz vor zehn Uhr ihren schrecklichen Fund gemeldet hatte, waren Prenneisen und die Bergrettung sofort aufgebrochen. Keine Stunde später begannen sie bereits damit, sich zu der Verunglückten abzuseilen. Auf der rechten Seite sah Nemecek noch die Metallhaken in der Sonne glänzen, die die Rettungskräfte dafür in den Felsen gebohrt hatten. Für die Abgestürzte selbst war allerdings jede Hilfe zu spät gekommen. Der Notarzt konnte nur noch ihren Tod feststellen. Ob Kniewasser jemals gedacht hätte, dass sie ausgerechnet auf ihrer Heimstrecke ums Leben kommen würde? Doch wer überlegt sich schon, wo sie oder er einmal sterben wird?

»Chefinspektor?«, riss ihn eine helle Stimme aus seinen Gedanken. »Wir wären jetzt so weit fertig.«

»Ich komme gleich«, rief Nemecek über die Schulter zurück und spreizte dabei die Finger seiner linken Hand nach oben, um noch fünf Minuten Aufschub zu erwirken. Aus irgendeinem Grund brauchte er noch etwas Zeit.

»Alles klar.« Anscheinend hatte seine Kollegin den Hinweis verstanden. Denn als er sich zu ihr umdrehte, war die junge Beamtin bereits wieder auf dem Weg nach oben. Gedankenverloren verfolgte Nemecek ihre kraftvollen Bewegungen, bis sie hinter der nächsten Felsnase verschwunden war.

Nemecek war verwirrt. Nach wie vor wusste er nicht so recht, was ihn mehr verwunderte: dass ihn dieser mysteriöse Fall schon wieder an einen ihm vertrauten Ort führte; oder dass ausgerechnet Kniewasser ums Leben gekommen war, genau jene Frau also, die in den letzten beiden Tagen zu ihrer

Hauptverdächtigen aufgestiegen war. Bevor sie ihren Verdachtsmomenten so richtig nachgehen konnten, war die mutmaßliche Mörderin nun selbst verunglückt.

»Also ich denke nicht, dass das ein Unfall war«, verkündete die Stimme seiner Kollegin hinter seinem Rücken. »Oder glaubst du an Zufälle?«

»Hast du schon mit der Spusi gesprochen?«, ignorierte Nemecek die kollegiale Glaubensfrage. Jetzt war nicht der richtige Zeitpunkt für Mutmaßungen und das, was seine Kollegin selbst gerne Spekulatius nannte. Das Einzige, was ihnen weiterhalf, waren Fakten.

»Auf den ersten Blick haben sie jedenfalls keinerlei Bremsspuren festgestellt«, konstatierte Obermayr. »Dito keine Zeichen eines Sturzes am Weg. Da gibt es nicht die geringsten Blutspuren oder Hautpartikel. DNA kannst du vergessen.« Sie stellte ihren Rucksack ab und griff nach der gelben Flasche, die in der Seitentasche steckte. Nemecek beobachtete, wie ihr Adamsapfel auf und ab hüpfte, während sie die Flasche austrank. Ohne ein einziges Mal abzusetzen, stellte er beeindruckt fest. Offenbar hatte Obermayr seinen Blick bemerkt und fühlte sich zu einem Kommentar genötigt.

»In einem früheren Leben bin ich sicher einmal ein Kamel gewesen.«

»Oder eine Ziege«, erwiderte Nemecek. »So wie du den Berg hochgerannt bist.« Obermayr winkte ab. Für sie war das nichts Besonderes, obwohl sie zuletzt, im Treppenhaus zu Joschaks Wohnung, ein wenig geschwächelt hatte.

»Vermutlich ist sie gestoßen worden. Jemand hat ihr hinter dem Felsen aufgelauert und sie mit voller Kraft in die Tiefe befördert.«

Nemecek nickte. Das bestätigte, was bereits die Hinterstoderer Kollegen festgestellt hatten. Dass es sich hier möglicherweise nicht um einen normalen Unfall handelte, wie er an dieser Stelle, allen Warnungen zum Trotz, leider immer wieder passierte. Kaum, dass sie von Kniewassers Tod erfahren hatten, waren Obermayr und Nemecek ins Auto gesprungen und mit Vollgas nach Oberösterreich gerast. Dank Obermayrs Rennfahrstil trafen sie keine zwei Stunden später in Hinterstoder ein – was für eine Strecke von knapp 300 Kilometern durchaus beachtlich war.

Wie gut, dass sich Obermayr und Prenneisen aus der gemeinsamen Schulzeit kannten. Obwohl sie eine unterschiedliche Jahrgangsstufe besuchten, erinnerte sich Prenneisen noch bestens an »die kleine Goscherte aus der Mädchenklasse«.

»Durchs Reden kommen d'Leut zam«, schob seine Kollegin natürlich gleich einen Spruch aus ihrem schier unendlichen Vorrat hinterher. Ob dieser nun passte oder nicht: Die oberösterreichische Blutsverwandtschaft und die gemeinsame Schulzeit in der Bezirkshauptstadt würden die Zusammenarbeit ohne Zweifel erleichtern. Dass es um das Verhältnis zwischen den lokalen Behörden und der Wiener Kripo nicht immer zum Besten bestellt war, hatten sie in Kärnten ja gerade erst erleben dürfen.

»Du hast ja die Reifenspuren gesehen«, meinte Obermayr. »Dem Profil nach muss der Sturz auf der Abfahrt passiert sein.« Tatsächlich hatte er den V-förmig nach unten weisenden Abdruck, den das Rad in dem kleinen Sandhaufen hinterlassen hatte, genau studiert. Mit Sicherheit hatte Kniewasser nicht nur den Sand, sondern auch den verkrüppelten Ast gesehen, den ein kräftiger Windstoß auf den Weg befördert haben musste. Ob sie dem Hindernis ausweichen wollte und dabei die Kontrolle über ihr Rad verloren hatte? Unwillkürlich hob Nemecek den Blick. Wahrscheinlich war der Ast schon vor längerer Zeit in die Tiefe gestürzt und auf dem schmalen Pfad hängengeblieben. Als er den Kopf wieder senkte, merkte Nemecek, dass das nicht das Geringste zur Sache tat. Viel wichtiger war, dass sich der kleine Sandhaufen direkt am Felsen befand, also in maximaler Entfernung vom Abgrund. Obwohl der Weg hier keinerlei Spielräume bot, mutete es sonderbar an, dass Kniewasser ausgerechnet an dieser Stelle eine 90-Grad-Kurve nach links eingelegt haben sollte.

»Vielleicht hatte sie einen Reifenplatzer und hat dabei den Lenker verrissen?«, versuchte Nemecek noch einen Restzweifel hochzuhalten. »Oder es ist ihr die Radgabel gebrochen?«

»Letzteres können wir definitiv ausschließen«, erklärte Obermayr, die ja gerade erst mit der Bergrettung gesprochen hatte. »Bei allen Schäden, die das Fahrrad aufweist: Die Radgabel ist in Ordnung.«

Nemecek presste die Lippen zusammen. Aus irgendeinem Grund wollte er einen unglücklichen Unfall noch nicht ausschließen – obwohl immer mehr Indizien dagegen sprachen.

»Aber ein Reifenschaden ist doch denkbar«, argumentierte Nemecek mit Nachdruck. »Kniewasser erschrickt, verreißt den Lenker und schon ist es passiert.«

Energisch schüttelte Obermayr den Kopf. »Kann ich mir nicht vorstellen. Zumal sie laut Prenneisen eine sehr erfahrene Mountainbikerin war. Da verfügst du doch über die richtigen Reflexe!«

Nemecek musste zugeben, dass das stichhaltige Argumente waren. Kniewasser wusste nur zu gut, dass dieser Abschnitt gefährlich war. In Wahrheit das einzig Riskante auf der sogenannten Höss-Runde, zu der diese spektakuläre Felswand gehörte. Abgesehen von dieser einen Gefahrenstelle war das eine wunderschöne Tour, wie Nemecek aus eigener Erfahrung wusste. Schon des Öfteren war er hier selbst unterwegs gewesen, wenngleich er meistens nicht vom offiziellen Start in Hinterstoder, sondern von der sogenannten Tambergau aufgebrochen war, wo Bettinas Familie seit Ewigkeiten ein Haus besaß. Eine Hütte, wie Bettina zu sagen pflegte, die sie zusammen mit den Kindern und befreundeten Familien regelmäßig zum Skifahren nutzten. Schließlich war die Gondelbahn, die sie zu den Liftanlagen auf der Hutterer Höss brachte, nur wenige Kilometer entfernt.

Im Sommer bot das Haus ebenfalls einen wunderbaren Rückzugsort, mit Wiese und Wald und Fluss, alles direkt vor der Haustür. Da konnte man die Seele baumeln lassen, die Schönheit der Natur genießen, an den Flussufern der Steyr entlang spazieren, durch den Wald laufen oder die Gegend mit dem Rad erobern. Von ihrem Haus aus führte der Weg über Vorderstoder, den Schafferteich und die Steysbergerreith bis zu der Stelle, an der Kniewasser verunglückt war. Ermordet wurde, korrigierte er sich widerwillig. Denn obwohl die finale Spurenauswertung noch ausstand, begann Nemecek allmählich zu akzeptieren, dass es sich um das nächste Gewaltverbrechen handelte.

Weit weniger klar war ihm, wie das Ganze mit den Vorfällen der letzten Wochen zusammenhing. Musste Kniewasser womöglich aus demselben Grund sterben wie Zettl und Joschak? Wenn dem so war, wie passte das dann zu ihrer These, dass die Morde etwas mit den aktuellen Veränderungen in der *Acros* zu tun hatten? Bisher hatten sie ja angenommen, dass Zettls und Joschaks Todesfälle auch etwas mit ihrem Widerstand gegen die laufenden Veränderungen im Unternehmen zu tun hatten. Nun hatte es allerdings eine

Vertreterin des agilen Vorgehens erwischt. Das ergab doch keinen Sinn. Oder war das die Rache der traditionellen Manager?

Nemecek schüttelte den Kopf. Das roch ihm immer noch viel zu sehr nach Verschwörungstheorie. Vielleicht hatte das Ganze ja überhaupt nichts mit dem Umbau der *Acros* zu tun. Zettls Erpressungsmail kam ihm wieder in den Sinn. Was konnte er gesehen haben, das Kniewasser dermaßen unter Druck setzte? Wer war die andere Person, die darauf zu sehen war? Und welche Rolle spielte diese Person in den mörderischen Ereignissen?

»Lass uns gehen, Robert«, erlöste ihn Obermayr aus seiner dumpfen Nachdenklichkeit. »Wir sollten endlich unserer Pflicht nachkommen.«

»Du hast recht. Ist Stefan bereit?«

»Er wartet unten an der Forststraße auf uns.«

»Na denn«, zeigte sich Nemecek entschlossen, obgleich ihm im Angesicht des Bevorstehenden reichlich mulmig zumute war. Todesnachrichten zu überbringen hatte noch nie zu seinen Stärken gehört.

Mittwoch, 15:11
Beklemmende Nachrichten

Prenneisen blinkte. Er scherte ein wenig nach links aus und fuhr dann in einem großen Bogen in die Fichtenstraße ein. Nemecek kannte die Siedlung, die sich zwischen der Bundesstraße und der Steyr ausbreitete, die hier gleich zweimal die Richtung wechselte. Seit jeher wunderte er sich darüber, dass sich auf dem relativ kleinen Gelände so viele Häuser zusammendrängten, die alle innerhalb von wenigen Jahren gebaut wurden. War der Baugrund billig gewesen? Oder gab es irgendeine spezielle Förderung?

Prenneisen zog den Wagen nach rechts, um vor einem der großen Holzhäuser zu halten. Wie auf Kommando öffneten sich die drei Autotüren fast gleichzeitig. Genau in dem Moment, als Nemeceks Füße den Boden berührten, schob sich eine dicke Wolke vor die Sonne. Nach dem strahlenden Sommertag, den sie bislang erlebt hatten, wirkte es, als hätte jemand das Licht ausgeknipst. Die plötzliche Verfinsterung passte zu der Nachricht, die er gleich überbringen würde. Wie immer erfüllte ihn die Aussicht, über den gewaltsamen Tod eines Menschen zu informieren, mit Unbehagen. Schon unzählige Male hatte er darüber nachgedacht, wie er am besten sagen sollte, was gesagt werden musste – und wie er im selben Gespräch an die Informationen kam, die er brauchte, um mit seinem Fall voranzukommen. So etwas wie ein angemessenes Vorgehen hatte er bislang noch nicht entdeckt.

Ding-Dong, machte die Hausglocke auf altmodische Weise. Nemecek fühlte sich reflexartig an seine Kindheit erinnert. Genau das gleiche Läuten hatte es auch in seinem Elternhaus gegeben.

Mit einem leisen Knacken sprang die Gegensprechanlage an. »Ja, bitte?«

»Grüß Gott, Emilia, Stefan Prenneisen hier. Wir müssten dringend mit Ihnen reden, bittschön. Dürfen wir reinkommen?«

Die Antwort gab der Türsummer. Das Gartentor sprang auf und zugleich öffnete sich die Haustür einen Spalt breit. Während sie den schmalen Vorgarten durchquerten, wurde die Tür wie in Zeitlupe aufgezogen. Genau so, dachte Nemecek, wie das alte Leute tun, die eine Hiobsbotschaft erwarten: furchtsam, zögerlich, kraftlos.

Als er aufblickte, standen überraschender Weise beide Kniewassers im Türrahmen. »Emilia, Alois«, begrüßte Prenneisen die beiden, nachdem er seine Kappe vom Kopf genommen hatte. »Das sind Bezirksinspektorin Obermayr und Chefinspektor Nemecek von der Kriminalpolizei Wien. Können wir uns vielleicht kurz in die Stube setzen?«

Emilia und Alois Kniewasser nickten stumm. Sie schienen ihre ganze Energie dafür zu brauchen, sich schweren Schrittes ins Wohnungsinnere zu schleppen. Sie stützten sich gegenseitig und ließen einander selbst dann nicht los, als sie auf der schmalen Holzbank Platz genommen hatten. Während er die beiden Alten mit Sorge verfolgte, registrierte Nemecek aus den Augenwinkeln ein gemütlich eingerichtetes Haus mit einem riesigen Kachelofen mit grünen und weißen Fliesen, die sich auch in der Küche und rund um den großen Holztisch wiederfanden. Gmundner Stil, schätzte Nemecek und musste unwillkürlich an die Joschaks denken, die sich ihr Landhausidyll mitten in die Großstadt verpflanzt hatten.

Dann fasste er sich endlich ein Herz: »Frau Kniewasser, Herr Kniewasser! Wir haben leider schlechte Nachrichten für Sie: Ihre Tochter ist heute früh tödlich verunglückt.«

Die Eltern sahen ihn verständnislos an. »Wie …?«, versuchte die Frau schließlich eine Frage zu formulieren, brachte aber nicht viel mehr als ein Krächzen zustande.

»So wie es aussieht, ist sie mit ihrem Mountainbike bei der Abfahrt von der Edtbaueralm die Felswand hinuntergestürzt.«

Frau Kniewasser schluchzte auf, während ihrem Mann die Tränen über die eingefallenen Wangen liefen. Es war ein Anblick, der einem den Atem nahm. Wie oft in solchen Situationen wünschte sich ein Teil von Nemecek, er wäre jetzt woanders, egal wo, Hauptsache weit weg von diesem Ort des Schmerzes und der Beklemmung. Der andere Teil von ihm beobachtete das Geschehen so distanziert wie ein Kameramann, der geduldig auf den nächsten Cut wartet. So oder so war ihm klar, dass er den Kniewassers jetzt Zeit lassen musste, damit sie ihren ersten Schock verarbeiten konnten.

Es entstand eine längere Pause, in der nur das Ticken der alten Kuckucksuhr zu hören war. Schließlich sagte Nemecek mit ruhiger Stimme. »Wir können Ihnen an dieser Stelle nur unser Beileid aussprechen. Fühlen Sie sich trotzdem in der Lage, uns einige Fragen zu beantworten? Das würde uns bei der Aufklärung des Falles sicherlich weiterhelfen.«

Die beiden Alten starrten ihn mit trübem Blick an.

»Was wollen'S denn wissen?«, rang sich Alois Kniewasser als Erster eine paar Worte ab.

»Wann haben Sie Ihre Tochter das letzte Mal gesehen?«, übernahm Obermayr die Initiative.

»Gestern Abend, beim Nachtmahl, nachdem die Hanni den ganzen Nachmittag die Dachrinnen repariert hat. Wissen Sie, da haben sich im letzten Jahr die ganzen Herbstblätter verfangen, sodass im Winter dann …«

Der alte Kniewasser brach mitten im Satz ab, als wäre ihm zwischen zwei Worten klar geworden, wie unerträglich banal sich ein solches Alltagsereignis vor dem Unglück ausnahm, das sie gerade ereilt hatte. Doch Obermayr wollte die beiden jetzt nicht in ihrer Trauer versinken lassen. »Heute morgen haben Sie Ihre Tochter gar nicht mehr gesehen?«

Alois Kniewasser schüttelte den Kopf. »Sie ist früh los, damit sie von ihrer Tour zurück ist, bevor's richtig heiß wird.«

»Worüber haben Sie denn gestern Abend mit Ihrer Tochter gesprochen? Hat sie etwas Bestimmtes erzählt? Von ihren Freunden? Oder von der Arbeit?«

Die beiden Kniewassers sahen einander eine Weile lang ratlos in die Augen. »Nix Bestimmtes«, fasste sich dieses Mal Frau Kniewasser ein Herz. »Dass sie viel zu tun hat, dass sie viel unterwegs ist, dass sie …« Ihre Stimme versagte und sie schlug sich die Hand vor den Mund.

»Hat sie sich irgendwie auffällig verhalten? Wirkte sie nachdenklicher als sonst? Oder gar besorgt?«

»Wieso denn besorgt?« Unvermittelt klang der Vater richtiggehend verärgert. »Wollen'S uns nicht endlich mal sagen, was hier eigentlich los ist. Stefan, wieso schleppst du uns die Kripo an, wenn die Hanni an Unfall g'habt hat?«

Nemecek sah, wie Prenneisen kurz den Kopf einzog. Zugleich wusste er, dass er sich jetzt nicht einmischen durfte, um die Autoritätsposition des örtlichen Polizeichefs nicht zu untergraben. Ganz zu schweigen vom Vertrauensverhältnis. Prenneisen war das wohl ebenso bewusst. Demonstrativ streckte er seine Arme nach vorne: »Alois, es könnte sein, dass das kein unglücklicher Unfall war.«

»Du meinst …?«

»Dass jemand die Hanni absichtlich vom Felsen gestoßen hat.«

Emilia Kniewasser entfuhr ein kehliger Schrei. Gleich darauf landeten beide Hände auf ihrem Mund. Alois Kniewasser wiederum biss sich so fest auf die Lippen, dass Nemecek sicher war, dass sie gleich zu bluten beginnen würden.

Prenneisen nickte verständnisvoll. »Deswegen ist es total wichtig, dass ihr uns alles sagt, was ihr wisst.«

Jetzt nickten auch die beiden Alten. So schwer es ihnen fiel, so sehr schienen sie sich im Angesicht der neuen Umstände nochmals zusammenzureißen. Nemecek gab Prenneisen ein kurzes Zeichen, dass jetzt wieder er an der Reihe war.

»Was können Sie uns über das Privatleben Ihrer Tochter erzählen? Ich meine: Mit wem war sie derzeit liiert? Wer zählte zu ihren Freunden? Mit wem hatte sie Streit?«

Nemecek sah, wie sich die beiden wieder diesen besonderen Blick zuwarfen, wie das nur Menschen tun, die ihr ganzes Leben miteinander verbracht haben. Doch in ihre gemeinsame Trauer mischte sich Ratlosigkeit.

»Naja«, setzte die Mutter zu einer Erklärung an, »die Hanni hat ja eigentlich nie was Genaueres erzählt. Wir wissen eigentlich nur, dass sie immer total viel g'arbeitet und in ihrer Freizeit an ihren Oldtimern herumg'schraubt hat. Das war halt ihre ganze Leidenschaft.«

»Aber sie wird ihnen doch in all den Jahren mal einen Freund vorgestellt haben?«, drängte Obermayr. Mit unvermuteter Energie schüttelte Frau Kniewasser ihren Kopf. »Wissen'S, seit sie vom Karl g'schiedn is, wollt sie einfach nix Festes mehr. Die Hanni hat immer g'sagt: Sich einmal irren – das kann jedem passieren. Aber zweimal denselben Fehler machen, das is dann scho saudumm.«

»Das heißt, sie hat sich ganz bewusst auf keine feste Beziehung eingelassen?«, vergewisserte sich Nemecek.

»Beruflich war sie ja immer viel unterwegs. Und als Alleinerziehende hat sie sowieso wenig Zeit g'habt. Außerdem wollt sie ihrer Tochter keinen Stiefvater antun. Und wie die Teresa ins Internat gekommen ist, war ihr die Karriere wichtiger.«

»Die wird zwischendurch scho jemand g'habt hab'n«, mischte sich nun auch der Vater in die Erzählung ein.

»Ausg'schaut hat sie mit ihren 39 ja noch wie eine 25-Jährige«, ergänzte die Mutter mit unverhohlenem Stolz, »A Saniboj ist sie sowieso g'wesen.« Nemecek brauchte ein paar Sekunden, bis er Emilia Kniewassers Dialekt mit dem englischen Wort Sunnyboy verknüpfen konnte. Wenn er die kleine Geschlechterverwirrung um den »boy« wegließ, passte das sonnige Image genau zu dem Eindruck, den er auf Johanna Kniewassers Facebook-Seite gewonnen hatte: eine groß gewachsene Frau mit einem strahlenden Lächeln, das sie garantiert einzusetzen wusste. Allerdings wusste Nemecek nach wie vor nicht, ob es jemand gab, bei dem sie das in besonderer Weise tat.

»Namen hat sie nie welche erwähnt?«, tastete sich Obermayr vor.

»Na, dazu war die Hanni viel zu diskret. Die Frau von heute genießt und schweigt, hat sie immer g'sagt.« Jetzt huschte sogar der Anflug eines Lächelns über Emilia Kniewassers Gesicht.

»Und über ihre Arbeit hat sie auch nie etwas Genaueres erzählt?«, entschied sich Obermayr für einen abrupten Themenwechsel. Nemecek begrüßte diesen Wechsel zwar, fürchtete jedoch, dass sie auch in diesem Bereich nichts Brauchbares erfahren würden.

Wieder drehte Frau Kniewasser ihren Kopf energisch hin und her. »Da hat sich die Hanni eisern an ihre Prinzipien g'halten: Dienst ist Dienst und Schnaps ist Schnaps.«

Das führt zu nichts, durchzuckte es Nemecek beinahe schmerzhaft. Wie so viele Eltern, die im Zuge des Erwachsenwerdens ihrer Kinder den Kontakt verloren, wussten sie im Grunde gar nichts über ihre Tochter. Zumindest nichts, was ihnen im vorliegenden Fall weiterhelfen konnte. Doch Obermayr wollte noch nicht aufgeben: »Wie oft haben Sie einander denn überhaupt gehört oder gesehen? So im Schnitt.«

»Sie müssen wissen«, ächzte der alte Kniewasser hörbar. »Die Hanni war halt ständig auf der Achs.«

»Ein paar Mal im Jahr«, schätzte seine Frau und wirkte fast ein wenig verlegen.

»Aber wenn ma was braucht hab'n, war sie immer für uns da«, ergänzte Alois Kniewasser eilig. »Oder hat uns zumindest Hilfe organisiert. Wir sind halt nicht mehr die Jüngsten.«

»Und gehört?«

»Wie gehört?«

»Na, telefoniert halt, Alois!« Emilia Kniewasser tätschelte die Hand ihres Mannes und erklärte dann: »Auch nicht so oft. Ich tät sagen, einmal im Monat, vielleicht sind's ab und an zwei Monate g'wesen.«

»Keine Nachrichten sind gute Nachrichten, hat die Hanni immer g'sagt.«

Nemecek klappte sein Notizbuch zu. Für seinen Geschmack hatte er genug gehört. Die Kniewassers waren sicher mächtig stolz auf ihre erfolgreiche Tochter, die es demnächst vielleicht sogar in den Vorstand der *Acros* geschafft hätte. Über deren Leben wussten sie allerdings herzlich wenig. Rasch erhob er sich. »Danke für Ihre Zeit. Und nochmals unser herzliches Beileid.«

Falls sich die Kniewassers über das jähe Gesprächsende wunderten, behielten sie das für sich. Wahrscheinlich waren sie einfach froh, dass die lästige Fragerei ein Ende hatte. Nachdem Obermayr und Prenneisen aufgestanden waren, erhoben sie sich ebenfalls von ihren Plätzen.

»Nochmals herzliches Beileid«, murmelte Prenneisen zum Abschied. »Und wenn ihr was braucht's, könnt's mich jederzeit anrufen.«

»Danke Stefan«, sagte Frau Kniewasser und legte ihm ihre knochige Hand auf den Arm. »Jetzt brauchen wir erst einmal ein bissl Ruhe, gell Alois?«

»Apropos brauchen.« Obermayr hob die Hände. »Aus ermittlungstechnischen Gründen müssten wir noch die Sachen von ihrer Tochter mitnehmen. Sie hat ja sicher eine Tasche mitgehabt, oder?«

»Sicherlich«, zeigte sich Emilia Kniewasser mit einem Male ganz beflissen. »Gehn's Fräulein, kommen's doch kurz mit nach oben, dann geb ich Ihnen der Hanni ihre Sachen.«

Nemecek war heilfroh, dass seine Kollegin an die Sicherstellung gedacht hatte. Seinem Fluchtimpuls folgend, hätte er es glatt vergessen.

»Ich geh schon mal zum Wagen«, ließ er seine beiden Kollegen wissen, bevor er den Kniewassers einen letzten Gruß über die Schulter zurückwarf. »Wiederschaun.« Doch als er sich an der Haustür noch einmal kurz umdrehte, war das Wohnzimmer leer.

Mittwoch, 16:39
Noch mehr Fragezeichen

Als sie wieder in ihrem eigenen Dienstwagen saßen, fühlte sich Nemecek wie gerädert. Die längste Zeit über hatte er die Anstrengungen des Tages gar nicht wahrgenommen. Dabei war er seit den frühen Morgenstunden voll unter Strom gestanden: von ihrem überstürzten Aufbruch über die gehetzte Anfahrt, den atemlosen Aufstieg auf die Höss und die intensiven Eindrücke am Tatort bis zum beklemmenden Gespräch mit Kniewassers Eltern und den abschließenden Vereinbarungen, die sie mit Prenneisen bezüglich Spurensicherung, Zeugenbefragung und Obduktion getroffen hatten. Gleichzeitig tobte in seinem Kopf immer noch ein wilder Fragenzirkus: Warum musste Johanna Kniewasser sterben? Wer hatte ein Motiv, sie zu ermorden? Welche Verbindungen gab es zu den Morden an Zettl und Joschak? Und was hatte das Ganze mit der *Acros* zu tun?

Zwischen seiner körperlichen Erschöpfung und dem mentalen Zirkus hin- und herpendelnd, spürte er, wie mit jedem zurückgelegten Kilometer ein wenig mehr Spannung von ihm abfiel. Eine Zeit lang konnte er gar nicht mehr aufhören zu gähnen und seine Gliedmaßen von sich zu strecken. Seine Muskeln fühlten sich eigentümlich verkrampft an, als wären sie den ganzen Tag über im Dauereinsatz gewesen.

Obwohl er kein Fan von langen Autobahnfahrten war, tat ihm das starre Sitzen gerade total gut. Noch besser tat ihm, dass er dabei weder reden noch zuhören musste. Entweder spürte Obermayr, dass er nun seine Ruhe brauchte, oder sie war selbst froh, ihren eigenen Gedanken nachhängen zu können. Auf alle Fälle fuhren sie über eine Stunde schweigend über die A9 und die A1 nach Wien zurück. Kurz vor Ybbs warf ihm Obermayr einen kurzen Blick zu. Er erwiderte den Blick und wusste, dass damit alles Nötige geklärt war. Ja, eine kleine Pause kam jetzt gerade recht: Wieder aufrecht stehen, sich durchstrecken können und sich zwei dringende körperliche Bedürfnisse erfüllen: einmal für kleine Königspudel, wie Obermayr zu sagen pflegte, und einmal für Freunde der gediegenen Bohnenverarbeitung.

»Hast du 50 Cent?«, fragte ihn Obermayr wenig später, als sie vor der Sperre standen, mit der sich viele Tankstellen seit einigen Jahren vor sogenannten Klo-Touristen schützten. Eine Notdurft verrichten, ohne dafür zu zahlen oder wenigstens etwas zu konsumieren? Wo kämen wir denn dahin? Immerhin erhielt man für seinen Münzeinwurf einen Gutschein, den man dann im Shop einlösen konnte. Das ganze System gefiel Nemecek dennoch nicht – und sei es, weil er nie die passenden Münzen zur Hand hatte.

»Warte! Ich glaub, ich hab irgendwo einen Euro.« Obermayr kramte umständlich in ihren Hosentaschen herum, bis sie triumphierend das gesuchte Geldstück in die Höhe hielt. »Melde gehorsamst, Herr Inspektor: Einer sachgemäßen Entleerung vor der koffeinhaltigen Wiederbefüllung steht nichts mehr im Wege!«

Keine zehn Minuten später verließen sie den Tankstellenshop mit zwei dampfenden Kaffeebechern und einer Topfengolatsche. Obermayr biss noch im Hinausgehen voller Gier in das Plundergebäck, Nemecek hielt bloß seine Nase über den Becher, um das volle Aroma einzusaugen.

»Ist's okay, wenn du weiterfährst?«

»Sowieso.« Obermayr grinste. »Dann sind wir wesentlich schneller wieder zurück.«

Nemecek musste schmunzeln, schließlich gehörte das Geplänkel um das Rennfahrerinnen-Gen seiner Kollegin zu ihren ältesten Running Gags. Obermayrs Leidenschaft war ihm umso willkommener, als er sich auf diese Weise weit besser sammeln konnte, als wenn er selbst am Steuer saß. Und seine Kollegin schien sich ohnehin am besten konzentrieren zu können, wenn sie das gesamte Fahrgeschehen unter Kontrolle hatte. Noch dazu, wenn sie dabei mit Koffein und Zucker gedopt war.

»Hmmm«, schmatzte sie, nachdem sie den Wagen aus der Parklücke manövriert und dabei so kräftig in ihre Topfengolatsche gebissen hatte, dass der Zucker eine kleine Staubwolke bildete. Nemecek selbst genügte der doppelte Espresso, um seine Lebensgeister wieder zum Leben zu erwecken. Von Müdigkeit oder gar Erschöpfung war jetzt nichts mehr zu spüren: im Gegenteil: Er fühlte sich hellwach und entsprechend tatendurstig.

Obermayr schien es ganz ähnlich zu gehen.

»Also, wie sehen unsere nächsten Schritte aus?«, fragte sie zwischen zwei weiteren Golatschenbissen.

»Zunächst sollten wir natürlich die Ergebnisse der Obduktion abwarten.«

»Und darauf hoffen, dass die KTU etwas Brauchbares findet«, ergänzte Obermayr im freien Flug. »Von der Zeugenbefragung verspreche ich mir eigentlich nichts.«

»Dito. Zukic muss so rasch wie möglich Kniewassers Handydaten beantragen – und bei der *Acros* nachfragen, wo genau sich Kniewasser in den letzten Wochen aufgehalten hat.«

»Du denkst immer noch, dass sie etwas mit den Morden an Joschak und Zettl zu tun hat?«

»Ich würde es gerne ausschließen«, gestand Nemecek nachdenklich, »und nicht schon wieder voreilige Schlüsse ziehen.«

»Wir sollten mehr über ihr Privatleben herausfinden. Das, was uns die Eltern aufgetischt haben, war ja nur heiße Luft.«

»Dass wir uns da mehr erwartet haben, war allerdings reichlich naiv von uns. Überleg doch mal, wie viel deine Eltern über dein heutiges Leben wissen!«

»Du hast recht«, bestätigte Obermayr nach einer kurzen Nachdenkpause. »Anderseits: Es hätte ja sein können, dass sie uns etwas Wichtiges erzählen.«

»Wobei ich das Gefühl nicht loswerde, dass wir etwas Wesentliches übersehen haben.«

»Mmmh«, stimmte Obermayr mit vollem Mund zu, »aber was genau meinst du?«

»Ich weiß es noch nicht. Ich ahne freilich, dass wir uns zu sehr auf Kniewasser als Hauptverdächtige eingeschossen haben. Und auf den Konflikt zwischen agilen und traditionellen Kräften.«

»Du denkst, die Morde haben nichts mit den aktuellen Vorgängen in der *Acros* zu tun?«

»Was ist, wenn die Konflikte, die gerade so tödlich eskalieren, ganz andere Wurzeln haben? Wurzeln, die tief in der Unternehmensgeschichte verankert sind?«

»Du meinst, es wurden im Zuge der umfassenden Umbauarbeiten in der *Acros* einige alte Giftfässer freigelegt? Und plötzlich explodiert das Ganze, wie eine Chemikalie, die kein Tageslicht verträgt?«

»So ähnlich«, bestätigte Nemecek, obgleich ihm die Metaphern seiner Kollegin etwas dramatisch vorkamen.

»Aber welches Gift sollte das sein?«

»Genau das müssen wir herausfinden.«

»Na dann: Auf eine neue Runde gepflegte Polizeiarbeit!«, fasste Obermayr zusammen, bevor sie sich das letzte Stück ihrer Golatsche in den offenen Mund schob.

»Apropos gepflegte Polizeiarbeit«, entgegnete Nemecek. »Wir müssen auf jeden Fall so bald wie möglich Pflückinger informieren.«

»Ich bin gespannt, wie er auf die Nachricht von Kniewassers Tod reagiert.«

»Und wir sollten unsere Recherchen ausdehnen.«

Nemecek sah, wie seine Kollegin mitten in der Kaubewegung innehielt. Eilig schluckte sie die letzten Reste ihrer Kalorienbombe hinunter und fragte: »Du meinst …?«

»Ich meine, dass ich vorhin einen schönen Hausschlüssel gesehen habe.«

»Wir steigen bei Johanna Kniewasser ein?«

»Wie die ärgsten Juwelenräuber.«

»Na dann«, lachte Obermayr und drehte die Musik lauter. ›Da ist kein Platz mehr für Zweifel‹, schallte es aus den Lautsprechern, ›kein Platz mehr für Eitelkeiten, kein Platz, um mit sich selbst zu streiten, nur die Welt begreifen. Aber mit 'Ich trau mich nicht' kommst du nicht weit.‹

Mittwoch, 17:21
Beinahe sprachlos

War die Verbindung unterbrochen? Oder war der CEO einfach verstummt?

»Herr Pflückinger?«

Zuerst hörten sie nur ein seltsames Geräusch durch die Freisprechanlage, das nach einer Mischung von Husten und Würgen klang. Wenigstens ein Lebenszeichen, beruhigte sich Nemecek. Doch es dauerte noch eine ganze Weile, bis sie endlich wieder die Stimme mit dem charakteristischen Akzent hörten.

»Excusé«, sagte die Stimme heiser, »Ihre Nachricht hat mir glatt die Sprache verschlagen.«

Das war nur allzu verständlich. Selbst wenn man an der Spitze eines weltweit operierenden Unternehmens stand, konnte einem eine solche Nachricht leicht den Boden unter den Füßen wegziehen. Oder eben die Stimme rauben – vor allem, wenn man nicht bloß von einem neuen Todesfall, sondern gleichzeitig von einem neuen Mordverdacht erfährt.

»Ich muss zugeben, dass ich immer weniger verstehe«, fuhr Pflückinger fort. »Zuerst Zettl, dann Joschak und jetzt auch noch Kniewasser? Was zum Teufel ist da los?«

»Das hätten wir gerne von Ihnen erfahren«, sagte Obermayr, während sie den Wagen auf die Überholspur lenkte.

»Von mir?« Pflückinger hörte sich beinahe entsetzt an. »Wie soll ich denn wissen, wer …?« Plötzlich hielt er inne. Anscheinend hatte es mitten im Satz irgendwo Klick gemacht.

»Sie vermuten, dass es etwas mit der *Acros*-Firmengeschichte zu tun hat, richtig? Sie meinen der Mörder kommt aus unserem eigenen Stall?«

»Mehr als je zuvor«, gestand Nemecek.

»Dann lassen Sie uns alles dafür tun, um diese abscheulichen Vorgänge möglichst rasch aufzuklären!«, versuchte Pflückinger Entschlossenheit zu demonstrieren. Seine Verunsicherung konnte er trotzdem nicht verbergen. Nemecek konnte gut nachvollziehen, dass das der absolute Alptraum für ihn sein musste. Mit einer Menge Vorschusslorbeeren bedacht, strahlte er trotz des schweren Erbes, das er übernahm, von Anfang an Zuversicht aus. Die ehrgeizigen Veränderungspläne, mit denen er antrat, waren indes bald ins Stocken geraten. Im Kleinkrieg zwischen den agilen Veränderern und denen, die alles beim Alten lassen wollten, drohte sich der Change sukzessive festzufahren. Und zu allem Überfluss kam dann auch noch die Polizei ins Haus und erklärte, dass es sich bei den tragischen Unfällen der Managementkollegen in Wahrheit um Morde handelte.

»Was sage ich denn jetzt meinen Leuten?« Trotz Autobahnlärm und Freisprechanlage klang Pflückinger höchst alarmiert. »Wenn die von Kniewassers Tod erfahren, bricht hier endgültig die Hölle los!«

»Welche höllischen Reaktionen erwarten Sie denn?«

»Die Mitarbeiter werden mich mit Fragen bombardieren, von denen ich wahrscheinlich die wenigsten beantworten kann. Die unterschiedlichsten Gerüchte werden sich wie ein Lauffeuer verbreiten und ich werde nichts tun können, um sie wieder einzudämmen. Verschwörungstheorien werden aus dem Boden schießen. Und die Medien werden sich wie hungrige Bluthunde auf uns stürzen.«

Nemecek war überrascht von der Emotionalität, die Pflückinger plötzlich an den Tag legte. Bislang waren Topmanager für ihn hochrationale Menschen, die sich primär an Zahlen, Daten und Fakten orientierten. Aber eventuell entdeckte er gerade eine weitere Besonderheit agiler Manager? Dass sie nicht nur mit dem Kopf, sondern auch mit dem Bauch arbeiteten? Und trotz aller Ergebnisorientierung auf die Kraft der Emotionen setzten? Schließlich waren Emotionen für jede erfolgreiche Veränderung essenziell.

»Dass Ihnen unruhige Tage bevorstehen, können wir nicht verhindern.«

»Können Sie denn nicht mit einer Pressekonferenz in die Offensive gehen? Ein paar klare Sachverhaltsdarstellungen würden enorm helfen.«

»Sie wissen, dass wir über laufende Ermittlungen keine Auskünfte erteilen dürfen.«

»Die Gerüchteküche wird derart brodeln, dass sich kein Mensch mehr auf die Arbeit konzentrieren kann – geschweige denn auf die Veränderung.«

Für einen gestandenen Macher hörte sich das erstaunlich ängstlich an, dachte Nemecek, beinahe hilflos. Doch wer konnte es ihm verdenken? Zumal er nicht nur eine weitere Managerin für das laufende Business verloren hatte. Vielmehr war Kniewasser eine wichtige Mitstreiterin in Sachen Agilität gewesen. Und wäre demnächst vielleicht sogar eine Vorstandskollegin geworden, was die politischen Kräfteverhältnisse sicherlich stark in Richtung Pro-Agilität verschoben hätte.

»Das Einzige, was wir Ihnen anbieten können, ist die schnellstmögliche Aufklärung dieser furchtbaren Todesfälle. Dafür brauchen wir aber Ihre Hilfe.«

»In Ordnung.« Pflückinger hörte sich jetzt wieder einigermaßen gefasst an. »Was kann ich für Sie tun?«

»Wir haben tatsächlich einige konkrete Fragen, bei denen Sie uns vielleicht helfen können.«

»Schießen Sie los!«

»Sie haben gar nicht erwähnt, dass Sie gerade die Position des Technikvorstands neu besetzen.«

»Ich wüsste nicht, was das mit dem Tod meiner Kollegen zu tun hat.«

»Berufliche Konkurrenz, Neid und Missgunst gehören nun mal zu den klassischen Mordmotiven.«

»Außerdem hat uns Melanie Wunzer erzählt, dass es zuletzt ziemliche Spannungen im Agile Change Team gab.«

»Im ACT?«

»Vor allem Johanna Kniewasser und Felix Wondratsch sollen für eine schärfere Gangart gegenüber Zettl und Joschak plädiert haben.«

»Jetzt bringen Sie auch noch Wondratsch ins Spiel!« Pflückinger klang entsetzt.

»Aus gutem Grund«, zeigte sich Obermayr unbeeindruckt. »Wussten Sie eigentlich, dass Felix Wondratsch der Sohn von Hermann Totzauer ist? Jenes Hermann Totzauer, der sich 2007 vom Dach der *Acros* gestürzt hat?«

»Nein, den Namen Totzauer höre ich zum ersten Mal. Und ich hatte keine Ahnung, dass Felix sein Sohn ist.«

»Wissen Sie vielleicht, wo wir Wondratsch erreichen können. An sein Telefon scheint er nicht zu gehen.«

»Das wundert mich nicht. Der ist ja seit letzter Woche in Urlaub.«

»Sie wissen nicht zufällig, wohin er gefahren ist?«

»Er hat mir gesagt, dass er in Wien bleibt.«

»Okay, dann werden wir ihm gleich morgen einen Hausbesuch abstatten.«

»Meinen Sie etwa, er hat etwas mit den Morden zu tun?«

»Erst einmal ist er ein wichtiger Zeuge.«

Pflückinger schien nachzudenken. »Das kann ich mir nicht vorstellen«, sagte er nach einer Weile. »Felix ist der ruhigste und friedlichste Mensch, den ich kenne.«

»Sie kennen ja das Sprichwort«, meinte Obermayr.

»Welches Sprichwort?«

»Stille Wasser sind tief.«

Nemecek verdrehte die Augen. Die Sprüche seiner Kollegin waren schon mal origineller. Doch Pflückinger schien sich nicht an Obermayrs Kalenderweisheit zu stören. Zweifellos war er gerade mit weit wichtigeren Dingen beschäftigt.

»Johanna tot und Niels vor dem Absprung«, resümierte der Schweizer. »Sieht so aus, als ob sich innerhalb von nur einer Woche mein halbes ACT auflöst.«

»Moment«, hakte Obermayr ein. »Habe ich das richtig verstanden? Swartling verlässt das Unternehmen?« Am anderen Ende der Leitung ertönte ein zustimmendes Brummen. »Darf man fragen, warum? Sie haben doch über viele Jahre hinweg zusammengearbeitet. Und das, soweit wir wissen, auch sehr erfolgreich.«

Pflückinger zögerte. »Die Zeiten verändern sich eben«, versuchte er, die Angelegenheit mit einer Floskel abzutun. Obermayr warf Nemecek einen vielsagenden Blick zu.

»Geht das etwas weniger floskelhaft?«

»Nun, sagen wir so: Die Unstimmigkeiten häuften sich in letzter Zeit.«

»Herr Pflückinger!« Nemecek konnte seinen Unmut nur schwer zurückhalten. »Sie wollen uns doch unterstützen, oder?«

»Ja, sicher!«

»Denken Sie, dass Ihre Erklärungen zu Swartling in irgendeiner Weise hilfreich sind?«

Es dauerte wieder ein paar Sekunden, bis Pflückinger antwortete.

»Niels hat in den letzten Wochen mehrere Meetings platzen lassen, kam zu anderen zu spät und wirkte in den Besprechungen, bei denen er dabei war, ziemlich abwesend. Er moderierte schlampig, schrieb keine Protokolle und wirkte oft reichlich konfus. Selbst nach zwei längeren Klärungsgesprächen änderte sich nichts daran. Er wollte mir auch partout nicht erzählen, woran das lag, und kam mir stattdessen mit fadenscheinigen Ausreden. Kurzum: Das ist absolut nicht das, was ich mir unter einem aktiven Change Management vorstelle.«

Nemecek überlegte. Dass der äußere Eindruck nicht immer mit dem Innenleben übereinstimmte, war natürlich eine Binsenweisheit. Dass sich solche Gräben auftaten, überraschte Nemecek dennoch. Fragte sich bloß, was Swartlings Verhaltensänderung mit den laufenden Ereignissen zu tun hatte.

»Könnte Swartlings Verhalten etwas mit den Morden zu tun haben?« Obermayr schien wieder einmal auf einer ähnlichen Spur zu sein. Die Reaktion des CEO ließ auf sich warten. Man konnte es beinahe knistern hören vor Spannung. Nemecek hätte jetzt gerne Pflückingers Gesicht gesehen. Oder seine Körpersprache. Doch er musste nunmal mit der Stimme vorlieb nehmen, die jetzt langsam sagte. »Ehrlich gesagt habe ich mich das auch schon gefragt.«

»Würden Sie ihm denn einen Mord zutrauen?«

Falls Pflückinger ausnahmsweise einmal schnell reagierte, wurde seine Antwort von einem lauten Hupen übertönt. Obermayr musste scharf bremsen.

Während sie das Lenkrad wieder in eine gerade Stellung brachte, wuchs der Protest zu einem wütenden Hupkonzert an.

»Was ist denn bei Ihnen los?«, fragte der CEO in eine Lärmpause hinein.

»Ein kleiner Verkehrskollaps, wie es scheint«, erklärte Obermayr überraschend gleichmütig. Normalerweise wäre sie mit Sicherheit auf Dauerblöken programmiert gewesen, von den begleitenden Schimpftiraden mal ganz abgesehen. Dieses Mal gab es Wichtigeres, als ihren Unmut kundzutun. Schließlich war noch eine entscheidende Frage offen: »Also, glauben Sie nun, dass Swartling als Mörder infrage kommt?«

»Kann nicht jeder Mensch unter bestimmten Umständen zum Mörder werden?«

Noch bevor Nemecek darauf reagieren konnte, ertönten im Hintergrund plötzlich laute Stimmen. »Ich muss jetzt leider wieder ins Meeting«, erklärte Pflückinger mit gedämpfter Stimme. Und hatte im nächsten Augenblick die Verbindung beendet.

»Das war abrupt«, kommentierte Obermayr.

»Und alles in allem ziemlich nichtssagend«, ergänzte Nemecek frustriert. »Wäre schön, wenn unsere nächste Station mehr Erkenntnisse hergibt.«

»Hohe Warte 48.« Obermayr rief ihre Zieladresse derart pointiert in Erinnerung, als wäre dort nicht nur Johanna Kniewasser zu Hause, sondern auch das Prinzip Hoffnung.

Mittwoch, 19:22
Hohe Warte

Die Hohe Warte war nicht einfach irgendeine Adresse in Wien. Zum einen war hier der älteste Fußballklub Österreichs zu Hause, der trotz aller dramatischen Wendungen, die der Verein in der letzten Phase seiner über 125-jährigen Geschichte erleben musste, immer noch aktiv war. Zum anderen befand sich auf der Hohen Warte der Sitz der Zentralanstalt für Meteorologie und Geodynamik. Mit anderen Worten: Hier residierten die wichtigsten Wettermacher Österreichs.

»Nummer 48«, wiederholte Nemecek, während er angestrengt aus dem Seitenfenster spähte, um das richtige Haus zu finden.

»Hier ist es!« Obermayr deutete nach links. An dieser Adresse hatte Johanna Kniewasser gewohnt, wenn sie denn mal zu Hause war. »Tür 32 ist sicher das Penthouse«, spekulierte Nemecek mit einem Blick auf den Schlüsselanhänger in seiner Hand.

»Lassen wir uns überraschen«, erwiderte Obermayr und lenkte ihren Wagen auf den Gehsteig. »Ich hoffe nur, dass der Lift funktioniert.«

»Wow! Das nenne ich mal eine bescheidene Residenz.«

Nemecek konnte das Staunen seiner Kollegin gut nachvollziehen. Schließlich eröffnete das große Panoramafenster einen fantastischen Blick über die Dächer von Döbling, einem der ausgewiesenen Nobelbezirke Wiens. Die hinter dem Fenster liegende Terrasse maß sicher 30 Quadratmeter. Dazu versprach die auf der linke Seite angebrachte Hängematte Entspannung vom Feinsten.

»Schade, dass wir nicht zum Sightseeing gekommen sind«, bedauerte Obermayr. »Apropos Sightseeing: Wirkt alles ziemlich aufgeräumt hier, oder?«

»Mmmh.« Nemecek hatte schon auf den ersten Blick das Gefühl gehabt, den Schauraum eines edlen Möbelhauses zu betreten. Kaum, dass sie die Sicherheitstüre ordnungsgemäß geöffnet hatten, beschlich ihn das Gefühl, dass hier gar niemand wohnte. Nirgendwo lagen Dinge herum, die auf die Anwesenheit eines Menschen hindeuteten: keine Schuhe beim Eingang, keine Jacken an den Kleiderhaken, keine Alltagsgegenstände auf einer der Ablageflächen. Stattdessen blank geputzte Parkettböden, eine klinisch saubere Küche und ein Wohnzimmer, das nach einem süßlichen Putzmittel duftete. Nur das Bücherregal auf der rechte Seite verriet eine Spur von Leben. Nemecek überflog die Buchrücken: *Agile Management, Beyond Budgeting, Selbstorganisierte Unternehmen, Agilität neu denken, This is Lean.*

»Sag mir, was du liest, und ich sag dir, wer du bist«, kommentierte Obermayr hinter seinem Rücken. »Kniewasser scheint eine weltoffene Frau gewesen zu sein.« Sie ging in die Knie und zog aus der untersten Reihe drei schmale Bände hervor. *Das Unbehagen der Geschlechter,* las Nemecek überrascht, *Das andere Geschlecht* und *The Beauty Myth.* »Interessant«, meinte Nemecek, weil er nicht recht wusste, was er sonst hätte sagen sollen. Dass sich agile Managerinnen auch für feministische Literatur interessierten, überraschte ihn nicht. Dem zerlesenen Zustand der Taschenbücher nach, war Kniewasser sogar sehr daran interessiert. Fragte sich bloß, welche Schlüsse sie daraus ziehen konnten. Was verriet ein Bücherregal über die Persönlichkeit? Und was ließ sich daraus für die vorliegenden Mordfälle ableiten?

»Lass uns mal die anderen Räume inspizieren«, schlug Obermayr vor. »Vielleicht finden wir dort mehr brauchbare Hinweise.«

Der schmale Raum, der offenbar als Büro diente, hatte ebenfalls nicht viel zu bieten. Zwei Ordner mit Steuerunterlagen auf dem Schreibtisch, daneben ein Drucker und ein großer schwarzer Locher. In den Schubladen befanden sich lediglich zwei Ersatzpatronen, eine angebrochene Packung A4-Papier und einige Schnellhefter.

»Im Badezimmer steht nicht einmal eine Zahnbürste herum«, hörte er Obermayr von links hinten rufen. »Und im Glasschrank liegen nur ein Kamm und eine Packung Kondome.«

Nemecek schüttelte den Kopf. Er hatte nicht erwartet, dass sie nach dem enttäuschenden Gespräch mit den Eltern neuerlich ohne verwertbare Beweismittel dastehen würden. Vielleicht neigte Johanna Kniewasser grundsätzlich zur Geheimniskrämerei? Ihre Wohnung verriet jedenfalls kaum etwas über sie. Natürlich warteten ihr Laptop und ihr Smartphone noch auf eine professionelle Auswertung. Allmählich beschlich Nemecek das ungute Gefühl, dass sie dort ebenso wenig sachdienliche Hinweise finden würden, die ihnen bei der weiteren Aufklärung halfen. Hatte Kniewasser tatsächlich so ein spurloses Leben geführt? Oder zumindest alles daraus verbannt, was nicht dem polierten Image der Strahlefrau entsprach? Erst jetzt wurde Nemecek bewusst, dass er in der ganzen Wohnung kein einziges Privatfoto gesehen hatte. Selbst wenn Kniewasser dieses Penthouse erst vor Kurzem gemietet hatte – würde es dann nicht naheliegen, zumindest ein Bild ihrer Tochter aufzuhängen? Oder einige der spektakulären Aufnahmen der Oldtimer, die sie auf den sozialen Medien ausstellte? Beispielsweise ihr selbst gebautes Motorrad, auf das sie zweifellos besonders stolz war? Aber vielleicht ging er da wieder einmal zu sehr von sich aus. Nicht jeder musste seine Wohnung mit Highlights aus der Familiengeschichte voll pflastern, so wie das alle vier Nemeceks bei sich zu Hause machten.

»Lass uns noch einen kurzen Blick ins Schlafzimmer werfen und dann einen Abgang machen«, schlug Obermayr vor. »Hier finden wir sowieso nichts, was uns weiterhilft.« Ihre Müdigkeit war nicht zu überhören, aber es war natürlich auch für sie ein extrem langer Tag gewesen. Außerdem war sie sicher ähnlich enttäuscht von ihren Durchsuchungsergebnissen wie Nemecek.

Das Schlafzimmer war der einzige Raum in der ganze Wohnung, der abgedunkelt war. Und der einzige Raum, der kein Parkett, sondern Teppichboden hatte. So einen mit langen Fransen, wie Lea sich ihn neuerdings wünschte. Nemecek staunte freilich weniger über die Struktur als über die dunkelrote Farbe des Teppichs. Das wirkte irgendwie verrucht, als träten sie unversehens ins Rotlichtmilieu ein. Er staunte noch um einiges mehr, als Obermayr das Licht einschaltete. In der Mitte des Raumes stand ein riesiges Bett, das sicher zwei mal zwei Meter maß. Es wirkte wahrscheinlich noch größer, da die Schrankwand und die Decke komplett verspiegelt waren und den Raum gleichzeitig in die Höhe und in die Breite zogen.

Obermayr pfiff durch die Zähne. »Da will es aber jemand wissen.«

»Hmmm.« Nemecek ging auf den kleinen Nachttisch neben dem Bett zu. Er wusste selbst nicht, was ihn da so magnetisch anzog, aber als er die Schublade aufgezogen hatte, stieß er ebenfalls einen Pfiff aus.

»Sieh dir das an«, hörte er seine Kollegin gleichzeitig ausrufen, als er gerade nach den Latexhandschuhen griff, die immer noch in seiner Gesäßtasche steckten. Er fuhr herum und sah, dass Obermayr die beiden Glastüren des Wandschranks geöffnet hatte. Was er im Schrank sah, passte zu dem, was ihm die Nachttischschublade offenbarte. Während Obermayr mit einer theatralisch wirkenden Handbewegung über die Ansammlung an Kleidern und Anzügen fuhr, zog Nemecek nacheinander ein Paar Handschellen, mehrere Armbänder und Ketten sowie einen Stringtanga hervor.

»Na so was«, meinte Obermayr in fröhlichem Ton. »Kniewasser pflegte offenbar ein reges Sexualleben!« Fast zärtlich strich sie über die Seidenpyjamas, die auf der rechten Seite des Schranks hingen. Nemeceks Blick glitt hingegen über die Ansammlung an Hemden, T-Shirts und Socken, die fein säuberlich auf der linken Seite gestapelt waren. Zudem hätte er gerne erfahren, was in den Schuhkartons steckte, die am Boden aufgereiht waren. So oder so war er sich aber sicher, dass ihr Inhalt ins Bild passen würde.

»Die Männerkleidung deutet darauf hin, dass es doch jemand in Kniewassers Leben gab«, sprach er eine naheliegende Schlussfolgerung aus. »Anscheinend hatte sie eine feste Beziehung, die sie aber verborgen hielt.«

Plötzlich schoss Nemecek ein Gedanke durch den Kopf. »Was, wenn Zettl hinter Kniewassers kleines Geheimnis gekommen war?«

Obermayr runzelte die Stirn. »Du meinst, er hat Kniewasser mit ihrem Geliebten gesehen?«

»Könnte doch sein, oder?«

»Ein paar Fotos dazu und schon ist sie fertig, die kleine schmutzige Erpressung.«

»Und schon ist es fertig, das große Mordmotiv«, ergänzte Nemecek.

»Es könnte ein ganz neues Motiv dazukommen.«

»Du meinst Eifersucht?«

Obermayr schob ihre Unterlippe nach vorne, so wie sie es gerne tat, wenn sie sich auf der richtigen Fährte wähnte. Nemecek fragte sich neuerlich, ob

Kniewassers Tod womöglich ganz andere Beweggründe hatte. Konnte es
sein, dass der Anschlag nicht mit der Firmen-, sondern mit einer Beziehungs-
geschichte zusammenhing? Natürlich konnte das sein. Kniewasser serviert ihren Geliebten ab und der rächt sich, indem er sie die Felswand hinunter-
stößt. Nemecek verbat sich, diesen Gedanken gleich wieder zur Seite zu
drängen, nur weil er sich so auf die Themen Management oder Agilität eingeschossen hatte. Genauso wahrscheinlich war es allerdings, dass beides zutraf, überlegte Nemecek, dass es um Firmen- und Beziehungsgeschichten ging.

»Vor dem Hintergrund unserer neuen Erkenntnisse sollten wir die Sache
wohl noch einmal neu durchdenken«, bekräftigte Obermayr.

»Auf jeden Fall brauchen wir jetzt doch die Spurensicherung. Ich bin zwar
nicht sicher, ob wir hier brauchbare Fingerabdrücke oder gar DNA finden.
Auf einen Versuch sollten wir es auf jeden Fall ankommen lassen.«

»Ja, und lass uns der Vollständigkeit halber noch einen genaueren Blick in
den Schrank werfen. Vielleicht finden wir ja doch einen Hinweis auf einen
Partner.«

»Ein Foto wäre hilfreich«, meinte Nemecek trocken, »am besten gleich mit
Namen und Adresse.«

»Fürs Erste werde ich uns mal ein wenig Tageslicht gönnen«, kündigte
Obermayr an und drückte auf den Schalter für die Rollläden. »Und weißt
du, worauf ich auch sehr gespannt bin?«

»Worauf?«

»Was unser Herr Oberst zu unseren Entdeckungen sagen wird, wenn wir
ihm morgen um 8 Uhr berichten.«

»Ach Gott!« Nemecek schlug sich mit der Hand auf die Stirn. »Das habe ich
ja völlig verdrängt.«

»Nix da Verdrängung!«, konterte Obermayr. »Kappacher will auf dem Laufenden gehalten werden, selbst wenn er in Urlaub ist.«

Nemecek seufzte.

»Wahrscheinlich wäre es klug, wenn wir uns noch kurz überlegen würden,
welche Informationen wir ihm zum Frühstück servieren wollen.«

Nemecek dachte an den Ordner mit den agilen Texten, der seit Tagen auf einen aufmerksamen Leser wartete. Er spürte deutlich, wie sich alles in ihm gegen eine neuerliche Verschiebung sträubte.

»Ja, das wäre es«, entgegnete er seiner Kollegin schließlich, »aber ich denke, ich habe etwas Besseres zu tun.«

Mittwoch, 21:44
Agiles Management

Das Unternehmen fit für die Zukunft machen. Nemecek starrte auf den Satz, ohne den kein Text des Sammelbandes auszukommen schien. Er wirkte fast wie eine Beschwörungsformel. Dennoch gefiel Nemecek der Begriff der Fitness, wenn es darum ging, die aktuellen Herausforderungen auf den Punkt zu bringen. Unternehmen sollten nach außen fit sein, indem sie Produkte und Dienstleistungen lieferten, die zu den Bedürfnissen des Kunden passten, diese zufriedenstellten und im besten Fall sogar begeisterten; und sie sollten im Inneren fit sein, indem die unterschiedlichen Fachbereiche so reibungslos ineinandergriffen wie die Gelenke eines durchtrainierten Körpers.

Was Nemecek beim Lesen besonders ansprach, war die Verbindung von Organisation und Organismus. Sicherlich ließ sich ein Unternehmen nur bedingt mit dem menschlichen Körper vergleichen. Doch es gab starke Parallelen wie etwa die des Gewichts. Denn wie für jeden Einzelnen, der sich gesund und entsprechend in Bewegung halten wollte, war Fitness auch für Unternehmen eine Frage des Ballasts, den man mit sich herumschleppte. Wenn sich Unternehmen mit schwerfälligen Entscheidungsprozessen und einer aufgeblähten Bürokratie herumschlagen mussten, war es gleich wieder vorbei mit dem Traum von der Agilität. Und wenn die Mitarbeitenden nicht ausreichend Bewegungsspielraum hatten, ebenso.

Wie so oft, wenn er sich mit Dingen abseits seines Arbeitsalltags beschäftigte, konnte Nemecek nicht umhin, nach Parallelen zu suchen. War nicht gerade der Polizeiapparat ein perfektes Beispiel für eine Organisation, der es an Fitness fehlte? Wäre die Ermittlungsarbeit nicht viel einfacher, wenn sich die verschiedenen Abteilungen regelmäßig miteinander abstimmen würden? Wenn man den jeweiligen Teams mehr Autonomie zugestehen würde, statt sie in ein starres Korsett von hierarchischen Anweisungen zu zwängen? Und wenn man die persönlichen Abhängigkeiten auflösen würde, die mit der Positionierung von Vorgesetzten und Untergebenen einhergehen?

Kein Wunder, dass vor seinem geistigen Auge sofort Kappachers mahnender Zeigefinger auftauchte. Ohne es zu merken, war er nun also beim Managementthema gelandet. *Ein agiles Unternehmen ist nicht ohne agiles Management zu haben*, hieß es. Fragte sich bloß, wie man sich das vorstellen durfte. Was brauchte es, damit Management und Führung beweglicher wurden? Wie sah das in der Praxis aus? Und wodurch konnte man das fördern?

Führung ist Teamsport, fand er wenig später eine pointierte Antwort. Teamsport bedeutete, dass an vielen Stellen einer Organisation Management- und Führungsleistungen erbracht wurden. In agilen Unternehmen waren die entsprechenden Kompetenzen auf verschiedenen Ebenen oder Rollen verteilt und nicht in wenigen Positionen zentralisiert.

»Puuh«, entfuhr es Nemecek unweigerlich. Das klang zwar interessant, aber auch reichlich theoretisch. Ließ sich das nicht konkreter beschreiben?

Er blätterte um und blickte auf ein Bild, in dessen Mitte ein grünes Rechteck zu sehen war. In diesem von weißen Linien unterteilten Rechteck befanden sich unterschiedlich große rote Kreise, die durch schmale Pfeile miteinander verbunden waren. Das große Rechteck war an drei Seiten von kleinen Rechtecken umringt, an der vierten Seite gab es auch einige Kreise und eine Vielzahl von Pfeilen zu sehen, die ein dichtes Netzwerk von Interaktionen andeuteten. *Personal*, las Nemecek auf einer der blauen Flächen und auf den anderen: *Management, Coach, Fans, Medien, Sponsoren, Team, Verein.*

Fußball?, spürte Nemecek sogleich Skepsis in sich aufsteigen. Was soll denn Fußball mit Agilität zu tun haben? War das nicht reichlich weit hergeholt? Nur drei Seiten später hatte Nemecek wieder verblüffend klare Antworten gewonnen. Selbstverständlich gab es, so viel musste man der Skepsis zugestehen, einige schwerwiegende Einwände gegen den Vergleich. Ein Unternehmen konzentrierte sich nicht auf ein einziges Spielfeld und üblicherweise tummelten sich dort auch deutlich mehr als 22 Spieler. Stattdessen musste man sich mit vielen Gegnern gleichzeitig auseinandersetzen, die sich wo-

möglich nicht einmal an die gleichen Regeln hielten. Doch viele andere Elemente überzeugten Nemecek davon, dass man vom Fußball einiges über
agiles Management lernen konnte. Beispielsweise über die Wichtigkeit eines
flexiblen Zusammenspiels unterschiedlicher Akteure, weil das der einzige
Weg war, um komplexe Spielsituationen zu meistern.

So wie es Torleute, Verteidiger, Mittelfeldspieler und Stürmer brauchte, um
mit der oft atemberaubenden Dynamik zurechtzukommen, setzten eben
auch Unternehmen auf die direkte Kooperation unterschiedlicher Spezialisten. Hier wie dort ging es um das rasche Reagieren auf sich verändernde Situationen, um die Bewältigung von Risiken (»Gegentore verhindern«), aber
ebenso darum, Chancen zu kreieren und zu nützen (»Tore schießen«), um
das Spiel zu gewinnen (»zumindest ein Tor mehr schießen als bekommen«)
und à la longue die dazugehörige Meisterschaft (»am meisten Punkte sammeln«). Dieses bewegliche Vorgehen baute auf individuellen Fähigkeiten
auf, vor allem jedoch auf das flexible Zusammenspiel zwischen diesen Individuen. Im Fußball waren das körperliche Einsätze wie Laufen, Springen
oder Grätschen, Techniken wie Stoppen, Dribbeln oder Schießen, vor allem
aber Interaktionen wie Sich-Anbieten, Zuspielen oder Doppel-Passen.

Heutzutage ging es in den meisten Unternehmen zwar weniger um physische Stärken als um Wissen. Das bewegliche Zusammenspiel unterschiedlicher Disziplinen war allerdings das A und O. Es brauchte hoch qualifizierte
Spezialisten, die wussten, was sie taten, und die neben ihren fachlichen
Kenntnissen auch über ausreichend soziale Kompetenz verfügten, um gut
miteinander zu kooperieren. Logischerweise war kein Spiel ohne ein grundlegendes Verständnis zu gewinnen, was hier überhaupt gespielt wurde, welcher Strategie man folgte und wie man selbst bestmöglich zu deren erfolgreicher Umsetzung beitragen konnte.

Das Spiel wird von den Spielern auf dem Feld gespielt, hatte sich Nemecek
gleich am Anfang notiert. Im Fußball war das offensichtlich. Dasselbe Steuerungsgesetz galt jedoch auch für Unternehmen aller Art. Am Ende des Tages hing die Leistung einer Organisation davon ab, was die jeweiligen Fachexpertinnen und -experten umsetzten. Im Zeitalter hoch spezialisierter Wissensarbeit bestimmten diese in hohem Maße selbst, wie sie das taten. Und
die Qualität der Interaktionen zwischen diesen Expertinnen und Experten
entschied wiederum in hohem Maße, welche Ergebnisse erzielt wurden.

23:24, beschied ihm die kleine Uhr mit dem großen Herz, die seit irgendeinem Vatertag über dem Spiegel thronte. Die selbst bemalte Uhr erinnerte an lange vergangene Kindergartenzeiten, während die Zeiger darauf hinwiesen, dass der Abend rasend schnell dahinzog. Und dass ihm eine kurze Nacht bevorstand, wenn er sich nicht bald von seiner Lektüre losriss. Andererseits: Wie oft kam er schon dazu, sich einem Thema so intensiv zu widmen? Also zurück zur letzten Frage: Hieß das also, dass Organisationen keine expliziten Managementpositionen mehr brauchten? Wurden die Kappachers dieser Welt überflüssig?

Die Kappachers mit Sicherheit, war Nemecek überzeugt, da sie nach wie vor einem Managementmodell folgten, das längst überholt war. *Command-and-control*, schrieb sich Nemecek die Quintessenz dieses Modells auf und setzte gleich drei Ausrufezeichen dazu. Im 20. Jahrhundert, erfuhr er in einem weiteren Artikel zu *Paradigmen der Organisation*, sei dieses Modell gang und gäbe gewesen. Es beruhte auf den Grundannahmen des sogenannten wissenschaftlichen Managements, das stark von mechanistischem Denken geprägt war. Organisationen funktionierten wie Maschinen, die vorhersagbaren Ursache-Wirkungs-Prinzipien folgten und nach entsprechend rationalen Kriterien zu steuern waren. Planung, Organisation, Anweisung und Kontrolle lauteten folglich die wichtigsten Steuerungsaufgaben und der Master of Business Administration galt als Ultima Ratio erfolgreichen Managements.

Für die meisten heutigen Organisationen, las er weiter, haben sich die Erfolgsfaktoren ebenso wie deren Strategien verändert. Deren Managementprozesse, Führungsstile und Unternehmenskulturen hinken jedoch hinterher. Dennoch könne man in immer mehr Unternehmen beobachten, von welchen notwendigen Veränderungen hier die Rede war. Sogar in konservativen Branchen wie den Banken oder Versicherungen wichen hierarchieorientierte Befehls- und-Kontrollsysteme einer Managementkultur, die lokale Selbstorganisation respektierte, ohne die Notwendigkeit einer übergreifenden Koordination aus den Augen zu verlieren. Gerade Unternehmen, die stark auf E-Commerce setzen, zeigten besonders eindrucksvoll, wie neue Formen netzwerkorientierter Führung an die Seite eines zentralistischen Managements treten und dieses teilweise auch ablösten. Etwa durch die Förderung dezentraler Verantwortlichkeiten, bei der auch die notwendige

Entscheidungsautorität übertragen wird. Oder durch die gemeinsame Steuerung von Arbeitsprozessen. Oder durch die Professionalisierung regelmäßiger Feedbackschleifen, die den aktuellen Stand dieser Arbeit für alle transparent machen.

Nemecek fasste noch einmal zusammen: Agiles Management bedeutete also, ausreichend Raum für die freie Bewegung derer zu geben, die für das Erreichen eines bestimmten Ziels direkt verantwortlich waren. Allerdings zeigte das System Fußball in exemplarischer Form, dass nicht nur die Spieler, sondern auch die Coaches wichtige Erfolgsfaktoren waren. Denn bei aller Selbstorganisation hatte der Coach, der im Englischen bezeichnenderweise Manager hieß, einen großen Einfluss auf sein Team. Allerdings übte er diesen Einfluss viel weniger über direkte Eingriffe während des Spiels aus als über die Gestaltung der Rahmenbedingungen: von der Zusammenstellung des Kaders über das Trainingsprogramm bis zur jeweiligen Aufstellung und strategischen Überlegungen.

Sobald das Spiel lief, waren seine Möglichkeiten allerdings ziemlich begrenzt. Sicher konnte er Spieler auswechseln, die nicht die erwartete Leistung erbrachten. Er konnte versuchen, die Taktik zu verändern, oder einzelnen Spielern persönliche Anweisungen geben. Darüber hinaus bot die Halbzeitpause eine willkommene Gelegenheit, um mit der gesamten Mannschaft zu kommunizieren. Doch sobald das Team in Action war, war er außen vor und musste darauf vertrauen, dass alle Spieler das Beste aus den Rahmenbedingungen machten, innerhalb derer sie sich bewegten.

Plötzlich durchfuhr Nemecek ein Geistesblitz. Das also hatte Pflückinger in seinem Interview mit dem *Economy*-Magazin gemeint, als er davon sprach, dass sich Manager von ihrer traditionellen Rolle der Business-Administratoren trennen und in die der Business-Designer schlüpfen sollten! Es ging nicht darum, Pläne und deren konsequente Umsetzung zu verwalten, sondern passend zu den jeweiligen Anforderungen die bestmöglichen Voraussetzungen zu schaffen, damit die Spezialisten in den jeweiligen Abteilungen erfolgreich sein konnten! Damit änderte sich freilich, wie im letzten Artikel ausgeführt wurde, das Verhältnis zwischen Management und Mitarbeitenden. *»Die Rolle des Managements verwandelt sich von einer hierarchischen in* *eine ergänzende: in eine, die am System arbeitet. Wenn die Expertinnen und Experten ihre Arbeit selbst kontrollieren, brauchen sie nämlich jemand, der an den Rahmenbedingungen arbeitet, die sich ihrer Kontrolle entziehen.«* (John Seddon)

Arbeit im System und Arbeit am System, übertrug Nemecek in sein Notizbuch. Obwohl das alles ziemlich inspirierend war, war er jetzt doch ziemlich müde. In Wahrheit rauchte ihm schon seit geraumer Zeit der Kopf. Schließlich war es ein langer Tag gewesen. *An einem guten Ökosystem zu arbeiten statt auf der Kommandobrücke zu stehen,* schaffte er noch eine letzte Notiz, *sich auf Makromanagement zu konzentrieren statt sich zu Mikromanagement hinreißen zu lassen, sich dabei stets an den aktuellen Anforderungen orientieren und die Rahmenbedingungen kontinuierlich anpassen.*

Er merkte, wie ihm die Augen zufielen, blätterte aber trotzdem noch einmal um. Trotz seiner Müdigkeit musste er grinsen. Denn zum Abschluss durfte er noch zwei Cartoons mit in seine wohlverdiente Nachtruhe nehmen. Einen Gärtner, der ihn an die letzte Werbung eines bekannten Baumarktes erinnerte, und einen steifen Dirigenten, der ihn zwangsläufig an Kappacher denken ließ. Mal sehen, ob es bei ihrem morgigen Gespräch auch etwas zu grinsen gab.

Donnerstag, 8:33
Urlaubsreporting

Zuerst hörten sie nur das leise Klappern einer Tastatur. Dann ein Zischen, das sich wie ein unterdrückter Fluch anhörte. Im nächsten Moment wich die schwarze Fläche mit den eingekreisten Initialen einer Folge verwackelter Bilder, in der die Umrisse eines Zimmers erkennbar wurden.

»Einen Moment noch, bitte«, stöhnte Kappacher genervt. Offenbar versuchte er gerade, seine Kamera zu fixieren. Allmählich beruhigte sich das Bild und Nemecek betrachtete das vertraute Gesicht auf dem Bildschirm. Er staunte erneut, wie erholt sein Vorgesetzter aussah. Zu einem guten Teil lag das sicher an der sonnengebräunten Haut. Wahrscheinlich tat ihm aber auch der Abstand vom Büroalltag gut. Es machte schon einen Riesenunterschied, dass er einmal ohne Krawatte und seinen obligatorischen Dreiteiler auskam.

Durch die Distanz fielen ihm die Spuren des Alters ebenfalls wesentlich stärker auf: die Falten um die Augen, die die Sonne noch stärker herausgearbeitet hatte, die gegerbte Haut am Hals, die Altersflecken an der Stirn, die herunterhängenden Lider. Nemecek versuchte sich an Kappachers Geburtsdatum zu erinnern, das ihm erst kürzlich wieder untergekommen war: 1958? Oder doch etwas in den 60er-Jahren? In letzterem Fall stünde Kappacher doch noch nicht so knapp vor der Pension, wie er annahm. Der Jüngste ist er halt auch nicht mehr, würde Obermayr wohl sagen oder weniger charmant: Er ist ganz schön in die Jahre gekommen!

»So, bereit«, verkündete der Oberst und fingerte an seinem Hals herum, als müsste er den nicht vorhandenen Krawattenknopf zurechtrücken.

»Sie haben schon von den neuesten Entwicklungen gehört?«

»Sagen Sie bloß, es gibt schon wieder ein neues Opfer!«

»Johanna Kniewasser ist gestern früh mit ihrem Mountainbike von einer Felswand gestürzt.«

»Und Sie meinen, dass es sich auch dabei nicht um einen tragischen Unfall handelt?«

»Kniewasser ist zwar an einer bekanntermaßen gefährlichen Stelle abgestürzt. Wir sind uns aber ziemlich sicher, dass da jemand nachgeholfen hat.«

»Wir gehen von Mord aus«, bekräftigte Obermayr.

»Da haben Sie sich ja wieder was Schönes eingebrockt!« Kappacher nahm seine dicke Hornbrille ab, um seine Nasenwurzel zu massieren. Er hatte sich den heiß ersehnten Urlaub sicher anders vorgestellt, als sich jeden Tag mit Ereignissen zu beschäftigen, die aus einem harmlosen Unfall Schritt für Schritt eine spektakuläre Mordserie machten. Andererseits verlangte kein Mensch, dass er das tat – abgesehen von ihm selbst. Offenkundig musste er um jeden Preis den Anschein von Kontrolle aufrechterhalten, selbst wenn das den Erholungswert kostete, den er sich von seinem Mittelmeeraufenthalt versprochen hatte. Aber wenn er unbedingt darauf bestand, hielten sie ihn eben auf dem Laufenden.

Nemecek überlegte, ob er Kappachers anfängliche Weigerung in Erinnerung rufen sollte, die Sache überhaupt ernst zu nehmen, entschied sich dann aber dagegen. Es brachte jetzt niemandem etwas, wenn er böses Blut machte. Stattdessen konstatierte er lediglich: »Bei Joschak und Zettl hat es am Anfang auch nach Unfall ausgesehen.«

Kappacher setzte seine Brille wieder auf. »Ja, ja. Ich weiß schon: Sie glauben nicht an Zufälle.«

»Der Zufall glaubt ja auch nicht an uns«, erwiderte Obermayr. Seine Kollegin konnte es einfach nicht lassen: Selbst über viele Hundert Kilometer hinweg wirkte der Oberst wie ein rotes Tuch auf sie. Normalerweise würde Kappacher sich eine solch vorlaute Bemerkung verbieten und den ihm gebührenden Respekt anmahnen. Dieses Mal ließ er es bei einem kurzen Murren bewenden. Das muss die Urlaubsentspannung sein, dachte Nemecek, oder er wird wirklich schon alt.

»In Kniewassers Wohnung haben wir eine interessante Entdeckung gemacht«, setzte Obermayr ihren Bericht fort. Sie schien jetzt so richtig in Fahrt zu sein.

»Welche Entdeckung?«

»Kniewasser hatte anscheinend einen festen Freund. Darauf deutet jedenfalls die Kleidung in ihrem Schlafzimmerschrank hin. Scheint aber so, als ob sie das geheim halten wollte.«

»Na und?«, winkte der Oberst ab, als wäre es nicht der Rede wert. »Es gibt viele Leute, die ihre Beziehungen nicht gleich in die Welt hinausposaunen.«

Es entstand ein längeres Schweigen. Gerade als Nemecek nochmals nachfragen wollte, verschwand Kappacher aus dem Bild. Während sie in das leere Hotelzimmer starrten, hörten sie nur ein leises Surren. Kam das von der Computerkühlung? Oder von einem Deckenventilator?

»Entschuldigung. Meine Frau«, erklärte Kappacher, als er wieder ins Bild kam. »Wo waren wir stehen geblieben?«

»Kniewassers heimliche Liebschaft führt unsere Ermittlungen möglicherweise in eine ganz neue Richtung«, griff Obermayr das vorherige Thema auf. Doch Kappacher starrte bloß ein paar Sekunden lang in die Kamera und fragte dann ganz geschäftsmäßig: »Und wie geht's jetzt weiter?«

»Wir sind gerade dabei, die Bewegungsprofile aller Beteiligten zu überprüfen«, übernahm nun Nemecek die Gesprächsführung. »Außerdem stehen noch Gespräche mit einem weiteren Mitglied aus dem Agile Change Team der *Acros* und mit der Finanzvorständin an. Die befinden sich aber derzeit beide in Urlaub.«

»Und wir werden nochmals mit dem Vorstandsvorsitzenden reden«, ergänzte Obermayr.

»Mit Sicherheit wird Kniewassers Tod in der *Acros* für einige Turbulenzen sorgen.« Nemecek rückte nach vorne. »Ich kann mir nicht vorstellen, dass die Mitarbeiter jetzt noch an einen Unglücksfall glauben.«

Von der anderen Seite ertönte wieder dieses sonderbare Brummen. Oder war es eher ein Ächzen?

»Versuchen Sie ausnahmsweise diskret vorzugehen. Wirbeln Sie bloß nicht zu viel Staub auf! Das Letzte, was wir jetzt brauchen, ist eine Journaille, die das Ganze zu einer Mordserie an hochrangigen Managern hochkocht!«

Womit Sie ausnahmsweise recht haben, legte sich Nemecek bereits seine Retourkutsche zurecht, hielt sich aber neuerlich zurück. In Wahrheit war er ebenso froh, dass die Presse bislang stillgehalten hatte und ihre Ermittlungen bislang unterhalb des öffentlichen Radars erfolgen konnten. Außer Randnotizen zu zwei tragischen Unfällen war nichts nach außen gedrungen, schon gar nicht, dass diese möglicherweise miteinander in Zusammenhang standen. Freilich war es nur eine Frage der Zeit, bis ein findiger Journalist Witterung aufnahm. Oder von einem Insider einen kleinen Tipp bekam, wie das in den letzten Jahren leider öfters der Fall gewesen war. Doch damit würden sie sich erst beschäftigen, wenn es so weit war.

»Gut, gibt es sonst noch etwas Neues, von dem ich wissen sollte?«

Obermayr und Nemecek sahen einander an. »Ich denke nicht«, fasste Obermayr das Ergebnis ihrer augenblicklichen Übereinstimmung zusammen. »Mal sehen, was wir Ihnen übermorgen berichten können.«

»Hoffen wir, dass Sie dann mehr Erkenntnisse vorzuweisen haben«, erklärte Kappacher und war im nächsten Moment vom Bildschirm verschwunden.

»Langsam wird er alt«, kommentierte Obermayr. »Das war ja richtig windelweich. Oder setzt ihm der Urlaub so zu?« Noch bevor Nemecek bestätigen konnte, dass er einen ähnlichen Eindruck gewonnen hatte, flog die Bürotür auf. Mit einem lauten Krachen schlug sie gegen die Wand und Zukic stürmte ins Zimmer. »Die Kriminaltechnik hat die Rufdaten von Kniewassers Telefon ausgelesen. Und wir haben sogar schon ihr Bewegungsprofil!«

»Super!«

»Freut euch lieber nicht zu früh«, warnte ihre junge Kollegin »Aber mal schön der Reihe nach. Also: Zum Zeitpunkt von Zettls Tod war Kniewasser definitiv in Linz. Das hat ihr Büro bereits bestätigt. Interessanter ist da schon der Tag, an dem Joschak starb. Da war Kniewassers Handy bis 15 Uhr 30 in die Funkmasten bei der Grazer *Acros*-Niederlassung eingewählt.«

»Und danach?«, drängte Nemecek.

»Danach hat es sich sukzessive weiter in Richtung Kärnten bewegt. Bis es um exakt 16 Uhr 23 auf der Pack zur Ruhe gekommen ist.«

»Und dann?«, drängte nun auch Obermayr.

»Sendepause.«

»Das heißt, sie hat ihr Telefon absichtlich ausgeschaltet?«

»Oder es ist ihr der Akku ausgegangen und sie hatte kein Ladekabel fürs Auto dabei.«

»Das heißt auf alle Fälle, dass Kniewasser genügend Zeit hatte, um zum Faaker See zu fahren und Joschak den tödlichen Schlag zu verpassen.«

Nemecek nickte. Die Gelegenheit zum Mord war also definitiv gegeben – doch was war das Motiv? Warum sollte Kniewasser Joschak aus dem Weg räumen? Weil ihn Zettl mit ihrer heimlichen Beziehung erpresste, wovon Joschak zweifellos wusste, falls er nicht sogar der Anstifter war? Weil er ihr unterstellte, etwas mit Gernot Zettls Tod zu tun zu haben und ihr womöglich sogar mit der Polizei drohte? Weil sie spuren sollte, was im Klartext wohl hieß, ihre Bewerbung als CTO zurückzuziehen? Zweifellos waren schon Leute für weniger ermordet worden.

»Wer sagt uns eigentlich, dass Zettls Wagen nicht schon früher manipuliert wurde«, kam Obermayr auf den ersten Anschlag zurück. »Wo war Kniewasser eigentlich am Tag vor Zettls Unfall?«

»In Wien.« Zukic überflog ihre Aufzeichnungen. »Am 7. August war ihr Handy den ganzen Tag über bei der *Acros*-Zentrale eingewählt und später dann auf der Hohen Warte.«

»Aber sie kann doch genauso gut ohne ihr Telefon zu Zettls Garage gefahren sein«, wandte Obermayr ein. »Von Kniewassers Wohnung in Döbling bis zur Garage in Währing braucht man keine fünfzehn Minuten.«

»Dem kann wohl so gewesen sein«, bremste Nemecek. »Beweisen können wir das allerdings nicht.«

»Dafür wissen wir mittlerweile, wo Zettl vor seinem Autounfall war.«

»Nämlich?«

»Beim *Fischwirt* in Weidlingbach.«

»Wie habt ihr denn das herausgefunden?«

»Zettls Handy war über zwei Stunden lang ganz in der Nähe eingeloggt.«

»Und was hat er dort gemacht?«

»Er hat sich mit einigen Managern aus anderen Firmen getroffen. Offenbar gab es dort so etwas wie einen losen Stammtisch. Wir recherchieren noch, um wen genau es sich dabei handelte.«

»Klingt nicht danach, als ob uns das weiterhelfen könnte.«

»Dafür hilft uns vielleicht weiter, dass gegen 22 Uhr eine Frau aufgetaucht ist.«

»Sag bloß, Zettl hat sich mit Kniewasser getroffen!«

Zukic schüttelte den Kopf. »Auf dem Foto, das ich herumgezeigt habe, konnten sie weder der Wirt noch die Kellnerin wiedererkennen. Außerdem war die Frau, die sich mit Zettl sofort ins Hinterzimmer zurückgezogen hat, blond und hat offenbar mit deutschem Akzent gesprochen.«

Das Trio verstummte. Eine Weile sagte niemand mehr etwas, jeder schien seinen eigenen Gedanken nachzuhängen. Dann erhob Zukic wieder ihre Stimme.

»Aber etwas ganz anderes erscheint mir noch interessant.« Nemecek spürte, wie sich seine Augenbrauen zu einem nonverbalen »nämlich?« zusammenzogen. »Ich hab mir die Anruflisten angesehen und da ist mir aufgefallen, dass Kniewasser auffallend oft mit ein und derselben Person telefoniert hat.«

Zukic legte eine dramaturgische Pause ein und sagte anschließend: »Mit Felix Wondratsch.«

»Mit dem jungen Informatiker, der auch im ACT mitarbeitet?«

»Genau mit dem.«

»Der ist doch in Urlaub, oder?«

»So hieß es.«

»Dann sollten wir dem Herrn wohl einen kleinen Ferienbesuch abstatten«, murmelte Obermayr.

»Das machen wir.«

Donnerstag, 9:51
12. und 16. Bezirk

Es war eines dieser alten Mietshäuser, wie man sie hier zuhauf fand: vier Stockwerke und eine verwaschene Fassade mit diesen typischen Verzierungen, die noch im tristesten Umfeld eine kultivierte Erscheinung vorgaukelten. Die Balustraden, Friese und Säulen, die hier auf klassizistischen Baustil machten, waren längst von der Witterung zerfressen. An vielen Stellen hatte sich der Verputz vom Mauerwerk gelöst.

Das Innere des Hauses bestätigte, was das Äußere versprach. Die Wände in dem engen Stiegenhaus waren schmutzig, die Stufen ausgetreten, der hölzerne Handlauf an vielen Stellen gebrochen. Dazu kam dieser herbe, die Nasenschleimhäute reizende Geruch, der gleichzeitig an eine Küche und an eine verstopfte Toilette denken ließ. Wahrscheinlich gab es hier noch jene Gemeinschaftsklos, die der Wiener gerne indisch nannte: jenseits des Ganges.

Während sie sich Schritt für Schritt nach oben arbeiteten, betrachtete Nemecek die Kritzeleien, die mehr oder minder kreative Geister im Treppenhaus hinterlassen hatten. Die Botschaften wiederholten sich: persönliche Beschimpfungen à la *Darko, du Sau!*, sexuelle Anspielungen rund um das allgegenwärtige *F****-Wort nebst einigen Illustrationen, die ein eigenwilliges Verständnis der menschlichen Anatomie demonstrierten. Dazu die orthografisch originellen Halbstarken-Sprüche im Stile von *Wir machen euch ale ale*, *Brigitnauer Gangstaboys Forever* oder *Hir regirt der SCR*. Im Mezzanin, dem typischen Zwischenstock, der früher das Reich der Hausmeister gewesen war, hatte jemand in roter Farbe das Wort *Alarm* an die Wand gesprüht.

»Na endlich«, keuchte Obermayr, als sie das dritte Stockwerk erreichten.

»15«, rief Nemecek die Türnummer von Felix Wondratsch in Erinnerung und streckte die Hand aus. Nachdem die Türglocke trotz mehrmaligen Drückens keinen Laut von sich geben wollte, begann Obermayr mit der Faust gegen die Tür zu hämmern. Nemecek sah, wie das gerippte Glas vibrierte, das in die beiden Türflügel eingelassen war. Noch ein bisschen mehr Kraft und es würde zersplittern.

»Herr Wondratsch. Aufmachen. Kriminalpolizei.«

»Was klopfen Sie denn gar so narrisch?«, hörte Nemecek plötzlich eine Stimme hinter seinem Rücken. Als er sich umwandte, sah er eine ältere Frau in der gegenüberliegenden Wohnungstür stehen. *Pospisil*, ließ das goldene Namensschild wissen, das jemand leicht schräg am Türrahmen befestigt hatte – gleich neben dem handgeschriebenen, mit rotem Klebeband fixierten Zettel: *BITTE KEINE Werbungen – Reklame – Druck. DANKE.* Frau Pospisil trug ein schürzenartiges Kleid, das ihre rundliche Gestalt betonte. Leibrock hatte Nemeceks Oma das immer genannt, den Frack der Hausmütterchen. Er musterte die vor ihm stehende Frau, die ihre Hände selbstbewusst in die Hüften stemmte. Pospisil hatte strähniges graues Haar und trug eine braune Krankenkassenbrille mit dicken Gläsern. Reflexartig fühlte sich Nemecek an Manfred Deix erinnert, jenen von seiner Großmutter geliebten Karikaturisten, der mit seinen überzeichneten Porträts des typisch Österreichischen jahrelang für Aufregung gesorgt hatte. Bis zur Kenntlichkeit entstellt, nannte die Oma dessen Bilder und amüsierte sich gleichermaßen über die sexuell unterzuckerten, bigotten oder politisch unkorrekten Figuren wie über die Empörung der Boulevardpresse.

Es musste die Erinnerung an dieses Hochkochen sein, die Nemecek erneut ins Schnuppern brachte. Roch es tatsächlich nach Terpentin? Das stammte doch wohl nicht aus der Küche, oder? Während Nemecek noch mit seinen olfaktorischen Sensationen beschäftigt war, hatte Obermayr bereits ihren Dienstausweis gezückt. »Wir suchen Felix Wondratsch.«

»Ah, die Krimineser«, erwiderte Frau Pospisil, nachdem sie einen Schritt nach vorne gemacht hatte, um den Ausweis aus der Nähe zu betrachten. »Aber Sie seh'n doch, dass der junge Spund net daham is.«

»Wie bitte?«, fragte Nemecek irritiert. Woran sollten sie erkennen, dass Wondratsch nicht zu Hause war? Er konnte genauso gut in seinem Zimmer sitzen und ihr Klopfen absichtlich ignorieren. Die Nachbarin schien seine Nachfrage so zu deuten, dass er ihren Dialekt nicht verstanden hatte, weswegen sie in künstlichem Hochdeutsch wiederholte: »Der Herr Magister Wondratsch ist derzeit nicht zugegen.«

»Und wo issa?«, verfiel Obermayr nun ihrerseits in ein bärbeißiges Oberösterreichisch und zückte ihr Telefon. Bestimmt wollte sie die Adresse, die sie gleich erfahren würden, sofort in ihr Navi eingeben.

»Na, wo er im Summa imma is«, wandte sich die alte Frau nun direkt an Obermayr, deren Dialekt sie anscheinend vertrauenswürdig machte. »Im Schrebergarten vom Herrn Papa. Gott hab ihn selig!«

»Der wo genau is?«, bemühte sich Nemecek, seine Wiener Herkunft nun auch sprachlich auszuweisen. Bei Frau Pospisil schien er allerdings bereits ausgespielt zu haben. Sie warf ihm bloß einen unwirschen Blick zu und sagte dann zu Obermayr: »Na, am Williberg, gnädiges Fräulein. Gleich neben unserm eigenen Gartl. Kleingartenverein Ottakring, Steinlegassn 14, Anlage 2, Parzelle 107.«

»Danke«, entgegnete das Fräulein artig und zog eine Visitenkarte aus ihrer Jacke. »Falls der Herr Wondratsch zwischenzeitlich auftaucht, geben Sie uns bitte Bescheid.«

»Moch ma, Frau Inspektor!«

Inspektor gibt's kan, lag Nemecek bereits der Standardspruch aus der legendären Fernsehserie *Kottan ermittelt* auf der Zunge. Doch dann entschloss er sich, auf eine derart billige Retourkutsche zu verzichten und hob nur zwei Finger zur Stirn.

»Is scho guat«, grummelte Frau Pospisil zum Abschied und war gleich darauf wieder in ihrer Wohnung verschwunden.

»Hier muss es sein«, deutete Obermayr auf das dunkelblaue Schild.

16. Steinlegasse, las Nemecek und grunzte zustimmend. Nachdem sie dreimal auf- und abfahren mussten, um einen Parkplatz zu finden, verspürte er umso mehr Eile. Im Laufschritt zogen sie an den grünen Biomülltonnen vorbei, die hier im Spalier standen wie ein besonderes Empfangskomitee. Die Tonnen markierten den Eingang zu der riesigen Schrebergartenanlage, die sich über die Hänge des Wilhelminenbergs bis zum Ottakringer Friedhof ausdehnte. Irgendwo hier musste das Grundstück der Wondratschs liegen. Anlage 2, Parzelle 107, erinnerte sich Nemecek an die Zieladresse.

DAUERKLEINGARTENVEREIN GARTENFREUNDE OTTAKRING, ANLAGE I verkündete das massive Eisentor wenig später, das überraschenderweise weit offen stand. Im Vorbeilaufen spähte Nemecek in den schmalen Durchgang, von dem links und rechts die verschiedenen Parzellen abgingen. Er war sich sicher, dass es jetzt nicht mehr weit sein konnte. Als sie jedoch vor dem nächsten Tor angekommen waren, las er plötzlich *ANLAGE III*. Verblüfft blieb er stehen. Waren sie im Übereifer an der richtigen Adresse vorbeigelaufen? Auch Obermayr hielt mitten im Schritt inne, als hätte sie der Blitz getroffen. »Was zum Teufel?«

Als Nemecek sich einmal um die eigene Achse drehte, entdeckte er ihren Fehler. Der gesuchte Eingang befand sich nicht auf der rechten, sondern etwas nach hinten versetzt auf der linken Straßenseite! Glücklicherweise war auch dieses Tor geöffnet, sodass sie kurz darauf endlich vor der richtigen Adresse standen. Hinter dem obligatorischen Maschendrahtzaun entdeckten sie einen überraschend großen Garten. Um die hundert Quadratmeter, schätzte Nemecek, mit zwei Obstbäumen und einem großen Blumenbeet. Dahinter ein kleines Haus mit einem hellgrauen Dach, weißen Eternitplatten und schwarzen Fenstergittern. Eine alte Gartenhütte, die sich klar von den diversen Großbauten unterschied, die hier in den letzten Jahren hochgezogen wurden. Erst jetzt registrierte Nemecek, dass die braunen Fensterläden im Erdgeschoss geöffnet waren. Wies das nicht darauf hin, dass Wondratsch zu Hause war?

»Der Vogel ist anscheinend im Nest«, kam Obermayr zum selben Schluss. Schon im nächsten Moment rüttelte sie an der Klinke des Gartentors, fand dieses aber verschlossen vor.

»Herr Wondratsch?«, rief Obermayr durch den Drahtzaun, der das gesamte Grundstück umgab. »Kriminalpolizei. Öffnen Sie bitte die Tür.«

Vergeblich warteten sie auf eine Reaktion.

»Hallo?«, rief Obermayr noch einmal. Nachdem daraufhin wieder nur das muntere Zwitschern der Sommervögel zu vernehmen war, trat sie einen Schritt zurück. »Der Herr Magister Wondratsch ist derzeit nicht zugegen«, zitierte sie Frau Pospisil und schnitt dazu eine Grimasse, die deren verhärmtem Gesichtsausdruck ziemlich nahe kam. Grinsend meinte Nemecek. »Vielleicht ist der junge Freund unserer geschätzten Hausmeisterin ja gerade einkaufen. Oder er macht einen Ausflug. Schließlich hat er Urlaub.«

»Wollen wir warten?«

»Kann halt lang dauern, wenn wir Pech haben. Der sitzt vielleicht ganz ge-mütlich im Buffet vom Ottakringer Bad und wir stehen uns die Füße platt.«

»Apropos Buffet: Vielleicht sollten wir mal was essen gehen und später noch einmal zurückkommen.«

Nemecek war sich sicher, dass seine Kollegin schon die gediegenen Portio-nen vor Augen hatte, die gleich nebenan im Mühlenwirt serviert wurden. Was sprach eigentlich dagegen, wenn sie sich erst einmal stärkten? Immer-hin war es bereits kurz vor zwölf, wie ihm ein schneller Blick auf seine Arm-banduhr verriet.

»Eigentlich könnten wir wirklich …« Weiter kam Nemecek nicht, denn un-versehens tauchte auf der linken Seite des Hauses eine dunkle Gestalt auf.

»Herr Wondratsch«, schrie Obermayr mit sich überschlagender Stimme, »bleiben Sie sofort stehen!« Der Angeschriene zeigte sich davon unbeein-druckt und entfernte sich mit Riesenschritten in Richtung Nachbargrund-stück.

»Verdammt. Der haut ab!« Nemecek verfolgte, wie sich die Hände seiner Kollegin in den Zaun krallten. »Aber so einfach entkommst du uns nicht«, fauchte sie zornig und war im nächsten Moment bereits über das Gartentor gesprungen. Mit großen Schritten setzte sie dem Flüchtigen nach. »Bleiben Sie stehen!« Wondratsch dachte nicht daran, Obermayrs Aufforderung Fol-ge zu leisten. Vielmehr sprang er mit einem kräftigen Satz über die Sträu-cherreihe, die das Grundstück der Wondratschs von dem der Pospisils trennte. »Stehenbleiben! Oder ich schieße!«

»Scheibenkleister!« Nemecek riss sich endlich aus seiner Erstarrung und rannte nun seinerseits in Richtung Steinlegasse zurück. Vielleicht konnte er dem Flüchtenden den Weg abschneiden. »Stehen bleiben«, hörte er seine Kollegin weiter durch die Gärten schreien, während er wieder auf die Bio-tonnen zusteuerte. Schießen würde sie nicht, war sich Nemecek sicher, je-denfalls nicht in diesem unübersichtlichen Gelände, wo eine verirrte Kugel leicht in einem unbedarften Schrebergärtner landen könnte. Oder in einem Gartenzwerg. Wondratschzwerg, kalauerte er und fragte sich, welchen Weg dieser wohl nehmen würde. Versuchte er etwa, sich weiterhin quer durch die Schrebergärten durchzuschlagen? Sodass Nemecek ihm gar nicht näher kam, sondern sich im Gegenteil immer weiter entfernte? Egal, dieses Risiko musste er jetzt eingehen.

Wenig später wurde seine Risikobereitschaft belohnt. Denn kaum, dass er an dem flachen Gebäude mit dem Schild *Vereinskanzlei* vorbeigekommen war, sah er um die Ecke die schwarz vermummte Gestalt auftauchen. Nemecek konnte sich nicht erklären, wie Wondratsch so schnell hierhergekommen war. Es musste eine Abkürzung geben, anders war es kaum möglich, dass er auf einmal so viel Vorsprung hatte. Oder war Nemecek vorhin viel länger tatenlos vor dem Grundstück verharrt, als er glaubte?

Wie auch immer: Er musste sich sputen, wenn er verhindern wollte, dass ihnen Felix Wondratsch entkam. Schon war dieser um die nächste Ecke verschwunden. Nemecek verschärfte sein Tempo. Er spürte deutlich, wie seine chronisch entzündeten Achillessehnen protestierten, aber darauf konnte er gerade keine Rücksicht nehmen. Nemecek lief jetzt genau auf den *KlgV. SILLERGÄRTEN Gr. A* zu, während ganz in der Nähe ein Motor aufheulte. In der Zwischenzeit war er im Vollsprint unterwegs und hoffte dementsprechend, dass sein Rückstand deutlich kleiner geworden war. Als er die Sillergärten endlich erreichte, musste er allerdings eine Vollbremsung hinlegen. Ob ihm nun ein paar Schutzengel beistanden oder seine guten Reflexe – so oder so konnte er gerade noch verhindern, von dem Motorrad angefahren zu werden, das von rechts auf ihn zuraste. Mit einem waghalsigen Sprung warf sich Nemecek zur Seite. Er landete unsanft, aber unverletzt zwischen zwei parkenden Autos. Hastig rappelte er sich wieder hoch, um wenigstens das Kennzeichen des Motorrads aufzunehmen. *W 14 UV 3*, entzifferte er gerade noch, bevor Wondratsch mit aufheulendem Motor um die Ecke bog.

W 14 UV 3 wiederholte Nemecek keuchend, als Obermayr wenig später zu ihm stieß. Er brauchte noch eine Weile, um seinen Atem zu beruhigen. Keine Frage: Das war ziemlich knapp gewesen. Was passiert wäre, wenn ihn das beschleunigende Motorrad tatsächlich erfasst hätte, wollte er sich gar nicht erst ausmalen.

»Alles okay?«, fragte seine Kollegin besorgt.

»Geht schon«, entgegnete Nemecek, während er versuchte, sich den Straßenstaub von den Hosen zu klopfen. Erst als er sich wieder aufrichtete, sah er, dass Obermayrs linker Arm von blutigen Kratzern übersät war.

»Dornenhecke«, erklärte Obermayr lapidar, als sie seinen erschrockenen Blick wahrnahm. »Aber halb so schlimm. Weit schlimmer ist, dass uns der Typ entkommen ist. Was ist bloß in den gefahren?«

»Die noch viel wichtigere Frage ist: Wo wird er jetzt hinfahren?«

»Lilly soll das Kennzeichen überprüfen und ihn gleich zur Fahndung ausschreiben.«

»Ja, so machen wir's!«

»Den kriegen wir schon«, zeigte sich Obermayr zuversichtlich. »Aber auf den Schock brauche ich erst einmal ein zünftiges Frittatensupperl!«

Donnerstag, 11:58
Mittagstisch beim Mühlenwirt

»Mahlzeit! Grüß Sie! Habe die Ehre«, rief ihnen der Mühlenwirt im Vorbeilaufen zu. Unter seinen Achseln zeichneten sich dunkle Schweißflecken ab,
doch wer konnte ihm das bei diesen Temperaturen verdenken? Keine 20 Sekunden später stand er wieder vor ihnen. »Zwei Personen?«

»Ja«, bestätigte Obermayr, »Im Garten, wenn es geht.«

»Mach ma sofort, mach ma gerne«, erklärte der Wirt und nahm schon wieder Fahrt auf. »Wenn die Herrschaften mir bitte folgen wollen.«

Er wies ihnen einen Tisch zu, der sich gleich neben dem Stamm des mächtigen Kastanienbaums befand. »Alsdann, einmal für Naturfreunde. Darf ich
schon was zu trinken bringen?«

»Unbedingt!«, stieß Obermayr hervor. Es hörte sich an, als wäre sie am
Verdursten. »Ein großes Mineral-Zitron, bitte.«

»Und für mich einen großen Apfelsaft mit Wasser.«

»Maxi-Mizi für die Dame, a halbe Obi für den Herren«, gab der Wirt wieder, was er anscheinend gerade auf seinen schmalen Notizblock gekritzelt
hatte. Dann legte er ihnen zwei Speisekarten auf den Tisch. »Die Durstlö-
scher stehen mir nix dir nix am Tisch.«

Mizi, Obi, hallte es in Nemeceks Kopf wider und er schmunzelte. Unweigerlich musste er an seinen alten Freund Pokorny denken, der ja im Alsergrund
selbst ein Gasthaus betrieb. Doch nicht nur die besonderen Abkürzungen
erinnerten ihn an seinen ehemaligen Schulkameraden. Die Kleidung des
Mühlenwirts war die gleiche: schwarze Hose, weißes Hemd, eine lederne
Geldtasche auf der linken Seite, ein rot-weiß kariertes Geschirrtuch auf der
rechten und dazu breite graue Hosenträger, die zweifellos einiges an Spannung aushalten mussten. Außerdem hielt der hiesige Patron seine Bestellun-

gen ebenfalls noch ganz altmodisch auf Papier fest. Alles in allem könnte der Mühlenwirt Pokornys Bruder sein, obwohl er eher von zwergen- als von bärenhafter Statur war. Doch in der Pflege der wienerischen Gastkultur stand er ihm um nichts nach. *Gut bürgerliche Küche, erlesene Weine, gepflegte Biere* wurde ja bereits am Eingang versprochen. Garniert wurden die kulinarischen Freuden mit dem berühmt-berüchtigten Wiener Schmäh echter Wirtsleute, die ihr Gewerbe noch mit Leib und Seele betrieben.

»Was nimmst du?«, fragte Obermayr, nachdem sie die Speisekarte von vorne bis hinten studiert hatte.

»Ich denke, ich nehm das Einser-Menü.«

»Das mit der Frittatensuppe und dem Reisfleisch?« Obermayr wog den Kopf hin und her, als überlegte sie, das gleiche Menü zu wählen. Nemecek wusste, dass seine Kollegin mitunter Mühe hatte, sich für ein Gericht zu entscheiden – und das vor allem, wenn sie besonders hungrig war.

»Ich bin mir nicht sicher, ob ich das Zweier-Menü nehmen soll. Grießnockerlsuppe und gebackene Champignons sind auch nie verkehrt. Aber wahrscheinlich sollte man bei dieser Hitze eher nix Paniertes essen?«

»Und was nimmst jetzt?«, fragte Nemecek entnervt, nachdem seine Kollegin nochmals die ganze Karte durchgeblättert hatte.

»Ich glaube, ich nehme den Kaiserschmarren. Nach der Aufregung muss ich etwas für meinen Blutzuckerspiegel tun.«

»Alsdann Kaiserschmarrn für Queen Nina!«

Nachdem sie ihre Getränke erhalten und ihre Essenswünsche angegeben hatten, lehnte sich Nemecek erst einmal zurück. Er streckte den Kopf in den Nacken, um in den riesigen Kastanienbaum über ihm zu blicken. Ein echter Schattenspender, kam ihm angesichts der dichten Blätter in den Sinn. Handförmig gefiedert, wusste er vom letzten Biologiereferat seiner jüngeren Tochter, mit fünf bis sieben bis zu fünfzehn Zentimeter langen Einzelblättern an einem langen Stil. Keine Ahnung, warum sich diese Definition so eingeprägt hatte. Mit Schaudern dachte er an ihr stickiges Büro. Die Dachwohnung, in der er seit zehn Tagen als Strohwitwer hauste, war sowieso höllisch, da es mittlerweile selbst in der Nacht kaum mehr abkühlte. Er schloss die Augen und atmete tief durch. Unglaublich, wie gut die Luft hier roch! Mit einer leicht würzigen Note, als verheiße das geballte Chlorophyll bereits den besonderen Geruch der Kastanien, die hier bald vom Baum fallen würden.

Nemecek ließ seinen Kopf wieder nach vorne kippen. »Unser Actionfilm von vorhin war nicht von schlechten Eltern.«

»Vollgas«, bestätigte Obermayr und blickte auf ihre zerkratzten Arme. Nachdem sie diese zuvor noch mit einem Gartenschlauch gereinigt und einen tief sitzenden Rosendorn entfernt hatte, sah das Ganze nur mehr halb so schlimm aus. Dennoch war das ein Einsatz gewesen, der im wahrsten Sinne des Wortes unter die Haut ging.

»Ich frage mich, warum Wondratsch abgehauen ist.«

»Ist doch nicht so schwierig zu deuten, oder?«

»Weil er etwas zu verbergen hat«, gab sich Obermayr selbst die Antwort. Gleich darauf läutete ihr Telefon und sie sprang auf. Nemecek verfolgte, wie seine Kollegin in Richtung Ausgang lief. Doch kaum, dass sie beim Gartenzaun angekommen war, machte sie wieder kehrt. Das Gespräch hatte keine 30 Sekunden gedauert. Ob sie nun endlich das Ergebnis der Halterabfrage hatten?

»Die Kollegen vom Verkehr«, bestätigte Obermayr seine Vermutung. »Die von uns gesuchte Maschine ist eine Spezialanfertigung, die mit zahlreichen Sonderteilen bestückt ist.«

»Aha.« Nemecek wusste nicht so recht, was er mit diesen Informationen anfangen sollte.

»Eigenartig ist allerdings, dass das Motorrad gar nicht Felix Wondratsch gehört.« Obermayr blickte ihn so entgeistert an, als könne sie immer noch nicht fassen, was sie soeben am Telefon erfahren hatte.

»Sondern?«

»Johanna Kniewasser.«

»Was?« Nun war auch Nemecek fassungslos. »Wie kommt denn Wondratsch an Kniewassers Motorrad?« Obermayr zuckte mit den Schultern.

»Das wird sie ihm wahrscheinlich geborgt haben.«

»Geborgt? Ich weiß nicht«, zeigte sich Nemecek skeptisch. »Waren die so gut miteinander befreundet? Du verleihst doch nicht einfach dein Bike, noch dazu ein so exquisites.«

Obermayr ließ ihre Schultern erneut nach oben wandern. Ihr erschien das nicht so abwegig, aber im Unterschied zu Nemecek war sie selbst niemals Bikerin gewesen. Deshalb wusste sie nichts über die besondere Beziehung, die man zu seinem Motorrad unterhielt. Umso mehr, wenn man unzählige Stunden damit verbracht hatte, sich seinen eigenen Traum zu erfüllen. Er konnte sich beim besten Willen nicht vorstellen, dass Johanna Kniewasser ein handgefertigtes Bike an jemand verlieh, den sie erst ein paar Monate kannte. Doch wer sagte eigentlich, dass sie das getan hatte?

»Was, wenn Kniewasser gar nichts davon wusste?«

»Wie meinen?«

Nachdem Obermayr ihn ein paar Sekunden lang einfach nur angestarrt hatte, überlegte sie laut: »Ah, du meinst, weil sie bereits tot war? Weil Wondratsch sie über die Felswand gestoßen und sich danach ihr Bike geschnappt hat?«

Dieses Mal waren es Nemeceks Schultern, die zuckten. »Nur so ein Gedanke.«

»Sodale. Die Drinks. Dazu das gesunde Supperl.«

»Danke«, sagte Nemecek, nachdem der Wirt den dampfenden Teller vor ihm abgestellt und im nächsten Augenblick wieder Tempo aufgenommen hatte. Speedy Gonzalez, fiel ihm ein, bevor er nach seinem Löffel griff. Diese Beweglichkeit markierte dann doch einen klaren Unterschied zwischen dem Mühlen- und dem Pokorny-Wirt, der mit seinen zwei Metern Körpergröße und geschätzten 130 Kilo Lebendgewicht eher Balu-mäßig durch die Gegend tänzelte.

»Mal angenommen, da ist was dran an unserer Theorie«, nahm Obermayr den zuvor verlorenen Faden wieder auf. »Das hieße, dass Wondratsch in Hinterstoder gewesen sein muss.«

»Was natürlich weitere Fragen aufwirft«, übernahm Nemecek »Wie ist er auf die Höss gekommen? Wie gut kannte er die Gegend überhaupt? Wie hat er es geschafft, nicht entdeckt zu werden? Und vor allem: Warum hätte er seine Kollegin überhaupt in die Tiefe stoßen sollen?«

Obermayr verfiel in ein nachdenkliches Schweigen. Über diesen grundlegenden Fragen konnte man natürlich gut brüten – und sich in der Zwischenzeit in aller Ruhe seinem Essen widmen. Vorsichtig blies Nemecek auf seinen Löffel, von dem links und rechts die Frittaten hingen. Schon irgendwie pervers, an so einem heißen Tag heiße Suppe zu essen!

Geschätzte zehn Löffel später kehrte Obermayr wieder in den gewohnten Betriebsmodus zurück »Okay. Bis wir diese Fragen beantwortet haben, lassen wir mal ganz geschmeidig das übliche Programm anlaufen.«

»Ja, das Bewegungsprofil von Wondratschs Handy brauchen wir so schnell wie möglich.« Nemecek hielt kurz inne, um die nächsten Teigstreifen hinunter zu schlürfen. »Zudem sollten wir bei der *Acros* nachfragen, womit Wondratsch vor seinem Urlaub beschäftigt war und wo er dieser Beschäftigung nachging. Lilly soll ihr Recherchetalent mobilisieren und uns alles Verfügbare über unseren Action-Freund zusammenstellen.«

Obermayr ließ ihre Finger über das Display ihres Mobiltelefons huschen, um ihre junge Kollegin entsprechend zu instruieren.

»Das Supperl war in Ordnung?«

»So ein feines Frittat ist die reinste Gaumenfreude«, ließ sich Nemecek zu einer kleinen Ode hinreißen.

Der Mühlenwirt quittierte die Lobpreisung mit einem Grinser, der vom linken bis zum rechten Ohr reichte. »Ein echter Gourmet, der Herr Inspektor«, sagte er, bevor er zu einer schwungvollen Drehung ansetzte. Nemecek hörte, wie die Kiesel unter seinen Sohlen knirschten. Es hätte ihn nicht gewundert, wenn Speedy Gonzalez im Weggehen sogar ein paar Steinchen aufgewirbelt hätte. Dann wandte er sich wieder Obermayr zu.

»Wenn wir annehmen, dass Wondratsch etwas mit dem Tod von Kniewasser zu tun hat, wirft das allerdings noch ein paar andere Fragen auf.«

»Du meinst, er könnte ebenso gut etwas mit den anderen beiden Morden zu tun haben?«

»Scheint nicht allzu weit hergeholt, oder?«

Obermayr rümpfte die Nase. Man musste kein Mimikspezialist sein, um zu erkennen, dass ihr der Gedanke nicht gefiel. »Aber wenn wir uns schon nicht vorstellen können, warum er seine agile Kollegin ins Tal des Todes befördert haben sollte. Welches Motiv sollte Wondratsch gehabt haben, die beiden alten Manager aus dem Weg zu räumen?«

»Weil sie für etwas standen, das er nicht akzeptieren konnte? Weil er sich ihre Bevormundungen nicht länger gefallen lassen wollte? Weil er ein für allemal Schluss machen wollte mit den alten Machenschaften.«

»Ziemlich radikal, findest du nicht?« Obermayr blieb ihren Vorbehalten treu. »Glaubst du tatsächlich, dass jemand deswegen zwei Menschen umbringt?«

»Könnte alles sein. Oder auch nicht.«

Obermayr ließ den Kopf auf- und abwippen wie einer dieser Wackeldackel, die ihr Geschäft vorzugsweise auf den Hutablagen diverser Pkws verrichteten. In Nemeceks Kindheit waren die hässlichen Geschöpfe ja eine echte Landplage gewesen und er hatte schon befürchtet, dass die »Wickie, Slime & Paiper«-Nostalgie eine massenhafte Wiederauferstehung mit sich bringen würde. Aber ähnlich wie bei den grauenhaften Wunderbäumen hatte sich das Revival der Autodackel letztlich in Grenzen gehalten.

»Das Warten hat ein Ende«, verkündete der Wirt, bevor er mit einer eleganten Bewegung zwei dampfende Teller vor sie hinstellte. »Einmal unsere kulinarische Verneigung vor der Monarchie für die Dame, einmal unser Gruß an den Balkan für den Herrn.«

Nemecek musste lachen, nicht zuletzt, weil ihn die Ähnlichkeit zwischen den beiden Wirtsleuten aufs Neue verblüffte. Dieser lockere Spruch hätte genauso von Pokorny stammen können! Sogleich kam ihm ein schräger Gedanke: Vielleicht kannten sich die beiden ja sogar? Womöglich hatten die Wirte einen ähnlichen Geheimbund wie die alte Managementriege? So eine Art Wirtshausloge, in der sie regelmäßig Rezepte und Sprüche austauschten?

»Lassen Sie es sich schmecken«, führte ihn der Mühlenwirt wieder zum Wesentlichen zurück.

»Danke! Machen wir.« Mit leuchtenden Augen inspizierte Obermayr ihren Teller. Auch Nemecek konnte seinen Blick kaum von den goldgelb gebackenen Teigstücken abwenden, die unter einer zünftigen Schicht Staubzucker auf ihre Bestimmung warteten. Obwohl er noch nie ein besonderer Süßzahn gewesen war, lief ihm das Wasser im Mund zusammen. In der Mitte des beeindruckenden Kalorienhaufens befand sich eine kleine Glasschüssel mit Zwetschkenröster, der natürlich für jede Schmarrenfreundin Pflicht war.

»Obst soll ja sehr gesund sein«, verkündete Obermayr feierlich, bevor sie sich die erste Gabel in den Mund schob.

Dann löste sich Nemecek endlich vom Süßkram seiner Kollegin und beugte sich über seinen eigenen Teller. Sogleich stieg ihm eine völlig andere Geruchswelt in die Nase: Zwiebel, Paprika, Knoblauch, Kümmel, …

»Na, erschnüffelst du den Balkan?«

Nemecek blies über seinen Teller. »Mindestens von Bulgarien bis Montenegro.«

In den nächsten Minuten widmeten sie sich ausschließlich ihrem Essen. Wie so oft war das eine gute Gelegenheit, wieder ein wenig Tempo aus dem Geschehen zu nehmen. Zum einen verdienten die köstlichen Gerichte ohnehin ihre volle Aufmerksamkeit, zum anderen konnten sie auf diese Weise die bisherigen Ereignisse ein wenig sacken lassen. Zehn Minuten Pause vom Ermittlungsalltag genießen und sich zumindest für diese Zeit wie ein ganz normaler Wirtshausbesucher fühlen. Natürlich bestand die Gefahr, dass ihre Energie dabei in den Keller ging, noch dazu bei diesem tropischen Wetter. Nemecek hoffte, dass ihn sein würziges Menü munter halten würde.

Zehn Minuten später legte Obermayr endlich ihre Gabel zur Seite. »Weißt du was?«, fragte sie, während sie sich die letzten Zuckerkristalle aus den Mundwinkeln leckte. »Ich denke, wir sollten der Gartenhütte noch einen Besuch abstatten.«

»Ja, das sollten wir wohl«, gab Nemecek ein wenig schlapp zurück, da er nun doch gehörig mit dem berüchtigten Suppenkoma zu kämpfen hatte. Plötzlich richtete Obermayr ihren Zeigefinger auf die Nasenspitze. »Ich lass mich da hineinstechen, wenn wir in der Hütte nichts finden, was Wondratschs Verhalten erklärt.«

»Na dann.« Nemecek streckte entschlossen seinen Rücken durch, um gleich darauf den rechten Arm in die Höhe zu reißen. »Herr Wirt, zahlen bitte!«

Donnerstag, 14:07
Tod dem Management

Es war, als würden sie von einem unsichtbaren Magnet angezogen werden. Nachdem sie über das Tor gesprungen und den Garten durchquert hatten, gingen sie schnurstracks in die Hütte hinein. Weder blickten sie zur Seite noch wechselten sie auch nur ein einziges Wort. Für beide schien es völlig klar zu sein, dass es nur einen Weg gab. So ließen sie die Küche ebenso links liegen wie den kleinen Esstisch, auf dem sich schmutziges Geschirr stapelte. Selbst die mit Papier übersäte Sitzgruppe würdigten sie keines Blickes. Es ging immer nur geradeaus auf die weiß lackierte Holztür zu, die Obermayr mit einer kräftigen Bewegung aufzog.

Als Nemecek den Schalter gedrückt und das verdunkelte Zimmer von einer Sekunde zur nächsten in gleißendes Licht getaucht hatte, fühlte er sich sofort an jene Zeichentrickfigur erinnert, die seine Töchter so liebten: nämlich an jene schlaksige Gestalt, der im Angesicht unerwarteter Situationen die Augen aus dem Kopf sprangen, als säßen sie an Stahlfedern. Er blickte zur Seite und sah, dass es Obermayr ähnlich erging. Mit offenem Mund starrte sie auf die gegenüberliegende Wand, auf der sich eine riesige Collage ausbreitete. Mindestens vier mal zwei Meter, schätzte Nemecek. Eine Unmenge an unterschiedlichen Zeitungsausschnitten, Haftnotizen, Fotos, Texten, Skizzen, Wollfäden, Reißnägeln und Klebestreifen – und in der Mitte diese mit roter Farbe geschriebenen Worte, an denen man zwangsläufig hängenblieb. *Tod dem Management*, stand in Riesenlettern quer über zahlreiche Sammelstücke hinweg, als handle es sich um den Titel des chaotischen Sammelsuriums.

»Da bleibt einem die Spucke weg, oder?«, kommentierte Obermayr. Allein ihrer Stimme war anzuhören, dass sie in ähnlicher Weise überwältigt war wie Nemecek selbst. »Daran muss Wondratsch ja eine Ewigkeit gearbeitet haben!«

Nemecek ließ seinen Blick noch einmal über die vielen Hundert Einzelstücke gleiten, die sich hier zu einem Riesenbild vereinigten. Wie bei einem wild gewordenen Kameramann sprangen seine Augen von hier nach dort, als könnte er sich für keinen Fokus entscheiden. Insgeheim sah er sich schon tagelang im Büro sitzen, um dieses monumentale Puzzle aufzuarbeiten – was ihm trotz der vorherrschenden Hitze einen kalten Schauer über den Rücken jagte. Andererseits konnten sie das Ganze ebenso gut an Ort und Stelle sortieren. Rasch verscheuchte er seine schweißtreibende Vision und schlug stattdessen vor: »Was hältst du davon, wenn wir uns gleich hier einen ersten Überblick verschaffen?«

»Hört sich gut an.«

»Na dann an die Arbeit.«

Irgendwann hatte Nemecek jegliches Zeitgefühl verloren. Zweifellos war es eine längere Zeitspanne gewesen, in der sie stumm nebeneinander her arbeiteten. Dann erhob Obermayr plötzlich die Stimme: »Schau mal. Das ist ja interessant!«

Nemecek brauchte ein paar Momente, um das Staunen seiner Kollegin nachvollziehen zu können. Schließlich erkannte er, was ihr Aufsehen erregt hatte. *Selbstmord am Arbeitsplatz,* titelte der vergilbte Zeitungsartikel, der auch ein Foto von einem Firmengebäude enthielt, das Nemecek bekannt vorkam.

»Sieht wie die *Acros* aus, oder?«

Nemecek konnte dem nur zustimmen. Dann überflog er rasch, worum es in dem kurzen Artikel ging. Ein gewisser Hermann T. hatte sich vom Dach seines Arbeitgebers in Wien Floridsdorf gestürzt. Er war auf der Stelle tot gewesen. Von Verzweiflungstat war die Rede und dass T. schon längere Zeit an psychischen Problemen gelitten habe. Der Pressesprecher des Unternehmens versicherte, dass man schockiert sei und von einer tragischen Kurzschlusshandlung ausgehe. Man verliere mit T. jedenfalls einen langjährigen Leistungsträger und eine Stütze des Betriebs.

Das übliche Blablabla, meinte eine böse Stimme in Nemecek. Nichtssagende Allgemeinplätze, wie sie produziert werden, wenn man eigentlich mit der Situation überfordert ist, es aber nicht zugeben will. Für die Angehörigen war das freilich erheblich schwieriger, denn die konnten sich nicht einfach in leere Floskeln retten.

12. August 2007, überprüfte Nemecek noch kurz das Erscheinungsdatum des Zeitungsartikels, bevor sein Blick nach links zu dem Foto auf der kleinen Faltkarte wanderte. Es zeigte einen bärtigen Mann mittleren Alters, mit dunklen Haaren und tief liegenden Augen. *Wir vermissen Dich!,* stand unter dem Bild und auf der anderen Seite: *Zur lieben Erinnerung an Herrn Hermann Totzauer.* Dahinter entdeckte er noch die Todesnachricht, die üblicherweise vor dem Begräbnis verschickt wurde. *Der Tod verbirgt kein Geheimnis,* las Nemecek. *Er öffnet keine Tür. Er ist das Ende eines Menschen. Was von ihm überlebt, ist das, was er anderen Menschen gegeben hat, was in ihrer Erinnerung bleibt.* Das Zitat stammte von einem gewissen Norbert Elias, der Nemecek vage bekannt vorkam. War er in seinem Studium nicht einmal über einen Soziologen dieses Namens gestolpert?

Nemecek schob sein Wissensquiz zur Seite und blickte noch einmal auf das Foto, das er bereits auf der kleinen Todesanzeige gesehen hatte. *Dipl. Ing. Hermann Totzauer,* las er ein weiteres Mal, g*eboren am 12. April 1963, verstorben am 11. August 2007. Die Trauerfeier findet am 15. August um 11 Uhr am Wiener Zentralfriedhof statt. In ewiger Liebe Andrea & Felix.*

Nemecek starrte noch eine Weile auf die Namen *Andrea und Felix.* Dann sagte er: »Der Freitod von Wondratschs Vater ist wahrscheinlich das Herzstück der Collage.«

»Irgendwie scheint sich alles andere darum zu drehen«, stimmte Obermayr zu.

»Vielleicht liegt dort auch das Motiv für die Morde«, spekulierte Nemecek. »Nach allem, was wir bislang gehört haben, waren Joschak und Zettl möglicherweise gewichtige Faktoren für Totzauers Verzweiflungstat. War Joschak nicht sogar Totzauers Stellvertreter, der nach seinem Tod die Gesamtleitung übernommen hat?«

»Und sein Sohn kommt dieser Geschichte auf die Spur und heuert über zehn Jahre später im selben Unternehmen an, um grausame Rache zu üben?« Obermayrs Bedenken waren nicht kleiner geworden »Das klingt mir dann doch ein bisschen zu sehr nach billigem Drehbuch.«

Manchmal verläuft das Leben genau nach einem solchen Buch, lag Nemecek schon auf der Zunge. Er entschied sich jedoch, diese Lebensweisheit vorerst für sich zu behalten.

»Um uns nicht gleich in wilden Theorien zu verlieren – wollen wir nicht erst einmal unsere Eindrücke austauschen?«

»Also ich sehe ein paar klare Schwerpunkte«, legte Obermayr sofort los. Nemecek streckte die Hand aus wie jemand, der einem Vorfahrt gewährt. Die höfliche Geste war jedoch völlig überflüssig, denn seine Kollegin war ohnehin bereits auf Volldampf programmiert. »Auf der einen Seite geht es um Agilität.« Obermayr spreizte ihre langen Finger, um den Themenblock an der linken Wandseite zu lokalisieren. Nemecek folgte ihrer Bewegung und las noch einmal einige Überschriften der in diesem Bereich versammelten Texte: *Agile Unternehmen vs. Agile Teams, Manifest für agile Führung, Selbstorganisierte Teams, Lean Management, Agile Organisationskultur.*

»Auf der anderen Seite gibt es einen Bereich, der stark biografisch gefärbt ist: der Selbstmord bei der *Acros*, die Todesanzeige, die Auseinandersetzung mit dem Thema Burn-out, die Familienfotos.«

»Hast du dir die Fotos genauer angesehen?«

»Wieso? Sind doch ganz normale Familienbilder: Vater, Mutter, Kind, Berge, Wasser, Wiese.«

»Findest du es nicht verblüffend, dass darauf zentrale Elemente der drei Morde zu sehen sind?

Nun sah Obermayr tatsächlich verblüfft aus. Nemecek trat nach vorne an die Wand und legte den Finger auf eines der leicht rotstichigen Polaroids. »Schau mal, hier sehen wir die Familie am See. Und was entdeckt das Adlerauge im Hintergrund?«

»Wald?«

»Richtig, eine Menge Bäume. Und was siehst du noch?« Obermayr trat nun noch näher an das Foto heran und kniff die Augen zusammen. Wahrscheinlich würde auch sie bald eine Brille brauchen.

»Einen schmalen Strand und … – ich glaub's nicht!«

»Glaub's ruhig.«

»Ein kleines rotes Boot.« Nemecek nickte befriedigt. »Genau wie das Boot, das beim Mord an Joschak im Einsatz war.«

Er liebte es, wenn sie unerwartete Entdeckungen machten. Die Frage war nur, was diese Entdeckung zur Aufklärung beitrug.

»Okay«, sagte Obermayr, die nun offensichtlich Lunte gerochen hatte. »Dann verweist das Foto von der Ennstal-Classic wohl auf Zettls Tod.«

Nemecek machte eine Bewegung, die wohl Bestätigung ausdrücken sollte. »Während das Mountainbike-Foto wiederum mit Kniewassers Absturz verbunden werden kann. Dazu diese alte Ansichtskarte, die *Herzhafte Grüße vom Großen Priel* bestellte.«

»Als ob Wondratsch die Morde mithilfe dieser Collage geplant hätte!«, stieß Obermayr plötzlich hervor.

Nemecek ließ den Gedanken eine Weile lang durch den Raum schweben. Während seine Kollegin hin und her zu überlegen und dabei in ihr eigenes Labyrinth zu geraten schien, betrachtete Nemecek noch einmal die verschiedenen Auto- und Motorradbilder, die rund um die Ennstal-Classic gruppiert waren. Es dauerte eine Weile, bis er in der Dutzende Fotos umfassenden Sammlung einige der Oldtimer wieder erkannte, die Johanna Kniewasser auf ihrer Facebook-Seite ausgestellt hatte. Triumph Spitfire, Porsche Carrera, Ford Escort und dazu jene von Kniewasser selbst gebaute Honda 750, mit der Wondratsch vorhin geflüchtet war.

Aus irgendeinem Grund blieb Nemeceks Blick an einem weiß umrandeten Karton hängen, der hinter den Oldtimer-Fotos steckte. Er löste die Stecknadel, mit der diese Fotos befestigt waren, und traute seinen Augen nicht. Der Karton entpuppte sich als Karte aus einem Quartettspiel, das ihn seine ganze Kindheit lang begleitet hatte! Schließlich gehörte die Sammlung von *Rallye-Autos* zu den absoluten Favoriten, mit denen Pokorny, Neufeldner und er regelmäßig für Spannung sorgten, wenn der Unterricht wieder einmal zu langweilig geriet. Wie lange war das jetzt her, dass er das letzte Mal eine dieser Spielkarten in den Händen gehalten hatte? Mindestens 30 Jahre, überschlug er.

Noch viel erstaunlicher war allerdings, welches Auto auf der Karte zu sehen war: nämlich genau jener Mini Cooper S, mit dem Zettl tödlich verunglückt war! Sogar die Farbe der Karosserie stimmte! Aus alter Gewohnheit überprüfte er die technischen Daten, die unter dem Autobild angegeben waren. *1260 ccm, 110 PS, 4 Zyl./4-Takt, 190 km/h, Frontmotor/Frontantrieb, 540 kg, 3080 mm lang, 1410 mm breit, 1360 mm hoch.* Als mehrfacher Sieger der Rallye Monte Carlo konnte der Mini zwar mit eindrucksvollen Erfolgen aufwarten. Aufgrund der bescheidenen Leistungsdaten war die Karte allerdings eher ein Loser im Vergleich zu Konkurrenten wie Porsche, Ford oder Lancia – schließlich ging es beim Autoquartett stets darum, die höchsten Zahlen anzugeben und damit alle Karten mit niedrigeren Werten einzukassieren.

Um sich nicht in seinen Erinnerungen zu verlieren, löste sich Nemecek von der Autosektion und trat ein paar Schritte nach links. Auf dieser Seite der Collage stach ihm sofort eine Postkarte mit zwei Herzen ins Auge, zwischen denen eine kleine Packung Gummibärchen befestigt war. Darunter lugte ein gefaltetes Papier hervor, auf dem ein QR-Code für zwei Konzerttickets gedruckt war. *Lou Asril*, las Nemecek, doch der Name sagte ihm nichts. Wahrscheinlich ein angesagter DJ oder einer dieser neuen österreichischen Musiker, die allerorten Erfolg hatten. Seine Töchter wussten das sicher, die waren musikalisch immer up to date.

Obwohl ihm der Name des Musikers unbekannt war – die auf den Tickets vermerkten Angaben zu Ort und Datum erzählten ihm umso mehr: *Klagenfurt Open Air, 11. August 2019*, wiederholte Nemecek, als könne er es kaum fassen. Das Konzert hatte genau einen Tag vor Joschaks Tod stattgefunden und das keine 40 Minuten vom Faaker See entfernt! Schon wieder einer dieser Zufälle, an die kein vernünftiger Mensch glauben konnte.

Gleichzeitig musste man schon wirklich abgebrüht sein, um an einem Tag in aller Ruhe ins Konzert zu gehen und am nächsten seinen Kollegen zu erschlagen. Vorerst schob Nemecek den Gedanken um eine mögliche Täterschaft zur Seite und fragte sich stattdessen, mit wem Wondratsch wohl auf dem Konzert gewesen war. Das gesamte Arrangement mit der Herzkarte und den Bärchen deutete auf eine Liebesgeschichte hin. Sie sollten mehr darüber herausfinden, selbst wenn diese Geschichte eventuell gar nichts mit der Mordsache zu tun hatte. Eine wichtige Zeugin war Wondratschs Begleitung allemal.

Plötzlich schüttelte Obermayr heftig den Kopf. Es wirkte, als würde sie aus einem längeren Schlaf erwachen und noch ein paar Träume abschütteln müssen, bevor sie sich wieder der Realität widmen konnte. »Also das ist mir ehrlich gesagt zu spekulativ.« In Nemeceks Ohren klang seine Kollegin wieder so skeptisch wie zu Beginn. Wenn er ehrlich war, fand er seine These vom collageartigen Mordplan ja selbst äußerst gewagt. Verwerfen wollte er sie dennoch nicht. Wer wusste schon, was sie noch alles entdecken würden?

Unterdessen schloss Obermayr ihre Zusammenfassung ab: »Und dann gibt es ja noch diesen Bereich mit dem ganzen Zahlensalat. Ich sehe verschiedene Kontoauszüge, die aus einer Steuererklärung stammen könnten, und die geschwärzten Blätter aus einem Geschäftsbericht. Mir ist allerdings schleierhaft, was das zu bedeuten hat.«

»Dass es darüber hinaus um etwas Ökonomisches geht?«, bot Nemecek an, merkte aber selbst, dass das in Wahrheit völlig nichtssagend war. Natürlich ging es in Unternehmen immer um die Ökonomie. Die entscheidende Frage war, was diese für eine Rolle in den drei Mordfällen spielte.

»Was ist, wenn wir Pflückinger fragen. Schließlich hat uns der versichert, dass er alles in seiner Macht Stehende tun wolle, um zur Aufklärung beizutragen.« Nemecek musste nicht lange überlegen. Das würde ihnen auf jeden Fall helfen. Deutlich länger dauerte es indes, bis er die Visitenkarte mit Pflückingers Mobilnummer fand. Dafür hob der CEO schon beim ersten Läuten ab.

»Pflückinger.«

»Hallo, Herr Pflückinger, Nemecek hier. Wir bräuchten dringend Ihre Hilfe. Haben Sie eine Minute für uns?«

»Sicherlich. Eine Minute ist kein Problem. Worum geht's denn?«

»Ich mach es kurz: Im Zuge unserer Recherchen sind unter anderem Auszüge aus einer Firmenbilanz aufgetaucht. Viele Daten sind zwar geschwärzt, wir nehmen allerdings an, dass die Unterlagen von der *Acros* stammen. Könnten Sie vielleicht einen versierten Blick darauf werfen?«

Statt einer Antwort ertönte auf der anderen Seite der Leitung ein sonderbares Kratzen, gefolgt von einem dumpfen Knall. Ein paar Sekunden später hörten sie wieder Pflückingers Stimme. »Excusé. Mir ist das Telefon aus der Hand gerutscht. Also wie war nochmals die Frage? Ach ja, wegen der Bilanzunterlagen! Das kann ich natürlich machen. Ich denke aber, dass Sie besser beraten sind, wenn Sie damit gleich zur Fachfrau gehen.«

»Sie meinen Katja Langholt?«

»Die kann Ihnen Ihre Fragen wahrscheinlich auf den ersten Blick beantworten.«

Nemecek warf Obermayr einen fragenden Blick zu, doch diese zuckte nur mit den Schultern.

»Okay, machen wir. Wir haben morgen ohnehin einen Termin mit ihr. Wir dürfen uns dabei auf unser Gespräch berufen?«

»Selbstverständlich.«

»Und was machen wir jetzt?« Obermayr hörte sich ungewohnt ratlos an. Nachdem sie die üblichen Höflichkeitsfloskeln ausgetauscht und das Gespräch mit Pflückinger beendet hatten, waren beide in ein sonderbares Energieloch gefallen.

»Ich würde gerne noch ein paar dieser Artikel durchgehen. Danach machen wir ein paar hübsche Fotos von Wondratschs Gesamtkunstwerk. Am Ende lassen wir unsere Kollegen von der KTU antanzen.«

»Alsdann haben wir einen Plan?«

»Sieht so aus.«

»Die Kavallerie ist am Anrücken, mon colonel!«, verkündete Obermayr. Nemecek sah sie verdattert an. Einmal mehr war er so in die vorliegenden Materialien vertieft gewesen, dass er das Telefonat seiner Kollegin gar nicht mitbekommen hatte. Er blickte auf sein Smartphone und erschrak. *16:12*, beschied ihm das Display. Unglaublich! Hatten sie tatsächlich über zwei Stunden mit der Collage verbracht? Die Zeit war wieder einmal wie im Flug vergangen – was sicher auch den Liegestühlen zu verdanken war, die sie zum Durcharbeiten der verschiedenen Artefakte unter dem Kirschbaum platziert hatten.

»Ich würde sagen, höchste Zeit, dass wir hier einen Abgang machen.«

»Wie wär's mit einer erfrischenden Hopfenkaltschale zum Tagesausklang?«

»Unbedingt«, sagte er kurz entschlossen, obwohl er ursprünglich noch laufen gehen wollte. Aber dazu fühlte er sich ohnehin zu erschöpft. Als er nach seiner Tasche griff, um seine Sachen zusammenzupacken, gab Obermayrs Telefon plötzlich ein piepsendes Geräusch von sich.

»Wer stört denn da unsere wohlverdiente Happy Hour?«

Statt eine Antwort zu liefern, hielt ihm Obermayr ihr Telefon vor die Nase.

Ich bin unschuldig!, las er. Nemecek war sofort klar, wer die Textnachricht geschrieben hatte. Aber wie zum Teufel war Wondratsch an Obermayrs Telefonnummer gekommen?

»Er muss noch einmal in seiner Wohnung gewesen sein«, zog seine Kollegin den einzig möglichen Schluss – und frischte zugleich Nemeceks Erinnerung auf. Zum Abschied hatte sie der alten Pospisil ja noch ihre Visitenkarte zugesteckt! Nach seiner spektakulären Flucht war Wondratsch also noch einmal zu seiner Homebase zurückgekehrt. Wahrscheinlich, um noch ein paar Sachen für seine weitere Flucht zusammenzupacken. Oder gab es einen anderen Grund dafür? Hatte er weitere Beweismittel in seiner Wohnung gelagert, die er jetzt in aller Ruhe beseitigen konnte? Nemecek ärgerte sich, dass er nicht früher daran gedacht hatte, die Wohnung überwachen zu lassen. Er hätte allerdings nicht gedacht, dass Wondratsch es wagen würde, dorthin zurückzukehren.

Plötzlich piepste es erneut. Reflexartig öffnete Nemecek die neue Nachricht.

Reden Sie mit Niels, der kann beweisen, dass ich nichts mit den Morden zu tun habe.

Nemecek gab seiner Kollegin ihr Handy zurück und sagte: »Vielleicht sollten wir ihm zurückschreiben, dass er sich zuerst stellen muss.«

»Das wird er ganz sicher tun«, erwiderte Obermayr süffisant. Dennoch bearbeiteten ihre Finger das Display. »Der Vollständigkeit halber – hiermit erledigt.«

»Ich fürchte, das Bier muss warten.«

»Ich fürchte noch mehr, dass wir wieder vier Stockwerke hochklettern dürfen.«

»Na komm. Ein bisschen Konditionstraining hat noch niemandem geschadet«, argumentierte Nemecek. Obermayr bedachte ihn mit einem Blick, der einen Elefanten schockgefrieren könnte. Dann machte sie sich grummelnd auf den Weg zu ihrem Wagen, der sie quer durch die überhitzte Stadt zu Wondratschs Hauptwohnsitz bringen würde.

Donnerstag, 17:30
Wegweisendes

Das Netz wurde immer enger. Erst vor ein paar Minuten hatte eine Funkstreife in Liesing Wondratschs Motorrad gesichtet. Leider war er im letzten Moment über einen Stadtwanderweg entwischt, der den idyllischen Liesingbach entlang führte, für Autos jedoch zu schmal war. Sie hatten zwar augenblicklich drei weitere Streifenwagen mobilisiert, den Gesuchten allerdings nicht mehr aufspüren können. Mit seinem Motorrad war er eben um einiges beweglicher.

Nichtsdestotrotz glaubte Nemecek fest daran, dass sich die Schlinge um Wondratschs Hals sukzessive zusammenzog. Zu seinem Optimismus trugen die Beweismittel bei, die sie in den letzten Stunden in Wondratschs Wohnung sichergestellt hatten: einen Laptop, drei Prepaid-Handys, gleich einen ganzen Sack voller SIM-Cards sowie einen ganzen Stapel beschriebener Haftnotizen, die gut in seine Collage gepasst hätten.

Noch besser passte der Textentwurf dazu, den sie zwischen den Notizen fanden. Zwei ausgedruckte A4-Blätter, auf die Wondratsch zahlreiche Korrekturen gekritzelt hatte. Gut möglich, dass es sich dabei um die Skizze zu seinem nächsten Blogbeitrag handelte. Der Text erklärte die rätselhafte Überschrift, die Wondratsch seiner Collage verpasst hatte. *Das traditionelle Management ist ignorant*, machte gleich der erste Absatz klar, worum es in dem Artikel ging. *Es hält an den bekannten Unternehmensbausteinen fest, statt sich den Veränderungen zu stellen, die in den letzten Jahrzehnten für einen tiefgreifenden Wandel der Gesellschaft gesorgt haben. Damit verkommt der allgegenwärtige Ruf nach unternehmerischer Agilität zur Beschwörungsformel und der notwendige Change schrumpft auf kosmetische Maßnahmen zusammen.*

Nemecek erinnerte sich, dass er im Zuge seiner Recherchen bereits Ähnliches gelesen hatte. *Die 7 Upps der Agilität* hatte er sich den klingenden Titel der Artikelserie gemerkt, in der es, angelehnt an die bekannte Fernsehserie, um Pleiten, Pech und Pannen im agilen Change Management ging – und um praktische Möglichkeiten der Prävention und der Ersten Hilfe, falls man in eine der Fallen getreten war. Im Vergleich zu den Upps war Wondratschs Ton deutlich angriffslustiger – und steigerte sich im Laufe der insgesamt vier Abschnitte zu einem Frontalangriff gegen das bestehende Managementsystem.

Das traditionelle Management ist kontraproduktiv, behauptete der zweite Absatz. *Es hält Mitarbeiterinnen und Mitarbeiter in einem engen Korsett starrer Strukturen und Steuerungsprozesse gefangen und reduziert Führung auf Verwaltung. Damit werden viele unternehmerische Initiativen bereits im Keim erstickt und kreative Lösungen für den Kunden verhindert.*

Das konnte Nemecek aus eigener Erfahrung sofort unterschreiben – sei es aufgrund seiner Erfahrung nach über 20 Jahren Polizeidienst; sei es aufgrund dessen, was Bettina über die Universität berichtete; oder sei es aufgrund der haarsträubenden Anekdoten, die Sebastian Neufeldner regelmäßig über das Gerichtswesen zum Besten gab. Himmelschreiende Bürokratie, kafkaeske Prozesse, Aushebelung des gesunden Menschenverstandes, wohin das Auge reichte. Seltsamerweise schien es in der angeblich so freien Wirtschaft nicht viel anders zuzugehen, wie Wondratschs dritter Absatz darlegte.

Das traditionelle Management ist giftig. Es mischt sich in die laufenden Arbeitsprozesse ein, statt dafür zu sorgen, dass diese Prozesse von denen, die sie umsetzen, sinnvoll gestaltet und kontinuierlich optimiert werden können. Damit bleiben wichtige Rahmenbedingungen unverändert, sodass strategische Wendigkeit und operative Effizienz nur schwer umzusetzen sind.

Zweifellos waren diese Zeilen mit der heißen Nadel gestrickt. Sie waren getragen von einem rebellischen Geist, der aufrütteln wollte und sich nicht mit pragmatischen Kompromissen aufhielt. Naturgemäß schien manches übertrieben, wie gerade der letzte Absatz dokumentierte:

Das traditionelle Management ist dem Tode geweiht. Es zementiert bestehende Strukturen und Positionen, statt nach neuen Wegen zu suchen, die gesamte Organisation agiler zu machen. Damit behindert es jene Beweglich-

keit, die heutzutage von Kundinnen und Kunden wie Mitarbeiterinnen und Mitarbeitern gewünscht wird.

Nemecek grübelte noch eine Zeit lang darüber, inwiefern hier Analyse und Wunschdenken endgültig ineinander verschwammen, als ihm auffiel, dass die vier Abschnitte einem strengen Formgesetz folgten: zuerst eine starke Behauptung zum aktuellen Zustand des traditionellen Managements, danach ein Blick in die Praxis, gefolgt von einer kurzen Beschreibung, wie sich diese Praxis auswirkte. Wie bei einem Gebet, kam Nemecek in den Sinn.

Am erstaunlichsten war für ihn, dass Wondratsch den Titel und das Postskriptum des Textes gleich zweimal ausgebessert hatte. Offenkundig war ihm der ursprüngliche Titel *Tödliches Management* zu zahm gewesen, sodass er diesen Titel mit schwarzem Filzstift durchgestrichen und an dessen Stelle *Tod dem Management* gesetzt hatte. Wenn Nemecek das richtig rekonstruierte, sah sich Wondratsch jedoch später noch einmal dazu veranlasst, die schwarzen Korrekturen wieder zurückzunehmen. Hatten ihn die laufenden Ereignisse dazu bewogen, auf den anarchisch anmutenden Ton zu verzichten? War ihm der direkte Aufruf angesichts der realen Toten der *Acros* pietätlos erschienen? Auf alle Fälle hatte Wondratsch nochmals zu einem roten Stift gegriffen, die schwarzen Ergänzungen in Schlangenlinien übermalt und ganz oben wieder *Tödliches Management* gesetzt. Nemecek war unsicher, ob das für den unbedarften Leser einen großen Unterschied machte. Für Wondratsch schien es allerdings wichtig gewesen zu sein.

Das technische Equipment und der Text waren indes nicht die einzigen Fundstücke, die Nemecek zuversichtlich stimmten, der Aufklärung des Falls ein gutes Stück näher zu kommen. Denn bei der Durchsuchung des kleinen Nachttisches stießen sie noch auf eine Serie von Polaroids, die dem ganzen Fall eine ungeahnte Wendung gaben.

Gerade eben hatte Obermayr noch einmal die beiden Gesichter betrachtet, die darauf zu sehen waren.

»Wondratsch muss ja ganz schön verliebt gewesen sein.«

»Wieso denkst du das?«

»Sonst würde er die Fotos wohl kaum direkt neben seinem Bett deponiert haben. Das machen eigentlich nur Teenager, die bis über beide Ohren verknallt sind.«

»Na, du musst es ja wissen!«, lachte Nemecek auf und musste unwillkürlich an seine Töchter denken. War die Liebe bereits ein großes Thema in ihrem Leben? Immerhin war Lea bereits 14 und Sophie 12. Das war doch genau das Alter, wo Mädchen leicht ins Schwärmen gerieten, oder etwa nicht? Doch ging ihn das überhaupt etwas an? Sollte er einfach so tun, als ob das die alleinige Sache seiner Töchter wäre?

»Sicher«, riss ihn Obermayr aus seiner väterlichen Besorgnis. »Ich habe monatelang mit Joan Jett geschlafen. I Love Rock'n Roll!« Sie deutete ein Luftgitarren-Solo an und Nemecek musste aufs Neue lachen.

»Aber im Ernst«, fuhr sie fort, nachdem die Gitarre achtlos in eine Ecke geschleudert wurde. »Wir sollten uns fragen, wie dieses Foto unsere Sicht auf den Fall verändert.«

Nemecek stimmte zu. Als sie die Fotos in Wondratschs Nachttisch entdeckten, erkannte er im ersten Moment gar nicht richtig, was darauf zu sehen war. Er brauchte ein paar Sekunden, um in den beiden Gesichtern, die da Wange an Wange in die Kamera strahlten, Felix Wondratsch und Johanna Kniewasser zu erkennen.

»Wenn die ein Paar waren, fällt unsere Serientäter-Theorie in sich zusammen wie ein schlecht gebautes Kartenhaus.« Obermayr machte ein saures Gesicht.

»Wieso denkst du das?«

»Ich bitte dich!«, zeigte sich seine Kollegin beinahe entrüstet. »Man ermordet doch nicht seine eigene Herzdame! Abgesehen davon: Welches Motiv sollte Wondratsch dafür haben?«

»Wie wär's mit Eifersucht?«

»Wie kommst du denn auf so was?«

»Vielleicht war die Liebe nicht auf beiden Seiten gleich intensiv. Vielleicht war es für Kniewasser bei Weitem keine so feste Beziehung, wie sie sich Wondratsch gewünscht hätte. Vielleicht hat sie es mit der Treue nicht so genau genommen.«

»Okay, das wäre denkbar. Alles, was du genannt hast, könnte jedoch genauso gut umgekehrt zutreffen. Dass Kniewasser mehr wollte, Wondratsch nicht treu war und so weiter. Außerdem: Rache auf der einen und Eifersucht auf der anderen Seite? Diese Mischung zündet nicht so recht.«

Nemecek musste zugeben, dass das berechtigte Einwände waren. Im nächsten Augenblick kam ihm indes eine neue These in den Sinn. »Vielleicht wollte Kniewasser Wondratschs Rachefeldzug stoppen? Ich kann mir schwer vorstellen, dass sie mit der Selbstjustiz ihres Lovers einverstanden war.«

»Wenn wir schon so hübsch am Spekulieren sind: Wie wär's mit der Idee, dass Wondratsch die Liebesbeziehung öffentlich machen wollte. Scheint ja alles ziemlich im Verborgenen gelaufen zu sein zwischen den beiden. Möglicherweise hat ihm das nicht gepasst.«

»Du meinst eine Art von Zwangs-Outing? Das war doch eher Zettls Revier. Denk an die Erpressungsmail!«

Obermayr ließ wieder einmal ihre nachdenkliche Unterlippe nach vorne wandern. Dann drehte sie die Augen nach oben, sodass kurzfristig nur das Weiß ihrer Augäpfel zu sehen war. Nemecek musste an den antiken Mythos der blinden Seherin denken, die unter ihren Lidern nach einer verborgenen Wahrheit sucht. Kurz darauf offenbarte die Seherin: »Wir wissen immer noch viel zu wenig über das Beziehungsnetz in der *Acros*. Mir kommt das mittlerweile wie ein weit verzweigtes Geflecht vor, das über viele Jahre unterirdisch gewuchert ist und für Verbindungen gesorgt hat, die wir an der Oberfläche nur schwer erahnen.«

Nemecek gefiel das Bild mit den unterirdischen Wucherungen. Hatte ihm Bettina nicht einmal von diesen Espenhainen erzählt, in denen alle Baumwurzeln über Kilometer hinweg miteinander vernetzt waren? Im Fall der *Acros* kam erschwerend hinzu, dass sich dieses Netz sowohl in die Breite als auch in die Tiefe erstreckte. Schließlich legte Wondratschs Collage nahe, dass die Unternehmensgeschichte eine zentrale Rolle bei den Geschehnissen spielte, die sie aufzuklären hatten.

Obwohl es natürlich um die Zukunft ging, schien die Veränderung der *Acros* viele vergangene Geschehnisse an die Oberfläche zu spülen – und dabei Dinge in Bewegung zu setzen, die zweifellos nicht beabsichtigt waren. Die unerwünschten Nebenwirkungen der Veränderung, schoss Nemecek durch den Kopf. Wo hatte er das bloß aufgeschnappt? Wie auch immer: Es passte zu dem, was die *Acros* gerade erlebte. Der tiefgreifende Wandel, den man sich vorgenommen hatte, brachte eben einige Dinge ans Tageslicht, die möglicherweise besser vergraben geblieben wären: wie Giftfässer, die im Zuge eines Neubaus aus den Tiefen der alten Fundamente geborgen werden.

»Wie wär's, wenn wir dazu noch einmal Wondratschs liebreizende Nachbarin befragen?«

»Wozu jetzt?«, fragte Nemecek verwirrt. Er hing immer noch an seinen Giftfässern.

»Na, zur Liebesbeziehung zwischen Kniewasser und Wondratsch. Außerdem müssen wir sie noch einmal befragen, wann genau Wondratsch heute aufgetaucht ist. So neugierig, wie die ist, hat sie sicherlich jeden Schritt ihres Nachbarn registriert.«

Eine klassische Blockwartin, dachte Nemecek grimmig. Garantiert hatte Pospisil genau verfolgt, wie sie vorhin Wondratschs Türschloss geknackt hatten. Eigentlich fast verwunderlich, dass sie nicht plötzlich vor ihnen gestanden und nach dem offiziellen Durchsuchungsbefehl gefragt hatte.

»Macht wahrscheinlich Sinn«, lieferte Nemecek endlich die ausstehende Antwort, »obwohl mir ein wenig davor graut.«

»Sie wird dich schon nicht fressen«, meinte Obermayr grinsend. »Ansonsten hast du ja immer noch mich, um dich zu retten.«

»Als Drachentöterin bist du garantiert unübertroffen«, grinste Nemecek, bevor er kräftig auf Pospisils Türklingel drückte.

»Na, so uma Fünfe«, antwortete Frau Pospisil auf die Frage, wann genau Wondratsch in seine Wohnung zurückgekehrt war. »I hab ihnen glei danoch ang'rufen, gell?«

»Und wie lange ist er geblieben, sagten Sie?«

»Lassen`S mi nachdenken. Lang war's net. I schätzat so a Viertelstund.«

Nemecek betrachtete die alte Frau. Ob sie ihn weiterhin konsequent ignorieren würde? Bislang hatte sie jedenfalls ausschließlich mit Obermayr gesprochen.

»Hatte Wondratsch eigentlich öfters Besuch?«, unternahm er einen neuen Anlauf, um ihre Aufmerksamkeit zu gewinnen. Tatsächlich drehte Pospisil ihre Augen kurz in seine Richtung, als fiele ihr erst in diesem Moment auf, dass da noch eine Person stand. Nichtsdestotrotz richtete sie ihre Antwort wieder nur an Obermayr.

»Sie meinen Damenbesuch, oder?« Das Wort Damenbesuch sprach sie mit einem langgezogenen a aus und rümpfte dabei die Nase, als handle es sich um etwas Anrüchiges.

Obermayr deutete ein Nicken an.

»Gnädiges Fräulein«, erhob Pospisil nun ihre Stimme und stemmte abermals ihre Hände in die Hüften. »Sowas gibt's bei uns nicht. Mir sind ein ehrenwertes Haus.«

Dass ich nicht lache, schoss Nemecek durch den Kopf. Die Gute war wohl schon länger nicht mehr durchs Stiegenhaus gegangen, sonst würde sie so etwas kaum behaupten. Was dort an den Wänden zu sehen war, hatte mit ehrenwert in etwa so viel zu tun wie das Haus mit einer noblen Villa.

»Und Herren?«, bohrte Nemecek probeweise nach.

»Was denn Herren?«, fragte Pospisil und wich nun sogar einen Halbschritt zurück, als habe sie gerade eine ansteckende Krankheit bei Nemecek diagnostiziert. So wie sie jetzt drein blickte, erschien ihr zumindest der Geisteszustand des Chefinspektors als alles andere als gesund.

»Also keinerlei Besuche«, schloss Obermayr das Thema ab.

»Grüß euch«, ertönte plötzlich eine bekannte Stimme aus dem Hintergrund. »Hallo Franz«, begrüßte Nemecek den Chef der KTU, den sie gleich bei ihrer Abfahrt von der Schrebergartenanlage um seine Hilfe gebeten hatten. »Wie geht's, wie steht's?«

»Alles gut«, meinte Franz Kremslechner. »Wie immer stehen wir halt ziemlich unter Druck. Aber wir tun, was wir können.«

»Kann ich mir gut vorstellen«, erklärte Nemecek und war froh, wieder ein wenig normale Alltagskonversation betreiben zu können.

»Das übliche Programm?«, fragte Kremslechner, der die Leitung der Kriminaltechnik erst Ende letzten Jahres übernommen, sich aber bereits einen ausgezeichneten Ruf erarbeitet hatte.

»Ja, das Übliche«, bestätigte Nemecek, während er verfolgte, wie sich drei weitere Kollegen mitsamt ihrer umfangreichen Ausrüstung die Treppe herauf-schleppten. Wie immer sahen die Spurensicherer in ihren weißen Anzügen ein wenig wie Außerirdische aus.

Wenig überraschend musste auch Frau Pospisil ihren Senf dazu geben. »San jetzan die Marsianer am Einmarschier'n?«

»Sie sollten jetzt besser in ihre Wohnung zurückgehen«, entgegnete Ne-mecek und wunderte sich sogleich über seinen scharfen Ton. Doch wahr-scheinlich drängte sein Unbewusstes zumindest auf ein wenig Genugtuung.

Immerhin gewann er damit zum ersten Mal Pospisils volle Aufmerksamkeit. Sie fixierte ihn ein paar Sekunden lang in stummer Feindseligkeit, bevor sie im Retourgang die Schwelle zu ihrer Wohnung überquerte. Dann schlug sie die Tür so heftig zu, dass das Fensterglas noch lange vibrierte.

Donnerstag, 18:47
Vom Dörfl zum Cobenzl

Himmelmutterweg, las er schon von Weitem, trat noch einmal kräftig in die Pedale und bog nach rechts ab. Wie immer war er erleichtert, die dicht befahrenen Alszeile hinter sich zu lassen. Eigentlich waren es ja nur ein paar Hundert Meter, die er sich zwischen parkenden Autos, Straßenbahnschienen und dichtem Kolonnenverkehr hindurchschlängeln musste. Nach dem nahezu verkehrsfreien Radweg, der entlang des riesigen Hernalser Friedhofs verlief, packte ihn jedes Mal eine unerklärliche Unruhe, wenn er auf die Dornbacher Straße kam. Als könnte er bereits spüren, wie ihm der Rückspiegel eines rücksichtslos vorbeidrängenden Lkws gegen die Schulter schlug!

Doch jetzt war nicht die Zeit für unruhige Gedanken. Es galt, den ersten Anstieg zu bewältigen. Im Zickzackkurs ging es an gartenhausartigen Gebäuden, alten Sozialbauten und modernen Bungalows vorbei in Richtung Schafbergbad. Bei diesen Temperaturen war dort sicher die Hölle los, dachte Nemecek. Als er schließlich beim Bad angekommen war und seinen Blick vom Eingangsbereich über die kleine Parkanlage bis zum Eissalon schweifen ließ, sah er seine Annahme bestätigt. An jedem Baum lehnte eine Unmenge Fahrräder, vor den Sperrgittern drängten sich gut und gern 30 Mopeds und auf der Straße parkten die Autos an vielen Stellen sogar zweireihig.

Während sich Nemecek zwischen den Bäumen hindurchschlängelte, spuckte der 42A eine weitere Autobusladung Wasserratten aus. Mittlerweile lagen die Leute hier sicher wie die sprichwörtlichen Sardinen, die dann die Schwimmbecken in Kloaken von Sonnenschutzöl, Schweiß und Chlor verwandelten. Ihm konnte es egal sein, denn sein Weg führte außen an der großen Liegewiese vorbei zum Pötzleinsdorfer Schlosspark hinauf. Mit jedem weiteren Meter wurde die dichte Geräuschkulisse aus dem Freibad ein wenig leiser. Als er in das dichte Waldstück zwischen Schafberg- und Michaeler-

wiese eintauchte, war es mit einem Mal ganz still. Nach einem kräftigen
Schluck aus seiner Wasserflasche ging es den Berg hinunter. Die rasante Abfahrt brachte zwar keinerlei Kühlung, aber zumindest ordentlichen Fahrt-
wind mit sich. Wenig später überquerte er die Höhenstraße und lenkte in die
offizielle Mountainbike-Strecke ein, die zum Hameau hinaufführte. Diese
Strecke war er schon so oft gefahren, dass er sie mittlerweile mit geschlossenen Augen hätte absolvieren können: die langgezogene Asphaltstraße, die
Abzweigung in das Waldstück, die Schotterstraße bis zur ersten Serpentine,
das Flachstück vor der zweiten und der finale Anstieg zu der kleinen Kuppe,
die genau an der Grenze zwischen den Bundesländern Wien und Niederösterreich lag.

Fünfzehn Minuten, nachdem er seine Tour gewissermaßen blind vorgefah-
ren war, stand er leibhaftig auf dem kleinen Wiesenstück, das im 18. Jahrhundert Holländerdörfl geheißen und eine Reihe kleiner Hütten beheimatet
hatte. Nicht umsonst bedeutete der französische Begriff Hameau zu deutsch
Weiler oder Dörfchen. Heute war von diesem Dörfchen nur mehr ein einziges Gebäude geblieben, das allerdings seit Ewigkeiten leer stand und von
Jahr zu Jahr etwas mehr verfiel. Nach einer weiteren Trinkpause, die leider
nur mehr lauwarmes Wasser bereit hielt, setzte Nemecek seinen Weg in
Richtung Sophienalpe fort. Vor der Alpe bog er allerdings nach rechts, um
die lange Abfahrt nach Weidlingbach in Angriff zu nehmen. Er wusste, dass
auf der flachen Schotterstraße keine besonderen Gefahrenstellen lauerten
und er seine Gedanken gut schweifen lassen konnte. Und diese besondere
Form der zerstreuten Sammlung war jetzt genau das, was er brauchte.

Als Erstes kam ihm wieder sein seltsames Text-Ping-Pong mit Bettina in den
Sinn. Nachdem er vor seinem Aufbruch zum Hameau angekündigt hatte,
dass er es dieses Wochenende nicht nach Kärnten schaffen würde, erhielt er
nur ein schnippisches *War ja klar* zurück. So wie Nemecek nun einmal gestrickt war, löste diese Antwort sowohl einen Anflug von schlechtem Gewissen als auch Unmut in ihm aus. Obwohl er am Ende dieses ereignisreichen
Tages todmüde war, versuchte er, beides einigermaßen neutral zu vermitteln.
Daraus wurde eine lange, ziemlich verworrene Erklärung mit vielen »würde
doch« und »hätte nur«, auf die Bettina noch kürzer angebunden reagierte.
Ihr *Passt schon* verstärkte seinen Ärger, woraufhin er ihr kurzerhand Unver-
ständnis für seine schwierige Situation vorwarf. Was Bettina lediglich mit ei-

nem dieser brandroten Zorn-Emojis kommentierte, die auch seine Töchter gerne verwendeten.

Jetzt konnte er nur noch den Kopf schütteln über dieses kindische Hin und Her, bei dem ein Wort das andere ergab und die gewünschte Klärung immer ferner rückte. Egal: So, wie er Bettina kannte, würde sie das Ganze schon eine Stunde später abhaken – und vielleicht noch den selbstironischen Hinweis hinzufügen, dass auch neunmalkluge Universitätsprofessorinnen nicht vor spätpubertären Ausritten gefeit sind; und besserwisserische Kriminalkommissare schon gar nicht. Wenn er in Weidlingbach Station machte, würde er ihr gleich eine versöhnliche Botschaft zukommen lassen und eine längere Zoom-Session für den Abend vorschlagen, an der hoffentlich auch die Kids teilnehmen konnten. Wahrscheinlich waren Lea und Sophie ebenso enttäuscht, dass er es in diesem Jahr bloß für ein Wochenende an den See geschafft und zu allem Überfluss noch einen frischen Mordfall im Gepäck hatte. Aber so war es nunmal in diesem Sommer, aller Rekordtemperaturen und Feriengelüste zum Trotz. Oder, wie Obermayr sagen würde: »Zuerst hatten wir kein Glück und dann kam auch noch Pech dazu.«

Alles in allem bereitete ihm seine persönliche Situation dennoch nur halb so viel Kopfzerbrechen wie die berufliche. Kniewassers überraschender Tod und die Frage, warum sie sterben musste, rumorte in ihm wie ein schwer verdauliches Essen.

Während er die Geschwindigkeit reduzierte, um die enge Schotterkurve zu nehmen, meldeten sich die Stimmen lautstark zurück, die sich für ein unternehmensspezifisches Motiv aussprachen – oder zumindest für Beweggründe, die die persönliche und die *Acros*-Geschichte eng miteinander verknüpften. Er musste nicht lange nachdenken, um diese Stimmen zu verstehen. Dazu war in den letzten Wochen, in denen das Unternehmen seine Veränderungsmaßnahmen intensivierte, zu viel passiert. Je mehr er sich in die Materie einarbeitete, umso sicherer war Nemecek, dass die Agilisierungsoffensive das ihre zur tödlichen Dynamik beigetragen hatte. Andererseits ließ sich eine Beziehungstat nicht ausschließen, worauf allein die gerade entdeckte Liebesgeschichte hinwies. In jedem Fall wurde eine Kettenreaktion an ungeahnten Ereignissen in Gang gesetzt, die immer schneller ablief.

Nemecek zog die Bremse, um einen genaueren Blick auf das gelbe Hinweis-
schild zu werfen. Sollte er weiter der Straße bis zur Donau folgen oder nochmals ins Gelände eintauchen und sich über die Westseite auf den Cobenzl
hocharbeiten, einen der berühmten Hausberge Wiens, von dem aus es wunderschöne Abfahrten durch die Weingärten zurück ins Stadtzentrum gab?
Er entschied sich für Letzteres, obwohl er wusste, dass diese Strecke um einiges schweißtreibender sein würde als das Ausrollen nach Norden. Doch
schon nach wenigen Metern spürte er, dass er auf dem richtigen Weg war.
Ob es ihm wohl gelang, dieses Gefühl bis nach Hause und in die weitere Ermittlungsarbeit mitzunehmen? Nicht zuletzt für seinen morgigen Einsatz in
Graz, wo er endlich die aus dem Urlaub zurückgekehrte Finanzvorständin
Katja Langholt treffen würde.

Donnerstag, 20:15
Virtuelles Familientreffen

»Und was hast du den ganzen Tag über gemacht, Papi?«

Sophie lehnte sich nach vorne, als müsste sie ihrer Neugier auch körperlich Ausdruck verleihen. Lea rückte rasch nach, schließlich wollte sie nicht hinter die jüngere Schwester zurückfallen. Nemecek überlegte, womit er die Aufmerksamkeit seiner Töchter am besten fesseln konnte. Nach der aufgeregten Schilderung ihrer heutigen Abenteuer war das alles andere als leicht. Wahrscheinlich war es am Klügsten, bei seiner Fahrradrunde anzusetzen. Diese versprach, wenigstens ein wenig mit den actionreichen Geschichten der Mädchen mithalten zu können. Falls es ihnen zu langweilig wurde, konnte er seine Erlebnisse ja noch ein wenig ausschmücken.

»Ich bin heute extra früh aufgestanden«, startete Nemecek ganz am Anfang.

»Wie früh?«, wollte Lea wissen, die in den Ferien kaum einmal vor zehn aus dem Bett kam und alles davor als extrem ansah.

»Um viertel nach sieben, wenn ihr es ganz genau wissen wollt.«

»Um 7 Uhr 15?« Lea klang entsetzt. »Wieso stehst du so früh auf?«

»Weil es viel zu heiß zum Schlafen ist.«

»Wie heiß?«, setzte Sophie das Datenquiz fort.

»Schätzt mal«, schlug Nemecek vor, da seine Mädels, ganz im Gegensatz zu ihm selbst, Ratespiele liebten. Sie blickten einander forschend an, als könnten sie anhand der Mimik erraten, was die jeweils andere tippen würde.

Schließlich beendete Sophie das seltsame Lauern, »Ich sag 21,4 Grad.«

»Dann sag ich 22,3.«

»Also, als ich kurz vor halb acht auf der Terrasse war, stand das Außenthermometer bereits auf 24,1. In der Wohnung war es natürlich noch ein bis zwei Grad heißer.«

»Tatatata«, ließ Lea eine Fanfare anklingen. »And the winner is …«

»Das glaub ich dir nicht«, platzte Sophie in den Siegestaumel ihrer Schwester. »Als wir um halb elf aufgestanden sind, hatte es bei uns gerade einmal 20 Grad.«

»Ja, aber wir sind hier auf dem Land«, gab Lea zu bedenken. »Und nicht in der Stadt, wo es in der Nacht nicht mehr richtig abkühlt.«

»Der See, der Wald und die Berge wirken allesamt als natürliche Klimaanlage«, hörte Nemecek die Stimme seiner Frau aus dem Hintergrund. Als Biologie-Professorin war sie mit solchen Naturphänomenen natürlich bestens vertraut. Trotzdem war er verwundert, das sie sich ausgerechnet an dieser Stelle einmischte.

»Okay, okay«, zeigte sich Sophie überraschend einsichtig, »es war heiß und du bist früh aufgestanden. Was hast du dann gemacht?«

Allmählich kam sich Nemecek vor wie beim Reporting bei Kappacher. Fehlte nur noch, dass ihm seine Töchter sagten, was er tun und lassen sollte.

»Ich hab mir die Laufschuhe geschnappt.«

»Alser-Runde?«, blieb Lea ihrer Rolle als Ratefuchs treu.

»Ottakringer-Runde«, hielt Sophie dagegen und lag damit richtig. »Tatatata«, äffte sie sogleich ihre große Schwester nach.

»So Mädels«, tauchte nun Bettinas Gesicht zwischen den beiden Streithühnern auf. »Jetzt lasst doch endlich mal den Papa erzählen.«

Nemecek warf seiner Frau einen dankbaren Blick zu. Dann schilderte er in wenigen Sätzen seine Laufstrecke: vom Yppenplatz bis zur Ottakringer Brauerei und dann quer durch Hernals. Er wusste natürlich, dass das nicht der spektakuläre Höhepunkt war, auf den seine jungen Zuhörerinnen warteten.

»Und was hast du danach gemacht?«

»Ob ihr's glaubt oder nicht: Um 8 Uhr 30 hatten wir ein Skype-Meeting mit unserem Chef.«

»Ich dachte, der ist in Urlaub.« Bettina staunte, während Lea fassungslos den Kopf schüttelte. »Was will denn der alte Knacker von dir?«

»Auf dem Laufenden sein«, bemühte sich Nemecek um eine möglichst gelassene Antwort. Den Knacker überhörte er geflissentlich.

»Ich glaub eher, der will euch kontrollieren«, hielt seine ältere Tochter in empörtem Ton dagegen und seine jüngere ergänzte: »Der glaubt nicht, dass ihr eure Arbeit ohne ihn hinkriegt.«

Nemecek musste zugeben, dass das ziemlich zutreffende Argumente waren – nicht zuletzt, wenn er sich daran erinnerte, was er zuletzt über agile Vertrauenskultur, Selbstkontrolle und Transparenz gelesen hatte. Wie ging dieser alte Spruch mit der Weisheit aus dem Kindermund? Da schien tatsächlich was dran zu sein.

»Und wie lief der Rest deines Tages?« Lea schien nach wie vor auf ein echtes Highlight zu warten. »Bist du immer noch auf agiler Spurensuche?«

»Sieht so aus«, gestand Nemecek und fühlte sich unversehens wie ein Geheimniskrämer. »Heute wollten wir einen weiteren Spezialisten dazu befragen. Aber der ist uns leider durch die Lappen gegangen.«

»Ich dachte, das Thema agil hast du schon letztes Jahr erledigt.« Lea klang verdutzt. »Du weißt schon, als dieser Typ mit der Armbrust erschossen wurde.«

»Und wo wir dann unsere Kanban-Boards gebaut haben«, fügte Sophie hinzu.

»Ja, genau«, bestätigte Nemecek, während vor seinem inneren Auge wieder die beiden bunten Tafeln auftauchten, die seine Töchter ohne jedes Zutun gestaltet hatten. *HA,* erinnerte er sich an eine der von ihnen identifizierten typischen Arbeiten, die Abkürzung für Hausaufgaben, dazu *EK* für Einkaufen, *AR* für Aufräumen sowie *GF* für Geburtstagsfeier. Alles fein säuberlich auf farbigen Klebezetteln erfasst.

»Warum kaust du immer noch auf diesem Thema herum?«

»Weil das Thema agil nicht etwas ist, was man so einfach erledigen kann. Das ist ein riesiges Feld, das sich laufend verändert, weil permanent neue Erfahrungen gesammelt werden. Nicht zuletzt von dem Unternehmen, mit dem ich in meinem neuen Fall zu tun habe.«

»Okay.« Lea wirkte nachdenklich. »Das heißt, du musst dich wieder auf den neuesten Stand bringen? Dazu reicht dein altes Notizbuch nicht aus?«

Nemecek lag bereits eine Antwort auf der Zunge. Dann aber wurde ihm schlagartig klar, dass das eigentlich gute Fragen waren, die mehr als eine schnelle Replik verdient hatten. Ging es ihm bloß darum, sein Wissen aufzufrischen? Oder musste er vieles erst doppelt oder gar dreifach aufschreiben, um es richtig zu begreifen? Immerhin war sein neues Notizbuch mit einer Unmenge von Stichworten, Zitaten und Skizzen gefüllt, die sich großteils bereits in seinem *SafeIT*-Brevier wiederfanden.

»Seid ihr jetzt endlich fertig?«, ertönte plötzlich eine neue Stimme aus dem Hintergrund. »Wir warten schon so lange.« War das Lydia gewesen? Oder Klara? Wie auch immer: Kaum, dass die Stimme verklungen war, drehten sich die Köpfe seiner Töchter fast synchron nach hinten, um sich schon im nächsten Augenblick vom Bildschirm zu entfernen.

»Tschüss, Papi«, entschuldigte sich Sophie, »wir müssen leider.«

Lea warf ihm ebenfalls noch ein schnelles »Servus, Servus« über die Schulter zurück, bevor sie in den Tiefen des Wohnzimmers verschwand.

»Eine neue Runde *Activity*«, erklärte Bettina lächelnd, »ihr absolutes Lieblingsspiel derzeit. Dagegen hast du selbstverständlich keine Chance.«

»Das sollten wir auch wieder einmal spielen«, meinte Nemecek in Erinnerung an legendäre Abende. »War immer ziemlich lustig.«

»Vielleicht sollten wir wieder einmal die Schnaitls einladen.«

»Gute Idee«, bestätigte Nemecek. »Wäre eine schöne Gelegenheit, den Griller anzuwerfen, damit wir eine solide Grundlage für unsere Einsätze haben.«

»Ja, das machen wir. Ich wollte Rosi eh schon anrufen.«

Nemecek stimmte begeistert zu. Er freute sich sowohl auf das baldige Wiedersehen mit ihren alten Freunden als auch darüber, dass Bettina keinerlei Anzeichen von Verstimmung zeigte. Ihre eigenartige SMS-Geschichte schien abgehakt zu sein. Jetzt mussten er und seine Kolleginnen nur noch diesen noch eigenartigeren Fall lösen. Dann stand Spiel und Spaß nichts mehr im Wege.

Donnerstag, 21:21
Agiles Ping-Pong

»Warte kurz.« Bettina drehte sich rasch um. »Lea?! Sophie?!«

Nemecek wunderte sich, warum seine Frau schon wieder nach ihren Töchtern rief. »Ich muss mal schnell die Tür öffnen. Wahrscheinlich unsere Vermieterin. Ich melde mich gleich wieder.«

Bevor Nemecek richtig reagieren konnte, war Bettina bereits aufgesprungen. Er spekulierte, wie lange die Unterbrechung wohl dauern würde. Sollte er die Pause nutzen, um sich rasch etwas zu trinken zu holen? Da er im Grunde gar nicht durstig war, beschloss er, die Gesprächspause einfach vor dem Bildschirm abzuwarten.

»Wer reitet so spät durch Nacht und Wind?«, eröffnete Nemecek, kaum, dass Bettinas Gesicht wieder am Bildschirm erschienen war.

»Es war die Vermieterin mit ihrem Kind«, ließ sich diese von der klassischen Vorlage inspirieren. »Hat uns frische Handtücher gebracht.«

»Und die Mädels haben das Läuten nicht gehört, weil sie beim *Activity*-Spielen wieder einmal auf Disco machen?«

»Bingo, Herr Inspektor!«

Nemecek lachte. Er war erleichtert, dass ihr lockeres Ping-Pong funktionierte wie eh und je.

»Und wie laufen eure Ermittlungen?«, wechselte Bettina unvermittelt das Thema.

»Ach!« Nemecek fuhr sich mit der Hand über die Stirn, was wohl so viel hieß wie: Ich weiß gar nicht wo ich anfangen soll. Bettina ließ ihm Zeit, einen passenden Einstieg zu finden.

»Viel läuft ins Leere und in anderen Bereichen stochern wir nach wie vor im Nebel.«

»Das klingt kraftraubend – und frustrierend.«

»Wir sind einfach zu langsam. Es ist, als würden wir der Entwicklung unentwegt hinterherhinken. Die laufenden Ereignisse überrollen uns und ständig gibt es neue Überraschungen, die unsere vermeintlichen Erkenntnisse auf den Kopf stellen.«

Nemecek schnappte nach Luft. In wenigen Sätzen fasste er das turbulente Geschehen der letzten beiden Tage zusammen: vom Absturz Johanna Kniewassers über die spontane Hausdurchsuchung bis zu Felix Wondratschs spektakulärer Flucht. Erst ganz am Ende bemerkte er, dass er die Geschichte beinahe atemlos erzählt und dabei viele wesentliche Aspekte ausgelassen hatte. Dennoch tat es ihm gut, seine aktuelle Situation einmal aus einer anderen Perspektive zu beschreiben. Das machte zwar die Situation selbst nicht besser, die pointierte Zusammenfassung hatte aber trotzdem etwas Entlastendes. Möglicherweise war sie der erste Schritt, um etwas zu verbessern.

Bevor er genauer über diese Verbesserung nachdenken konnte, überraschte ihn Bettina mit einem neuerlichen Themenwechsel. »Was du sagst, klingt wie die Beschreibung der dynamischen Umwelten in dem agilen Text, den du mir gestern gesendet hast – von wegen schwer durchschaubare Zusammenhänge, mehrdeutige Ereignisse, grassierende Unsicherheit.«

Nemecek stutzte. Er ahnte, dass der Vergleich etwas für sich hatte, zögerte aber noch, sich darauf einzulassen. Außerdem war ihm unklar, worauf seine Frau eigentlich hinauswollte. Fürs Erste entschied er sich daher für eine ziemlich allgemeine Frage: »Wie meinst du das?«

»Ich meine, dass du vermutlich viel näher am Thema agiles Management dran bist, als dir bislang bewusst war«, erklärte Bettina. »Bei der Lektüre haben sich mir nämlich starke Parallelen zwischen Polizeiarbeit und agiler Entwicklung aufgedrängt: etwa die notwendige Zusammenarbeit unterschiedlicher Fachdisziplinen; das Vorgehen in überschaubaren Etappen, da das große Ganze nur Schritt für Schritt entdeckt werden kann; oder das regelmäßige Innehalten nach jeder dieser Etappen, um sich Klarheit über den erzielten Fortschritt zu verschaffen.«

Nemecek spürte, wie sein Gehirn wieder auf Touren kam. Was seine Frau sagte, fühlte sich wie eine Frischzellenkur für seine verwirrten Gedanken an. Mit ungeahnter Energie dachte er Bettinas Thesen laut weiter: »Auf jeden Fall haben wir es, vor allem zu Beginn unserer Ermittlungen, mit ziemlich unklaren Verhältnissen zu tun. Jeder unserer Schritte gleicht einem Experiment, mit dem wir mehr Klarheit zu schaffen versuchen: Ergibt die Untersuchung der Spurenlage etwas Brauchbares? Befragen wir die richtigen Leute? Erzählen uns die Zeugen die Wahrheit? Finden wir sachdienliche Hinweise? Reichen die Indizien, um einen Täter festzunageln, oder brauchen wir noch handfestere Beweise?«

Bettina nickte. »Und ein Hauptteil eurer Arbeit besteht doch, apropos agile Ermittlungen, darin, möglichst rasch auf neue Ereignisse zu reagieren – und auf eurer Seite so kreativ vorzugehen, dass ihr den Täter oder die Täterin überraschen könnt. Um ihn oder sie gleichsam auf frischer Tat zu ertappen.«

»Da ist was dran«, bestätigte Nemecek nachdenklich. »Definitiv etwas, dem ich noch genauer nachgehen möchte. Die Frage ist nur, inwiefern uns diese Einsichten auch im aktuellen Fall weiterhelfen.«

»Apropos aktueller Fall: Was steht denn als Nächstes an?«

»Morgen habe ich endlich einen Termin mit der Finanzvorständin der *Acros* am Standort Graz. Ich habe beschlossen, den Zug zu nehmen, dann kann ich die Fahrzeit gut für die Vorbereitung nutzen. Lilly hat mir schon einen fetten Ordner mit neuen Dateien zusammengestellt.«

»Geht ihr nach wie vor davon aus, dass die Vorfälle etwas mit dem Unternehmen zu tun haben?«

»Die Suche nach einer Geliebten von Joschak hat jedenfalls so wenig ergeben wie die Nachforschungen in der Triathleten-Szene. Niemand konnte uns etwas Genaueres erzählen. Am Ende ihrer Befragungen meinte Lilly, dass Joschak anscheinend überhaupt keine Freunde hatte.«

»Aber dafür Feinde.«

»Zumindest einen«, bestätigte Nemecek. »Sonst wäre er wohl kaum ermordet worden.«

»Umso tiefer taucht ihr jetzt in die Firmengeschichte ein, nehm ich an.«

»Eintauchen trifft es ziemlich gut«, erwiderte Nemecek. »Gestern Nachmittag haben wir nämlich eine riesige Collage entdeckt, die in die Frühgeschichte der *Acros* zurückführt. Auf alle Fälle bis zu einem Ereignis aus dem Jahr 2007. Da hat sich nämlich ein Abteilungsleiter vom Dach des Wiener Hauptsitzes gestürzt.«

»Wahnsinn!«

»Aber es kommt noch irrer«, sagte Nemecek. »Der Sohn des damaligen Opfers arbeitet jetzt auch für die *Acros*. Und genau dieser Sohn hat auch die Collage erstellt.«

»Und was sagt er dazu?«

»Nichts. Er ist es nämlich, der uns durch die Lappen gegangen ist.«

Bettina schüttelte den Kopf. »Das klingt alles ziemlich mysteriös.«

»Das ist ein Hilfsausdruck«, erwiderte Nemecek. Und hoffte zugleich, dass ihn die vielfältigen Mysterien dieses Falls nicht wieder bis in seine Träume verfolgen würden.

Freitag, 10:14
Südbahn

Nemecek schloss die Augen. Jetzt tanzte die Sonne in Form von kleinen rot-gelben Punkten über seine Lider. Als er die Augen wieder öffnete, sah er die Blätter wieder in den unterschiedlichsten Grüntönen leuchten. Nemecek liebte diesen Streckenabschnitt, auf dem sich dichter Mischwald, schroffe Felsen und sanfte Hänge abwechselten. Sie passierten Payerbach, wo die Bahn eine besonders enge Kurve zu nehmen hatte. Wie im nahegelegenen Reichenau selbst fanden sich hier zahlreiche Villen, die zum Großteil noch aus dem 19. Jahrhundert stammten: majestätische Herrschaftshäuser mit zahllosen Erkern und Türmchen, mit Balkonen und Balustraden, Friesen und Ornamenten. Aus Nemeceks Sicht hätten diese genauso gut neben Schloss Schönbrunn stehen können. Viele Fassaden waren sogar in diesem kraftvollen, erdig-rötlichem Gelb gestrichen, das typisch für den Baustil der Monarchie war. Als Kind hatte sich Nemecek des Öfteren vorzustellen ver-sucht, wie er in einem dieser Prachtbauten leben oder dort zumindest seine Sommerfrische verbringen würde, so wie das viele reiche Wiener ursprüng-lich getan hatten. Heute konnte er nicht mehr allzu viel mit einer solchen Vorstellung anfangen.

Er ließ seinen Blick durch den Großraumwagen schweifen, in dem nur weni-ge Leute saßen. Dann sah er wieder aus dem Fenster. Nach wie vor war es schwer zu glauben, dass die Südbahnstrecke bereits Mitte des 19. Jahrhun-derts gebaut worden war – und das hauptsächlich in Handarbeit, fast ohne technische Hilfsmittel und unter Einsatz von fast 20.000 Arbeitern. Was für eine gewaltige Leistung in einer Zeit, die noch im Banne der Wiener Auf-stände des Jahres 1848 und der revolutionären Unruhen in den Kronlän-dern stand!

In ihrer letzten Projektarbeit hatte Lea recherchiert, dass dieses gigantische Bauvorhaben ganz bewusst in Angriff genommen wurde. Auf der einen Seite wollte man mit diesem gewaltigen Projekt die blutige Niederschlagung der demokratischen Bewegungen vergessen machen und die wahre Größe der kaiserlich-königlichen Herrschaft manifestieren. Auf der anderen Seite diente dieses Projekt als probates Gegenmittel zur Massenarbeitslosigkeit. Unter der Leitung des in Venedig geborenen Baumeisters Carl von Ghega gelang es in nur sechs Jahren, die historische Gleislücke zwischen den Bundesländern Niederösterreich und Steiermark zu schließen. »Ein organisatorisches und technisches Meisterwerk«, hatte es Lea genannt. Auch Nemecek imponierte Ghegas planerischer Mut und die konsequente Umsetzung, die er vorantrieb. Immerhin ging es, falls er die Daten richtig abgespeichert hatte, um eine Strecke von rund 40 Kilometern mit einer Höhendifferenz von nahezu 500 Metern. Dafür mussten nicht nur gehörige Steigungen überwunden, sondern auch zahlreiche Kurven mit starken Krümmungen absolviert werden. Um das zu bewerkstelligen, galt es wiederum, jede Menge Tunnel zu graben, Brücken zu mauern und jene Viadukte zu errichten, die der Semmeringbahn ihr charakteristisches Aussehen verliehen. Nemecek hatte zwar deren genaue Anzahl vergessen, erinnerte sich jedoch noch gut an Leas Bleistiftskizze der dicken Pfeiler und hohen Bögen, aus denen jedes dieser Bauwerke bestand. Eines der spektakulärsten Viadukte überbrückte die sogenannte Kalte Rinne, die Nemecek von den Mountainbike-Touren kannte, die er hier früher mit Neufeldner unternommen hatte. Im Angesicht des zweistöckigen Kolosses, der sicher 200 Meter lang und rund 50 Meter hoch war, verfiel er jedes Mal in ehrfürchtiges Staunen. Wie das wohl für den österreichischen Kaiser gewesen war, als er im Mai 1854 die erste normalspurige Bergbahn Europas befuhr? Und wie das die anderen Fahrgäste erlebten, als nach der feierlichen Streckenöffnung im Sommer desselben Jahres plötzlich eine durchgängige Bahnfahrt von Wien nach Graz möglich war? Ob sie ähnlich beeindruckt waren von der kühnen Streckenführung, die sich zum größten Teil an den Berghängen entlang schlängelte und dabei immer wieder atemberaubende Ausblicke in das Semmeringgebiet gewährte?

Letztendlich konnte sich Nemecek nur dem anschließen, was seine Tochter am Ende ihrer Projektarbeit formuliert hatte: dass es nämlich alles andere als ein Wunder sei, dass die Semmeringbahn Ende des 20. Jahrhunderts zum UNESCO-Weltkulturerbe erklärt wurde.

Allmählich löste sich Nemecek von seinem nostalgischen Fensterblick und beugte sich wieder über sein Notizbuch. Wo war er vorhin stehen geblieben? *Entschlossenes Vorgehen*, hatte er sich aufgeschrieben und dahinter noch ein fettes Ausrufezeichen gesetzt. Definitiv, murmelte er. Dieses Mal würden sie nicht wieder denselben Fehler machen. Nachdem plötzlich auch Niels Swartling nicht zu erreichen war und niemand seinen aktuellen Aufenthaltsort kannte, hatten sie sich kurzerhand zu einem umfassenden Überwachungsprogramm entschlossen. Deswegen war Nemecek nun alleine nach Graz unterwegs, um mit Langholt zu sprechen, während Obermayr sicherstellte, dass dieses Programm effizient organisiert wurde. Sie mussten das Netz dichter knüpfen, damit sie Wondratsch endlich zu fassen bekamen. Und wenn sich auch Swartling in diesem Netz verfing, umso besser!

Freilich konnte sich Nemecek nicht erklären, warum der Veränderungsmanager überhaupt verschwunden war. Wurde er ebenfalls bedroht? Hatte er Angst, der Nächste auf der Todesliste zu sein? Oder war es womöglich ganz anders und er hatte selbst etwas zu verbergen?

So oder so entwickelte sich der Fall weiterhin überaus merkwürdig. Für Nemecek lag die Frage nahe, ob es einen Zusammenhang zwischen Wondratschs Flucht und dem Verschwinden von Swartling gab. In seiner letzten SMS behauptete Wondratsch ja, dass Swartling seine Unschuld beweisen konnte. Doch nach dem, was die spektakuläre Collage zeigte, erschien ihm eine solche Unschuld unwahrscheinlich. Für Nemecek klang das eher nach einer klassischen Schutzbehauptung. Überprüfen mussten sie das natürlich trotzdem.

Nachdem sie das Material nochmals in Ruhe durchgearbeitet und mit Zukic' Rechercheergebnissen kurzgeschlossen hatten, begannen sich die Puzzlestücke allmählich zu einem klareren Bild zusammenzufügen. Es gab nun genauere Informationen zum Fall Hermann Totzauer. Dem Selbstmord des ehemaligen Entwicklungsleiters war anscheinend eine lange Leidensgeschichte vorausgegangen. Wie Zukic herausgefunden hatte, war Totzauer über zwei Jahre lang wegen Burn-outs in therapeutischer Behandlung. Nach allem, was er bisher gehört hatte, konnte sich Nemecek gut vorstellen, dass zu dem Leistungsdruck, dem Totzauer als Manager ausgesetzt war, noch persönliche Konflikte innerhalb der *Acros* hinzukamen. Sein Bild von Zettl und Joschak legte eine solche Vorstellung sogar nahe. Zudem war Joschak bis zu Totzauers Suizid stellvertretender Leiter der Abteilung gewesen, was schon einmal eine gewisse Grundspannung garantierte. Mit Sicherheit wusste Joschak bereits vor zwölf Jahren alle Register zu ziehen, um seine eigenen Interessen durchzusetzen. Und Zettl, der erst ein Jahr zuvor zum Head of Operations aufgestiegen war, dürfte ihn dabei tatkräftig unterstützt haben. Wenn selbst hartgesottene Veränderungsprofis wie Niels Swartling nach nur einem halben Jahr der Resignation nahe waren, konnte man erahnen, was es für Totzauer geheißen haben muss, die beiden zum Gegner zu haben.

Joschaks Ehrgeiz gebot es wahrscheinlich, ausreichend Nadelstiche zu setzen: ein kleiner Ungehorsam hier, ein Alleingang da, eine klare Anweisung ignorieren und zum Drüberstehen vielleicht noch eine Bloßstellung vor versammelter Mannschaft. Ein solches Verhalten raubte einem sicher den letzten Nerv. Wobei man sich die Frage stellen durfte, wie viel Wondratsch darüber herausgefunden hatte. Lilly sollte möglichst bald bei der Personalabteilung nachfragen. Außerdem hatten die vielleicht noch einige alte Unterlagen dazu im Archiv.

Unmittelbar nach Totzauers Tod übernahm Joschak die alleinige Leitung der Abteilung. Eine seiner ersten Amtshandlungen war, dass er die Position des Stellvertreters abschaffte und die Anzahl der Teamleiter von fünf auf zwei reduzierte. Das sicherte ihm gewissermaßen die Alleinherrschaft und erweiterte seinen direkten Zugriff auf einzelne Mitarbeiter. Während Joschak sich sein neues Reich einrichtete, begann für Felix Wondratsch, der zum Zeitpunkt des Selbstmordes erst dreizehn Jahre alt gewesen war, ein wahrer Höllentrip. Mit Sicherheit war es schon alles andere als leicht gewesen, mit einem psychisch kranken Vater zurechtzukommen. Nach dessen Tod musste er allerdings noch hilflos zusehen, wie seine Mutter mehr und mehr dem Alkohol verfiel. Es dauerte nicht lange, bis sich die Behörden einschalteten: Die Mutter landete in der Entziehungsklinik und der kleine Felix bei einer Pflegefamilie. Im Gegensatz zu seiner Mutter gelang es dem jungen Wondratsch wenigstens, die drohende Abwärtsspirale zu durchbrechen. Er beendete die Schule mit Auszeichnung und absolvierte auch sein Informatikstudium in Rekordzeit. Seit einem knappen Jahr war er nun also bei der *Acros* tätig, wo er genau mit jenen Leuten zu tun hatte, die untrennbar mit dem Schicksal seiner Familie verbunden waren. Es fiel wahrlich nicht schwer, darin die klassischen Zutaten zu einem Rachemord zu erkennen! Alles schien dafür angerichtet: die bösen Manager, der Vater, der keinen Ausweg mehr sieht, die verzweifelte Mutter, der Sohn, dem nach und nach jeder Rückhalt verloren ging.

Nemecek löste sich von seinem Notizbuch. *Semmering* verkündete das blaue Schild vor dem Fenster. Er stand auf, um seinen Körper durchzustrecken. Nachdem er seine müden Glieder aktiviert hatte, ging er noch einmal in den Speisewagen, um sich einen neuen Espresso zu bestellen. Sobald er zurück war, würde er endlich damit beginnen, sich auf das bevorstehende Gespräch mit der Finanzvorständin der *Acros* vorzubereiten.

Freitag, 13:15
Chief Financial Officer

Sie hatte diese Sprache, die so typisch für den Norden war. Jedes einzelne Wort wurde betont, jeder Konsonant auf den Punkt gebracht, keine Silbe verschluckt oder vernuschelt, wie das in Wien gang und gäbe war. In Nemeceks Ohren klang das immer ein wenig eckig, als würden sich die einzelnen Buchstaben auf unerklärliche Weise verkanten. Dieses Kantige drückte sich auch in ihrer Körperhaltung aus. Katja Langholt saß kerzengerade auf ihrem Stuhl, mit übereinander geschlagenen Beinen und über den Knien verschränkten Händen. Offensichtlich versuchte sie, möglichst gelassen zu wirken. Doch allein dem Lächeln, das sie Nemecek schenkte, sah man die Anstrengung an, das es sie kostete.

»Entschuldigen Sie bitte! Aber das war wirklich wichtig.«

»Frau Langholt«, setzte Nemecek nun endlich ihr Gespräch fort, das gleich zu Beginn durch einen Anruf unterbrochen wurde, »Sie haben es wahrscheinlich schon gehört, oder?«

Langholts Lächeln erlosch so abrupt, wie wenn man ein Licht ausknipst. »Was gehört?«

»Was am Mittwoch früh passiert ist.«

»Sie meinen den Radunfall von Johanna?«

»Ja.«

»Reto hat mich bereits Mittwochabend verständigt«, erklärte Langholt. »Wirklich tragisch!«

»Wie es aussieht, hat es sich auch dabei nicht um einen tragischen Unfall gehandelt.«

»Nein!« Langholt schlug sich die Hand auf den Mund. Nemecek betrachtete die langen schlanken Finger der Finanzchefin, die nun beinahe die Hälfte ihres Gesichts bedeckten. »Das gibt's doch nicht«, presste sie zwischen den Fingern hervor.

»Wir gehen davon aus, dass jemand sie die Felswand hinuntergestoßen hat.«

Nemecek hätte es nicht für möglich gehalten, dass Langholts Augen noch stärker hervortreten konnten, doch genau das passierte in diesem Moment. Dann löste sie die Hand wieder von ihrem Mund und fragte: »Sie sagten: auch?«

Nemecek sah sie verständnislos an. Ob er das aufgrund ihres stechenden Blicks oder aufgrund der für ihn unverständlichen Gegenfrage tat, wusste er selbst nicht so genau.

»Sie sagten: auch kein tragischer Unfall? Sie meinen: wie bei Joschak?«

»Und bei Zettl«, ergänzte Nemecek automatisch, »wie wir nun ebenfalls wissen.«

Langholt schien um Fassung zu ringen. Allein die konfuse Bewegung ihrer über das Gesicht wandernden Hände sprach Bände. Nemecek gab ihr noch ein wenig Zeit, um diese neuen Informationen zu verdauen.

»Das kann doch nicht sein«, fand sie nach einiger Zeit ihre Sprache wieder. »Hat es da irgendein Irrer auf unser Management abgesehen?«

Und bin ich womöglich die Nächste?, hörte Nemecek die unausgesprochenen Worte durch den Raum schweben. Natürlich verstand er, dass sie sich Sorgen machte. Er hatte selbst bereits darüber nachgedacht, welche Schutzmaßnahmen man ergreifen sollte. Als Erstes musste Langholt ein paar Fragen beantworten.

»Frau Langholt!«, versuchte er es mit neuer Energie. »Ich verstehe, dass das schockierende Nachrichten sind. Ich verstehe auch, dass Sie sich Sorgen machen. Fühlen Sie sich trotzdem in der Lage, mir einige Fragen zu beantworten?«

»Sicherlich«, erklärte die Angesprochene und ließ den Kopf einmal um ihren Nacken kreisen.

»Ich versuche, mich so kurz wie möglich zu halten.«

»Ich bitte darum«, erwiderte Langholt und klang nun schon deutlich gefasster. Das war sicher der Modus, der am besten zu ihr passte: kurz und knackig.

»Lassen Sie uns mit ein wenig Geschichte beginnen. Wie war eigentlich ihr Verhältnis zu Joschak und Zettl? Soweit ich weiß, kannten sie die beiden ja seit vielen Jahren.«

»Mein Verhältnis zu Joschak und Zettl?«, wiederholte Langholt, brauchte aber nicht lange, um zu einer Antwort zu finden. »Ich würde sagen, wir haben uns arrangiert.«

»Wie darf ich das verstehen?«

»Nun. Wie Sie wahrscheinlich schon gehört haben, pflegten die beiden, sagen wir mal, ihren eigenen Stil.«

»Wie würden Sie diesen Stil beschreiben?«

»Als durchsetzungsfreudig.«

»Sie meinen, dass die beiden primär ihre eigenen Ziele und Interessen verfolgten, ohne große Rücksicht auf andere? Manchmal vielleicht sogar ohne Rücksicht auf das Wohl des Unternehmens?«

»Wenn Sie das so sagen«, erwiderte Langholt mit einem süffisanten Unterton. »Ich selbst hatte ja nicht so viel mit den beiden zu tun.«

Arrangiert, kritzelte Nemecek in sein Notizbuch und unterstrich das Wort gleich dreimal. Er hätte auch 100 Striche malen können; es blieb die Tatsache, dass das Gespräch nicht so recht in Gang kam. Nemecek beschloss, sein Gegenüber ein wenig mehr aus der Reserve zu locken.

»Was haben Sie eigentlich von dem Selbstmord von Hermann Totzauer mitbekommen?«

»Wie kommen Sie denn auf diese alte Geschichte?«

»Beantworten Sie bitte einfach meine Frage.«

Langholt rümpfte die Nase, als läge plötzlich ein unangenehmer Geruch im Raum. Es war offenkundig, dass ihr Nemeceks Umgangston nicht passte. Nach einigen Sekunden hatte sie ihre Emotionen aber wieder im Griff und sagte: »Das war eine unappetitliche Geschichte. Soweit ich mich erinnere, war Totzauer nur wenige Monate vorher zum Entwicklungsleiter ernannt worden. Wenn Sie mich fragen, hat er sich damit völlig übernommen. Die Verantwortung ist ihm über den Kopf gewachsen. Anscheinend hatte er schon länger psychische Probleme.«

Was wahrscheinlich auch mit den ständigen Reibereien mit Joschak und Zettl zu tun hatte, ergänzte Nemecek für sich, mit den chronischen Spannungen zwischen den Abteilungen und dem zermürbenden Kleinkrieg, dem Totzauer täglich ausgesetzt war.

»Am Ende hat er wohl keinen Ausweg mehr gesehen.«

»Welche Rolle haben Joschak und Zettl bei diesen Problemen gespielt?«

»Wieso Joschak und Zettl?«

»Ich möchte einfach wissen, ob es bereits damals Konflikte gab.«

»Ach, Konflikte ist ein großes Wort!«, wiegelte Langholt ab. »Wo gehobelt wird, da fliegen halt auch Späne.«

Nemecek merkte, wie ihm die glatte Art der Finanzerin auf die Nerven zu gehen begann. War sie tatsächlich so abgebrüht? Oder wollte sie ihm einfach nichts erzählen? Er überlegte, wie er noch einmal präziser formulieren konnte, worauf er hinauswollte. »Kann es sein, dass die beiden Totzauer systematisch unter Druck gesetzt haben?«

Langholt sah ihn regungslos an. In diese Szene hätte eine Zigarette gut gepasst, die langsam in ihrer Hand verglühte. Als Nemecek schon nicht mehr mit einer Antwort rechnete, erklärte sie plötzlich: »Wenn dem so war, habe ich davon jedenfalls nichts mitbekommen.«

»Sie wissen aber zumindest, dass Felix Wondratsch Totzauers Sohn ist?«

»Der junge Informatiker?«

»Genau der.«

»Das höre ich zum ersten Mal.«

»Aber Sie kennen ihn?«

»Selbstverständlich.«

»Dass er im ACT-Team mitarbeitet, ist Ihnen bekannt?«

»Ja«, bestätigte Langholt. »Aber was hat das alles mit Kniewassers Tod zu tun?«

Nemecek rieb sich über die Stirn. So konnte es nicht weitergehen. Vielleicht brauchte es einen Überraschungsangriff?

»Worüber haben Sie eigentlich am Dienstag mit ihr gesprochen?«

»Wann, sagen Sie?« Langholt setzte ein überraschtes Gesicht auf, dabei war völlig klar, dass sie nur Zeit gewinnen wollte.

»Am Dienstag. Am frühen Abend.«

»Warten Sie, da muss ich in meinem Kalender nachsehen.«

»Sie müssen im Kalender nachsehen, um sich an Ihr letztes Gespräch mit Ihrer verstorbenen Kollegin zu erinnern? Das noch dazu in Ihrem Urlaub stattgefunden hat?«

»Haben Sie eine Ahnung, wie viele Bälle ich gleichzeitig jonglieren muss?« Mit einem Male klang Langholt missmutig, was man allein an der tiefe Falte zwischen ihren Brauen ablesen konnte. »Ich bin extra bereits Montagabend aus dem Urlaub zurückgekommen, um mich am Dienstag in aller Ruhe auf meine anstehenden Aufgaben vorbereiten zu können. Was glauben Sie denn, wie viel während meiner Abwesenheit liegengeblieben ist! Ich bin halt kein Beamter, der sich alles schön einteilen kann und um 16 Uhr 30 den Bleistift aus der Hand fallen lässt.«

Obwohl das ein ziemlich zahnloser Angriff war, spürte Nemecek, wie ihm die Streitlust den Hals hinaufkroch. Aber den Gefallen würde er Langholt sicher nicht tun. Er ließ ein paar Sekunden verstreichen, bevor er mit betont neutraler Stimme fragte. »Also, was hat Ihr Kalender denn nun über Ihre Telefonate mit Kniewasser zu berichten?«

Statt eine Antwort zu liefern, bearbeitet Langholt weiter ihr Display. Ihr Mienenspiel signalisierte mühsam gezügelten Zorn. Nemecek hätte in diesem Moment gerne ihre Gedanken lesen können – oder wenigstens die Kalendereinträge, die sie nach wie vor durchforstete.

»Und?«

Langholt sah Nemecek an, als verstünde sie nicht im Geringsten, warum dieser allmählich ungeduldig wurde. Wollte sie ihn unbedingt provozieren?

»Jetzt weiß ich es wieder: Wir sind die Finanzkennzahlen für das laufende Quartal durchgegangen.«

»Dafür mussten Sie über eine Stunde lang mit ihr sprechen?«

»Der Jahresabschluss steht bevor, also Jahresende.« Langholt zuckte mit den Schultern. »Sie können sich wahrscheinlich vorstellen, was da immer zusammen kommt.«

»Apropos Jahresabschluss.« Nemecek schlug die Hinterseite seines Notizbuchs auf, in dem die Kopie jener Konto- und Bilanzauszüge steckten, die Wondratsch in seine Collage integriert hatte. »Reto Pflückinger meinte, dass Ihnen das sicher etwas sagt.«

Er schob die Kopie über den Schreibtisch. Langholt berührte sie mit spitzen Fingern, als könnte sie sich am Papier die Hände schmutzig machen. »Da ist ja die Hälfte geschwärzt«, beschrieb die Finanzerin das Offensichtliche. Dann sagte sie in einem sonderbar klagenden Ton: »Keine Ahnung, woher das stammt. Ich weiß nur eines: Mit der *Acros* hat das garantiert nichts zu tun.«

»Und Sie sind sich dessen absolut sicher?« Nemecek versuchte, möglichst viel Zweifel in seine Stimme zu legen. Langholt sparte sich eine Antwort. Sie legte bloß den Kopf ein wenig schief und starrte ihn an. Ihr Blick wirkte fast ein wenig mitleidig. Diese Frau ließ sich durch nichts erschüttern, dachte Nemecek. Bis jetzt hatte er nichts Wesentliches erfahren und keinen Weg gefunden, das CFO-Bollwerk zu durchbrechen.

Er nahm sich ein wenig Zeit, um die Managerin zu studieren, in der Hoffnung auf einen Anhaltspunkt, den es wahrscheinlich gar nicht gab. Ihm fiel auf, dass sie jetzt wieder dieses aufgesetzte Lächeln zur Schau stellte, das Nemecek nicht recht zu deuten wusste. Drückte es Überlegenheit aus? Oder Gelassenheit, weil sie nichts Unrechtes getan hatte? Oder die Gewissheit, dass er ihr, wenn sie denn etwas mit den Morden zu tun haben sollte, niemals auf die Schliche käme? In jedem Fall kam er sich an der Nase herumgeführt vor. »Veräppelt«, wie das in Deutschland hieß. Oder »gefoppt«, wie Obermayr wohl sagen würde, gegebenenfalls auch »gepflanzt«, »gerollt« oder klassisch wienerisch: »papierlt«.

»In Ihrem letzten Gespräch mit Johanna Kniewasser ging es also die ganze Zeit um Geschäftliches«, startete Nemecek noch einen neuen Versuch. »Sie haben über nichts anderes gesprochen?«

Langholt musterte ihn aufmerksam und schüttelte dann ganz langsam den Kopf.

»Insgesamt über eine Stunde lang«, spitzte Nemecek seine Zweifel zu. »An Kniewassers freiem Tag? Und mitten in Ihrem eigenen Urlaub?«

Sie starrte ihn an. In ihren Augen lag jetzt ein eigentümliches Funkeln. Nach einer gefühlten Ewigkeit sagte sie leise, wie zu sich selbst: »Ihre Fragen gefallen mir nicht. Sie gefallen mir ganz und gar nicht.«

»Ihre Antworten gefallen mir auch nicht«, entgegnete Nemecek trocken. »Sie erwarten wohl nicht, dass ich Ihnen Ihre Geschichten abnehme?«

»Ich erwarte gar nichts.«

»Aber ich erwarte, dass Sie mir meine Fragen offen und ehrlich beantworten. Schließlich geht es hier um Mord!«

»Glauben Sie etwa, das weiß ich nicht?!« Langholt war unvermittelt laut geworden.

»Dann schlage ich vor, dass Sie nochmals gründlich über meine Fragen nachdenken – und wir unser Gespräch unter anderen Vorzeichen fortsetzen. Meine Kollegin Liliana Zukic wird sich mit Ihnen bezüglich eines Termins in Verbindung setzen. Bis dahin liefern Sie uns stichhaltige Alibis für alle drei Tatzeiten.«

»Sie verdächtigen mich, etwas mit den Morden zu tun zu haben?« Langholt versuchte, entrüstet zu klingen, ihr Erschrecken war jedoch nicht zu überhören.

»Reine Routine«, behauptete Nemecek. »Und jetzt entschuldigen Sie mich bitte. Die Ermittlungsarbeit ruft.«

Freitag, 14:41
Verfolgungen

Nemecek hob die Hand. »Einen doppelten Espresso, bitte!« Die Kellnerin nickte. »Und ein Glas Wasser.«

»Is eh dabei«, antwortete die Kellnerin in zünftigem Steirisch. Aus irgendeinem Grund ließ er seinen Kopf pendeln, als gälte es, etwas Bestimmtes abzuwägen. »Wirklich!«, lachte die junge Frau, die die merkwürdige Bewegung wohl als Ausdruck von Skepsis gedeutet hatte. »Sie werden schon sehen.«

So sehr er die Teamarbeit schätzte, war Nemecek manchmal froh, allein arbeiten zu können. Andernfalls hätte er wohl erklären müssen, warum er sich nach dem unerfreulichen Gespräch mit Langholt plötzlich zu einem Espresso entschieden hatte. Wobei weniger der Espresso an sich verwunderlich war – immerhin pflegte Nemecek seit Jahren eine veritable Koffeinsucht – als die Tatsache, dass er sich für diesen Espresso ausgerechnet die kleine Bar gegenüber dem *Acros*-Büro aussuchte. Hinzu kam, dass er ganz gegen seine Gewohnheit nicht an der Theke, sondern an einem der Fenster Platz genommen hatte. Schließlich wollte er den Eingangsbereich auf der anderen Straßenseite nicht aus den Augen lassen.

Noch auf seinem Weg aus dem Bürogebäude hatte er nämlich beschlossen, Langholt zu beschatten. Wahrscheinlich hätte er in diesem Moment gar nicht sagen können, was genau ihn dazu bewog. Etwas, was die Finanzvorständin im Laufe ihres Gesprächs gesagt hatte? Oder vielmehr etwas, was sie eben nicht gesagt hatte? Eine Frage, die Nemecek noch hätte stellen wollen? Oder einfach nur das, was man kriminalistisches Gespür nannte? Die Intuition eines alten Hasen? Aus irgendeinem Grund war sich Nemecek jedenfalls sicher, etwas Wesentliches zu entdecken, wenn er sich Langholt an die Fersen heftete. Und ebenso sicher war er, dass er nicht lange würde warten müssen, bis die Finanzexpertin auftauchte.

»Doppelter Espresso – zur Sicherheit gleich mit einem doppelten Wasser.«

Die Kellnerin grinste. Erst jetzt fielen Nemecek die kleinen Sommersprossen auf, die ihre Nase bevölkerten. Ob diese wohl ebenso jahreszeitabhängig waren wie bei seiner Tochter Sophie? Im Winter sah man nichts davon, aber sobald die Temperaturen stiegen, tauchten auch die kleinen Punkte wieder auf.

»Ich zahle gleich«, besann sich Nemecek seines aktuellen Vorhabens. Immerhin musste er jederzeit absprungbereit sein.

»Da hat's aber jemand eilig«, kommentierte die aufgeweckte Frau und griff nach ihrem mobilen Kassengerät

»Heißt nicht umsonst Espresso.«

»Drei Euro achtzig, bitte.«

»Stimmt so.« Nemecek reichte ihr einen Fünf-Euro-Schein und nahm den Rechnungsbeleg entgegen.

»Danke schön. Sehr großzügig. Sicher für das gute Grazer Wasser, oder?«

»Eh klar«, antwortete Nemecek lächelnd und griff nach der Tasse mit dem schwarzen Inhalt. Der Kaffee schmeckte ausgezeichnet. Ob das auch für das Wasser galt? Mit ein wenig mehr Muße hätte er das Geplänkel mit der Sommersprossigen gerne fortgesetzt. Es gab jedoch etwas Wichtigeres, das jetzt seine volle Aufmerksamkeit in Anspruch nahm. Genau in dem Augenblick, in dem Nemecek auf die Uhr blickte, ging auf der anderen Straßenseite die Tür auf. Sofort sprang er hoch. Er leerte den letzten Rest seines Espressos und griff nach seiner Tasche. In der Eile hätte er beinahe sein Notizbuch liegen lassen. Er warf noch einen letzten Blick in Richtung Theke, die nette Kellnerin war allerdings nirgends zu sehen. Dann war er endlich bereit für seinen Sondereinsatz.

Als Nemecek auf die Straße trat, hatte Langholt bereits einen Vorsprung von etwa zwanzig Metern. Sie ging schnell, wie jemand, der ein klares Ziel verfolgt. Über ihrer rechten Schulter hing eine Handtasche, die teuer aussah, doch in der linken Hand trug sie eine große rote Sporttasche, die überhaupt nicht zu ihrem Outfit passte. War sie etwa auf dem Weg ins Fitnessstudio? Dann würde Nemeceks spontane Beschattung womöglich in einer Sackgasse enden.

Trotz der Entfernung hörte Nemecek ihre Absätze über das Pflaster klappern. Es hörte sich an, als würde Langholt mit jedem Schritt einen kleinen Schuss abgeben. Kurz bevor die Straßenbahn einfuhr, überquerte sie die Straße. Hatte sie bemerkt, dass er sie verfolgte? Nemecek war zu langsam, um noch vorbeizuschlüpfen, und musste zusehen, wie der grüne Zug im Schneckentempo an ihm vorbeiglitt. Endlich waren die Gleise wieder frei. Als er den Gehsteig erreichte, sah er gerade noch, wie Langholt nach rechts in die Griesgasse bog. Nemecek quetschte sich durch den dichten Pulk der Ein- und Aussteigenden, die jetzt die Station überschwemmten.

»Tschuldigung, Tschuldigung«, rief er laut, während er sich durch die Menschenmenge drängte. Als er endlich durchgekommen war, legte er ein paar Laufschritte ein und spähte um die Ecke. Überraschenderweise schien sich Langholts Vorsprung kaum vergrößert zu haben, nur waren hier weit weniger Leute unterwegs als auf der Annenstraße. Ihre Schuhe schienen nun noch lauter zu klappern, was wahrscheinlich an den eng stehenden Mauern lag, die den Klang verstärkten. Nemecek hätte die Augen schließen können, ohne ihre Spur zu verlieren.

Am Ende des großen Hotelkomplexes bog Langholt nach links ab. Der helle Stoff ihres Sommerkleides verfing sich kurz zwischen ihren Beinen und sie kam aus dem Tritt. Ein paar Schritte später hatte sie jedoch wieder zu ihrem alten Rhythmus zurückgefunden. Ihre ganze Gestalt wirkte unverändert zielstrebig, die geballte Entschlossenheit einer Frau, die wusste, was sie wollte. Als Langholt mitten auf der Murbrücke die Sporttasche von der linken in die rechte Hand wechselte, spürte Nemecek erneut Zweifel in sich aufsteigen. Was, wenn Langholt bloß ein paar Besorgungen machen wollte, bevor sie nach Hause zurückkehrte? *Burggasse 12*, hatte ihm Zukic vorhin per SMS Langholts Privatadresse mitgeteilt. Sein Navi bestätigte ihm, dass sie nach wie vor auf Kurs zu dieser mitten in der Altstadt gelegenen Adresse waren. Diese Bestätigung beruhigte Nemecek allerdings nicht, im Gegenteil: Plötzlich erschien ihm seine ganz Aktion nicht bloß zweifel-, sondern sogar lachhaft. Was erwartete er sich von seiner Fußsafari? Dass sie ihn schnurstracks zum Mörder führte? Oder dass er zumindest eine bahnbrechende Entdeckung machte? Mit aller Kraft drängte Nemecek seine Verunsicherung zur Seite. Manchmal, so sein Credo, musste Sturheit genügen, wenn es einem an Überzeugung fehlte. Nachdem sie die Mur überquert und das legen-

däre Café Vogelschwarm hinter sich gelassen hatten, ahnte Nemecek zum
ersten Mal, wohin es Langholt zog. Tatsächlich bog sie am Hauptplatz nicht
zu ihrer Wohnung, sondern in die Gegenrichtung ab. Wenig später ging es
durch die Fußgängerzone und dann wieder nach links. Schon tauchte vor
ihm das große Kaufhaus auf, das so eng mit der Geschichte der Stadt verwo-
ben war. Unvermittelt stand Nemecek vor einem neuen Problem. In dem
dichten Gewühl des Kaufhauses würde er Langholt viel leichter aus den Augen verlieren als auf offener Straße. Auf alle Fälle musste er den Abstand
verringern, was wiederum das Risiko einer Entdeckung erhöhte.

Nur ein paar Schritte später war klar, dass sich Nemecek wieder einmal
ganz umsonst Sorgen gemacht hatte – oder zumindest die falschen. Denn
Langholt hielt gar nicht auf das Kaufhaus zu, sondern auf den nebenan gelegenen Eingang zur Tiefgarage. Nemecek hatte keinen Schimmer, was sie
dort wollte. Hatte sie ihr Auto im Parkhaus abgestellt? Gehörte sie etwa zu
den Dauerparkern, die derart der chronischen Parkplatznot in der Altstadt
entgehen? *Pkw KL?*, sendete er eine neue Textnachricht an Zukic, bevor er
vorsichtig die Tür zum Parkhaus aufzog.

»Ping«, machte es, als sich die Lifttüren schräg unter ihm schlossen. Oder
hatte er sich den Klingelton nur eingebildet? Er lief die paar Stufen nach unten, um die Anzeige über den geschlossenen Metalltüren zu verfolgen. *P1,
P2, P3* leuchtete die jeweiligen Etagen in Rot auf. Also ganz unten, übersetzte Nemecek, während er zum Treppenhaus hetzte. »Ping« hörte er erneut,
aber dieses Mal war es sein Handy. *BMW X4, weiß, Bj. 18, G 4151U* las er,
bevor er das Handy wieder in die Außentasche steckte.

Nemeceks Schuhsohlen quietschten schrill, als er sich am Treppenabsatz
von P1 zur Seite drehte. Er nahm jetzt immer zwei bis drei Stufen auf einmal, sodass er gut vorankam. Sein Unterarm, der die ganze Zeit über den
Handlauf nach unten glitt, verlieh ihm ausreichend Stabilität, sodass er
trotz seines halsbrecherischen Tempos niemals in Sturzgefahr kam. Blitzartig tauchten lang verschüttete Erinnerungen an seine Schulzeit auf, in der er
mit Pokorny und Neufeldner eigene Treppenlauf-Wettbewerbe veranstaltet
und dafür jede Menge Klassenbucheinträge kassiert hatte. Auch jetzt stand
er im Wettbewerb, denn er wollte sich keineswegs abschütteln lassen – das
gebot schon die Sportlerehre! *P3*, versicherte er sich nochmals mit einem

kurzen Seitenblick auf das Metallschild, nachdem er mit einem kühnen Sprung vor dem untersten Garageneingang gelandet war. Er riss die Tür auf und stürmte ins Halbdunkel.

Auf den ersten Blick schien alles ruhig zu sein. Vielleicht lag das bloß an seinen zugefallenen Ohren? Er hielt sich die Nase zu und atmete kräftig aus. Nach dem erwarteten Knacken in seinen Trommelfellen vernahm er dennoch keinen Laut. Konnte es sein, dass Langholt die Tiefgarage schon wieder verlassen hatte? War sie in einer anderen Etage ausgestiegen? Nemecek war sich sicher, dass der Lift nicht angehalten hatte. Eventuell war sie über die Rampe in eine andere Etage gegangen. Das Treppenhaus konnte sie jedenfalls nicht benutzt haben, so viel stand schon mal fest. Oder saß sie womöglich bereits in ihrem Wagen und wartete nur auf einen günstigen Augenblick, um loszufahren? Er beschloss, sich aus seiner Deckung zu wagen und die abgestellten Autos zu überprüfen. Ein weißer BMW X4, erinnerte er sich.

Geduckt lief er durch die Parkreihen. Von dem gesuchten BMW war weit und breit nichts zu sehen. Als er fast am Ende der Garage angelangt war, hörte er plötzlich einen Motor anspringen. Nemecek fuhr herum. Ganz hinten strahlten jetzt Scheinwerfer auf den Liftblock. Das hieß, er musste vorhin an Langholts Auto vorbeigekommen sein – wieso hatte er es dann nicht entdeckt? Ein weißer X4 war doch nicht so leicht zu übersehen?

Nemecek vernahm ein tiefes Dröhnen. Es musste sich um einen starken Motor handeln, aber das war von einem SUV zu erwarten. Nemecek hörte, wie die Reifen über den polierten Asphalt quietschten, wie das zuvor seine Schuhe getan hatten. Unverändert geduckt lief er zwei weitere Parkreihen in Richtung Ausfahrt. Ob ihn Langholt entdeckt hatte? Jetzt sollte er eigentlich nahe genug sein. Als er durch die Seitenscheibe des Kleintransporters spähte, hinter dem er sich verschanzt hatte, erkannte er, dass der auf ihn zukommende Wagen weder weiß noch ein BMW war. Außerdem nahm er hinter der getönten Windschutzscheibe zwei Silhouetten wahr. Wahrscheinlich ein Ehepaar, das gerade einkaufen gewesen war.

Nemecek spürte, wie ihn die Enttäuschung nach unten zog. Was auch immer er zu entdecken gehofft hatte – es würde im wahrsten Sinne des Wortes im Dunkeln bleiben. Er war so frustriert, dass er sich am liebsten einfach zu Boden hätte sinken lassen. Aus irgendeinem Grund hielt er sich dennoch aufrecht und starrte weiter auf das rasch näher kommende Fahrzeug. Als es

fast auf seiner Höhe war, tauchte die Tiefgaragenbeleuchtung das Wagenin-
nere für einen Augenblick in helles Licht. Erst als der schwarze Sportwagen
bereits um die Kurve gebogen und auf seinem weiteren Weg nach oben war,
realisierte Nemecek, was er soeben gesehen hatte. Es kam ihm zwar immer
noch wie eine Halluzination vor, doch gleichzeitig war er sich hundertprozentig sicher, dass er in dem Mercedes Coupe Katja Langholt erkannt hatte.
Und neben ihr, am Steuer, niemand anderen als Niels Swartling.

Freitag, 15:58
Casino

Nemecek keuchte. Er hatte keine Ahnung, wie lange er gebraucht hatte, um sich endlich in Bewegung zu setzen. Er wusste indes, dass er die drei Etagen in einer wahren Rekordzeit hochgelaufen war – und hoffte dementsprechend, dass seine Sprintleistung ausreichte, um vor dem Coupé wieder auf der Straße zu sein.

Außerdem war ihm dieses Mal auch das Glück hold. Nicht nur, dass Swartlings Wagen noch hinter einem anderen Pkw an der Ausfahrtsschranke warten musste. Vielmehr signalisierte das gelb-schwarze Leuchtschild auf der gegenüberliegenden Straßenseite, dass die weitere Verfolgung ebenfalls gesichert war. Mit eingezogenem Kopf lief er auf den Taxisstand zu und sprang in den Fond des roten Opels.

»Kriminalpolizei«, grüßte Nemecek mit gezogenem Dienstausweis. »Folgen Sie dem schwarzen Mercedes.«

»Mach ma, Chef«, antwortete der Taxifahrer nach einem kurzen Blick in den Rückspiegel. Dann huschte ein komplizenhaftes Grinsen über sein Gesicht. »Möglichst unauffällig, wie im echten Krimi.«

Nemecek nickte zerstreut und versuchte weiter, seinen Atem zu beruhigen.

»Na, haben Sie schon eine wilde Verfolgungsjagd hinter sich?«

»Kann man so sagen«, stieß Nemecek zwischen zwei Atemzügen hervor. Der Fahrer spürte zweifellos, wie aufgewühlt sein Passagier war. Neugierig wendete er sich um. Erst jetzt, da Nemecek in das schmale, von einem dunklen Bartschatten dominierte Gesicht blickte, fiel ihm auf, wie klein sein Chauffeur war. Maximal 1 Meter 60, schätzte Nemecek.

»Keine Sorgen«, meinte der Fahrer lächelnd, dem Nemeceks Blick offenbar nicht entgangen war. »Bin zwar klein, aber oho! War sogar mal Zweiter bei der Rallye Luxor.« Sein Gesicht strahlte voller Stolz.

»Heute müssen Sie kein Rennen gewinnen«, entgegnete Nemecek. »Wenn Sie die beiden in dem schwarzen Mercedes nicht aus den Augen verlieren, bin ich schon zufrieden.«

Einen Augenblick lang wirkte der Rallyemeister enttäuscht, dann aber lächelte er schon wieder: »Wie gesagt: Machen Sie sich keine Sorgen!«, versicherte er. »Das geht auch wie auf Samtpfoten.«

Nemecek sah, wie die Samtpfoten das Lenkrad so fest umklammerten, dass die Knöchel hervortraten. Doch als Swartling schließlich aus der Ausfahrt schoss, legte sein Fahrer in aller Ruhe den ersten Gang ein, setzte den Blinker, ließ noch zwei weitere Autos passieren und lenkte seinen Opel mit einer geschmeidigen Bewegung aus der Parklücke.

»Swartling?«, rief Obermayr so laut, dass er das Telefon vom Ohr halten musste. Nemecek konnte förmlich vor sich sehen, wie sich das Gesicht seiner Kollegin zu einer Grimasse verzog. »Was hat denn der mit der Langholt zu schaffen?«

»Tjaaa«, meinte Nemecek gedehnt, während sein Taxi wieder beschleunigte, um die vor ihnen liegende Kreuzung wenigstens noch bei Orange zu überqueren, »das ist wohl die Millionenfrage.«

»Eigentlich gibt es nur zwei Möglichkeiten«, versuchte Obermayr sofort ihre Optionen einzugrenzen. »Entweder haben sich die beiden aus beruflichen Gründen getroffen oder sie haben was miteinander.«

Berufliche Gründe, überlegte Nemecek, für die man sich in der Tiefgarage treffen muss? Im nächsten Augenblick schwappte seine Skepsis freilich in die andere Richtung und er fragte: »Eine Affäre?«

»Warum nicht?«, erwiderte Obermayr. »Soll schon mal vorgekommen sein zwischen Arbeitskollegen.«

Nemecek gab ein zischendes Geräusch von sich. Es hörte sich ein wenig an, wie wenn Luft aus einem Reifen entweicht. War das ein Hinweis darauf, dass er jetzt nicht weiter auf diesem Thema herumreiten wollte? Was auch immer Langholt und Swartling miteinander verband – viel entscheidender war die Frage, was die beiden nun vorhatten.

»Und was hast du jetzt vor?«, stellte ihm Obermayr genau dieselbe Frage.

»Erst einmal versuche ich, an ihnen dranzubleiben. Sobald ich weiß, was sie im Schilde führen, melde ich mich noch einmal bei dir.«

»Sei vorsichtig«, flüsterte Obermayr.

»Mach ich«, senkte Nemecek nun ebenfalls seine Stimme. »Bis später.«

»Mit dem Kollegen alles in Ordnung?«, rief der aufgeweckte Taxifahrer nach hinten und ließ seine ungewöhnlich hellen Augen im Rückspiegel aufblitzen.

»Ja, ja, alles gut«, erwiderte Nemecek in einem Ton, der hoffentlich klarmachte, dass er jetzt nicht an Smalltalk interessiert war. »Verlieren Sie bloß den Mercedes nicht aus den Augen!«

»Da häng ich dran wie ein Magnet«, beruhigte ihn sein helläugiger Chauffeur, bevor er plötzlich heftig auf die Bremse trat. »Hast du Eier auf den Augen?«, schrie er dem Lkw-Fahrer zu, der ohne zu blinken aus einer Hauseinfahrt auf die Straße gezogen war. »Schleich dich«, setzte er durch das nunmehr geöffnete Fenster nach und Nemecek verdrehte die Augen. Falls es so etwas wie Reinkarnation gab, dann war sein Taxifahrer ganz bestimmt Obermayrs arabischer Bruder.

»30, bitte. Und eine Rechnung.«

»Danke, Chef. Sehr nett.« Der Taxifahrer nestelte einen kleinen Vordruck aus der Mittelkonsole, auf den er die gewünschten Zahlen und eine ausladende Unterschrift setzte. »Ich gebe Ihnen noch meine Karte. Falls Sie wieder einmal einen Spezialisten brauchen. Sie können mich Tag und Nacht erreichen.«

Nemecek musterte die matt glänzende Visitenkarte, auf der ein Name, eine Telefonnummer und die Berufsbezeichnung *Transporter* gedruckt war.

»Danke, Karim«, sagte Nemecek und streckte die Hand aus. »Ich bin Robert.«

»Alles Gute, Robert«, zwinkerte ihm Karim zu, während er die angebotene Hand schüttelte. »Und noch eine gute Überwachung.«

Ein paar Sekunden später stand Nemecek wieder auf der Straße. Er sah sich kurz um und ging dann rasch an der Garageneinfahrt vorbei, in der Swartlings Wagen eine Minute zuvor verschwunden war.

Casino, verkündete die weiße Leuchtreklame auf dem schmalen Vordach, das wie eine überdimensionierte und auf den Kopf gestellte Dachrinne wirkte. Das blaue Verkehrsschild, das unmittelbar vor dem Eingangsbereich stand, schien den Besucher noch von der Spielhölle abhalten zu wollen. Zumindest wies der weiße Richtungspfeil genau in die entgegengesetzte Richtung. Das *Ausgenommen Radfahrer* unmittelbar darunter machte allerdings klar, dass es hier nicht den geringsten Zusammenhang gab.

Nemecek musterte sich kritisch. Er sah eher nach Radfahrer als nach Glücksritter aus: zerzaustes Haar, abgetragene Schuhe, zerknitterte Hose, ein verwaschenes Hemd, das ihm nach seiner schweißtreibenden Verfolgungsjagd in der Tiefgarage am Rücken klebte. Er war sich indes sicher, dass man einem verdeckten Ermittler ein Jackett und eine Fliege leihen würde, damit er dem Dresscode genügte. Entschlossen trat er durch die Schiebetür.

»Noch ein Bitter Lemon, bitte.« Der Barkeeper spitzte den Mund, was wohl seine Art war, die Bestellung entgegenzunehmen. Bei der ersten Runde hatte er jedenfalls denselben Gesichtsausdruck gezeigt. Oder bildete er sich das bloß ein? Wie auch immer. Ein kurzer Blick auf die Uhr bestätigte, dass ihn zumindest sein Zeitgefühl nicht täuschte. Er stand tatsächlich bereits über 20 Minuten an der Bar. Von Langholt und Swartling fehlte nach wie vor jede Spur. Ob er noch einmal einen Blick ins Restaurant werfen sollte? An den Spieltischen hielten sie sich jedenfalls nicht auf. Hatten es sich die beiden anders überlegt? Wollten sie gar nie ins Casino gehen, sondern nur die nebenan gelegene Tiefgarage benutzen? Saßen sie womöglich immer noch im Wagen und diskutierten? Würde ihn nicht wundern, wenn es da einiges zu besprechen gäbe.

Nemecek beschloss, noch zehn Minuten zu warten.

»Bitte sehr.« Mit einer geschmeidigen Bewegung stellte der Barkeeper sein mit Eiswürfeln gefülltes Glas auf den Tresen.

»Danke«, sagte Nemecek und wollte sich schon wieder den Spieltischen zuwenden, als ihm plötzlich eine Idee kam.

»Entschuldigen Sie. Darf ich Sie kurz was fragen?«

Der Barkeeper zog die Augenbrauen hoch. »Mein Name ist Chefinspektor Robert Nemecek. Ich ermittle in einem Mordfall und bin gerade sozusagen in geheimer Mission unterwegs.« Ohne es zu merken, hatte er die Stimme gesenkt und sich nach vorne über den Tresen gelehnt.

Der Barkeeper wirkte wenig beeindruckt. Wahrscheinlich hatte er im Laufe seiner Karriere schon mit genügend Möchtegern-James-Bonds zu tun gehabt. Nemecek kramte seinen Dienstausweis hervor und griff dann nach seinem Telefon. Schnell öffnete er das letzte Dossier, das Zukic ihm zugesandt hatte.

»Können Sie mir sagen, wie oft diese Person zu Ihnen ins Casino kommt?« Er öffnete Langholts Porträt und hielt es seinem Gegenüber vor die Nase. Dieser betrachtete es einige Sekunden lang und schüttelte dann den Kopf. »Die habe ich hier noch nie gesehen.«

»Noch nie gesehen?« Nemecek hatte Mühe, seine Enttäuschung zu verbergen.

»Nein.«

Der Barkeeper wandte sich bereits ab, als sich Nemecek spontan zu einem weiteren Versuch entschloss. »Moment noch!« Umständlich fingerte er auf seinem Display herum. »Und diese Person?«

»Den kenn ich.«

»Sie kennen den Mann?«

»Den kennt mittlerweile jeder hier.«

»Den kennt mittlerweile jeder hier?«

»Ja. Das ist Niels Swartling«, bestätigte der Barkeeper. »Und der hat seit ein paar Wochen Hausverbot bei uns.«

Freitag, 17:39
Zwischendurch aus dem Zug

Obermayr pfiff durch die Zähne. »250.000 sind echt kein Pappenstiel!«

»Das will ich meinen.« Nemecek blickte aus dem Fenster in die grüne Land-schaft, die draußen an ihm vorbeizog. Seit Langem hatte er wieder einmal so richtig gute Laune. Außerdem war er stolz auf seine Intuition: Langholt zu folgen, war goldrichtig gewesen und hatte ihn auf eine völlig neue Spur ge-bracht. Zu seinem gelungenen Sondereinsatz gehörte allerdings auch ein Quäntchen Glück. Denn dass ihm der Geschäftsführer, den er nach der überraschenden Information des Kellners aufsuchte, freimütig über Swart-lings Schuldenstand aufklärte, war nicht zu erwarten gewesen. Wahrschein-lich war das ein Ergebnis seiner eigenen Euphorie, immerhin hatte er gerade eine viertel Million Euro erhalten. In bar. Direkt auf die Hand. Von Niels Swartling. Das war also der wahre Grund für den vermeintlichen Casino-Besuch gewesen. Der Change Manager der *Acros* wollte seine Schulden be-gleichen!

»Das öffnet die Pforten in ein völlig neues Reich«, meinte Obermayr ähn-lich gelaunt. Endlich einmal so etwas wie Fortschritt in einem Fall, in dem sie bislang hauptsächlich in zähem Nebel herumgestochert hatten.

»Du meinst das Reich des Mammon?«

»Geld war schon immer ein beliebtes Mordmotiv.«

»Kombiniert mit Swartlings Spielsucht ergibt das eine ziemlich explosive Mischung.«

»Ich frag mich nur, was Katja Langholt damit zu tun hat.«

»Und ich frage mich noch viel mehr, warum deswegen drei Manager sterben mussten.«

»Folgen wir doch der Spur des Geldes«, schlug Nemecek vor. »Swartling hat offenbar ein Vermögen verspielt. Wie konnte er sich das leisten? Warum hat niemand etwas von seiner Sucht bemerkt? Und wieso ist er plötzlich in der Lage, seine Schulden zurückzuzahlen?«

»Es liegt auf der Hand, dass Langholt da irgendwie mit drin hängt. Wir wissen bloß noch nicht, warum sie das tut.«

»Mag sein.« Nemecek blätterte in seinem Notizbuch, ohne so recht zu wissen, was er suchte. »Dass sie sich in der Tiefgarage treffen, ist zwar seltsam, kann jedoch eine einfache Erklärung haben.«

»Und dass sie dann ausgerechnet zum Casino fahren, ist dann was?«, entgegnete Obermayr. »Schon wieder purer Zufall?«

»Warum nicht?«

»Das glaubst du doch selber nicht! Liegt da nicht viel näher, dass sie das von Anfang an genauso geplant hatten?«

Nemecek musste zugeben, dass das weit glaubwürdiger klang. Die bisherige Zugfahrt hatte er nichts anderes getan, als die turbulenten Ereignisse noch einmal Schritt für Schritt durchzugehen. Sein Notizbuch war über mehrere Seiten hinweg mit den verschiedensten Hypothesen und Fragen gefüllt. Überzeugende Antworten hatte er indes nur wenige gefunden. Warum war Langholt bei ihrem Gespräch so abweisend gewesen? Hatte das eher etwas mit ihren Beziehungen zu Zettl, Joschak und Kniewasser zu tun oder mit dem Geld? Oder waren Persönliches und Monetäres ohnehin untrennbar miteinander verknüpft? Ging es vielleicht nicht bloß um Karriere und Konkurrenz, sondern auch um Habgier und Neid? Und wie passte das Ganze zum Motiv der Rache, das Wondratschs Collage vor Augen führte?

»Wenn wir der Spur des Geldes folgen wollen, sollten wir schleunigst eine Bankauskunft beantragen«, rettete ihn Obermayr aus seinem Fragenkreisel. »Lilly soll sich darum kümmern. Wobei für mich die Frage ist, ob wir das nicht sowohl für Swartling als auch für Langholt tun sollten.«

»Ich kann mir kaum vorstellen, dass uns die Staatsanwaltschaft Einsicht in die Finanzlage eines unbescholtenen Vorstandsmitglieds gewährt. Welche Begründung willst du dafür liefern?«

Nachdenklich rieb sich Nemecek über die Bartstoppel an seinem Kinn. Das war natürlich eine guter Punkt. Wie konnten sie glaubhaft machen, dass auch bei der Finanzvorständin Handlungsbedarf bestand? Mit dem Argument der Verdunklungsgefahr? Oder reichte es, dass so vieles auf eine undurchsichtige Komplizenschaft zwischen Langholt und Swartling hinwies?

»Ein ganz anderes Fragezeichen ist natürlich, was die heimliche oder unheimliche Verbindung zwischen den beiden mit den Morden zu tun hat.«

Auch dieser Punkt ging an Obermayr. In der Tat musste man sich fragen, wie ihnen die neuen Erkenntnisse bei der Aufklärung weiterhalfen. Stieg Swartling nun zum neuen Tatverdächtigen auf? Musste man dann nicht automatisch von einer Tatbeteiligung oder zumindest von einer Mitwisserschaft von Katja Langholt ausgehen? Oder hatte diese Casino-Geschichte nichts mit den tödlichen Attacken zu tun?

Nemecek merkte, wie gleich mehrere Stimmen in seinem Inneren protestierten. »Ich bin hundertprozentig sicher«, verlieh er diesen Stimmen ein Sprachrohr, »dass es da einen Zusammenhang gibt. Wir sehen nur noch nicht welchen.«

Obermayr knurrte eine verärgerte Zustimmung. »Das sehe ich genauso. Warum aber müssen drei Menschen sterben, nur weil einer ihrer Kollegen ein Suchtproblem hat?«

»Und ein Schuldenproblem«, ergänzte Nemecek.

»Sicher. Deswegen ja auch die Bankauskunft.«

»Bevor wir die haben, sollten wir uns weiterhin auf die Suche nach Felix Wondratsch konzentrieren. Wie uns seine Collage zeigt, hat der ja ein zumindest ebenso starkes Motiv für die Morde. Zumindest für die an Zettl und Joschak.«

»Rache sticht Geld?«

»Wie gesagt, die Collage führt uns vor Augen, dass …« Plötzlich zuckte Nemecek wie elektrisiert zusammen. »Verdammt! Das Geldmotiv könnte erklären, warum Wondratsch diesen Zahlensalat hinzugefügt hat. Der laut Langholt ja nichts mit der *Acros* zu tun hat. Aber ich finde, den sollten wir uns unbedingt noch einmal anschauen.«

»Ich weiß nicht, ob wir da viel schlauer werden. Wir sollten uns da eher an die Kollegen von der Wirtschaftskriminalität wenden. Die können damit bestimmt mehr anfangen.«

»Gute Idee. Lilly soll das morgen früh gleich in die Wege leiten.«

»Die hat am Vormittag einen Arzttermin«, informierte Obermayr. »Kommt erst mittags.«

»Egal. Dann leitet sie eben am Nachmittag alles Nötige in die Wege.«

»Und was machen wir als Nächstes?«

»Was du machst, weiß ich nicht. Ich darf morgen früh gleich bei unserem Chef antanzen. Der kommt ja heute aus dem Urlaub zurück und will mich unverzüglich sprechen.«

Seine Kollegin gab ein schmerzhaft gedehntes »Oje« von sich. »Unter vier Augen?«

»Von Führungskraft zu Führungskraft«, ergänzte Nemecek. »Und du weißt ja, wie sehr ich das schätze.«

»Du wirst es überstehen.«

»Wie immer.«

»Wir sehen uns dann um 13 Uhr, oder?«

»So haben wir es besprochen.«

»Dann wünsche ich dir einstweilen eine gute Zugfahrt. Und einen schönen Abend.«

»Danke, gleichfalls«, gab Nemecek zurück und hatte schon eine Idee, wie er Obermayrs Wunsch nachkommen würde.

Freitag, 19:43
Über den Dächern von Wien

Der wilde Wein, die roten Dachziegel, die sanften Hügel der Wiener Hausberge. Nemecek ließ seinen Blick langsam von links nach rechts gleiten. Nicht das schlechteste Panorama, stellte er einmal mehr fest – und jedenfalls eine willkommene Gelegenheit, die Perspektive zu wechseln. Wie so oft war Nemecek verblüfft, wie anders die Dinge aussahen, wenn man sie von oben betrachtete. Freilich war so ein Perspektivenwechsel keine große Kunst, wenn man auf dem Dach eines vierstöckigen Hauses saß. Keine drei Meter über ihrer Terrasse eröffnete sich einem hier eine völlig andere Welt.

Nemecek liebte es, ganz nach oben aufs Dach zu steigen, vor allem an lauen Sommerabenden, an denen die Sonne noch bis gegen neun über die Stadt leuchtete. Er lehnte sich an den Schornstein, der noch die Hitze des Tages abstrahlte.

Doch noch bevor er sich so richtig entspannen konnte, läutete sein Telefon. Er wollte den Anruf schon wegdrücken, als er den Namen auf dem Display sah. Rasch drückte er auf das grüne Zeichen.

»Hallo, Herr Pflückinger.«

Es rauschte. Freisprechanlage im Auto, identifizierte er automatisch.

»Ja, äh. Hallo, Herr Nemecek. Entschuldigen Sie den späten Rückruf. Ich war den ganzen Tag auf Klausur und bin gerade erst ins Auto gestiegen.«

»Ich bin froh, dass Sie sich melden.«

»Was kann ich für Sie tun?«

»Es geht um Katja Langholt.«

»Aha«, gab der CEO zurück. Instinktiv versuchte Nemecek, den Tonfall zu deuten, kam jedoch nicht sehr weit. Das Aha konnte alles bedeuten: von neutralem Erstaunen über verhaltene Neugier bis zu innerer Alarmbereitschaft.

»Was genau wollen Sie denn wissen?«

»Zum einen würde ich gerne wissen, wie eigentlich Katja Langholt zu den von Ihnen geplanten Veränderungen steht.«

Pflückinger räusperte sich vernehmlich. Eine Zeit lang hörte man nur das Rauschen des Verkehrs, dann begann der CEO zögerlich. »Ein schwieriges Thema. Grundsätzlich unterstützt sie den Change natürlich, aber in einigen Aspekten hat sie ihre Vorbehalte.«

»Herr Pflückinger! Tacheles bitte!« Selbst über das Telefon war deutlich zu spüren, wie der *Acros*-Chef mit sich rang. So sprach man mit Sicherheit nur selten mit ihm.

»Also gut, ich will nicht verhehlen, dass sie unserer Vision eher skeptisch gegenüber steht. Um nicht zu sagen ablehnend. Insbesondere, was ihre eigene Rolle betrifft.«

»Die da wäre?«

»Die darin besteht, sich von der Finanzverwalterin nach altem Schnitt in eine Gestalterin zu verwandeln, die unsere neuen Geschäftsprozesse aktiv unterstützt.« Pflückinger räusperte sich erneut. »Sozusagen in die Rolle einer Chief Future Officer.«

»Chief Future Officer«, wiederholte Nemecek und beinahe wäre ihm ein Pfeifen rausgerutscht. »Was darf sich der Laie darunter vorstellen?«

»Grob gesagt geht es um den Übergang von einer bürokratischen in eine wertschöpfende Funktion. Wir wollen Transparenz schaffen und die Geschwindigkeit erhöhen. Beispielsweise durch die Anwendung von digitalen Datenerfassungssystemen, durch den Einsatz innovativer Tools wie Cloud Computing oder durch automatisiertes Reporting. Wir sind davon überzeugt, dass wir mit weniger Aufwand erheblich mehr erreichen können – egal, ob im Rechnungswesen, im Controlling oder in der Internen Revision.«

Nemecek schwirrte der Kopf. Für seinen Geschmack waren das ein paar Fachbegriffe zu viel, die da durch den virtuellen Raum flogen. Die Kernbotschaft glaubte er jedoch verstanden zu haben: Langholt stand selbst unter großem Veränderungsdruck, dem sie offenbar nicht nachgeben wollte. Was auch immer das für ihre eigene Zukunftsperspektive bedeuten mochte.

»Und die Zusammenarbeit auf Vorstandsebene?«, bohrte Nemecek nach.

Der CEO ließ ein längeres Schweigen folgen, zu dem der Chefinspektor der altmodische Ausdruck beredt einfiel. »Wie man's nimmt«, sagte Pflückinger schließlich.

Nemecek legte nun ebenfalls eine kleine Redepause ein.

»Steht Katja jetzt etwa unter Mordverdacht?«, beendete der Vorstandsvorsitzende die Pause.

»Würden Sie ihr denn einen Mord zutrauen?«

»Unter bestimmten Umständen kann wohl jeder von uns zum Mörder werden«, sagte er philosophisch. »Aber Sie haben meine Frage nicht beantwortet.«

»Herr Pflückinger! Sie wissen doch, dass ich über laufende Ermittlungen nicht reden darf. Ich kann Ihnen aber versichern, dass wir nach wie vor in alle Richtungen ermitteln.«

Der CEO schien sich damit zufrieden zu geben. Oder er war unzufrieden, aber zu höflich, das zu artikulieren. Wobei ihr letztes Gespräch gezeigt hatte, dass er auch ganz anders konnte. Sonst hätte er es karrieretechnisch wohl kaum so weit gebracht.

»Apropos in alle Richtungen ermitteln«, nahm Nemecek nochmals den Faden auf. »Von Niels Swartling haben Sie in den letzten beiden Tagen nichts gehört, oder?«

»Gehört nicht. Aber gelesen«, erwiderte Pflückinger. »Vorhin habe ich nämlich kurz meine Mails gecheckt und dabei auch eine von ihm entdeckt.«

Da sein Gegenüber keine Anstalten machte, ihm weitere Informationen zu liefern, spürte Nemecek neuen Unmut in ihm hochsteigen. Dementsprechend bissig setzte er nach. »Ja und?«

»Sie meinen, was er geschrieben hat?«

»Was sonst?«

»Bloß, dass er um ein paar Tage Auszeit ersucht. Er müsse sich über einige Dinge klar werden und sei erst am Dienstag wieder zu erreichen.«

Nemecek war, als würde ihm gleich die Schädeldecke abspringen. »Wie bitte?«, presste er hervor, um nicht zu explodieren – oder um zu verhindern, dass ihm sein verhaltener Zorn aus den Ohren heraus rauchte wie diesen

Zeichentrickfiguren, von denen er als Kind so angetan war. Nicht selten führten ihn die Abenteuer, die er als Kommissar erlebte, in diese Welt zurück, inklusive zu Berge stehender Haare, hervortretender Augen, überschäumenden Munds oder eben rauchender Ohren.

»Niels hatte es in letzter Zeit nicht gerade leicht.« Pflückinger klang, als würde er um Verständnis werben. »Wie Sie wahrscheinlich bereits wissen, liefen die von ihm geplanten Veränderungsmaßnahmen alles andere als rund. Und offenbar gab es auch Schwierigkeiten in seiner Familie.«

Ganz abgesehen von seinen kleinen Spiel- und Schuldenproblemen, ging Nemecek unwillkürlich durch den Kopf. Ob Pflückinger davon wusste? Sollte er ihn einfach fragen? Er zögerte.

»Sie wissen nicht zufällig, wohin sich Swartling zurückgezogen hat?«

»Tut mir leid.«

»Eine letzte Bitte habe ich aber noch: Könnten Sie doch einen Blick auf die Bilanz- und Kontoauszüge werfen, die wir bei Felix Wondratsch gefunden haben?«

»Hat Ihnen Katja nicht weiterhelfen können?«

»Es geht uns einfach um eine zweite Meinung«, argumentierte Nemecek ausweichend.

»Sicher, kein Problem. Wenn Sie mir die Unterlagen heute noch senden, kümmere ich mich gleich morgen früh darum.«

»Dann nochmals Danke. Und noch gute Fahrt!«

»Und Ihnen einen schönen Abend.«

Den werde ich haben, dachte Nemecek und blinzelte in die Abendsonne. Als er sein Gespräch noch einmal Revue passieren ließ, stolperte er als Erstes über Swartling. Er konnte es immer noch nicht glauben, dass der Change Manager schon wieder abgetaucht war. Zuerst in die Tiefgarage und jetzt an einen unbekannten Ort. Doch den Fall, war Nemecek überzeugt, würden sie auch ohne Swartlings Hilfe aufklären. Oder saß er schon wieder einer neuen Illusion auf? Täuschte er sich über die Rolle, die der Veränderungsmanager in der ganzen Geschichte spielte? War er womöglich wesentlich stärker involviert, als sie bisher annahmen?

Genug damit!, beschloss Nemecek im nächsten Moment. Er musste dringend aus dem Ermittlungskarussell aussteigen, in dem er sich die ganze Zeit
drehte. Langholt, Swartling, Pflückinger, Wondratsch, Zettl, Joschak, Kniewasser, wirbelten die Lebenden wie die Toten in seinem Kopf herum. *Die
glorreichen Sieben* ihres Falls, kam ihm in den Sinn und in der Tarantino-
Version des 21. Jahrhunderts: *Inglourious Basterds*. Inglourious Managers,
assoziierte er weiter und von da aus war es nur mehr ein kleiner Schritt zum
Titel von Wondratschs Collage: *Tod dem Management!*

Aus! Er musste endlich einen Schlussstrich ziehen. Heute wollte er keinen
Gedanken mehr an den Fall verschwenden. Morgen ist auch noch ein Tag,
pflegte seine Großmutter zu sagen, wenn er es als Kind wieder einmal nicht
erwarten konnte. So nahm er sich vor, heute einmal früh ins Bett zu gehen,
um ein bisschen etwas gegen sein Schlafdefizit zu tun. Er musste zugeben,
dass das alles in allem schöne Aussichten waren. Am Ende des Tages wäre er
wohl auch richtig zufrieden gewesen, wenn ihm nicht beim Abstieg vom
Dach unversehens ein Bild eingeholt hätte. Und so sehr er sich auch an-
strengte, dieses Bild wieder loszuwerden: Katja Langholt und ihre rote
Sporttasche begleitete ihn bis in seine Träume.

Samstag, 10:28
Unerwartete Eröffnungen

Poppowitz klang so kurz angebunden wie immer. »Herr Chefinspektor! Der Herr Oberst steht jetzt zur Verfügung«, verkündete sie mit ihrer sonoren Stimme und beendete das Gespräch gleich darauf. Falls man dabei überhaupt von einem Gespräch reden konnte. Eher war wohl der Begriff Marschbefehl zutreffend. In jedem Fall passte das perfekt zu dem, was ihn bei Kappacher für gewöhnlich erwartete. »KoMaBe«, wie Obermayr zu sagen pflegte: Kontrolle, Mahnungen, Befehlsausgabe.

Als Nemecek sein Telefon zur Seite legte, huschte ein Bild von Poppowitz' Haarknoten an seinem geistigen Auge vorbei. Für Nemecek stand dieser Haarknoten pars pro toto für die Strenge, die Kappachers Organisationschefin verkörperte. Seit er Poppowitz kannte, sah dieser Knoten immer gleich aus: rund, kompakt und selbstverständlich so streng gedreht, dass kein einziges Haar es wagte, sich daraus zu verabschieden. Was auf die Frisur zutraf, galt letztlich für die gesamte Person: für ihre Haltung, für ihre Mimik und natürlich auch für ihren Kleidungsstil. Tagein, tagaus trug sie streng geschnittene Tweed-Kostüme, die Jacke bis zum Hals geschlossen, der Rock halblang, die Schuhe mit flachen Absätzen. Nur die Farbtöne variierten leicht, von dunkelrot bis dunkelbraun.

Auf dem Weg zu Kappachers Büro überlegte Nemecek, was wohl der Anlass für seinen Termin war. »Braucht er wieder mal jemanden, der ihm etwas vorsingt?«, hatte Obermayr geätzt. »Oder will er dir bloß eine neue Abreibung verpassen?« Doch beides konnte sich Nemecek nicht so recht vorstellen. Für einen klassischen Tagesreport war es eigentlich zu spät und vor den Kopf gestoßen hatte er seit seinem letzten Einsatz in Kärnten auch niemanden mehr. Zumindest, soweit ihm das bewusst war. Oder hatte sich etwa

Katja Langholt bei seinem Vorgesetzten beschwert? Zuzutrauen wäre es ihr
auf jeden Fall. Egal, in wenigen Minuten würde er den Anlass ohnehin erfahren. Nemecek klopfte, wartete kurz auf das Poppowitz'sche »Herein!«
und drückte die Türklinke hinunter.

»Guten Tag, Frau Chefsekretärin!«

»Chefinspektor!«, gab die Angesprochene zurück und blickte unversehens
von den vor ihr liegenden Unterlagen auf. Nemecek war so überrascht, dass
er mitten in der Bewegung innehielt. In all den Jahren war es vielleicht dreimal vorgekommen, dass ihm Poppowitz ihre ungeteilte Aufmerksamkeit
schenkte. Wollte sie ihm etwas sagen? Oder erwartete sie eine Frage? Er löste sich wieder aus seiner kurzfristigen Erstarrung, trat noch zwei weitere
Schritte nach vorne und blickte ihr unverwandt in ihr Gesicht. Das sah eigentlich aus wie immer, mit klaren Zügen, ungeschminkt und nach wie vor
nahezu faltenfrei. Nur mit ihren Augen schien irgendetwas nicht zu stimmen. Waren das etwa Tränen, die da in ihren Augenwinkeln glänzten? Und
waren ihre Lider nicht leicht gerötet, genau wie bei seinen Töchtern, wenn
wieder einmal Herzschmerz angesagt war? Im nächsten Augenblick ließ die
Chefsekretärin ihren Kopf wieder nach unten sinken und der besondere
Moment war vorüber. »Der Herr Oberst erwartet sie schon.«

Nemecek löste sich vom Poppowitz'schen Schreibtisch, zögerte jedoch kurz,
wie jemand, dem noch eine Frage auf der Zunge brennt. Er löschte den du-
biosen Brand, klopfte zweimal gegen die Zwischentür und trat ins Allerhei-
ligste.

»Chefinspektor!«, begrüßte ihn Kappacher ungewohnt beschwingt. »Schön,
dass sie es so schnell einrichten konnten.« Nemecek kam aus dem Staunen
nicht mehr heraus. Hatten denn heute alle irgendwelche Drogen genommen? Jetzt kannte er Kappacher fast 25 Jahre lang, aber an so eine leutselige
Begrüßung konnte er sich nicht erinnern. Hatte ihm der Urlaub so gut getan? Oder war das nur das sprichwörtliche Zuckerbrot? Er sollte auf der
Hut sein.

»Wie geht's mit dem Fall voran?«

»Wie wir in unserem letzten Tagesbericht ausgeführt haben, ist …«

»Jaja, ich weiß, dass Sie den Fall im Griff haben«, unterbrach ihn Kappacher. »Schließlich sind Sie mein bester Mann.«

War das der echte Kappacher? Oder hatte man ihnen einen Doppelgänger untergejubelt? Nemecek widerstand der Versuchung, sich nach versteckten Kameras umzusehen.

»Eigentlich wollte ich ja über etwas ganz anderes mit Ihnen reden.« Der Oberst räusperte sich. Er tat das gleich mehrmals und so lautstark, als säße ein ganzer Sumpf voller Frösche in seinem Hals. Währenddessen fingerte seine rechte Hand am Krawattenknopf herum. Wenn es nicht sein Vorgesetzter gewesen wäre, hätte Nemecek darauf gewettet, dass die vor ihm sitzende Person verlegen war.

»Nun, Ingrid habe ich es gerade eben gesagt, schließlich arbeitet sie seit über 30 Jahren für mich und hat es sich verdient, als Erste davon zu erfahren.« Kappacher setzte die Brille ab, um sich mit Daumen und Zeigefinger die Augäpfel zu massieren. Umständlich bugsierte er seine klobige Sehhilfe auf den Nasenrücken zurück. Dann blickte er Nemecek wieder geradewegs in die Augen und erklärte: »Ich habe mich entschlossen, mit Ende des Jahres aufzuhören.«

Nemecek traute seinen Ohren nicht. Hatte sein Vorgesetzter gerade eben seinen Rücktritt erklärt? »Aber warum …? Was …?«

»Ich habe natürlich erwartet, dass Sie schockiert sind«, kommentierte der Oberst selbstgefällig, lehnte sich zurück und schien mit einem Male wieder ganz der Alte zu sein. Doch wenn nicht gleich jemand »Reingelegt!« schrie, blieb die Tatsache, dass sein Chef demnächst den Polizeidienst quittieren würde.

»Wie kam es zu dieser Entscheidung?«, konnte Nemecek nun endlich die Frage fassen, die er gleich zu Beginn stellen wollte. Kappacher beugte sich nach vorne, als würde er ihn durch die körperliche Nähe noch besser ins Vertrauen ziehen können.

»Nun, ich will ganz ehrlich zu Ihnen sein«, setzte Kappacher an. Seine Hände hatten sich mittlerweile wieder beruhigt. »Die Entscheidung ist mir alles andere als leicht gefallen.« Mit einem kräftigen Ruck löste sich der Oberst wieder von der Tischplatte und ließ sich in seinen Schreibtischstuhl zurückfallen. Auf Nemecek wirkte er unversehens wie ein erschöpfter Boxer, der sich in seiner Ecke in die Seile fallen lässt. Aber dass dieses Bild auftauchte, war wahrscheinlich beabsichtigt.

»Sie fragen mich, warum ich diese Entscheidung getroffen habe?«, kehrte der Boxer erstaunlich erholt in die nächste Runde zurück. »Selbstverständlich kommen da ein paar Gründe zusammen.« Er hob seinen Zeigefinger. »Erstens bin ich nicht mehr der Jüngste – auch wenn man mir meine 63 Lenze Gottseidank nicht ansieht.«

Es wäre wohl nicht Kappacher gewesen, wenn er ohne eitle Gesten ausgekommen wäre. Sein aufgesetztes Lächeln wirkte sogar so, als ob er an dieser Stelle ein Kompliment erwarten würde. Doch Nemecek war nicht nach Theaterspielen zumute. Vielmehr war er gespannt, welche Geschichten ihm sein Vorgesetzter noch auftischen würde. Dieser vertrieb gerade das Lächeln aus seinem Gesicht und streckte diesmal Zeige- und Mittelfinger in die Höhe. »Zweitens habe ich bereits 40 Jahre meines Lebens in den Dienst der guten Sache gestellt und irgendwann darf's dann auch mal genug sein.«

Nemecek nickte. Dass ein ganzes Leben im selben Job seinen Tribut forderte, leuchtete ihm ein. Noch dazu, wenn dieser Job hauptsächlich aus Schreibtischarbeit bestand. Kappacher schien indes noch einen weiteren Grund auf Lager zu haben, denn nun standen gleich drei Finger in der Luft.

»Und drittens wird es nächstes Jahr eine große Reorganisation geben, bei der es angeblich um zukunftsweisende Weichenstellungen geht.«

Daher wehte also der Wind! Im Hintergrund wurden wahrscheinlich schon kräftig die Fäden gezogen und da schien ein Management-Dinosaurier wie Kappacher nicht mehr gefragt zu sein. Ob dieses Mal eine echte Reform in Angriff genommen wurde? Mit kollaborativeren Prozessen und einer zeitgemäßen Führungskultur? Oder lief das alles wieder nur auf den üblichen Postenschacher hinaus?

Kappacher seufzte. »Sie werden ohne mich auskommen müssen.«

»Was werden Sie denn mit der vielen Freizeit machen? Ihnen wird doch sicher schnell langweilig?«

»Im Gegenteil.« Kappacher zwinkerte geheimnisvoll. Lange konnte er das Geheimnis jedoch nicht für sich behalten. »Meine Frau und ich haben uns nämlich unseren Lebenstraum erfüllt und ein kleines Anwesen auf Madeira erstanden.« Nun strahlte er übers ganze Gesicht. Nemecek brauchte nicht lange, um zu kombinieren: Man hatte ihm ein Ausstiegsangebot gemacht, zu dem Kappacher nicht nein sagen konnte. Einen jener *Golden Handshakes*, bei dem beide Seiten froh waren, sich nicht mehr länger mit einander herumschlagen zu müssen. Die klassische Verabschiedung eines langgedienten Beamten, bei der eine Stange Geld alle zu Freunden macht.

Vielleicht hätte die *Acros* das auch tun sollen, kam Nemecek unvermittelt in den Sinn. Die Unbelehrbaren gewissermaßen aus der Veränderungsmasse heraus kaufen. Das hätte dem Unternehmen mit Sicherheit eine Menge Ärger und möglicherweise auch drei Tote erspart. Er beendete seine schrägen Überlegungen, um sich wieder auf das laufende Gespräch zu konzentrieren.

»Sie wissen schon, die Blumeninsel«, erklärte Kappacher gerade, als hätte Nemecek im Geografieunterricht geschlafen. »Sie können sich ja gar nicht vorstellen, wie viel Arbeit so ein kleines Häuschen mit Garten mit sich bringt!«

Absolut nicht, dachte Nemecek, der sein ganzes Leben in der Stadt gelebt hatte. Er konnte sich aber sehr gut vorstellen, dass es sich bei Kappachers kleinem Häuschen in Wahrheit um eine protzige Villa handelte und beim Garten um eine regelrechte Parkanlage mit Palmen, exotischen Pflanzen, Swimmingpool und allem Pipapo, auf das ein Oberst im Ruhestand und dessen Gattin Wert legten.

»Wahrscheinlich wird es in Zukunft mehr schräge Vögel wie Sie geben«, wechselte Kappacher übergangslos das Thema. Nemecek sah, wie dieser ihn kampflustig anfunkelte. Kam nach dem Zuckerbrot jetzt doch noch die Peitsche? Gar so etwas wie eine persönliche Abrechnung? Im Grunde hatte er ohnehin nicht damit gerechnet, dass ihn sein Chef bloß zum netten Plaudern einlud.

»Schräge Vögel?«, fragte Nemecek zurück, ohne seinen Ärger zu verbergen.

Kappacher versuchte es mit einer lockeren Erklärung: »Ich meine Kollegen, die es mit den Vorschriften nicht so genau nehmen und auf Anweisungen grundsätzlich allergisch reagieren.«

Kollegen, die ihren gesunden Menschenverstand einsetzen, um in der richtigen Situation das Richtige zu tun, übersetzte Nemecek, verspürte aber nicht die geringste Lust auf eine Replik. Stattdessen fragte er: »Haben Sie unsere Zusammenarbeit denn so erlebt?«

Kappacher schien ernsthaft nachzudenken. Nach einer Weile sagte er: »Leicht haben Sie es mir nicht gerade gemacht. Obgleich ich am Ende meiner Karriere zugeben muss, dass Ihnen der Erfolg oft recht gab. Ach, wahrscheinlich gehöre ich einfach zum alten Eisen!« Kappachers selbstmitleidiger Ton war nicht zu überhören, aber Nemecek würde sich garantiert nicht darauf einlassen. Vielmehr schien es ihm angebracht, jetzt am Drücker zu bleiben: »Die Zeiten haben sich jedenfalls verändert – und mit ihr die Methoden, die wir anwenden.«

»Die Krise der Hierarchie, der Verfall der großen Autoritäten, der Vertrauensverlust in die Institutionen«, ratterte sein Vorgesetzter die gebräuchlichen Schlagwörter herunter. »Glauben Sie ja nicht, dass mir die ganze Rhetorik unbekannt ist.«

»Das ist nicht bloß Rhetorik«, erwiderte Nemecek lauter als beabsichtigt. »Ich verstehe nicht, was daran falsch sein soll, diejenigen, die am meisten von ihrer Arbeit verstehen, selbst entscheiden zu lassen, wie sie diese gestalten, anstatt sie zu Umsetzungsmarionetten zu degradieren.«

»Umsetzungsmarionetten!« Der Hohn in Kappachers Stimme war nicht zu überhören. »Wenn jeder nur das tut, was ihm gefällt, sind wir ganz schnell wieder in der Steinzeit!«

Nemecek schnaubte. »Mir kommt eher vor, dass Ihr Argument aus der Steinzeit stammt. Abgesehen davon, dass es darum überhaupt nicht geht!«

»Und worum geht es Ihrer Meinung nach?«

»Es geht um Respekt vor dem fachlichen Wissen und Können, um Vertrauen in die Einsatzbereitschaft, um durchgängige Transparenz und um schlanke Kommunikationsformate, die neben der Autonomie auch ausreichend Abstimmung sicherstellen. Zum Beispiel in Form regelmäßiger Standups, an denen Sie ja selbst einige Male teilgenommen haben.«

»Erinnern Sie mich bloß nicht an diese elende Zettelwirtschaft!«, stöhnte Kappacher und hob die Hand an die Stirn, als leide er unversehens an akuter Migräne. »Und dazu steht man sich die Beine in den Bauch!«

Auch Nemecek konnte ein Stöhnen nicht unterdrücken – und schrak gleichzeitig hoch wie aus einem bösen Traum. Versuchte er hier allen Ernstes mit seinem Vorgesetzten über die Managementprinzipien zu diskutieren, mit denen er sich im Laufe der Ermittlungen wieder intensiver beschäftigt hatte? Wollte er en passant die Führungsgeschichte aufarbeiten, die die beiden miteinander erlebt hatten? Und erhoffte er davon gar so etwas wie finale Einsichten? Während Nemecek noch mit seiner Naivität haderte, stand Kappacher unvermittelt auf. »Ich hoffe für Sie, dass mein Nachfolger mehr Verständnis für Ihre Ideen aufbringt.«

Aus seinem Mund klang das Wort Ideen nach einem lästigen Hautausschlag. Dennoch zögerte Nemecek nicht, die ausgestreckte Hand zu ergreifen. Wann hatten sie sich eigentlich das letzte Mal die Hand geschüttelt? Trotz allem fühlte sich die Geste wie ein versöhnlicher Abschied an.

»Ich nehme an, bis dahin bleibt alles beim Alten?«

»Jawohl. Sie halten mich bitte auf dem Laufenden.«

Erst beim Hinausgehen fiel Nemecek auf, dass Kappacher tatsächlich bitte gesagt hatte.

Samstag, 13:13
Bis auf Weiteres

»Ich kann's einfach nicht glauben«, wiederholte Obermayr und kam aus dem Kopfschütteln gar nicht mehr heraus. Zukic betrachtete sie neugierig, in etwa so, wie man ein exotisches Tier im Zoo betrachtet. Für sie war Obermayrs Aufregung nur schwer nachvollziehbar – was allerdings nicht weiter verwunderte, da sie gerade Mal ein halbes Jahr im Kommissariat verbracht und in dieser Zeit nur wenig Berührungspunkte mit dem Oberst gehabt hatte.

Obermayr wiederum hatte in den knapp elf Jahren, die sie der Kripo angehörte, mehr als genug solcher Punkte gehabt. Viele Begegnungen waren eher unsanft verlaufen und manche davon konnte man mit Fug und Recht als Frontalzusammenstöße bezeichnen. Einige Meetings hätten wahrscheinlich gut in ein Prater-Autodrom gepasst. So wenig Nemecek die angeblich lustige Rempelei im Vergnügungspark verstand, so wenig konnte er nachvollziehen, warum sich seine Kollegin ständig mit Kappacher anlegen musste. Nichtsdestotrotz ahnte Nemecek, dass die gerade überbrachte Neuigkeit bei Obermayr nicht nur Erleichterung auslöste, sondern auch Wehmut. Denn so vehement sich seine Kollegin über Kappacher aufregte, so sehr genoss sie es insgeheim, ein perfektes Gegenüber für ihre Streitlust zu haben.

Nemecek blickte auf die Uhr und erschrak. Hatten sie sich jetzt allen Ernstes eine halbe Stunde lang mit Kappachers bevorstehendem Rücktritt beschäftigt? Seinen anfänglichen Bericht hatte er ja bewusst kurz gehalten, doch Obermayr wollte es nunmal an vielen Stellen ganz genau wissen. Ob man ihm tatsächlich eine fette Abfindung angeboten hatte? Welche Organisationsänderungen denn nun genau anstünden? Und was das für ihre Abteilung bedeuten würde? Zu Beginn beantwortete Nemecek bereitwillig alle Fragen, aber je länger das Gespräch dauerte, umso ungeduldiger wurde er. Wenigstens hatte er nichts von der seltsamen Auseinandersetzung rund um die Themen Führung und Zusammenarbeit erwähnt, sonst hätte er noch mehr Diskussionsstoff geboten.

Bereits auf dem Rückweg in sein Büro war ihm bewusst geworden, dass Kappachers Rückzug weit mehr in Bewegung setzte, als er anfänglich geglaubt hatte. Das war nicht einfach nur ein weiteres Streitgespräch gewesen, wie sie im Laufe der Jahre unzählige miteinander geführt hatten. Es rührte vielmehr einige Grundsatzfragen auf, die er seit Längerem mit sich herumschleppte: Was hatte er selbst zu dem schwierigen Verhältnis zu Kappacher beigetragen? Wie traditionell agierte er eigentlich selbst? Und wie sahen das seine Kolleginnen, deren offizieller Vorgesetzter er ja immer noch war? Das musste er sich einmal in Ruhe durch den Kopf gehen lassen. Jetzt war dafür allerdings ein denkbar schlechter Zeitpunkt.

»Ich denke, wir sollten uns nun endlich wieder dem Fall zuwenden. Welche Zwischenergebnisse haben wir?« Er blickte demonstrativ auf ihr Ermittlungsboard, das mittlerweile vor Tickets überquoll. Schwerer als die überwältigende Anzahl an offenen Aufgaben wog allerdings der Umstand, dass sie es nach wie vor mit einer Menge loser Fäden zu tun hatten. Nichts schien so richtig zusammenzupassen.

In Windeseile drehten seine Kolleginnen all jene Tickets um 45 Grad, über die es etwas zu berichten gab. Nemecek tat es ihnen nach und bewegte dabei auch einige Tickets seiner Kolleginnen. Schließlich ging es darum, sich erst einmal Übersicht über alle Themen zu verschaffen, die sie in diesem Standup adressieren wollten.

Keine fünfzehn Minuten später hatten sie einander wieder auf den letzten Stand gebracht. Das Meiste davon waren leider eher frustrierende Nachrichten. Es begann damit, dass Wondratsch nach wie vor unauffindbar war. Weder die Überprüfung seiner wenigen Freunde noch die Befragung der Teammitglieder hatte irgendwelche neuen Erkenntnisse gebracht. Die Kontrolle der Pensionen und Hotels lief noch, aber niemand glaubte so recht daran, dass sie dabei fündig würden. Der Kollege von der Wirtschaftskriminalität hatte in der Zwischenzeit zwar bestätigt, dass es sich bei dem Zahlenwerk aus Wondratschs Collage um Kontobelege und um Auszüge aus einer Firmenbilanz handelte. Doch leider waren alle Stammdaten geschwärzt, sodass sie keinen Hinweis auf die Herkunft der Unterlagen hatten.

Obermayr wettete freilich, dass die Auszüge von der *Acros* stammten und auch die Kontobelege einem der *Acros*-Manager zuzuordnen waren. »Am ehesten Joschak«, spekulierte sie laut. »Oder Zettl.« Hatte Wondratsch entdeckt, dass die beiden in die eigene Tasche gewirtschaftet hatten? Aber wenn dem so war: Warum mussten sie dann sterben? Bei allem, was sie bisher in Erfahrung gebracht hatten, war Swartling wohl der wahrscheinlichste Kandidat für finanzielle Unregelmäßigkeiten. Immerhin kämpfte er seit vielen Jahren mit chronischer Geldnot. Auf der anderen Seite musste man sich fragen, wie er das in so kurzer Zeit hätte bewerkstelligen sollen, da er doch erst seit ein paar Monaten im Unternehmen tätig war. Außerdem hatte er wohl kaum mit großen Geldsummen zu tun. Ganz im Gegensatz zu Langholt. Doch welchen Anlass hätte diese haben sollen, das Unternehmen zu betrügen? Ganz abgesehen davon, dass sie schon am Samstag eine minutiöse Aufstellung ihrer Aufenthaltsorte zu den genannten Tatzeiten übermittelt hatte. Zukic war ihren Angaben stichprobenartig nachgegangen und konnte keinerlei Unstimmigkeiten entdecken.

Nemecek merkte, dass er sich wieder einmal mit reinem Kaffeesatz-Lesen beschäftigte. Sie mussten einfach Wondratsch finden, dann würde sich vieles mit einem Schlag klären lassen. Hinsichtlich der Finanzunterlagen hatte ihnen der Wirtschaftskollege versprochen, das Ganze noch einmal genauer unter die Lupe zu nehmen. Irgendetwas, so war er sich sicher, stimmte mit den Zahlen nicht. Warum sonst sollten einige Beträge mit Leuchtstift markiert sein?

Umso ärgerlicher war, dass die Bankenauskunft nach wie vor auf sich warten ließ. Nach seinem Bericht über die turbulenten Ereignisse in Graz hatte Staatsanwalt Radinger seinen Antrag zwar anstandslos gewährt – wie erwartet allerdings nur für Niels Swartling. Für Langholt läge kein hinreichender Tatverdacht vor.

Das positivste Zwischenergebnis war zweifellos, dass Zukic den Veränderungsmanager erreicht hatte. Der wäre zwar, so Zukic, einigermaßen erstaunt gewesen, dass ihn die Polizei schon wieder so dringend sprechen wollte. Wenn es der Aufklärung dienen könne, soll es aber an ihm nicht scheitern, meinte er etwas schwülstig, bevor sie sich auf einen Gesprächstermin gleich heute

Nachmittag verständigten. Da Swartling angeblich den ganzen Tag unterwegs war, hatte Zukic einen Video-Call für 15 Uhr vereinbart.

»Auf den sollten wir uns gut vorbereiten«, meinte Nemecek. Obermayr stimmte zu. »Der hat uns ja einiges zu erklären.«

»Dieses Mal wird er sich nicht so einfach aus der Verantwortung stehlen können.« Nemecek ballte die Faust. Obermayr warf ihm einen ungläubigen Blick zu. So kampflustig kannte sie ihren Kollegen gar nicht. Am Ende fehlte nur noch ein kraftvolles Hugh!, um seine Entschlossenheit zu besiegeln.

»Kaffee?«, fragte Obermayr unvermittelt. »Oder willst du was essen?«

»Nein, danke. Hungrig bin ich echt nicht, dazu bin ich viel zu angefressen.«

»Dann ist ein anständiger Espresso wahrscheinlich genau das Richtige«, sagte Obermayr und griff nach ihrem Geldbeutel. »Komm, ich lade dich ein.«

»Großer, Melange.« Sein Lieblingskellner schob das Tablett über die Theke. Nemecek nickte anerkennend, ließ sich aber nicht weiter beirren. Dazu war er schon viel zu sehr in Fahrt gekommen.

»Je länger ich darüber nachdenke, umso weniger verstehe ich die Zusammenhänge. Vom Verhalten der einzelnen Beteiligten ganz zu schweigen: Warum haut Wondratsch ab, wenn er nicht etwas Schwerwiegendes zu verbergen hat? Wieso trifft sich Swartling heimlich mit Langholt? Welche relevanten Informationen hält Pflückinger zurück?«

»Du traust ihm nicht?«

»Ich glaube nicht, dass er uns Geschichten erzählt. Aber ich merke, dass mich seine kontrollierte Art nervt. Nur ja nicht zu viel preisgeben, immer schön die Interessen des Unternehmens schützen. Das ist doch pure Taktik im Gewande der Hilfsbereitschaft!«

»Ich versteh gar nicht, warum du dich so aufregst«, entgegnete Obermayr. Aber Nemecek war noch nicht fertig. »Ich tue alles, was in meiner Macht steht, um Ihnen zu helfen«, zitierte er Pflückingers Angebot. »Dass ich nicht lache!«

»Ich versteh gar nicht, warum du dich so aufregst«, wiederholte seine Kollegin. »Schließlich ist er der CEO eines internationalen Unternehmens. Was erwartest du da?«

»Muss er deswegen ständig taktisch agieren? Das ist echt mühsam.«

»Ich denke, er kann gar nicht anders. Das ist ihm nach den vielen Jahren in Spitzenpositionen sicher bereits in Fleisch und Blut übergegangen.«

Nemecek öffnete den Mund, wusste dann aber doch nicht so recht, was er dazu sagen sollte. Stattdessen warf er theatralisch die Hände in die Luft.

Obermayr sah ihn verblüfft an – und lachte dann plötzlich auf.

»Ich wüsste nicht, was daran lustig sein soll!«

»Ach, ich hab nur gerade festgestellt, dass wir offensichtlich die Rollen getauscht haben.«

Nun war es an Nemecek, verblüfft zu sein. Er musste nicht lange nachdenken, um seiner Kollegin zuzustimmen.

»Anscheinend muss ich auch einmal auslüften«, gestand er nach einem kräftigen Schluck von seinem Espresso.

»Schön gesagt. Obwohl es derzeit fast ein wenig danach aussieht, als ob deine Türen und Fenster auf Durchzug programmiert sind.«

Nun musste auch Nemecek lachen. »Das Schlimmste ist, wenn du den Humor verlierst, hat einmal eine kluge Frau gesagt.«

»Aber Scherz beiseite. Da ist schon was dran, an dem, was du sagst. Pflückinger ist für mich ein klassischer Opportunist«, pointierte Obermayr. »Und das muss er wahrscheinlich sein – schließlich hat er es als Vorstandsvorsitzender mit völlig unterschiedlichen Typen zu tun: Aufsichtsratsmitgliedern, Investoren, wichtigen Kunden, seinen eigenen Vorstandskollegen, einer kritischen Öffentlichkeit und last, but not least mit seinen eigenen Mitarbeitern. Soweit ich verstanden habe, verfolgt der agile Ansatz ja das Ziel, dass sich das gesamte Unternehmen in Bewegung setzt – mit dem Anspruch, dass diese Bewegung für alle Beteiligten einen Nutzen hat. Das ist sicher alles andere, als einfach zu managen.«

»Da musst du wendig sein«, dachte Nemecek laut weiter. »Und brauchst gleichzeitig ein gutes Stehvermögen.«

»Von Kondition und langem Atem ganz zu schweigen.«

»Was uns unweigerlich zur Frage führt, was das für unser weiteres Vorgehen bedeutet.«

Wie aufs Stichwort kam der Kellner auf sie zu. »Noch einen Wunsch, die Herrschaften?«

Nemecek warf Obermayr einen auffordernden Blick zu. »Eine Runde geht noch, oder?«

»Allemal. Und sind'S so gut und bringen mir noch einen Grappa dazu? Wenn ich schon nix ess, muss ich zumindest für eine gute Verdauung sorgen.«

»Na, dann mach ma gleich zwei«, meinte Nemecek launig. »Wenn's doch so g'sund ist.«

»Bis unser Marathon-Mann angelaufen kommt, müssen wir aber wieder nüchtern sein.«

»Marathon-Mann?«

»Ist dir noch gar nicht aufgefallen, wie stark der Veränderungsmeister der von Dustin Hoffman gespielten Figur ähnlich sieht?«

»Welcher Figur?«

»Na, der Hauptrolle im *Marathon Man*. Dem Filmklassiker von John Schlesinger?«

»Kenn ich nicht.«

»Kennt sie nicht«, sagte Nemecek in gespielter Entrüstung zum Kellner, der gerade seine neue Lieferung abstellte. »Ich hab wohl ganz vergessen, dass du hinter den sieben Bergen aufgewachsen bist!«

»Ah, versuchst du jetzt deinen Adrenalinstau bei mir abzubauen?«

»Adrenalinstau!« Nemecek gab sich empört.

»Naja, ganz im Gleichgewicht bist du nicht, seit du als Strohwitwer dahinvegetierst.«

»Dahinvegetierst!« Nemecek fühlte sich, als wäre ihm der Schnaps bereits zu Kopf gestiegen, bevor er einen einzigen Schluck genommen hatte. Aber gegen Obermayrs Schlagfertigkeit war nunmal kein Kraut gewachsen. »Lass uns lieber auf die Lösung des Falls anstoßen.«

»Die Lösung des Falls?«

»Die wir ab jetzt mit voller Kraft in Angriff nehmen«, verkündete Obermayr und hob ihr bauchiges Glas.

»Dagegen gibt es nicht das Geringste einzuwenden«, erwiderte Nemecek, bevor sie mit einem sanften Stoß die Gläser erklingen ließen.

Samstag, 15:02
Salamitaktik

»Sie wissen schon, was Zur-Verfügung-Halten bedeutet?«, fragte Obermayr pro forma. »Sie waren am Freitag den ganzen Tag über nicht erreichbar und niemand wusste, wo Sie sich aufhalten!«

»Ja, tut mir leid.« Swartling klang erstaunlich schuldbewusst. »Ich musste spontan ins Büro nach Graz. Und da hab ich dann ganz vergessen, Ihnen …«

»Was hatten Sie in Graz zu tun?«

»Nächste Woche stehen weitere Workshops zur agilen Veränderung an. Die haben wir gemeinsam mit den Kollegen vor Ort vorbereitet.«

»Und was haben Sie ab 16 Uhr gemacht?« Die Irritation, die Obermayrs Frage auslöste, war dem Change Manager anzusehen, ebenso sein Bestreben, diese Irritation zu überspielen.

»Ab 16 Uhr?« Swartling kratzte sich am Hinterkopf. »Mein letztes Meeting hat bis kurz nach fünf gedauert und dann habe ich noch …«

»Lügen Sie uns nicht an!«, führ ihm Obermayr in die Parade. »Sie wurden um 16 Uhr 30 in der Tiefgarage am Casino gesehen!« Nun entgleisten Swartlings Gesichtszüge endgültig. Keine Spur mehr von Dustin Hoffman, konstatierte Nemecek beiläufig. Eher Jim Carrey. Oder Jerry Lewis.

»Wer will mich da gesehen haben?« Seine Stimme klang mit einem Male ganz heiser.

»Das tut nichts zur Sache«, wischte Obermayr seine Nachfrage beiseite. »Also noch mal: Was hatten Sie um 16 Uhr 30 beim Casino zu suchen?«

»Na, was werde ich beim Casino gemacht haben?«, erwiderte Swartling unerwartet patzig.

»Sie waren allein?«

»Natürlich war ich allein.«

»Herr Swartling«, bellte Obermayr. »Ich habe Sie bereits gewarnt, uns keine Lügen aufzutischen!«

Der Veränderungsexperte schien noch kurz seine Optionen abzuwägen, sah aber dann wohl ein, dass diese nicht allzu rosig waren. Im Flüsterton gestand er schließlich: »Frau Langholt hat mich begleitet.«

»Wie das?«

Swartling rutschte unruhig vor der Kamera hin und her. Es war ihm anzumerken, dass er mit der Wahrheit kämpfte. Sollte er seine Karten auf den Tisch legen? Und wenn ja: Wie viele davon? Für einen passionierten Spieler gehörte das Bluffen einfach dazu.

»Also gut«, entschied er sich letztendlich zu einem klaren Bekenntnis: »Katja hat mir aus der Patsche geholfen.«

»Im Casino?«, unterbrach Obermayr schroff.

»Im Casino?« Swartling versuchte, den Ahnungslosen zu spielen.

Obermayr richtete sich auf. Für Nemecek sah sie ein bisschen wie eine angriffslustige Cobra aus. Diese Cobra war zwar nicht groß, ihr Biss allerdings überaus giftig. »Ich sagte: Keine Spielchen mehr, verstanden?«

Swartling wich zurück, als wäre er plötzlich das sprichwörtliche Kaninchen geworden, das auf die Schlange starrt. »Wir waren beim Casino, haben es uns aber im letzten Moment noch anders überlegt.«

»Vielleicht weil Ihnen eingefallen ist, dass Sie dort seit einem Monat Hausverbot haben?« Nemecek hatte den Satz ganz trocken serviert – und den Veränderungsprofi damit allem Anschein nach auf dem falschen Fuß erwischt. »Woher wissen Sie das?«, stotterte er.

»Wir stellen hier die Fragen!« Obermayr zeigte demonstrativ auf sich selbst, bevor sie ihren Finger um 180 Grad zum Bildschirm drehte. »Sie konzentrieren sich auf wahrheitsgemäße Antworten.«

Swartling starrte einige Sekunden lang wie gebannt auf den knapp vor der Kamera stehenden Finger. Dann sagte er: »Eigentlich war das Ganze ja ein riesengroßes Missverständnis.«

»Ein Missverständnis!« Obermayr spöttischer Ton war nicht zu überhören. »Raten Sie mal, wie oft wir das schon gehört haben.«

»So glauben Sie mir doch! Ich bin da echt in etwas hineingerutscht, dass …«

»Ach, halten Sie doch den Mund!« In Obermayrs Gesicht spiegelte sich Zorn. Nemecek hätte nicht zu sagen vermocht, ob sie das noch spielte oder längst in ihr Spiel hineingekippt war. Auf jeden Fall schien ihre aggressive Strategie aufzugehen: Ihr Gegenüber wirkte deutlich eingeschüchtert. Keine Spur mehr von dem weltgewandten Change-Guru mit seiner geschliffenen Rhetorik und seiner Fähigkeit, sich aus allem herauszuwinden. »Glauben Sie denn, wir machen unsere Hausaufgaben nicht? Sie sind hoch verschuldet und Graz ist keineswegs das einzige Casino, in dem Sie mittlerweile Hausverbot haben.«

Nemecek musste an sich halten, um sein Erstaunen zu verbergen. Seine Kollegin setzte nun ebenfalls auf einen gewagten Bluff! Die erwähnte Recherche bei den anderen Casinos hatten sie zwar ins Auge gefasst, das dazugehörige Ticket befand sich jedoch noch in dem riesigen Wust an unerledigten Aufgaben, die sich in der Zwischenzeit angehäuft hatten. Umso gespannter durfte man sein, welche Reaktion Obermayrs dreiste Behauptung auslösen würde.

Tatsächlich ließ Swartling den Kopf sinken wie jemand, der sich geschlagen gibt. Selbst ein Marathon-Mann konnte einmal am Ende sein. Was ihm wohl gerade durch den Sinn ging? Nemecek war sich keineswegs sicher, dass er wirklich aufgab. Eventuell war seine Betroffenheit bloß ein Vorwand, um sich eine neue Taktik zurechtzulegen. Als Swartlings Gesicht wieder am Bildschirm auftauchte, schien er sich für die Wahrheit entschieden zu haben: »Ja, ich bin spielsüchtig.«

Nemecek gab Obermayr ein Zeichen. Nach so viel Angriff war es höchste Zeit für ein wenig Empathie. »Sie sind nicht der Einzige mit diesem Problem«, zeigte sich Nemecek entsprechend verständnisvoll. »Sie wissen, dass es dafür professionelle Hilfe gibt.«

Er ließ noch ein paar Sekunden verstreichen, damit sich sein Gesprächspartner sammeln konnte. Dieser schien nach Anzeichen Ausschau zu halten, was als Nächstes auf ihn zukam. Dem guten Bullen traute er scheinbar ebenso wenig über den Weg wie dem bösen.

»Andererseits fragen wir uns, wie Ihr Problem mit den dramatischen Ereignissen der letzten Wochen zusammenhängt.«

»Mit den Morden?« Swartling wirkte erschrocken.

»Wer in der *Acros* wusste denn von Ihrer Spielsucht?«

»Nur Katja«, antwortete der Change Manager wie aus der Pistole geschossen. Wenn eine Antwort so schnell kam, dachte Nemecek, entsprach sie meistens der Wahrheit. Bei einem passionierten Spieler konnte sie allerdings genauso gut gelogen sein. Der Geruch der Lüge, der jetzt in der Luft lag, rief wieder die Scharfmacherin auf den Plan: »Das sollen wir Ihnen abnehmen? Halten Sie uns für bescheuert?«

»Ich schwöre Ihnen, dass …«

»Zettl und Joschak haben doch überall ihre Nase hineingesteckt. Und Sie wollen uns glauben machen, dass die von Ihrer Sucht nichts mitbekommen haben?«

Als hätte man ihm den Stecker gezogen, verfiel Swartling von einer Sekunde zur nächsten in ein dumpfes Starren. Nemecek ließ ihm Zeit. Dann sagte er, um einen möglichst sanften Ton bemüht: »Was meine Kollegin sagen möchte«, eröffnete er: »Wir gehen davon aus, dass die beiden Sie massiv unter Druck gesetzt haben. Und jetzt würden wir gerne erfahren, was genau man von Ihnen verlangt hat. Sollten Sie Joschaks Bewerbung unterstützen? Einen Freibrief für Zettls Machenschaften ausstellen? Kniewasser sabotieren? Oder den agilen Change verschleppen?«

Swartling presste die Lippen zusammen. Hierzu würde er sich garantiert nicht äußern, interpretierte Nemecek. Obermayr schien denselben Eindruck gewonnen zu haben, weswegen sie noch einmal zu dem Sucht-Punkt zurückkehrte. »Ich kann mir überhaupt nicht vorstellen, dass Reto Pflückinger nichts von Ihren Problemen gewusst haben soll, so lange wie Sie einander schon kennen.«

Unversehens öffneten sich die Lippen wieder. »Ich schwöre Ihnen: Außer Katja Langholt hat niemand etwas davon mitbekommen!«

Nemecek nahm sich ein wenig Zeit, um den Schwur sickern zu lassen. Doch wie er ihn auch drehte und wendete – in seinen Ohren klangen Swartlings Worte wenig glaubhaft.

Obermayr schüttelte den Kopf. »Ich komm mir langsam vor wie im Ringelspiel.«

Nemecek hatte ebenfalls das Gefühl, dass sie sich im Kreis drehten. Nun galt es, schleunigst daraus auszubrechen. Bevor er das Thema wechselte, wollte er allerdings noch einige Kleinigkeiten klären.

»Was sagt denn Katja Langholt zu Ihrer Spielsucht?«

»Sie macht sich große Sorgen.«

»Das heißt im Klartext?«, knurrte Obermayr dazwischen. Nemecek warf ihr einen strengen Blick zu. Auf die Dauer war es wenig hilfreich, wenn sie ständig den Ton verschärfte.

»Katja hat versucht, mir einen Therapieplatz zu organisieren.«

»Und werden Sie die Therapie machen?«

Plötzlich ging ein Ruck durch Swartling und er schlug die Hände zusammen. Über den Computer klang das fast wie ein Schuss. »Ich kann doch nicht mitten in der heißesten Veränderungsphase für mehrere Wochen aussteigen!« Er wirkte ernsthaft entrüstet. Das übliche Dilemma, dachte Nemecek: Das Problem wird ignoriert oder zumindest klein geredet und eine seriöse Lösung beharrlich aufgeschoben, während man sich vormacht, alles im Griff zu haben.

»Ich bin mir sicher, dass ich das Problem auch ohne langwierige Therapie in den Griff bekomme«, bestätigte Swartling prompt.

»Wie lange sind Sie denn eigentlich schon spielsüchtig?«

»Naja.« Swartling zögerte. »Ich habe schon als Kind gerne gespielt. Als Jugendlicher habe ich mich dann auf Sportwetten konzentriert. Später, als ich alt genug fürs Casino war, hat meine Leidenschaft immer größere Dimensionen angenommen.«

»Leidenschaft, die Leiden schafft«, murmelte Obermayr.

»Was haben Sie denn hauptsächlich gespielt?«

»Poker.«

Nemecek nickte. Das passte gut zu dem Bild, das er von dem Change Manager gewonnen hatte.

»Haben Sie eigentlich eine Ahnung, wie viel Geld Sie im Laufe Ihrer Karriere bereits verspielt haben?«

Es dauerte eine Weile, bis eine Antwort kam – als müsste Swartling zuerst eine schwierige Rechenaufgabe lösen, indem er alle jemals verspielten Summen im Kopf addierte.

»Vielleicht eine Million?«

»Eine Million Euro?« Obermayr verstand die Welt nicht mehr.

»Wahrscheinlich sogar ein wenig mehr«, korrigierte Swartling. »Zwischendurch habe ich allerdings auch gewonnen. Teilweise richtig fette Beträge.«

»Das legt die Frage nahe, wie Sie Ihr teures Hobby finanziert haben.«

Swartling sah ihn mit zusammengekniffenen Augen an, als überlege er, wie viel die Kommissare bereits wussten. Obermayrs Casino-Bluff unterstellte, dass sie bereits Einsicht in seine Finanzlage genommen hatten.

»Zuerst eine größere Erbschaft, später diverse Kredite.«

»Welche Bank sollte Ihnen noch Geld leihen?«, blieb Obermayr ihrer Wir-wissen-Bescheid-Linie treu.

»Es waren Privatkredite.«

»Sie haben sich mit Geldverleihern eingelassen?« Nemecek wusste, dass das in den meisten Fällen der Anfang vom Ende war. Hatten die Kredithaie einen einmal zwischen den Zähnen, gab es kein Entrinnen mehr.

Swartling schüttelte den Kopf. »Ich sagte doch: Es waren private Leihgaben.«

»Dann hätten wir gerne eine Liste mit allen Ihren großzügigen Mäzenen«, verlangte Obermayr. »Namen, Daten, Beträge.«

Der Veränderungsexperte zögerte erneut. Gut möglich, dass er sich gerade fragte, ob er tatsächlich zu einer solchen Liste verpflichtet war oder ob es auch ein Geschäftsgeheimnis für Privatanleihen gab. Am Ende musste er freilich zu dem Schluss gekommen sein, dass ihn eine Weigerung noch verdächtiger machen würde.

»Hauptsächlich hat mir Katja Geld geliehen.«

»Katja Langholt?« Swartling nickte.

»Wann und wie viel?«

»Im Laufe der letzten Wochen insgesamt 250.000 Euro.«

Obermayr stieß einen spontanen Pfiff aus. »Eine viertel Million? Das nenne ich eine großzügige Kollegin!«

Swartling zuckte mit den Schultern. »Das war kein Geschenk, sondern ein ganz normales Geschäft. Ich zahle ihr sogar Zinsen.«

»Wir werden das überprüfen«, beendete Nemecek die Finanzdiskussion, um nun endlich zu dem Thema zu kommen, das er bereits längere Zeit im Sinn hatte. Oder vielleicht war es gar kein Themenwechsel, sondern eher eine gerade Linie, die von Swartlings Spielsucht direkt zu Wondratschs Collage führte.

»Was hat eigentlich Ihr Kollege Wondratsch mit dieser Geschichte zu tun?«

»Felix?«, fragte Swartling verblüfft.

»Wir gehen davon aus, dass Sie ihn in der Zwischenzeit weder gesehen noch von ihm gehört haben, richtig?«

Einmal mehr zögerte der Change-Profi mit seiner Antwort. Dieses Mal war es nur ein Augenblick, doch Nemecek hatte ihn nicht übersehen. Wies das auf eine neue Lüge hin? Letztendlich war die Frage nicht so schwierig, dass man darüber nachdenken musste. Ein spontanes »Ja« oder »Nein« reichte völlig aus.

»Ich habe keine Ahnung, wo er steckt«, antwortete Swartling schließlich.

»Wie würden Sie denn Ihre Beziehung zu Wondratsch beschreiben?«

»Von Felix und mir?« Nemecek reagierte nicht. Er mochte nunmal keine Gegenfragen, bei denen es nur ums Zeitschinden ging. »Ich würde sagen, dass wir uns von Anfang an ganz gut verstanden haben. Wir teilen dieselbe Sichtweise, haben einen ähnlichen Hintergrund und arbeiten im ACT sehr konstruktiv miteinander.«

»Und privat?«

»Von seinem Privatleben weiß ich wenig.« Swartling stutzte. »Ich glaube, er hat einmal erwähnt, dass er bei einer Pflegefamilie aufgewachsen ist. Aber sonst …«

»Dann wissen Sie also nicht, dass Wondratsch und Kniewasser ein Paar waren.«

»Felix und Johanna?« Swartling war baff. Er blinzelte heftig und kippte dann kurzfristig aus dem Bild. Sie hörten ein unterdrücktes Husten.

»Davon haben Sie nichts mitbekommen?«, fragte Nemecek, als Swartling mit einem Taschentuch auf der Nase wieder am Schirm auftauchte.

»Nein, das ist mir neu.«

»Ändert das etwas an Ihrem Verhältnis zu Wondratsch?«

Swartling ließ seinen Kopf heftig hin- und herpendeln, als wären einige Schrauben in seinem Nacken locker. Es krachte bedenklich. Dann beendete er endlich seine Gymnastikeinlage und lieferte ein überzeugtes »Nein!«

»Warum meint Ihr ACT-Kollege eigentlich, dass Sie seine Unschuld beweisen können.«

»Seine Unschuld beweisen?« Swartling schien gar nicht mehr aus dem Staunen herauszukommen. »Wie soll ich das denn machen?«

»Gleich nach seinem Verschwinden hat uns Wondratsch eine SMS gesendet, in der er meint, dass Sie ihm ein Alibi für die Morde geben können.«

»Ein Alibi?« Swartlings Mund stand eine Weile offen, aber es wollten einfach keine Worte heraus kommen. Wie erwartet, dauerte es nicht lang, bis Obermayr die Beherrschung verlor.

»Können Sie nun oder können Sie nicht?«

»Sagen Sie mir nochmals die Daten, um die es geht?«, bat Swartling und griff nach seinem Smartphone. Er schien froh zu sein, dass er nun endlich wieder eine ganz normale Alltagshandlung ausführen konnte.

»8. August, 12. August, 21. August«, ratterte Obermayr die Tage herunter, an denen die drei *Acros*-Manager ums Leben gekommen waren.

»Ich habe Ihnen doch bereits nachgewiesen, wo ich da jeweils war.«

»Ja, aber jetzt geht es darum, ob Sie an diesen Tagen Wondratsch gesehen haben. Oder zumindest wissen, wo er sich jeweils aufgehalten hat.«

»Also gut. Am 8. August war ich in Linz. Da habe ich Felix den ganzen Tag nicht gesehen. Eigentlich die ganze Woche nicht, da er, soweit ich weiß, in Wien zu tun hatte und ich eben in Oberösterreich war.«

8. *August: Wondratsch Wien?*, kritzelte Nemecek in sein Notizbuch. Lilly würde so rasch wie möglich überprüfen, ob diese Angaben mit ihren bisherigen Informationen übereinstimmten.

»Am 12. August waren wir gemeinsam in Graz auf einem Workshop mit den Führungskräften. Der hat bis 13 Uhr gedauert. Ob Felix dann sofort nach Wien zurückgefahren ist, kann ich Ihnen nicht sagen. Ich selbst war ja, wie ich bereits angegeben habe, am Nachmittag in einem Meeting mit Vertretern der Finanz und der HR.«

»Da war Frau Langholt ebenfalls dabei, richtig?«

»Ja genau.«

»Und am 21. August war Wondratsch, wenn ich mich recht erinnere, bereits in Urlaub.«

»Zusammengefasst bedeutet das, dass Sie ihn zu keinem der Tatzeitpunkte gesehen haben.«

Swartling zuckte mit den Schultern. »Scheint so.«

Auf Nemecek wirkte das ziemlich gleichgültig. War ihm nicht bewusst, was seine Aussage für Wondratsch bedeutete? Oder war er bloß froh, seinen eigenen Kopf aus der Schlinge ziehen zu können? Nemecek warf seiner Kollegin einen vielsagenden Blick zu.

»Gut, Herr Swartling«, übernahm diese den anstehenden Gesprächsabschluss. »Das war's für heute. Wir werden erst einmal all Ihre Angaben verarbeiten. Sie halten sich zu unserer Verfügung.«

»Selbstverständlich.«

»Das haben Sie zuletzt auch gesagt«, erinnerte Obermayr.

»Tut mir leid, wird nicht wieder vorkommen.«

»Davon gehen wir aus.«

Noch bevor sie sich richtig verabschieden konnten, wurde der Bildschirm schwarz. »Da hat's aber jemand eilig.«

»Naja, du hast ihn ja auch ganz schön geröstet.«

Obermayr grinste. »Du weißt ja, in einem meiner früheren Leben war ich Beelzebub.«

»Oder Teufelin.«

Mit einem diabolischen Grinsen kostete seine Kollegin die Vorstellung noch ein wenig aus. Dann wurde sie wieder ernst.

»Glaubst du eigentlich, was uns Swartling erzählt hat?«

»Ich denke, dass er uns zumindest ein paar Scheiben von der Wahrheitswurst serviert hat. Du weißt ja: klassische Salamitaktik.«

Obermayr nickte geistesabwesend.

»Zumindest haben wir ein bisschen Staub aufgewirbelt.«

Samstag, 17:24
Waagrechtes und Senkrechtes

Der Staub hat sich wieder gelegt, dachte Nemecek. Er hob die Füße hoch. Die kleine Bewegung genügte, um die Hängematte wieder in ein sanftes Schaukeln zu versetzen. Aus irgendeinem Grund blieb sein Blick an den farbigen Streifen der Matte hängen: dunkelblau, hellgrün, weiß, dunkelgrün, hellblau, türkis. Ein Muster konnte Nemecek nicht erkennen, die Farbstreifen schienen einander vollkommen zufällig abzuwechseln. Er löste seine Augen von dem groben Stoff und richtete sie wieder auf sein Notizbuch. Auch in seinen Aufzeichnungen wollte sich partout kein Muster zeigen. Gleichzeitig war er davon überzeugt, dass ihm die Lösung bereits vor Augen stand – oder, wenn schon nicht die Lösung, so doch zumindest der entscheidende nächste Schritt.

Das Telefon unterbrach seinen Gedankenfluss. Er blickte auf das Display, auf dem der Name seiner jüngeren Tochter und gleich darauf ihr Gesicht auftauchte.

»Hallo Sophie!«

»Hallo Papa. Wie geht's dir?«

»Alles gut bei mir«, versicherte Nemecek. »Ich bin im Augarten.«

»Hängematte, oder?«

»Hängematte, richtig. Unter einem wunderschönen Ahorn. Mit sanftem Wind. Da hält man auch den Hochsommer aus, der die Stadt allmählich in einen Heizkessel verwandelt. Und bei euch? Seid ihr schon am Packen?«

»Zumindest die Lydia und ich. Lea hat natürlich noch gar nichts gemacht.«

»Freust du dich schon wieder auf zu Hause?«

»Naja, wenn es so heiß ist, würde ich lieber noch am See bleiben. Aber auf mein eigenes Bett freue ich mich trotzdem.«

»Alles klar«, murmelte Nemecek. »Hattet ihr einen guten Tag?«

»Ja, war eh lustig.«

Nemecek hatte den Eindruck, dass seine Tochter ein wenig bedrückt klang, wollte aber nicht nachbohren. Lieber fragte er nach seiner Frau.

»Ist die Mama in der Nähe?«

»Soll ich sie dir geben?«

»Bitte.«

»Also dann bis morgen, Papa. Mach's gut«, verabschiedete sich Sophie und war im nächsten Moment vom Bildschirm verschwunden. Nemecek starrte in den leeren Raum vor sich. Er musste nicht allzu lange warten, bis Bettina auftauchte.

»Hallo Schatz. Wie geht's?«

»Gut. Und dir?«

»Schon ein wenig hektisch, wenn ich ehrlich bin.«

»Aufbruch halt.«

»Ja, und das übliche Gezeter.« Vor Nemecek tauchte sofort das Bild seiner älteren Tochter auf, die gemütlich auf ihrem Bett lag, während um sie herum aufgeregte Betriebsamkeit herrschte. Er konnte nur hoffen, dass es dieses Mal nicht allzu heftig krachte.

»Wann kommt ihr morgen?«

»Wir müssen spätestens um elf aus der Wohnung draußen sein. Das heißt, wir sollten etwa um drei in Wien eintreffen.«

»Passt. Habt ihr irgendwelche Wünsche? Soll ich was einkaufen?«

»Nicht notwendig«, winkte Bettina ab. »Ich habe mit Rosi ausgemacht, dass wir uns Pizza bestellen.«

»Ähm. Mit Rosi?«, wunderte sich Nemecek. Hatte er da irgendetwas versäumt? Er konnte sich nicht erinnern, dass sie ihre Freunde gleich morgen Abend treffen wollten.

»Ja. Das haben wir doch so ausgemacht?! Die Schnaitls kommen um halb sechs zu uns und die Kids wollen unbedingt *Activity* spielen.«

»Okay.« Nemecek meinte, sich vage erinnern zu können. Aber vielleicht rechneten sie ja gar nicht damit, dass er Zeit hatte?

»Hast du überhaupt Zeit?«, hakte Bettina genau an diesem Punkt nach. »Oder nimmt dich der Fall so in Anspruch, dass du ohnehin auf Achse bist?«

»Ist ja wohl klar, dass ich mir morgen Nachmittag freigehalten habe«, erklärte Nemecek großspurig. »Wir haben einander so lange nicht gesehen und …«

»Moment, bitte.« Bettina hob die Hand. »Ich glaube, da braut sich ein neues Donnerwetter zusammen.« Jetzt hörte auch Nemecek die aufgeregten Stimmen im Hintergrund. Er konnte sich gut vorstellen, dass seine Töchter wieder einmal aneinander geraten waren.

»Ich glaube, ich gehe mal besser nachschauen«, beschloss Bettina. »Sonst kommen wir womöglich gar nicht alle gesund und munter nach Wien.«

»Mach das.« Nemecek nahm kurz das Telefon vom Ohr, bevor er sagte: »Das heißt, wir sehen einander morgen Nachmittag.«

»Wir rufen dich von unterwegs nochmals an. Eventuell kannst du uns beim Ausräumen helfen.«

»Wird gemacht«, versprach Nemecek. »Ich freue mich riesig auf euch!«

»Wir freuen uns auch«, erwiderte Bettina, während sie mit ihrem Tablet den Raum durchquerte. Nemecek wurde fast schwindlig, so verwackelt waren nun die Bilder. Der Eindruck der Unruhe wurde durch die immer lauter werdenden Stimmen verstärkt. Dann hob Bettina das Tablet noch einmal vors Gesicht.

»Also dann«, verabschiedete sie sich und spitzte die Lippen. Nemecek schickte einen virtuellen Kuss zurück, dann war die Leitung unterbrochen.

Er nahm wieder sein Notizbuch zur Hand und blätterte langsam zurück. Mittlerweile war das Buch fast vollständig mit Notizen und jenen kompakten Zusammenfassungen gefüllt, mit denen er komplexe Sachverhalte auf möglichst einfache Formeln zu bringen versuchte. Dass er im Laufe dieser Ermittlungen viel zu wenig Zeit für seine Aufzeichnungen gehabt hatte, konnte man allein an den vielen Abkürzungen erkennen, die er verwendete.

Ag C, las er in der obersten Zeile: *Veränd. in ag. Sinn gestalten, also »auf Sicht«, in überschaubaren Etappen und regelmäßig innehaltend, um aus den jeweiligen Ergebn. zu lernen und die richtigen Schlüsse für das weitere Vorgehen zu ziehen.*

Ag F, hieß es gleich darunter, *keine Machtpos. einer best. Person, sondern eine Dienstleistung, die in der Org. von versch. Leuten erbracht wird.*

Ag O, kam zu guter Letzt, *definiert als die doppelte Fähigkeit, sich einers. schnell auf veränd. Anforderungen einzustellen und anderers. lfd. neue Geschäftsmögl. zu kreieren.*

Er stutzte. Wie von selbst fiel sein Kopf ein wenig nach rechts, sodass sich seine Perspektive von der Waagrechten in die Senkrechte verschob. C, F, O, sprang ihm ins Auge, als er seine agilen Definitionen unter dem veränderten Blickwinkel betrachtete. Sollte das ein Hinweis sein? Oder war das, im wahrsten Sinne des Wortes, einfach nur schräg?

Die Frage, wie Katja Langholt eigentlich zur Agilität stand, war allemal interessant. Soweit er verstanden hatte, umfasste die neue Beweglichkeit ja auch das Finanzwesen. Statt weiter auf bürokratische Planungs- und Kontrollrituale wollte man in Zukunft auf kürzere Informations- und Feedbackschleifen setzen. Wie nannte der CEO das doch gleich? Chief Future Officer.

Schnell blätterte Nemecek an den Anfang seines Buches zurück. Darüber hatte Pflückinger doch bereits in einem seiner ersten Interviews gesprochen. Kurz darauf fand er das Statement, das er sogar Wort für Wort festgehalten hatte: *Wir müssen aufhören, unsere Unternehmen primär über die Kosten zu steuern, und uns stattdessen auf die gemeinsame Wertschöpfung für den Kunden konzentrieren.* Ein starkes Postulat, das zweifellos Konsequenzen hatte. Teilte Langholt diese Ansicht? Oder befürchtete sie nicht eher einen massiven Machtverlust?

Nemecek ahnte, dass in diesen Fragen einiges an Konfliktpotenzial schlummerte. Oder vielleicht nicht bloß schlummerte, sondern eher wucherte, weil die Differenzen längst aufgebrochen waren.

Während er in seiner Hängematte schaukelte, kristallisierte sich das weitere Vorgehen wie von selbst heraus. Erstens mussten sie nochmals Langholts Alibis auf Herz und Nieren prüfen. Immerhin lag der Verdacht nahe, dass sie diese künstlich fabriziert hatte, höchstwahrscheinlich mit der tatkräftigen Unterstützung von Niels Swartling. *Alibis Langholt prüfen*, kritzelte Nemecek auf eines der Post-its, die stets in seinem Notizbuch klebten, damit er auch zwischendurch Tickets für ihr Ermittlungsboard kreieren konnte. Mit ungebrochenem Schwung schrieb er gleich noch ein Ticket für den zweiten Punkt, der ihm für die weitere Aufklärung wesentlich erschien: *Bewegungsprofil Langholt*. Wo genau war sie wann gewesen? Wie lange hatte sie sich an welchem Ort aufgehalten? Über welchen Aktionsradius verfügte sie jeweils? Und reichte die zur Verfügung stehende Zeit, um zu den jeweiligen Tatorten und von dort wieder zurück ins Büro zu gelangen, ohne dass sie Verdacht erregte?

Probehalber spielte Nemecek die verschiedenen Schauplätze durch: Für die Manipulation an Zettls Wagen hätte Langholt nur einen ihrer regelmäßigen Wien-Termine nutzen müssen. Einen Abstecher von Graz nach Kärnten zu machen, war ebenfalls keine große Sache. Für die Attacke auf Kniewasser hätte sie natürlich schon in aller Herrgottsfrüh nach Oberösterreich fahren müssen. Doch wenn einem das Wasser bis zum Hals stand, war das wahrscheinlich das geringste Problem. Von Graz nach Hinterstoder brauchte Langholt höchstens zwei Stunden, wenn sie wie Obermayr fuhr, war das sogar in eineinhalb zu schaffen. Als Alibi gab sie ein Meeting an, das um 10 Uhr in Linz stattfand. Niemand im dortigen *Acros*-Büro konnte wissen, ob sie dafür direkt aus Graz kam oder davor einen Abstecher nach Hinterstoder gemacht hatte. Die Verkehrskameras der Straßenaufsicht wussten das sehr wohl. Zukic sollte recherchieren, ob deren Aufzeichnungen zur fraglichen Zeit Langholts BMW erfasst hatten.

Nemecek blickte auf die Uhr. Am liebsten hätte er Zukic jetzt gleich aufgescheucht. Doch er beschloss, nicht schon wieder alles zu überstürzen, sondern noch einmal darüber zu schlafen, bevor er neuerlich zum Halali blies. Einstweilen konnte er sich ja mit der noch verbleibenden Frage beschäftigen, ob Langholt denn überhaupt imstande gewesen wäre, die Morde zu begehen. Schließlich musste die Täterin über ausreichend technisches Knowhow verfügen, über die nötige Körperkraft sowie über einiges Geschick. Es galt, ein Boot in unruhigen Gewässern zu steuern, eine Bremsleitung fachkundig zu durchtrennen und mit dem Mountainbike auf die Höss zu radeln.

Über die erforderliche Kaltblütigkeit wollte Nemecek erst gar nicht nachdenken.

Umständlich kramte er sein Tablet noch einmal aus dem Rucksack. Kaum
dass er das Langholt-Dossier geöffnet hatte, kam der Ärger wieder hoch,
der die ganze Zeit über in ihm gebrodelt hatte. In Wahrheit hätte er viele
dieser Fragen schon längst klären können. Doch auf dem Weg nach Graz
hatte er ja lieber Ghegas Baukunst bewundert, als sich in die Informationen
zu vertiefen, die ihm Zukic über Langholt zusammengestellt hatte.

Und tatsächlich: Keine zehn Minuten später hatte er fast alle Unklarheiten
beseitigt. Als gebürtige Hamburgerin hatte Langholt sicher genügend
Übung darin, ein Boot auch in unruhigem Gewässer sicher zu steuern. Interessant war der Hinweis, dass Langholt früher Radrennfahrerin und sogar
einmal Mitglied der deutschen Olympiaauswahl gewesen war. Wenn man
davon ausging, dass sie auch später einigermaßen im Training geblieben
war, waren 1000 Höhenmeter auf dem Mountainbike sicher keine Herausforderung für sie. Blieb allein die Frage, inwiefern sie sich mit Autos aus-
kannte. Aber wahrscheinlich konnte man auch im Internet eine solide Anlei-
tung für das Durchtrennen einer Bremsleitung finden.

Nemecek fuhr zusammen. Natürlich hatte er schon oft die Feuerwehrsirene
gehört. Dieses Mal erwischte sie ihn allerdings gleichsam auf dem falschen
Ohr. Im Angesicht der beiden kolossalen Flaktürme, die mitten im Augarten
den zweiten Weltkrieg präsent hielten, verbreitete die Sirene regelrechten
Katastrophenalarm. Nachdem er den ersten Schrecken überwunden hatte,
nahm Nemecek das langgezogene Heulen als Zeichen für den Aufbruch. Ein
paar Minuten später waren all seine Sachen im Rucksack verstaut. Er stieg
auf sein Fahrrad und wollte gerade losfahren, als sein Telefon läutete.

»Nina!«, fiel ihm plötzlich ein. Er hatte ganz vergessen, dass sie sich noch
kurzschließen wollten. Rasch öffnete er noch einmal seinen Rucksack.

»Bezirksinspektorin Nina Obermayr, melde gehorsamst«, hörte er die vertraute Stimme, als er sein Telefon endlich am Ohr hatte. »Ich hätte da ein
paar Neuigkeiten.«

Sonntag, 8:31
Traumhafte Bewegungen

Berge, Wälder, Himmel. Zuerst war es wie ein Schnappschuss aus Hinterstoder gewesen, als er nach Kniewassers Absturz an der Felswand gestanden war. Er trat nach vorne, ganz an den Rand des schmalen Pfades. Als er seinen Blick in die Tiefe richtete, entdeckte er hingegen kein zerstörtes Mountainbike, sondern eine riesenhaft vergrößerte Ausgabe von Wondratschs Collage. Bei genauerem Hinsehen fiel ihm auf, dass die einzelnen Bestandteile der Collage nicht bloß ihre Größe verändert hatten. Sie befanden sich vielmehr auch in Bewegung. Tatsächlich führten die verschiedenen Fotos, Texte und Post-its einen sonderbaren Tanz auf, als ginge es darum, noch nie gesehene Zusammenhänge zu schaffen. Unvermittelt verband sich Totzauers Todesnachricht mit der Spielkarte aus dem Autoquartett, die Konzertkarte mit einem Foto vom Faaker See, der Text zu agilem Management mit der Ansichtskarte aus der Pyhrn-Priel-Region. Manche Artefakte wirbelten so hoch in die Luft, dass sie ihm zum Greifen nahe vorkamen.

Als einige der roten Schnüre, die sich nun vollständig von der Collage gelöst hatten, zum wiederholten Male an ihm vorbeiflogen, streckte er die Hand aus. Als er sie jedoch wieder zurückzog, hatte er keine einzige Schnur gefangen. Stattdessen klebten plötzlich eine Unmenge von schmalen Papierstreifen zwischen seinen Fingern. Geschredderte Unterlagen, erklärte er sich selbst, bevor er tatsächlich verschiedene Zahlen und Buchstaben auf den einzelnen Streifen entdeckte. Konnte es sich hierbei um die Kontoauszüge handeln, die Wondratsch in sein Panorama integriert hatte? Oder um die Bilanzen?

»Das haben Sie jetzt davon«, hörte er Kappachers Stimme aus dem Hintergrund, »dass Sie ständig …« Ein heftiger Windstoß verblies die letzten Worte des Obersts. Außer einem intensiven Rauschen war nichts mehr zu hören.

Nemecek würde nie erfahren, was er ständig tat und welche Konsequenzen das hatte.

Er beschloss, Obermayr dazu zu holen. Sie würde sicher wissen, was als Nächstes zu tun war. Doch als er ihr die Streifen präsentieren wollte, waren seine Hände mit einem Male leer.

Nemecek erwachte schweißgebadet. *8:31*, informierte ihn sein Smartphone. Bewegung, erinnerte er sich sofort an das feste Vorhaben, mit dem er gestern eingeschlafen war. Ja, er würde noch vor dem Frühstück eine kleine Runde drehen.

Er sprang aus dem Bett und ging ins Bad, um das zu erledigen, was Bettina seine tägliche Katzenwäsche nannte: Toilette, Hände waschen, Zähneputzen, Wasser ins Gesicht spritzen, fertig. Keine zwei Minuten später griff er nach seinen Laufschuhen.

Auf der Straße angekommen fühlte er eine bleierne Schwere. Seine Beine waren so steif, dass er Mühe hatte, die Knie ordentlich abzubiegen. Sogar seine Arme fühlten sich wie eingerostet an. Das kommt davon, weil du dich nicht regelmäßig bewegst, schalt er sich selbst. Und es stimmte: Seit dieser Fall an Fahrt aufgenommen hatte, war er selbst mehr und mehr erstarrt. Das ständige Unterwegssein forderte seinen Tribut. Durch die vielen Auto- und Zufahrten hatte er seinen gewohnten Rhythmus verloren und das spürte er nun gleichsam auf Schritt und Tritt. Üblicherweise achtete er immer gut auf seine Balance. Sie war ihm gleichermaßen Kraftquelle und Lebensphilosophie, gleichsam das stabile Fundament, auf dem er sein Leben aufbaute. *Mens sana in corpore sano*, wie schon die alten Lateiner wussten. Doch der aktuelle Fall brachte seinen Geist wie seinen Körper total aus dem Gleichgewicht.

Während er den Yppenplatz überquerte, nahm er sich fest vor, gleich nach seiner Rückkehr endlich Sebastian Neufeldner anzurufen, um ihre nächste Mountainbike-Tour auszumachen. Die für letzten Donnerstag geplante Runde musste er absagen, weil sie auf der Jagd nach Wondratsch waren. Auf Dauer war das eindeutig die falsche Prioritätensetzung! Er fragte sich gerade, welche Laufstrecke er heute nehmen sollte, als ihn seine Beine an der nächsten Ecke ganz automatisch nach links und keine 50 Meter danach wieder nach rechts lenkten. Auf diese Weise zog sein inneres Navi nach, würde er die Kirchstetterngasse relativ früh kreuzen und dann immer geradeaus in Richtung Ottakringer Brauerei laufen.

Knappe zehn Minuten später war er an eine Stelle gekommen, die er auch mit verbundenen Augen hätte lokalisieren können. Schließlich lag wieder dieser intensive Geruch nach Malz in der Luft, den es bei Westwind manchmal bis zu ihrer Wohnung trieb. Er ließ das Brauereigelände links liegen und lief weiter in Richtung 17. Bezirk. Als er durch den Torbogen der neu gebauten Wohnhausanlage kam, bildete sich Nemecek plötzlich ein, er würde eine Schleuse in eine andere Dimension durchqueren. Innerhalb weniger Schritte fand er nämlich seine alte Leichtigkeit wieder. Die Bewegungen liefen so geschmeidig wie eh und je, keine Spur mehr von schwerfälligen Beinen und dieser unerklärlichen Kurzatmigkeit, die ihn bis hierher gequält hatte. Und wie immer, wenn er zu einer gewissen Automatik gefunden hatte, verschob sich seine Aufmerksamkeit von seinem Körper auf seinen Kopf. Schritt für Schritt ließ er Obermayrs Bericht über den gestrigen Nachmittag noch einmal vor seinem inneren Auge vorbeiziehen.

Nachdem Zukic gegen 14 Uhr von ihrem Arzttermin zurückgekommen war und Obermayr sie auf den letzten Stand gebracht hatte, stand Organisatorisches auf der Tagesordnung. In einem konzentrierten Nebeneinander leiteten die beiden alle notwendigen Folgeschritte in die Wege, um mit ihren Ermittlungen voranzukommen. Telefonate wurden geführt, E-Mails geschrieben, Berichte verfasst und die nächsten Puzzleteile zugeordnet. Die Kriminaltechnik hatte endlich Kniewassers Fahrrad fertig untersucht und wie erwartet keine brauchbaren Spuren entdeckt. Dafür lieferte die Rechtsmedizin den ultimativen Beweis, dass es sich im Fall Kniewasser tatsächlich um Mord handelte. Todesursache war und blieb zwar Genickbruch. Am Unterarm hatten Probisch und Habicher jedoch zwei kleine Brandwunden entdeckt, die eindeutig von einem Elektroschocker herrührten. Kniewasser war also gezielt außer Gefecht gesetzt und dann mit ihrem Fahrrad in die Tiefe befördert worden. Ob die zahlreichen Hämatome auf Kniewassers Oberkörper nun von einem heftigen Stoß herrührten oder von dem Sturz über die Felsen, war unmöglich festzustellen. Laut Habicher stand auch noch der toxikologische Befund aus. Nemecek war allerdings unklar, was er davon erwarten sollte. Glaubten sie ernsthaft, Kniewasser habe vor ihrem Aufbruch auf die Höss noch schnell ein paar Medikamente zu sich genommen? Oder irgendwelche Aufputschmittel, die dann im falschen Moment einen heftigen Schwindelanfall auslösten? Andererseits war dieser Fall bereits für einige

Überraschungen gut gewesen – und würde zweifellos noch einige weitere bereithalten. Also lieber auf Nummer sicher gehen.

Vom mutmaßlichen Täter gab es allerdings nach wie vor keine Spur. Felix Wondratsch schien, wie Obermayr weiter berichtete, vom Erdboden verschluckt zu sein. Weder war er nochmals in der mittlerweile überwachten Gartenhütte aufgetaucht noch in seiner Wohnung. Soweit sie bisher wussten, hielt er sich auch in keinem Hotel auf. Hatte er sich womöglich ins Ausland abgesetzt? Oder nützte er Verbindungen, von denen sie nichts wussten, um sich einer Verhaftung zu entziehen? Irgendwie wurde Nemecek das Gefühl nicht los, dass Wondratsch sich ganz in ihrer Nähe befand, gleichsam vor ihren Augen und doch gänzlich unsichtbar. Ein Ende des Versteckspiels war nicht absehbar.

Nemecek rümpfte die Nase. So wie vor ein paar Minuten das Malz wehte ihm hier ein intensiver Geruch nach Schokolade entgegen. *Manner mag man eben,* präsentierte ihm das rosarot gestrichene Fabrikgebäude den alten Werbespruch. Im Unterschied zur Brauerei, die in den letzten Jahren nicht nur das Firmengelände renoviert, sondern auch in zahlreiche Produktinnovationen investiert hatte, setzte der Keksfabrikant vor allem auf Tradition – was sich sowohl im Design als auch in der Werbung widerspiegelte. Ließ sich also behaupten, dass die hippe Brauerei ein wesentlich agileres Unternehmen war als der bloß ein paar Hundert Meter entfernte Süßwarenhersteller, dessen Erzeugnisse als ebenso typisch wienerisch angesehen wurden wie die Sachertorte? Die Ottakringer verfolgten jedenfalls seit einigen Jahren neue Trends, entwickelten ihre eigenen Craft-Biere, kombinierten das mit coolem Marketing und gewannen durch diverse Musikveranstaltungen vor allem junges Publikum für die Marke. Steckte hinter dieser Strategie dann zwangsläufig ein agiles Management?

Unsichtbare Verbindungen, kam ihm plötzlich in den Sinn, als er hinter der *Manner*-Fabrik nach links bog. Das war zwar keine Lösung für seine agilen Rätsel, aber Nemecek ahnte, dass er sich soeben selbst einen wichtigen Hinweis gegeben hatte. So ließ er die Agilität fürs Erste Agilität sein und fragte sich stattdessen, was sie übersehen haben könnten. Sollten sie noch einmal Wondratschs persönliches Umfeld durchleuchten? Mit seinen Kollegen in der Softwareentwicklung sprechen, die sie aus Zeitnot bislang nur kurz befragt hatten? Oder sich gar in die agile Community einklinken, in der Wondratsch bekanntermaßen aktiv war? Einmal mehr wusste er nicht, was wirklich zielführend war.

Er atmete tief aus. Es hätte gut gepasst, wenn er auf der Stelle getreten wäre, statt mit leichten Schritten auf die imposante Kirche zuzulaufen, die aus dem Häusermeer der Hernalser Vorstadt ragte. Dass er auf seiner kleinen Bezirkstour trotz allem im Kreis lief, fügte sich allerdings gut ins Bild.

Unsichtbare Verbindungen, hallte es in einer dunklen Kammer seines Gehirns wider. Unbekannt, ungreifbar, unterirdisch, assoziierte er weiter. Die Collage! Es war wohl das, was man einen Geistesblitz nannte. Denn mit einem Male wusste Nemecek, wie ihr nächster Schritt aussehen würde. Sie würden Wondratschs geheimnisvolle Collage noch einmal ganz genau unter die Lupe nehmen! Längst war dieses riesige Puzzle zum Sinnbild ihres vertrackten Falls geworden. Mit einer Überfülle von Informationen, unzähligen Verweisen und noch viel mehr Kombinationsmöglichkeiten, die keinen roten Faden erkennen ließen. Während sich seine Schritte wie von selbst beschleunigten, war er sich auf einmal sicher, dass sie mit einem frischen Blick etwas Bahnbrechendes entdecken würden. Die Gretchenfrage war nur, worauf sie diesen Blick konzentrieren sollten.

Sonntag, 10:04
Durch und durch agil

»Na so was! Hallo, Herr Chefinspektor!«

»Äh, hallo.« Nemecek verlangsamte seinen Schritt. Er musterte die blonde Frau, die ihn schon von Weitem begrüßt hatte und nun mit erhobener Hand auf ihn zukam. Sie war mittelgroß und schlank, es war nicht zu übersehen, dass sie viel trainierte. Irgendwie kam sie Nemecek bekannt vor, aber er wusste nicht zu sagen, woher.

Die Unbekannte wechselte in ein lockeres Traben, bis sie keine drei Schritte von ihm entfernt zum Stehen kam. Sie lächelte verschmitzt: »Sie erinnern sich nicht, oder?«

Nemecek zuckte verlegen mit den Schultern. »Tut mir leid, ich weiß gerade nicht, wo ich sie hintun soll.«

Seine Laufgenossin schien ihm seine Gedächtnislücke nicht übel zu nehmen. Sie blickte ihn freundlich an und sagte dann: »Kein Problem! War ja auch ein schwieriger Fall damals. Da ist ein bisschen Verdrängung durchaus verständlich.«

Nemecek schlug sich mit der Hand gegen die Stirn. »Die *SafeIT*, natürlich! Sie waren damals …«

»… als Produktverantwortliche tätig. Genau wie heute.«

»Jetzt müssen Sie mir nur noch mit Ihrem Namen helfen.«

»Melanie Wunzer«, sagte die Frau und deutete eine kleine Verbeugung an. Offenkundig nahm sie das Ganze mit einer guten Portion heiterer Ironie.

»Melanie Wunzer, genau.« Er streckte die Hand aus. »Robert Nemecek, freut mich.«

Es fühlte sich an wie ein unverbindliches Partygespräch. Während des darauf folgenden Handshakes fiel Nemecek wieder ein, dass er vor ein paar Tagen schon einmal über diesen Namen gestolpert war, ihn aber nicht zuordnen konnte. Obwohl er sich für jemanden mit einem guten Personengedächtnis hielt, war ihm dasselbe nun sogar von Angesicht zu Angesicht passiert. Er erinnerte sich zwar, dass Obermayr bereits mit der Produktmanagerin gesprochen hatte. Aus einem unerfindlichen Grund konnte er dieses Gespräch jedoch nicht mit der Person und ihrer Geschichte verbinden. Anscheinend verdrängte er hier wirklich so einiges.

»Ja, die Welt ist klein«, sagte er in seiner Verwirrung, »zumindest in Wien.«

»Auf jeden Fall die agile Welt.«

»Trotzdem unglaublich, dass wir nun schon zum zweiten Mal miteinander zu tun haben. Dieses Mal sogar in einer ganzen Serie an Morden.«

Zum ersten Mal erlosch Wunzers Lächeln. »Furchtbar, oder? Ich kann es immer noch nicht fassen. Wissen Sie denn schon Genaueres?«

»Noch ermitteln wir in alle Richtungen. Deswegen wollten wir ohnehin noch einmal mit Ihnen sprechen«, wechselte Nemecek nun endgültig vom Party- in den Ermittlungsmodus.

Die Produktexpertin schlug die Augen nieder. »Ja, Ihre Kollegin hat mich ja schon zu Zettl und Joschak befragt. Nun wollen Sie wahrscheinlich Genaueres über Johanna in Erfahrung bringen.«

»Und über Wondratsch.«

»Felix?« Wunzers weit aufgerissene Augen brachten ihr ganzes Erstaunen zum Ausdruck.

»Wie gesagt: In diesem Stadium gehen unsere Ermittlungen in alle Richtungen.«

»Und was genau wollen Sie wissen?«

»Alles, was Sie mir über die beiden erzählen können. Was hat sie ausgezeichnet? Womit haben sie gekämpft? Was hat sie zuletzt am stärksten beschäftigt? Wie war es, mit Kniewasser und Wondratsch zusammenzuarbeiten? Reicht das für den Anfang?«

Nemecek machte eine kurze Pause, um zu prüfen, wie sein Fragen-Stakkato bei Wunzer angekommen war. Diese ließ aber keine klare Reaktion erkennen. Woran sie wohl gerade dachte? Nach kurzem Hin und Her beschloss Nemecek, gleich sein zweites Anliegen vorzubringen. »Darüber hinaus würde mich interessieren, wie die neuen Arbeitsmethoden in Ihrem Bereich funktionieren. Meine Kollegin hat angedeutet, dass Ihr Team eines der ersten war, das im Zuge der Transformation komplett auf agiles Arbeiten umgestellt hat.«

Wunzer deutete ein Nicken an. Dann hob sie ihren Kopf wieder, wirkte aber immer noch ziemlich schockiert. Ernst und Trauer, identifizierte Nemecek in ihrem Blick, der jetzt zwar wieder aufrecht, aber an seiner Schulter vorbei in die Ferne gerichtet war.

Er blickte auf die Uhr. »Haben Sie kurz Zeit? Dann könnten wir das Gespräch gleich erledigen.«

»Warum nicht? Zum Laufen ist es ohnehin schon zu heiß. Vielleicht gleich in dem kleinen Café an der Ecke?«

»Kaffee klingt wie Musik in meinen Ohren«, erwiderte Nemecek und sah, wie ein neues Lächeln über Wunzers Gesicht huschte.

Kaum, dass sie sich mit Koffein versorgt und einen Platz in einer stillen Ecke gefunden hatten, legte Wunzer los: »Ihre Frage nach der agilen Veränderung ist leicht zu beantworten. Seit wir auf interdisziplinär besetzte Teams und iterative Produktentwicklung umgestellt haben, hat sich unsere Arbeit auf vielen Ebenen verbessert. Wir sind produktiver, näher an den tatsächlichen Bedürfnissen unserer Kunden und zuverlässiger, weil wir jetzt regelmäßig liefern. Und das Beste ist: Das Ganze macht den Leuten wesentlich mehr Spaß!«

»Wow!«, meinte Nemecek beeindruckt, spürte aber gleichzeitig Bedenken in sich aufstiegen. Klang das nicht ein bisschen zu sehr nach Werbebroschüre? Alles glatt, alles gut, alles happy?

»Das klingt wie im Märchen«, eröffnete er der Produktmanagerin. »Zu schön, um wahr zu sein. Bislang habe ich eher den Eindruck gewonnen, dass die agile Transformation in der *Acros* reichlich schleppend vorangeht und es jede Menge Konflikte gibt. Aber offenkundig gibt es zugleich einzelne Inseln, wo der agile Ansatz wie gewünscht funktioniert.«

»Das sind weit mehr als ein paar Inseln«, protestierte Wunzer unerwartet heftig. Scheinbar hatte Nemecek einen heiklen Punkt berührt. Entsprechend energisch argumentierte seine Gesprächspartnerin weiter. »Mittlerweile gibt es an fast allen Standorten der *Acros* Scrum-Teams, es gibt gemeinsame Boards, um diese Teams bestmöglich zu koordinieren, und in Linz und Wien sind inzwischen ganze Geschäftsbereiche agil unterwegs. Derzeit arbeiten wir intensiv an neuen Formen der Strategieentwicklung und experimentieren mit dem *Design-Thinking*-Ansatz, um sowohl die Kreativität unserer Mitarbeiter als auch die unserer Kunden zu nützen. Last, but not least haben wir neben regelmäßigen Retrospektiven zur Verbesserung unserer Arbeitsprozesse auch ein internes Forum etabliert, in dem sich die Fachexperten laufend über neue Prototypen austauschen können.«

Wunzer hatte sich in einen kleinen Rausch geredet. Mit geröteten Wangen saß sie jetzt vor Nemecek, als hätte sie gerade einen Vollsprint hingelegt. Aber ein solches Sprinten passte ja gut zum agilen Vorgehen.

»Wenn man mit Reto Pflückinger oder Niels Swartling redet, gewinnt man ein ganz anderes Bild«, wiederholte Nemecek sein Argument von zuvor. Bislang war die Produktspezialistin ja mit keinem Wort darauf eingegangen.

»Dem Management stehen halt viele alte Geschichten im Weg«, holte sie nun das Versäumte nach. »Und einige weigern sich schlicht und ergreifend, ihre Hausaufgaben zu machen.«

»Sie meinen …?«

»Ich meine, sich ernsthaft mit den neuen Anforderungen auseinanderzusetzen, die nicht nur Organisationen, sondern eben auch deren Management verändert.«

»Was uns zu Johanna Kniewasser bringt. Die scheint ja nicht nur ihre Hausaufgaben gemacht, sondern bereits große Prüfungen absolviert zu haben.«

Melanie Wunzer nickte. »Johanna war zweifellos eines der Zugpferde der agilen Transformation. Als agile Pionierin hat sie bereits in ihrer Zeit vor der *Acros* viel Erfahrung gesammelt. Aufgrund ihres Hintergrunds als Technik- und Wirtschaftsexpertin gelang es ihr, tragfähige Brücken zwischen Business und IT zu bauen. Johanna verstand eben beide Welten gut, sprach deren Sprache, übersetzte deren Wünsche und hörte vor allem gut zu. Ihre größte Stärke lag aber meiner Meinung nach in der Umsetzung neuer Ideen, im mutigen Ausprobieren, Lernen und Verbessern innovativer Produkte und Dienstleistungen.«

»Das klingt, als hätten Sie Kniewasser ziemlich bewundert.«

»Absolut!«, bestätigte Wunzer. »Sie war mir in vieler Hinsicht ein Vorbild. Nicht zuletzt als Frau in einer hauptsächlich von Männern umkämpften Managementarena.«

»Apropos heiß umkämpfte Arena. Soweit wir wissen, hat es zuletzt ja nicht nur rund um die agile Transformation, sondern auch um die Bewerbung für die offene Position als CTO ziemliche Reibereien gegeben.«

»Naja. Die Spannungen im Management waren ja nichts Neues.«

»Spannungen, die möglicherweise eine mörderische Dynamik in Gang gesetzt haben.«

»Sie verdächtigen doch nicht etwa Johanna, etwas mit den Morden zu tun zu haben?«

»Ist das so undenkbar?«

»Vollkommen undenkbar«, zeigte sich Wunzer überzeugt. »Mal ganz abgesehen von der Frage, warum auch Johanna sterben musste, wenn sie denn diejenige gewesen sein soll, die Zettl und Joschak aus dem Weg geräumt hat.«

Nemecek bemerkte, dass seine Gesprächspartnerin die Arme vor der Brust verschränkt hatte. Offensichtlich gefiel ihr der Verlauf des Gesprächs nicht. Dennoch ergriff sie nach kurzer Zeit noch einmal das Wort: »Natürlich heizte die Bewerbung um den Vorstandsposten den Wettbewerb nochmals an. Aber für mich hat die Bewerbung der drei nichts Wesentliches an deren Beziehung verändert.«

»Moment mal.« Nemecek stutzte. Hatte er sich etwa verhört? »Der drei? Ich weiß bislang nur von Joschak und Kniewasser.«

»Nein, nein. Zettl hat sich ebenfalls als CTO beworben.« Wunzer blickte ihm jetzt wieder gerade in die Augen. »Offen gesagt hat das viele überrascht. Umso mehr, als die Vertreter der alten Managementriege ohnehin keine Chance gegen Kniewasser hatten, die eine Galionsfigur für die agile Zukunft der *Acros* war.«

Nemecek fehlten die Worte. Warum hatte Pflückinger ihm nicht gesagt, dass auch Zettl um den Aufstieg in den Vorstand kämpfte? Immerhin war damit klar, dass er nicht nur gegen Kniewasser, sondern auch gegen seinen langjährigen Buddy Joschak in den Ring stieg. Ob Joschak davon wusste? Falls ja, wird ihm das sicher nicht gefallen haben. Nach allem, was er bisher über die beiden Persönlichkeiten gehört hatte, konnte sich Nemecek die Konfrontation zwischen den beiden lebhaft vorstellen. Möglicherweise, spekulierte er weiter, war es ja nicht bloß bei einem normalen Streit geblieben und die unvermutete Konkurrenz war weiter eskaliert. Nemecek merkte, wie seine Gedanken davon galoppierten.

»Und Wondratsch?«, fragte er rasch, um sich wieder zu fokussieren.

»Felix kenne ich hauptsächlich aus der Arbeit im Agile Change Team.«

»Und welchen Eindruck haben Sie dort von ihm gewonnen?«

»Felix ist das, was ich einen Agile Aficionado nenne. Jemand, der für seine Sache brennt; der begeistert ist von dem, was durch neue Formen des Managements und der Selbstorganisation ermöglicht wird, und der das auch offensiv vertritt.«

»Damit wird er bei einigen Personen ziemlich angeeckt sein.«

»Natürlich kollidierten diese Ansichten und die damit verbundenen Praktiken mit den alten Traditionen.«

»Und hat die Hüter dieser Traditionen zu entsprechendem Widerstand animiert.«

»Das stimmt«, bestätigte Wunzer. »Aber Felix hat sich durchaus zu wehren verstanden.«

»Sie meinen …«

»Jetzt kommen Sie mir ja nicht mit der Frage, ob ich ihm einen Mord zutraue!«

»Und wenn doch?«

»Hören Sie!« Wunzers Augen waren nun zu einem schmalen Spalt verengt. »Felix ist einer der positivsten Menschen, die ich kenne. Hart in der Sache, das schon, aber stets auf respektvolle Art. Das war selbst bei Marco Joschak so, der es ihm wahrlich alles andere als leicht gemacht hat!«

Nemecek betrachtete die vor ihm sitzende Frau, die längst den Blick von ihm abgewandt hatte. »Ich glaube, ich würde gerne aufbrechen«, sagte sie nach einer Weile, in der sie beide schweigend dagesessen hatten.

»Natürlich. Ich habe Ihre Zeit ohnehin lange genug in Anspruch genommen.«

Während sich Nemecek von seinem Platz erhob, fiel ihm noch eine wichtige Frage ein. »Haben Sie eigentlich irgendetwas von einer Liebesbeziehung mitbekommen, die Johanna Kniewasser neuerdings gehabt haben soll?«

Dieses Mal sah Wunzer ihn eher erstaunt als verärgert an. Zwischen ihnen lag ein unausgesprochenes »Wie kommen Sie denn auf so etwas?«, das beinahe mit Händen zu greifen war. Bevor sie etwas dazu sagte, fuhr sich Wunzer rasch mit der Hand über den Mund. Es wirkte, als ob sie sich eine Antwort von den Lippen wischte, die dort eigentlich schon parat lag. Vielleicht das »Ja«, auf das Nemecek hoffte? Umso eindringlicher fiel ihr abschließendes »Nein« aus.

Nemecek nickte. Doch als er sich keine Minute später von Melanie Wunzer verabschiedete, war er sich immer noch unsicher, ob er ihr glauben sollte.

Sonntag, 13:32
Sonderschicht

»Sind deine Mädels schon angekommen?« Obermayr warf ihre Tasche so schwungvoll auf den Tisch, dass es krachte. Um ein Haar hätte sie sogar ihren Computer abgeräumt.

»Upps«, entfuhr es Nemecek. »Das war knapp.«

Obermayr zuckte die Schultern. »Dann hätte unsere Sonderschicht halt gleich ein jähes Ende gefunden: Maschine kaputt!«

Nemecek wusste nicht recht, was er dazu sagen sollte. Natürlich brannte er ebenso wenig darauf, am Wochenende zu arbeiten, noch dazu im Hochsommer, wo sich vernünftige Menschen ein schattiges Plätzchen suchten, am besten am Wasser. Wenn ein Fall in die heiße Phase ging, waren solche Sonderschichten allerdings unvermeidlich. Er spürte nicht die geringste Lust, das jetzt zu diskutieren. Stattdessen kehrte er lieber zur ersten Frage seiner Kollegin zurück.

»Lea hat vorhin getextet, dass sie sich verspäten werden.«

»Stau mal wieder?«

»Exakt. Das Gute im Schlechten ist, dass uns dadurch mehr Zeit als ursprünglich geplant zur Verfügung steht. Wenn sie ankommen, möchte ich nämlich zu Hause sein.«

»Versteh ich gut.« Obermayr lächelte. »Du freust dich sicher schon total auf deine Lieben.«

»Definitiv. Und ehrlich gesagt, freu ich mich auch auf den gemeinsamen Abend. Die Schnaitls kommen, wir lassen uns Pizzas liefern und spielen *Activity*.«

»Klingt gemütlich.«

»Immerhin bleibt dann ein bisschen was vom Sonntag. Auch wenn es jetzt später wird.«

»Apropos später.« Obermayr hob die rechte Hand zum Ohr. »Lilly hat vorhin angerufen, dass wir schon mal ohne sie anfangen sollen.« Nemecek blickte verwundert. »Sie recherchiert noch«, fügte seine Kollegin hinzu, als wäre damit alles erklärt.

»Kein Problem.« Er griff nach seinem Notizbuch. »Und was gibt es Neues?«

»Ehrlich gesagt bin immer noch hin und weg, dass unser Oberst zurücktritt.«

»Ja, das kam einigermaßen überraschend.«

»Völlig unerwartet trifft's wohl eher.«

»Bis gestern hätte ich das selbst für undenkbar gehalten.«

Obermayr nickte nachdenklich. »Ich frage mich die ganze Zeit, was das für unsere zukünftige Arbeit bedeutet.«

»Du meinst, weil dir der Reibebaum fehlen wird?«

Seine Kollegin grinste: »Da ist was dran!« Dann verschwand das Grinsen so schnell, wie es aufgetaucht war. »Im Ernst: Was wird das in unserer Zusammenarbeit ändern? Was bedeutet es für die Art, wie wir unsere Ermittlungen führen? Welche neuen Herausforderungen kommen auf uns zu?«

»Das werden die organisatorischen Änderungen zeigen, die offenkundig unmittelbar bevorstehen«, antwortete Nemecek ausweichend. Er spürte deutlich, dass er jetzt nicht über Interna reden wollte, selbst wenn es dabei um ähnliche Themen ging wie in der *Acros*. Die Diskussion über Management und Change in ihrer eigenen Organisation musste warten, bis ihr aktueller Fall aufgeklärt war.

»Was gibt es denn Neues?«

Blitzartig sprang Obermayr auf und bewegte sich zum Ermittlungsboard. »Wie vereinbart hab ich gestern noch die Casinos abgeklappert und mit drei weiteren *Acros*-Mitarbeitern gesprochen.« Demonstrativ zog sie die betreffenden Tickets in die *Fertig*-Spalte. »Ersteres war wie erwartet: Swartling hat in den anderen Spielhöllen ebenfalls Hausverbot.«

»Und Letzteres?«

»Das war einigermaßen erstaunlich, denn alle haben mir erzählt, dass das agile Arbeiten bei ihnen super funktioniert. Eine Mitarbeiterin, im Übrigen eine frühere Teamleiterin, die jetzt als Scrum Master arbeitet, zeigte sich regelrecht begeistert von den Veränderungen in der *Acros*.«

»Das passt zu dem, was mir die Wunzer berichtet hat.«

»Melanie Wunzer?«

»Ja, stell dir vor, die habe ich heute Vormittag zufällig beim Joggen in Hernals getroffen.«

»Na, so was!« Obermayr konnte es kaum glauben. »Und hast du noch etwas erfahren, was sie mir nicht schon bei unserem ersten Gespräch erzählt hat.«

Während er das *Wunzer*-Ticket über das Board zog, überschlug Nemecek, was er eigentlich an Neuem erfahren hatte. Am stärksten waren ihm eigentlich ihre emotionalen Reaktionen in Erinnerung.

»Kniewassers Tod scheint sie sehr getroffen zu haben. Die Produktmanagerin war für sie in vielerlei Hinsicht ein Vorbild. Die agile Transformation hat sie federführend mitbestimmt.«

Obermayr schürzte die Lippen. »Eine Change-Agentin, wie sie im agilen Bilderbuch steht.«

»Das klingt, als würdest du nicht an dieses Buch glauben.«

»Du weißt ja: Wenn etwas besonders hochgelobt wird, hab ich immer meine Vorbehalte.«

»Der Kontrast zur Managementebene ist jedenfalls eklatant.«

Obermayr ließ neuerlich ihre Schultern auf und ab hüpfen. Dann zeigte sie auf das Ticket, das seit mehreren Tagen mit einem roten Sticker blockiert war. »Irgendwelche News zu Wondratsch?«

»Nein. Wunzer hat ihn zwar als – wie nannte sie das doch gleich?« Nemecek durchblätterte sein Notizbuch. »Ach ja: *Agile Aficionado* bezeichnet. Wo er sich gerade aufhält, wusste sie allerdings nicht. Sie wusste im Übrigen ebenso wenig, dass Kniewasser und Wondratsch liiert waren.«

»Das ist zwar alles ganz interessant, hilft uns aber überhaupt nicht weiter!«, schimpfte Obermayr plötzlich. »Ich werde das Gefühl nicht los, dass wir nach wie vor auf der Stelle treten.«

»Wir sollten uns nochmals die Collage anschauen«, schlug Nemecek vor, um sich nicht von der Frustration seiner Kollegin anstecken zu lassen. Er konnte sie zwar durchaus nachvollziehen – hingeben wollte er sich ihr allerdings nicht.

»Die Collage?«

»Heute Nacht habe ich sogar von ihr geträumt. Und als ich aufgewacht bin, war ich mir sicher, dass wir etwas Wesentliches übersehen haben. Stichwort: unsichtbare Verbindungen.«

»Unsichtbare Verbindungen?«, wiederholte Obermayr so verständnislos, als würde es sich um chinesische Wörter handeln.

»Und wir sollten Katja Langholt genauer unter die Lupe nehmen«, erinnerte sich Nemecek an eine der Einsichten, die er im Augarten gewonnen hatte. »Ich bin mir fast sicher, dass mit der etwas nicht stimmt.«

Er schlug sein Notizbuch auf. *Langholt Gelegenheit, Langholt Mittel* überflog er neuerlich, was er vor zwei Tagen festgehalten hatte. Allerdings fehlte ein wesentlicher Aspekt seines Verdachts.

»Jetzt nur mal ganz unter uns: Welches Motiv könnte ein langjähriges Vorstandsmitglied eines renommierten Unternehmens haben, um plötzlich zur Serienmörderin zu werden? Was wäre so schlimm, dass drei ihrer Kollegen dafür sterben müssen?«

Obermayr schürzte die Lippen. »Es kann nur etwas Schwerwiegendes sein, etwas, das Langholts Ruf nachhaltig zerstören würde.«

»Ein dunkles, über Jahre hinweg gut verborgenes Geheimnis«, nahm Nemecek den Ball seiner Kollegin auf, »das plötzlich ans Tageslicht gezerrt zu werden droht.«

»Fragt sich, welches Geheimnis wohl zu Langholt passt.«

Obermayr musste nicht lange auf eine Antwort warten. »Etwas, das mit Geld zu tun hatte, wäre naheliegend.«

»Vielleicht hatte Felix Wondratsch ja genau das herausgefunden und deswegen die Bilanz- und Kontoauszüge in seine Collage integriert?«

Das leuchtete Nemecek ein. Diesem Verdacht waren sie ja auch bereits nachgegangen.

»Die Langholt hat uns doch versichert, dass die Auszüge nichts mit der *Acros* zu tun haben«, rief Obermayr in Erinnerung. »Was, wenn sie uns einfach angelogen hat?«

»In diesem Fall hätten wir der mutmaßlichen Mörderin einen zentralen Hinweis auf ihre Schuld serviert.«

Obermayr schlug mit der Faust auf den Tisch. »Und prompt eine falsche Auskunft zurückerhalten, die uns nachhaltig in die Irre führte.«

So deprimierend diese Vorstellung auch war: Sie erklärte einiges von dem, was dann geschehen war.

»Hast du schon Reto Pflückinger gefragt? Oder sollten wir uns an eine der anderen Mitarbeiterinnen der Finanzabteilung wenden? Wenn weder der CEO noch die *Acros*-Expertinnen etwas mit den Auszügen anfangen können, ist die Spur wirklich tot. Wenn dem jedoch nicht so ist, hätten wir ein weiteres starkes Indiz, dass Langholt etwas zu verbergen hat – und wüssten dann definitiv, dass am Geldmotiv etwas dran ist.«

Nemecek musste nicht lange überlegen. Das waren genau die Schritte, die sie jetzt gehen mussten! Jetzt erinnerte er sich auch wieder daran, dass er Pflückinger sogar schon um eine solche Prüfung gebeten, in der Hitze des Gefechts dann aber die Übermittlung der Unterlagen vergessen hatte. Laut dachte er weiter: »Womöglich hat sich Langholt ja finanzielle Unregelmäßigkeiten zuschulden kommen lassen. Sie wäre nicht die Erste, die der Versuchung erläge, die Zahlen ein wenig zu frisieren und klammheimlich in die eigene Tasche zu arbeiten.«

»Was, wenn Zettl und Joschak mit ihr unter einer Decke steckten? Wenn die drei Urgesteine die Firma seit Jahren abzockten?«

»Zu dem Bild, das wir von Zettl und Joschak gewonnen haben, würde das allemal passen«, bestätigte Nemecek. »So wie man sich leicht ausmalen kann, dass die drei unter dem aktuellen Veränderungsdruck in Streit gerieten.«

Obermayr spekulierte munter weiter. »Doch irgendwann haben Kniewasser und Wondratsch dann die Machenschaften ihrer Managementkollegen entdeckt. Nicht umsonst steht der agile Wandel ja im Zeichen der Transparenz. Unter solchen Vorzeichen wurde es selbst für die gewieftesten Geheimniskrämer eng. Und falls Kniewasser ihre CFO damit konfrontiert hatte, war das wahrscheinlich deren Todesurteil.«

»Was noch nicht erklärt, warum auch Zettl und Joschak sterben mussten.«

»Vielleicht haben sie versucht, Langholt den schwarzen Peter zuzuschieben? Oder sie wollten einen größeren Anteil vom Kuchen, um weiter die Klappe zu halten? Dass Zettl für Erpressung zu haben war, hat er ja schon gegenüber Kniewasser bewiesen.«

»Womöglich wollten Zettl und Joschak Langholt ans Messer liefern und sich selbst als Opfer darstellen?«, setzte Nemecek ihr munteres Ping-Pong fort. Schon war wieder seine Kollegin an der Reihe. »Oder höchstens als Trittbrettfahrer, die damit rechneten, am Ende mit einem blauen Auge davonzukommen? Das hätte sich Langholt bestimmt nicht gefallen lassen und sie womöglich auf die Idee gebracht, ihre alten Komplizen aus dem Weg zu räumen.«

Nemecek rümpfte die Nase. Das war ja ein ganz hübscher Denksport, den sie da betrieben. Beweisen konnten sie davon nicht das Geringste. So wie er Langholt kannte, brauchten sie ihr so eine dünne Suppe erst gar nicht zu servieren – sie würde ihnen glatt ins Gesicht lachen. Nein, sie benötigten handfestere Beweise, um die Finanzerin unter Druck zu setzen.

Auf der Suche nach stichhaltigen Fakten kamen sie um Swartling nicht herum. Der konnte ihnen sicher weit mehr als wacklige Indizien liefern. Vorausgesetzt, er war endlich zu einer bedingungslosen Kooperation bereit. Andernfalls konnte es leicht passieren, dass der Veränderungsmanager das nächste Opfer wurde.

»Wir müssen noch einmal eingehend mit Swartling sprechen«, ging Obermayr einmal mehr in dieselbe Richtung. »Er ist unsere Trumpfkarte Langholt gegenüber.«

»Aber als Erstes sollten wir uns die Langholt vorknöpfen. Allein schon, um sie zu einigen Dingen zu befragen, die uns Swartling gestern erzählt hat.«

Nemecek konnte seiner Kollegin nur beipflichten. Insgeheim überlegte er bereits, womit sie Langholt am ehesten nervös machen konnten. Natürlich war das meiste noch Spekulation. Aber es konnte sicher nicht schaden, das eine oder andere Mordszenario aufblitzen zu lassen.

Im nächsten Moment flog die Bürotür auf. Noch bevor sie über die Schwelle trat, verkündete Zukic laut: »Ich hab sie gefunden!« Unter ihrem linken Arm klemmte ein dicker Ordner, in der rechten Hand hielt sie den aufgeklappten Laptop. »Schaut euch das an.«

Neugierig steckten Obermayr und Nemecek ihre Köpfe zusammen. *6:32:04*, stand in der rechten oberen Ecke des Standbildes, das eine Autobahn zeigte. »Das ist die Verkehrskamera, die sich auf der A9 in Sankt Pankraz befindet. Also exakt bei der Abfahrt nach Hinterstoder. Und jetzt schaut mal, wen wir da haben.« Zukic drückte auf das Play-Zeichen und schon begannen sich mehrere Personen- und Lastkraftwagen durch das Bild zu bewegen. Im nächsten Moment war das Video wieder eingefroren. »Genau hier.« Nemecek beugte sich noch weiter nach vorn. *6:32:17*, zeigte die Uhr jetzt.

»Und: Was seht ihr?«

»Das ist jetzt aber nicht …«

»Genau das ist sie!«, rief Zukic begeistert. »Das Kennzeichen haben wir schon überprüft. Die KTU hat mir sogar eine schöne, einigermaßen scharfe Vergrößerung angefertigt.«

Zukic zog ein A4-Blatt aus ihrem Ordner. Nemecek starrte auf das erstaunlich kontrastreiche Foto. Kein Zweifel: Ein weißer BMW X4 mit einer Grazer Nummerntafel und einer Fahrerin, die er nur allzu gut kannte.

»Super Arbeit, Lilly«, fand Obermayr als erste die Sprache wieder. »Damit ist zumindest ein schönes Alibi geplatzt.«

»Naja«, bremste Nemecek die Euphorie. »Das beweist lediglich, das sie um diese Zeit von der Autobahn abgefahren ist.«

»Aber sie wird uns etwas zu erklären haben«, beharrte Obermayr. »Immerhin hat sie behauptet, dass sie erst um 10 Uhr in Linz war.«

»Und sie wird euch gleich noch etwas erklären müssen.«

»Nämlich?«

»Warum sie sich am Abend seines tödlichen Unfalls mit Zettl getroffen hat. Gegen 22 Uhr. Im *Fischerwirt*. Als ich ihm dieses Mal Langholts Porträt unter die Nase hielt, war sich der Wirt sofort hundertprozentig sicher.«

»Die blonde Frau mit dem deutschen Akzent!« Obermayr schlug sich mit der Hand auf die Stirn. »Warum wir da nicht früher draufgekommen sind.«

»Besser spät, als nie«, kommentierte Zukic lapidar.

»Absolut«, stimmte Nemecek mit unvermuteter Energie zu. Und freute sich klammheimlich, weil ihm unversehens klar war, womit sie Langholt unter Druck setzen würden.

Sonntag, 15:42
Agile Ehrenrunde

Wir stehen schon wieder!!!!!

Allein die Anzahl der Rufzeichen, die seine Tochter in ihrer SMS verwendete, ließ ihren Frust erahnen. Mittlerweile saß seine Familie bereits fast fünf Stunden im Auto. Und niemand wusste, wie viel noch dazu kommen würde, bis sie endlich zu Hause waren.

Ihr Armen, schrieb Nemecek zurück. *Ich halte die Daumen, dass sich der Stau möglichst rasch auflöst. Freu mich schon sehr auf euch!*

Wir uns auch!, reagierte Lea postwendend. *Und der Abend wird sicher mega lustig!*

Er blickte auf die Uhr. Viertel vor vier. Wenn seine Familie immer noch unterwegs war, blieb ihm Zeit zum Lesen. Das Gute im Schlechten, wie das so schön hieß. In den letzten Tagen hatte Nemecek nämlich keine Gelegenheit gefunden, sich noch einmal dem Ordner mit dem bunten *AGILE*-Schildchen zu widmen, das ihm Zukic gemalt hatte. Etwas verloren blätterte er durch die Artikelsammlung. Auf vielen Seiten hatte er einzelne Textstellen markiert, an manchen sogar etwas auf die Seitenränder geschrieben. Er versuchte sich zu erinnern. Was wollte er zuletzt noch genauer erkunden? War das nicht etwas mit der Ausrichtung des agilen Managements gewesen? Oder mit den Besonderheiten eines agilen Veränderungsprozesses? Er wusste nur noch, dass es mit ihrem aktuellen Fall zusammenhing, konnte sich aber nicht mehr an das genaue Thema erinnern. Vielleicht sollte er einfach per Zufall entscheiden?

Für eine erste Orientierung griff er nach seinem Notizbuch. Möglicherweise brachte ihn eine kleine Rückschau auf die gesuchte Spur. Gewissermaßen eine Ehrenrunde durch all die Gedanken, die er dort festgehalten hatte.

Das Leitbild der Ehrenrunde gefiel ihm. Er schlug sein Buch auf und las noch einmal, was er gestern in der Hängematte zusammengefasst hatte. *Ag C,* las er in der obersten Zeile: *Veränd. in ag. Sinn gestalten, also »auf Sicht«, in überschaubaren Etappen und regelmäßig innehaltend, um aus den jeweiligen Ergebn. zu lernen und die richtigen Schlüsse für das weitere Vorgehen zu ziehen.*

Auf Sicht, las er noch einmal und hätte es beinahe laut vor sich hingesagt. Ja, ihr Fall hatte allemal etwas mit Sichtbarkeit zu tun – und zumindest ebenso viel mit deren Gegenteil: mit dem Finsteren, Verborgenen, Geheimnisvollen, das sich vor vielen Jahren in die *Acros* eingenistet hatte und dann ungehindert weiter wucherte. Erst die umfassende Transparenz, die der agile Wandel mit sich brachte, bereitete dem ein Ende.

Doch der frische Wind, der damit ins Unternehmen kam, sorgte nicht nur für eine reinigende Erneuerung. Vielmehr entfachte er nach und nach einen regelrechten Sturm, der die *Acros* mit ungeahnter Stärke traf. Und dieser Sturm, spitzte Nemecek seine Metapher noch weiter zu, steigerte sich zu einem letztendlich tödlichen Orkan, der die bestehenden Verhältnisse gewaltsam auflöste, alte Koalitionen hinwegfegte und drei Menschen sogar das Leben kostete.

Leider, musste sich Nemecek schweren Herzens eingestehen, hatte dieser Orkan auch ihr gewohntes Vorgehen gehörig durcheinander gewirbelt. Weder gelang es ihnen, selbst in überschaubaren Ermittlungsetappen voranzugehen, noch schafften sie es, kontinuierlich zu lernen. Die längste Zeit über konnten sie nur reagieren, hinkten den Ereignissen hinterher und gingen nicht flink und wendig, sondern schwerfällig und ungeschickt voran. Was das mit Agilität zu tun haben sollte, musste ihm erst einmal einer erklären!

Frustriert blätterte er um. *Manager dienen ihren Mitarbeitern, indem sie für gute Rahmenbedingungen sorgen, die benötigten Ressourcen zur Verfügung stellen, Hindernisse aus dem Weg räumen und darauf vertrauen, dass alle ihr Bestes geben.* Nemecek starrte auf das Zitat, das er unter dem Titel »Servant Leadership« in seinem Buch verewigt hatte. Jetzt erinnerte er sich wieder, dass ihm schon beim Abschreiben die Frage durch den Kopf ging, inwiefern er selbst diesen Ansprüchen gerecht wurde. Wollte er nicht sogar eine eigene Retrospektive zum Thema Führung und Zusammenarbeit durchführen?

Ag F, hieß es gleich darunter, *keine Machtpos. einer best. Person, sondern eine Dienstleistung, die in der Org. von versch. Leuten erbracht wird.* Doch was brauchten die Mitarbeiterinnen und Mitarbeiter, um sozusagen in Führung gehen zu können? Warum war eine Verteilung der Führungsverantwortlichkeiten überhaupt wichtig? Und wie wirkte sich diese auf das bestehende Management aus?

Nemecek blätterte weiter und stutzte. *Management und Leadership lassen sich nicht trennen,* hatte er gleich im nächsten Artikel markiert. Die kategorische Unterscheidung zwischen dem eher »weichen« (sinnorientierten, sozialen, personenbezogenen) Leadership und dem eher »harten« (struktur- und prozessorientierten, wirtschaftsbezogenen) Management hat zwar eine lange Tradition, erscheint aber reichlich realitätsfremd. Angeblich hatte das ein gewisser Mintzberg bereits vor vielen Jahren postuliert, nachdem er einige Manager eine Zeit lang vor Ort begleitet und deren tägliches Tun beobachtet hatte. Die Trennung von Management und Leadership sei Unsinn, so eine seiner zentralen Erkenntnisse: *Manager, die keine Leader sind, sind langweilig. Und Leader, die nicht auch managen, verstehen nichts vom Geschäft.*

Nemecek nickte, als müsste er Mintzbergs Einsichten noch einmal bestätigen. Dann blätterte er weiter, um endlich zu der Stelle zu kommen, die ihm seine Fragen nach dem Warum und Wie beantwortete. War das nicht in dem Artikel, der Führung als Teamsport postulierte? Und hatte der Autor nicht zwei Hauptursachen dafür identifiziert? Die explodierende Komplexität der Anforderungen von außen, oder so ähnlich, sowie die fortschreitende Spezialisierung im Inneren? Nemecek war sich nicht ganz sicher, wusste aber noch, dass eine der Pointen die Mobilisierung von Führungskräften im ganzen Unternehmen war. Führung war eben kein persönliches Privileg, sondern ein Service, der zum Wohle des Unternehmens, der Kunden und Mitarbeitenden erbracht wurde. Und dieser Service war keineswegs von einer hierarchischen Position abhängig. Vielmehr ging es einerseits um ausreichend Fach- und Situationskenntnis und andererseits um die Vertrauenswürdigkeit. Wie sollte es auch anders sein, überlegte Nemecek? Wie sollte man denn etwas managen können, wenn man keine Ahnung von der Materie hatte? Wie jemand führen, wenn man von den aktuellen Herausforderungen meilenweit entfernt war? Oder einem niemand zutraute, diese Herausforderungen erfolgreich zu meistern?

Blieb die Frage, wie Führung zu verstehen war, wenn viele Aufgaben des traditionellen Linienmanagements von Teams übernommen wurden, wenn Experten selbst viele systemrelevante Steuerungstätigkeiten ausführten und jeder ein Manager war, wie der CEO eines amerikanischen Tomatenverarbeiters behauptete, oder jeder sogar Chef, wie ein ehemaliger Vorstandsvorsitzender einer Schweizer Softwarefirma meinte.

Damit Planung funktioniert, brauchte es jedenfalls so wenig einen Vorgesetzten wie für die laufende Abstimmung von Arbeitsprozessen. In agilen Unternehmen wurden entwicklungsrelevante Rückmeldungen direkt von denen eingeholt, die davon betroffen waren, Entscheidungen an der Basis gefällt und kontinuierliche Verbesserungen eigenständig vorangetrieben. Die Steuermänner solcher Unternehmen befanden sich nicht mehr länger auf einer abgehobenen Kommandobrücke, sondern vor Ort, in unmittelbarer Nähe zum Kunden. Statt heroische Manager gab es in agilen Organisationen eine Vielzahl kleiner Heldentaten.

Nemecek blickte auf. Obwohl es so aussah, als dürften damit alle glücklich sein, blieb für ihn ein Aktenzeichen XY … ungelöst. Wenn Managementaufgaben verteilt, Verantwortlichkeiten von verschiedenen Leuten wahrgenommen und Führungsagenden zum Teamsport wurden, wofür brauchte man dann überhaupt noch ein Linienmanagement? War es dieses Aktenzeichen, das einem Damoklesschwert gleich über den Köpfen der *Acros*-Manager schwebte? Und gegen das sie sich zur Wehr gesetzt hatten? Möglicherweise sogar gewaltsam?

Ein paar Seiten später fand Nemecek eine bündige Antwort: Es musste jemand an den notwendigen Rahmenbedingungen arbeiten, die jedes Arbeitssystem benötigt, sei es nun ein Team, eine Abteilung oder eine gesamte Organisation. Dafür aber brauchte es neben einem Grundverständnis für die aktuellen Anforderungen an einen solchen Rahmen sowohl eine gewisse Distanz zum Tagesgeschäft als auch eine angemessene Übersicht. Ein gewisser Marc Stoffel, der wie Pflückinger CEO war, brachte das folgendermaßen auf den Punkt: *Die Herausforderung für die Unternehmensführung liegt darin, jeweils das Organisationsdesign zu implementieren, das sowohl den Bedürfnissen des Marktes und der Kunden gerecht wird als auch den Mitarbei-*

tern ein ideales Arbeitsumfeld bietet. Es brauchte gewissermaßen einen Business-Designer, der das Bewegungsfeld absteckte und alles dafür tat, dass die Leute im System ihren Job so gut wie möglich machen konnten.

Ging es auch in der *Acros* darum, das Management viel stärker als Gestalter zu positionieren? Entsprang daraus der Konflikt mit denen, die sich, wie etwa Langholt, primär als Business-Administratoren sahen? Oder mit denjenigen, die wie Joschak und Zettl keine Kompetenzen abgeben und weiterhin alle Fäden in ihrer Hand halten wollten?

Fast hätte Nemecek den kurzen Klingellaut überhört. Oder war das bloß eine Täuschung gewesen? Sein Telefon zeigte, dass dem nicht so war. *Sind endlich in der Stadt,* lautete die aktuelle Nachricht, *Ankunft lt. Navi in 12 Minuten.* Nemecek schickte seiner Tochter das Emoji mit dem erhobenen Daumen zurück.

Hilfst du uns beim Auspacken?, klingelte es gleich darauf noch einmal. *Sowieso,* textete er zurück, weil ihm auf die Schnelle kein neues Emoji unterkam. Dafür erhielt er gleich drei Küsschen zurück. Lächelnd stand er auf, um den agilen Ordner wieder ins Arbeitszimmer zurückzubringen.

Sonntag, 18:24
Familientreffen

»3-2-1-Action!« Sophie stellte die Sanduhr auf den Kopf.

»Also«, sagte Isak und breitete die Arme aus, »du kennst ja *Die drei Fragezeichen?*« Wie erwartet nickte Bettina und er fuhr fort: »Da gibt es immer einen Fall zu lösen. Dafür müssen die jungen Detektive vielen verschiedenen Spuren nachgehen. Und dann …«

Er blickte hilfesuchend in die Runde. Allem Anschein nach hatte er den Faden verloren. Während Bettina ihn mit einem beruhigenden »Und dann?« zu ermuntern versuchte, tippte Nemecek, dass der gesuchte Begriff Kriminalkommissar war. In der nächsten Sekunde schien Isak seinen Faden wiedergefunden zu haben. »Da gibt es unterschiedliche Leute, die befragt werden, bis am Ende alles auf eine Person hindeutet. Diese Person ist zwar noch nicht ganz überführt, ist aber auf jeden Fall der …« Isak streckte den rechten Arm nach vorne, als präsentiere er die Lösung auf seinem Handteller.

»… Hauptverdächtige«, vervollständigte Bettina den servierten Satz.

»Hauptverdächtige«, wiederholte Isak begeistert.

Hauptverdächtige, echote es in Nemeceks Kopf und er hatte Mühe, seine Gedanken nicht zu seinem Fall zurückschnellen zu lassen. Hastig rieb er sich mit den Fingerspitzen über die Stirn, als könnte er damit die Bilder vertreiben, die wie ein viel zu schnell abgespielter Film durch sein Hirn rasten: Niels Swartling, der sich krampfhaft aus seinem Lügengebäude herauszuwinden versuchte; Katja Langholt, die zumindest für den Mord an Kniewasser über kein Alibi mehr verfügte; Felix Wondratsch, der die mysteriösen Finanzunterlagen ganz bewusst in seine Collage integrierte. Ob sie mit dem Betrugsverdacht nun endlich auf der richtigen Spur waren?

»Ihr seid super!« Mit ihrer kräftigen Stimme holte ihn Lea wieder in die Welt des Spiels zurück. »Auf Anhieb richtig geraten.«

»Toll beschrieben«, spendierte Gottfried ein väterliches Lob dazu.

»Danke!« Isak schien sich ehrlich zu freuen – und das umso mehr, als er seine rote Spielfigur nun an allen anderen vorbeiziehen durfte.

»Wir sind dran«, stellte Rosi fest. »Du oder ich?«

»Du«, sagte Sophie. »Einmal noch zeichnen, dann dürfen wir endlich labern.«

»Drück die Daumen, dass wir eine gute Karte kriegen.«

Als sich die beiden abklatschten, war der Sand im Zeitmesser noch nicht einmal zur Hälfte durchgelaufen.

»Schweigegeld ist aber auch babyhaft«, maulte Eliot.

»Na und?« Genüsslich rückte Sophie ihre Spielfigur ins zweite Segment vor. Nemecek betrachtete die kleinen Kreise mit dem Eurozeichen und den mit zwei gekreuzten Strichen übermalten Mund. Ein minimalistisches Meisterwerk, musste er neidlos anerkennen.

Er hob den Kopf. Beim Küchentisch standen immer noch die Koffer und Taschen, die sie vorhin in aller Eile aus dem Auto geräumt hatten. Am Ende war es natürlich auch nicht bei den vom Navi veranschlagten 12 Minuten geblieben. Allein vom Matzleinsdorfer Platz bis zur Burggasse brauchten sie noch über eine halbe Stunde. Schließlich trafen sie erst kurz nach fünf ein, erschöpft, aber glücklich, sich endlich am Ziel zu befinden.

»Fast sechs Stunden«, klagten seine Töchter unisono, als Nemecek sie herzhaft an sich drückte. »Und das bei der Hitze!« Kaum, dass sie endlich all ihr Urlaubszeug in die Wohnung, die Räder in den Keller und den Wagen in die Garage befördert hatten, standen schon die Schnaitls vor der Tür.

»Ihr seid gerade erst angekommen?«, fragte Isak zur Begrüßung. Lea warf ihm einen warnenden Blick zu. In ihren Ohren hatte seine Frage wohl ziemlich vorwurfsvoll geklungen. »Was können wir denn dafür, wenn die Leute nicht Auto fahren können?«, zeigte sich Sophie ähnlich verschnupft. Sogar Bettina schaute ziemlich finster drein. »Für dieses Jahr habe ich jedenfalls genug Unfälle, Pannen und Staus gesehen.«

Nach dem ersten Begrüßungsgetränk hatten sich die Gemüter schnell wieder beruhigt. Und als sie die Pizza bestellt und das Spielbrett auf dem Tisch ausgebreitet hatten, war die Stimmung so ausgelassen wie eh und je.

»Ihr seid dran.« Ausnahmsweise übernahm Rosi dieses Mal die Rolle der Zeremonienmeisterin. Demonstrativ stellte sie den kleinen Zeitmesser vor Gottfried und Lea.

»Wir zeichnen«, sagte Lea im Hinblick auf ihre aktuelle Spielposition.

»Ausgerechnet ich«, meinte Gottfried. Er war bekanntermaßen kein Zeichengenie, seine Talente lagen eher im Handwerk und im Kochen, wie die Kinder aus der Zeit wussten, in der sie im selben Haus gewohnt hatten. Nur drei Lebensjahre auseinander, waren die vier praktisch miteinander aufgewachsen, einander so vertraut wie echte Geschwister und daran gewöhnt, je nach verfügbaren Elternteilen zwischen den Wohnungen hin und her zu wechseln. Obwohl die Schnaitls nun schon einige Jahre in einem anderen Haus wohnten, war die Vertrautheit zwischen den Kids ebenso geblieben wie die Freundschaft zwischen den Erwachsenen.

»Na so was!«, entfuhr es Gottfried, als er einen Blick auf die von ihm gezogene Karte warf. »Wie soll ich denn das darstellen?«

»Du schaffst das schon«, zeigte sich Lea überzeugt.

»Bereit?« Sophie klopfte mit dem Zeigefinger auf die Sanduhr, bevor sie diese auf den Kopf stellte und ihr übliches Sprüchlein abspulte: »3-2-1-Action!«

Als Erstes malte Gottfried etwas, das wie eine Fliege aussah und, nachdem Streifen dazu kamen, wie eine Biene. »Biene«, riet Lea prompt, während Gottfried gerade eine zweite Gestalt hinzufügte und dann gleich eine dritte. »Bienen«, korrigierte Lea, merkte jedoch, dass Gottfried immer noch unzufrieden war. »Äh, Hornissen, Hummeln, Wespen.«

Gottfrieds linker Daumen ging nach oben, während die rechte Hand bereits wieder über das Zeichenblatt huschte. Doch was sollte das darauf folgende Gekritzel bedeuten? Für Nemecek sah das nach einer chaotischen Menge verbogener Linien aus. Auch Lea schien nichts Rechtes damit anfangen zu können. Da sie jedoch wusste, dass es um einen zweiten Wortteil ging, begann sie einfach frei zu assoziieren. »Wespen–Falle, Wespen–Stiche, Wespen–Gift, Wespen–Urne?«

Gottfried strich seine erste Skizze durch, um einen neuen Versuch zu starten. Nemecek gewann allerdings den Eindruck, dass seine zweite Zeichnung der ersten glich.

»Wespen–Kübel? Wespen–Vase? Wespen–Topf?« Lea bemühte sich redlich, dem Gesuchten auf die Spur zu kommen. Gottfried klopfte mit dem Stift auf sein Gebilde, womit er seiner Partnerin allerdings auch nicht weiterhalf.

»3-2-1 – und aus!«

»Was wär's gewesen?«

»Wespen–Nest«, sagte Gottfried enttäuscht.

»Wespennest?« Lea bedachte Gottfrieds Machwerk mit einem kritischen Blick. »Und das hätte ich aus diesem Topf erkennen sollen. Oder was ist das?«

»Hast du noch nie ein echtes Wespennest gesehen?«, schnappte Gottfried zurück. »Das sieht genau so aus!«

»Das kann ich mir nicht vorstellen«, beharrte Lea und griff nach ihrem Smartphone.

Nemecek schätzte, dass sie nach Bildern echter Wespennester googelte. Er selbst musste nicht erst das weltweite Netz aufsuchen, um ein klares Bild vor Augen zu haben. Dieses Bild hatte indes wenig mit dem auf der *Activity*-Karte festgehaltenen Begriff zu tun und schon gar nichts mit dem Gekritzel, das Gottfried auf dem Papier hinterlassen hatte. Vielmehr kam ihm dazu unweigerlich die *Acros*-Kultur in den Sinn. Die glich auch so einem undurchschaubaren Gebilde, innerhalb dessen geheimnisvolle Dinge vor sich gingen. Aber wehe, wenn jemand versuchte, Licht ins Dunkle dieses Nestes zu bringen, es zu öffnen oder gar zu zerschlagen! Dann lief man nämlich Gefahr, von den Wespen angegriffen zu werden und das konnte leicht tödlich ausgehen.

»It's our turn.«

Quietschend rückte Eliot seinen Stuhl zurecht. Nemecek streckte sich ebenfalls ein wenig nach vorne, als könnte er damit seinen schrägen Assoziationen entfliehen. Mit dem Fall würde er sich ohnehin noch genug beschäftigen, dachte Nemecek, gleich welche Metaphern er dafür heranzog. Obwohl ihm die Vorstellung von Katja Langholt als Wespenkönigin und Zettl und Joschak als aggressive Drohnen durchaus passend erschien.

Eliot warf Nemecek einen auffordernden Blick zu. Ach ja: Er war mit der pantomimischen Darstellung an der Reihe. Schnell beugte er sich nach vorne und zog die nächste Karte. Das Erste, das ihm auffiel, war die Zahl. »Es ist eine Sechser-Karte«, ließ er die Runde wissen – und das bedeutete, dass nun alle mitraten durften.

»Sechser Holio, Sechser Holio«, begannen die Kids wie auf Knopfdruck zu skandieren. Erst in der letzten *Activity*-Runde hatten sie diesen besonderen Kampfslogan erfunden, der angeblich die Dialektvariante von »hol ich mir ab« war. Welcher Dialekt das sein sollte, blieb allerdings unklar, gleichwohl Gottfried meinte, das Ganze komme ihm ziemlich spanisch vor. Während Sophie bereits nach der Sanduhr griff, kämpfte Nemecek nach wie vor mit seiner Verwirrung. Was hatte ein Managementbegriff im *Activity* verloren?

Linienführung, las er noch einmal, als könnten ihm seine Augen einen Streich gespielt haben. Sollte er ihnen da jetzt ein Organigramm vorturnen? Linie schien ihm darstellungstechnisch halb so wild zu sein, aber Führung? In Windeseile durchforstete er sein Gedächtnis nach Bildern, über die er im Rahmen seiner bisherigen Recherchen gestolpert war. Da musste es doch etwas geben, das er für eine nonverbale Darstellung verwenden konnte! Das Dirigenten-Bild fiel ihm gleich dazu ein, der Kapitän, der sein Schiff souverän lenkte, oder der Feldherr, der seine Truppen in den Kampf führte. Alle standen sie für jenen Typus des zentralistischen Managers, der immer alle Fäden in der Hand halten musste. Oder sollte er sich an einem Sinnbild für das agile Management versuchen? Etwa einem Gärtner oder einem Fußballtrainer? Die entscheidende Frage war freilich, wie er das so darstellen konnte, dass man auf den gesuchten Begriff kam. Vor allem so, dass sein Teampartner das vor allen anderen schaffte.

»Und? Können wir endlich loslegen?«, fragte Eliot. »Schach ist freitags.«

»Jaja«, erwiderte Nemecek. »Ein alter Herr braucht halt seine Zeit.«

Er hob den Zeigefinger. »Okay, erster Teil«, übersetzte Eliot.

Nemecek bückte sich, um einen imaginären Stock über den Boden zu ziehen. Sofort brach eine ohrenbetäubende Lawine an Deutungen über ihn herein. »Malen, streichen, zeichnen, pinseln.«

»Bauer«, setzte Isak noch nach, bevor Lea meinte: »Arbeiter!« Nemecek fühlte sich entmutigt. Er hätte nicht gedacht, dass schon der erste Teil des Wortes so eine Herausforderung werden würde. Aber so leicht wollte er sich nicht geschlagen geben. Er wiederholte noch einmal seine Bewegungen von vorhin. Dann aber legte er sein unsichtbares Werkzeug demonstrativ zur Seite, ging auf die Knie und fuhr mit dem Finger die gemalte Linie entlang. »Markierung, Strich, Hinweis, Linie, Straße, Marker, Edding«, begannen wieder alle durcheinander zu schreien. Nemecek riss den Daumen hoch, obwohl er unmöglich hätte sagen können, von wem der richtige Begriff gekommen war.

»Linie!«, rief Lea aufs Neue, da in dem Durcheinander nicht klar war, welches Wort überhaupt gemeint war. In der Hitze des Gefechts hatte es schon oft genug Streit darüber gegeben, von wem die richtige Lösung am schnellsten gekommen war. Kaum dass Nemecek Linie bestätigt hatte, stürzte eine neue Welle über ihn herein: »Linienbahn, Linienzeichnung, Liniendeutung, Linienkrümmung.«

Er schüttelte den Kopf und versuchte, sich auf den zweiten Teil des gesuchten Begriffs zu konzentrieren. Zuerst stellte Nemecek Führung mit ausgestreckten Armen dar, den linken nach vorne, den rechten nach hinten, als würde er jemanden an der Hand führen wollen.

»Linienzug«, »Linienleute«, »Linientreue«, prasselte ein neuer Deutungsregen über Nemecek nieder. So würde Eliot niemals auf das Gesuchte kommen. Er war gerade dabei, zu einer neuen Darstellung anzusetzen, als Bettina in aller Ruhe sagte: »Linienführung.«

Nachdem sich die erste Aufregung, von wegen »Schiebung« und »gemein« und »blöder Begriff«, gelegt hatte, fragte Eliot: »Was heißt das eigentlich?« Nemecek war drauf und dran, zu einer kindertauglichen Definition von Management und Hierarchie anzusetzen, als er seine Frau erklären hörte: »Das ist das, was Künstler tun, wenn sie etwas malen, Designer, wenn sie ihre Entwürfe umreißen, oder Ingenieure, wenn sie die Strecke einer neuen Bahnlinie entwerfen.«

»Verstehe«, sagte Eliot. Auch die anderen Kinder hatten für ein paar Momente ihre Überdrehtheit vergessen und Bettina gebannt zugehört. Nemecek konnte nur einmal mehr den Hut ziehen vor seiner ebenso klugen wie eloquenten Professorin! Und sich gleichzeitig über seine eigene Verbohrtheit wundern. Denn natürlich kannte er die Bedeutung des Begriffs Linienführung, wie Bettina sie vorgebracht hatte. Wahrscheinlich war diese sogar wesentlich gebräuchlicher als der organisationsentwicklerische Begriff. Er war so auf Letzteres fixiert gewesen, dass er niemals auf die Idee gekommen wäre, dass man die Dinge eben ganz anders sehen konnte. Genau wie bei meinem Fall, dachte Nemecek grimmig.

Als es gleich darauf an der Tür läutete, brach eine neue Welle von wildem Geschrei los. »Pizza Holio, Pizza Holio«!«, hieß es dieses Mal. »Aber nach dem Essen spielen wir noch fertig«, verlangte Sophie, nachdem sie den Öffner gedrückt hatte. »Und dann mindestens noch eine Runde«, assistierte Eliot. »Oder besser noch zwei.«

»Mal sehen«, trat Rosi gleich auf die Spaßbremse. »Morgen wartet wieder ein voller Arbeitstag. Und die Nemeceks haben noch nicht einmal ihre Urlaubssachen ausgepackt.«

»Ach komm, es sind doch Sommerferien!«, mischte sich Lea in die Debatte ein. »Außerdem haben wir einander so lange nicht gesehen.«

»Lieferservice«, ertönte es da von der Tür und ließ die Stimmung aufs Neue aufbrausen. »Pizza Holio, Pizza Holio!«, sangen die vier wie aus einem Munde. Im Angesicht dieser überbordenden Energie zweifelte Nemecek nicht daran, dass der heutige Abend noch lange dauern würde. Er hoffte bloß, dass die neue Woche nicht allzu hart begann.

Montag, 1:24
Feuer

Die Luft war schwer vom Brandgeruch. Der lebhafte Wind wirbelte immer wieder dicke Rauchschwaden über die Straße. Die Schwaden brannten in den Augen und verstopften die Nasenlöcher. Dazu kam der ohrenbetäubende Lärm der Einsatzfahrzeuge, die sich unverändert im Alarmzustand befanden. Eine wahre Kakophonie an Sirenen, die die vorherrschende Katastrophenstimmung verstärkten. Als ob Feuerwehr, Polizei und Rettung heimlich darum kämpften, wer hier das Sagen hatte.

Nemecek betrachtete die Schaulustigen, die sich vor der Absperrung versammelt hatten. Ihre Silhouetten hoben sich wie schwarze Scherenschnitte von dem grellen Scheinwerferlicht ab, das den Ort des Geschehens taghell ausleuchtete. Als ein weiterer Löschzug einfuhr, drehten sich viele der Schaulustigen von links nach rechts und dann wieder zurück. Ohne es zu wollen, fühlte sich Nemecek an ein Tennismatch erinnert. Doch dann entdeckte er, dass die Leute bloß ihre Handykameras hin und her bewegten, um möglichst viel von dem gebotenen Spektakel festzuhalten. Erst vorhin, als eines der Rettungsfahrzeuge den Schauplatz verließ, hatte Nemecek genau die gleiche Wellenbewegung in die andere Richtung beobachtet.

Im nächsten Moment kehrte Obermayr mit der erwarteten Botschaft zurück: »Ist bestätigt.«

Nemecek gab dem Feuerwehrkommandant ein Zeichen. Nun bestand also kein Zweifel mehr. Bevor das Feuer ausbrach, hatte es eine Explosion gegeben. Zukic und Obermayr hatten mit mehreren Ohrenzeugen gesprochen und diese waren sich sicher, kurz vor Mitternacht einen lauten Knall gehört zu haben. »Markerschütternd«, zitierte Zukic den älteren Nachbarn, der jetzt auf der rechten Seite der Absperrung stand. Gleich zu Beginn hatte derselbe Nachbar die vage Hoffnung zerstreut, das Haus könnte leer stehen

und der Brand lediglich ein Fall für die Versicherung sein. Als er seinen
Hund gegen 23 Uhr ausführte, habe der Mann nämlich Licht in den unteren
Fenstern gesehen. Er sei sich dessen ganz sicher, weil es davor mehrere Wochen lang stockfinster gewesen war. Die meiste Zeit über, berichtete der red-
selige Nachbar weiter, stehe die alte Villa nämlich leer. Seit der Scheidung
käme die Frau ja gar nicht mehr her und auch den Mann habe er ewig nicht
gesehen.

Eine Explosion würde erklären, legte ihnen der Kommandant daraufhin
dar, warum sich der Brand so rasend schnell auf das ganze Haus ausbreiten
konnte. Wie genau es zu der verhängnisvollen Explosion gekommen sei,
könne er zum jetzigen Zeitpunkt noch nicht sagen. Vielleicht eine Gasexplo-
sion, vielleicht ein Kurzschluss, vielleicht aber auch ein Sprengsatz. Nemecek bedankte sich für die Auskünfte, obwohl ihm aktuell nur eine einzige
Frage unter den Nägeln brannte: Befand sich Niels Swartling noch in dem
brennenden Haus seiner Ex-Frau?

Gleich nachdem sie ein aufmerksamer Kollege über den Brand informiert
hatte, versuchte Obermayr den Change Manager telefonisch zu erreichen.
Dass dieser Kollege bei der Fahndung nach Wondratsch dabei gewesen war
und daher auch den Namen Swartling kannte, war pures Glück. Dass sich
unter Swartlings Nummer niemand meldete, war eher das Gegenteil.

»Die Leitung scheint tot zu sein«, schloss Obermayr und Nemecek hatte
Mühe, das nicht als schlechtes Omen zu deuten. Aber womöglich gab es ja
eine harmlose Erklärung dafür. Vielleicht war Swartling nach dem aufwüh-
lenden Gespräch mit den Kommissaren in eine finstere Spielhölle geflüchtet.
Oder er wollte, wie er Pflückinger gegenüber angab, seine Ruhe haben und
hatte deswegen sein Handy ausgeschaltet. Selbst wenn dem so war, blieb die
Frage, warum er dafür extra von Graz in die fast 200 Kilometer entfernte
Villa in Hinterbrühl fahren musste. Oder wurde er unter irgendeinem Vorwand hierher gelockt? Und falls Letzteres zutraf: War der Lockvogel womöglich sein Mörder?

Nemecek ertappte sich dabei, dass er die ganze Zeit über von einem neuen
Anschlag ausging. Das Gesetz der Serie legte das natürlich nahe. Aber sollten sie nicht in Erwägung ziehen, dass es sich doch um einen Unfall handelte? Dass das Feuer einem technischen Defekt geschuldet war, wie es in alten

Häusern nicht selten vorkam? Und dass sie es eben nicht mit dem nächsten Mordfall zu tun hatten? Nemecek merkte rasch, dass ein solcher Unfall zwar prinzipiell denkbar war, er aber nicht so recht daran glauben konnte. Wie von Geisterhand gesteuert, wanderten seine Gedanken zur Frage, wer ein Motiv für diesen Anschlag haben könnte.

»Denkst du, Wondratsch hat etwas damit zu tun?«, fragte Obermayr, als hätte sie schon wieder in seinem Kopf spioniert.

»Ich frage mich allerdings, warum er ausgerechnet jenem Mann etwas antun sollte, der angeblich seine Unschuld beweisen konnte.«

»Falls das nicht bloß eine Schutzbehauptung war.«

Nemecek war vorhin dieselbe Idee gekommen: Dass Wondratsch seinen ACT-Kollegen bewusst in die Ermittlungen hineinzog, um von sich selbst abzulenken. Trotz seiner Heimlichtuerei schienen Swartlings Angaben nämlich glaubwürdig zu sein. Zukic hatte in der Zwischenzeit alles nochmals geprüft und keine Unstimmigkeiten festgestellt. Die von ihm genannten Aufenthaltsorte und -zeiten waren korrekt. Ebenso korrekt war es, dass sich Wondratsch zum Zeitpunkt des dritten Mordes bereits in Urlaub befand. Damit hatte er für keine der Tatzeiten ein Alibi.

Hatte der junge Agilist seine Auszeit dazu genutzt, um sich endlich für das Schicksal seiner Familie zu rächen? War irgendetwas passiert, was nach all den Jahren plötzlich den ganzen aufgestauten Hass durchbrechen ließ? Oder war einfach die Zeit gekommen, die in der Collage skizzierten Anschläge in die Tat umzusetzen?

Nach ihrem derzeitigen Erkenntnisstand wies alles darauf hin, dass Wondratsch ihr Täter war. Der Umstand seiner Flucht und das anschließende Untertauchen sprachen sowieso nicht für seine Unschuld; und dass er laut *Acros* sein Diensthandy ausschließlich für berufliche Zwecke verwendete und für private Angelegenheit stets ein Prepaid einsetzte, bestärkte den Verdacht, hier wolle jemand bewusst keine Spuren hinterlassen.

Gleichzeitig störte ihn etwas an der Vorstellung von Felix Wondratsch als Serienmörder. Irgendein Aspekt passte nicht ins Bild. Doch obwohl Nemecek sich das Hirn zermarterte, um dieser Unstimmigkeit auf die Spur zu kommen, bekam er sie einfach nicht zu fassen. Möglicherweise hatte es etwas mit Kniewassers Tod zu tun, da er immer noch keinen überzeugenden

Grund sah, warum Wondratsch seine Geliebte hätte ermorden sollen. Bei Zettl und Joschak lag das Motiv auf der Hand: Zwölf Jahre nach dem Tod seines Vaters übte Wondratsch Vergeltung an denen, die für ihn die Hauptschuld am tragischen Schicksal seiner Familie trugen. Wie die Collage in der Gartenhütte vor Augen führte, hatte er sich ja bereits viele Jahre intensiv mit diesem Schicksal beschäftigt. Er recherchierte die genauen Zusammenhänge, spürte die Übeltäter auf, machte sich an sie heran und schlug dann erbarmungslos zu. Warum aber musste Johanna Kniewasser sterben? Die hatte doch nicht das Geringste mit Wondratschs Geschichte zu tun? Im Unterschied zu seinen beiden Managementkollegen kannte sie auch Hermann Totzauer nicht.

Kniewassers Tod war freilich nicht die einzige Unstimmigkeit. Wenn er ehrlich war, fehlte ihm auch ein überzeugendes Motiv für den Mord an Swartling. Musste dieser sterben, weil er Wondratsch kein Alibi geben konnte oder wollte? Im Vergleich mit dem Motiv für Zettls und Joschaks Ermordung war das ziemlich dünn. Außerdem passte so eine spontane Tat überhaupt nicht ins Muster. Wie die Collage erahnen ließ, hatte Wondratsch die anderen Morde minutiös geplant. Dazu gab es zahlreiche offene Fragen: Warum traf sich Swartling überhaupt mit Wondratsch? Wie waren die beiden unbemerkt ins Haus gekommen? Und was genau hatte sich dort abgespielt, bevor es zu der verhängnisvollen Explosion kam?

Von einem Fragenkarussell schleuderte es ihn gleich ins nächste. Was wäre beispielsweise, wenn gar nicht Wondratsch, sondern jemand anderer Kniewasser getötet hatte? Ihren bisherigen Erkenntnissen zufolge hätte das am ehesten zu Zettl und Joschak gepasst, aber die schmorten ja bereits in der Manager-Hölle, als Kniewasser mit ihrem Rad in die Tiefe befördert wurde. Blieb noch Swartling, für den ja eine Menge auf dem Spiel stand. Wäre seine Spielsucht publik geworden, wäre es wohl vorbeigewesen mit der Bilderbuchkarriere als agiler Veränderungsmanager. Ganz abgesehen von seinen haarsträubenden Schulden. Hatte Kniewasser von alledem gewusst? Drohte sie gar, diese Geheimnisse aufzudecken?

Nemecek streckte seinen Rücken durch. Er merkte, dass er schon wieder ins alte Fahrwasser geriet. Eventuell stand ja ein gänzlich anderes Motiv hinter der Ermordung Kniewassers. Und der Anschlag auf Swartling wurde wiederum aus völlig anderen Gründen verübt. Möglicherweise hatten sie es sogar mit unterschiedlichen Tätern zu tun.

»Vielleicht müssen wir uns von der Idee eines Serientäters verabschieden«, schlug Obermayr genau in dieselbe Kerbe. Nemecek warf ihr einen erstaunten Blick zu. Mitunter war es schon ziemlich unheimlich, wie ähnlich ihre Gedankengänge waren.

»Vielleicht haben wir es mit verschiedenen Tätern mit verschiedenen Motiven zu tun. Und wir suchen krampfhaft nach Zusammenhängen, die es überhaupt nicht gibt.«

Nemecek spürte, wie sich sein Puls beschleunigte. Kaum, dass Obermayr seine eigenen Gedanken ausgesprochen hatte, wurde ihm bewusst, dass sie schon wieder viel zu sehr auf Annahmen bauten. Sollte dieser Fall nicht bereits ausreichend erwiesen haben, dass ihnen ihre vielen Spekulationen nicht weiterhalfen? Sie mussten endlich damit anfangen, sich ausschließlich auf die Fakten zu konzentrieren!

»Für meinen Geschmack sind das ein bisschen viele Vielleichts«, brachte Nemecek seine Vorbehalte auf den Punkt. »Bevor der Brand nicht gelöscht, das Haus untersucht und weitere Beweismittel gesichert sind, brauchen wir gar nicht weiterzuspinnen.«

»Du hast recht.« Obermayr zeigte sich unerwartet einsichtig. »Aber als Denkmöglichkeit sollten wir das im Hinterkopf behalten. Sonst verrennen wir uns womöglich.«

»Sicher«, stimmte Nemecek zu. »Aber lass uns erst einmal zuwarten, bis die Feuerwehr, die KTU und die Gerichtsmedizin ihre Arbeit gemacht haben. Dann sind wir garantiert um einiges schlauer.«

Obermayr riss spontan ihren Daumen hoch. Fast gleichzeitig schloss sie die Augen und begann herzhaft zu gähnen. Nemecek schaltete sein Handy ein: *2:12*. Wäre nicht die schlechteste Idee, wenn sie noch ein paar Stunden Schlaf bekämen. Bevor er seiner Kollegin vorschlagen konnte, die Zelte abzubrechen, brachte diese allerdings eine neue Idee ein.

»Langholt weiß wahrscheinlich, ob Swartling tatsächlich hierher gefahren ist.«

Nemecek schaute Obermayr entgeistert an.

»Dürfen wir es um diese Zeit wagen?«, fragte sie pro forma, hatte ihr Telefon aber bereits aus der Tasche gezogen. »Auch ausgeschaltet«, beendete sie ein paar Sekunden später ihren Versuch, die Finanzexpertin aus dem Tiefschlaf zu rütteln.

Nemecek musste zugeben, dass er erleichtert war. Das Letzte, was er gerade brauchen konnte, war eine weitere Nacht- und Nebelaktion. Stattdessen sehnte er sich nach einer Mütze Schlaf, um sich morgen früh mit frischen Kräften an ihren Fall zu machen.

»In die Federn, oder?«

»Unbedingt«, gab Nemecek zurück und fühlte sich mit einem Schlag so erschöpft, dass er sich am liebsten an Ort und Stelle hingelegt hätte.

Montag, 8:25
Müde Knochen

»Morgähn!« Obermayr schlurfte zu ihrem Schreibtisch und ließ sich schwerfällig auf ihren Stuhl fallen. Wie immer war sie die Letzte, die im Büro eintraf. Alle hatten sich längst daran gewöhnt, dass die Bezirksinspektorin kein Morgenmensch war – und ohne Kaffee ging schon gar nichts.

»Guten Morgen, Nina.« Beschwingt servierte Zukic das Lebenselixier in der großen *Mind the Gap*-Tasse, die Obermayr von einer ihrer London-Reisen mitgebracht hatte.

»Du bist ein Schatz«, rang sich die derart Versorgte ein kleines Lächeln ab.

Nemecek streckte die Beine aus. »Also, was gibt es Neues?«

»Ich fasse zusammen: Offizielles 'Brand aus' war um 3 Uhr 13. Da wart ihr wahrscheinlich schon in der dritten Runde Matratzenhorchen.« Zukic zwinkerte spitzbübisch. Dafür, dass sie nicht geschlafen hatte, wirkte sie beneidenswert frisch.

»Keine zehn Minuten später fand die Feuerwehr eine verkohlte Leiche im Wohnzimmer, während unsere Freunde von der KTU fast zeitgleich die ersten Reste einer Sprengladung sicherstellten. Direkt bei der Terrassentür. Wie heftig die Detonation und ob diese todesursächlich war, müssen sie selbstverständlich noch genauer untersuchen. Wir können aber schon mal fix von einem weiteren Anschlag mit einem Todesopfer ausgehen.«

»Weiß man schon Genaueres über die Leiche?«

»Nein. Aber Gerda Probisch hat mir versprochen, uns noch im Laufe des Vormittags Ergebnisse zu liefern.«

»Gut, dann ist ja schon einmal einiges geklärt«, fasst Obermayr zusammen. »Super, dass du die Stellung gehalten hast, Lilly!«

»Gern geschah's.« Zukic schien sich über die Anerkennung zu freuen. Dennoch ließ sie es sich nicht nehmen, mit dem für sie typischen Augenzwinkern hinzuzufügen: »Ihr seid ja schon fortgeschrittenen Alters und braucht euren Schönheitsschlaf.«

Nemecek schnitt eine Grimasse, die Empörung ausdrücken sollte, so wie er das bei seinen Töchter zu tun pflegte, wenn sie ihn als alten Herren bezeichnete. Zuletzt hatte Sophie weiße Haare an ihm entdeckt und ihm empfohlen, zum Färbemittel zu greifen. Oder eben, wie sie ihrem schockierten Vater zugestand, eine Perücke aufzusetzen.

»Sagst du uns noch, wann wir unseren Termin bei unserer Leichenschnipslerin haben?«

»Ach ja, das hätte ich beinahe vergessen. Um 10 Uhr 30.«

Nemecek blickte auf die Uhr. Da blieb ihnen noch fast zwei Stunden. Er stand auf, um sein Notizbuch aus der Tasche zu holen. Bevor er sich in seine Aufzeichnungen vertiefen konnte, fragte ihn Obermayr: »Du weißt, was als Nächstes ansteht?«

Nemecek blickte seine Kollegin nachdenklich an. Ihm war klar, dass sie Pflückinger informieren mussten. Der viel entscheidendere Punkt war indes, welche sachdienlichen Hinweise ihnen der CEO geben konnte. Gleich darauf verwarf er den Gedanken an eine passende Gesprächstaktik wieder. So wie der Fall bisher verlaufen war, würde es ohnehin anders kommen als geplant.

Kurzentschlossen griff er zum Hörer. Schon nach dem ersten Läuten wurde am anderen Ende der Leitung abgehoben. Die Stimme, die er hörte, war indes nicht die von Reto Pflückinger, sondern die seiner Sekretärin. »Der Herr Direktor ist in einem Meeting«, erklärte die Stimme. »Deswegen hat er sein Mobiltelefon umgeleitet. Kann er Sie zurückrufen?«

»Ich hoffe sehr, dass er das kann. Und zwar so rasch wie möglich. Sagen Sie ihm: höchste Dringlichkeitsstufe.«

»Werde ich ihm ausrichten«, versicherte die Sekretärin, klang dabei allerdings nicht sonderlich alarmiert. Wahrscheinlich hatte sie es viel zu oft mit solchen Dringlichkeiten zu tun.

Umständlich beförderte Nemecek den Hörer zurück auf die Gabel des altmodischen Telefons, das ihnen Zukic am Ende ihrer Probezeit verehrt hatte. »Damit ich irgendetwas einbringe, das mich mit eurer Altersgruppe verbindet.« Obermayr und Nemecek verliebten sich auf Anhieb in den olivgrünen Klassiker. Pures 70er-Jahre-Design, das gut aussah und geschmeidig in der Hand lag.

Nemecek blieb allerdings nicht viel Zeit für Nostalgie, da das Telefon erneut in Aktion trat. Konnte es sein, dass Pflückinger so schnell zurückrief?

»Nemecek.«

»Neufeldner.«

»Sebastian!«, begrüßte er seinen Busenfreund überschwänglich. »Welch erfreuliche Überraschung!«

»Habe die Ehre, Robert. Wie geht's?«

»Frag lieber nicht.«

»Du steckst mitten in einem Fall, oder?«

»Bis über beide Ohren«, erwiderte Nemecek, als handle es sich um eine Liebesgeschichte.

»Wie wär's mit ein bisschen Ablenkung?«

Nemecek stutzte. Eigentlich hatte er befürchtet, dass ihm Neufeldner die für nächste Woche vereinbarte Radtour absagen würde. Doch es kam sogar in dieser Hinsicht anders als erwartet.

»Bist du für einen spontanen Ausflug zu haben?«

»Du meinst heute?«

»Ja. Mir hat gerade ein Klient abgesagt, sodass ich mich bereits am Nachmittag aus der Kanzlei loseisen kann. Um fünf könnt ich schon im Wald sein.«

»Warte einen Moment.« Nemecek blickte auf die Uhr: Es war erst kurz vor neun. Das hieß, dass ihm für die anstehenden Aufgaben noch jede Menge Zeit bleiben würden. Falls Obermayr und Zukic bereit waren, sich um ein paar seiner Tickets zu kümmern, könnte er sich wohl schon um vier Uhr absetzen. Sofort meldete sich das schlechte Gewissen: Durfte er sich das wirklich herausnehmen? Andererseits: Wann bot sich schon eine solche Gelegenheit? Zumal er darauf spekulieren durfte, dass ihn das Gespräch mit seinem alten Freund auf neue Gedanken brachte. Dafür genügte allein die erfrischend andere Perspektive, die dieser als Wirtschaftsanwalt einbrachte. Im Grunde war Neufeldner sogar der ideale Partner für jenes Querdenken, das er sich vorgenommen hatte. Vielleicht sollte er ein eigenes Ticket dafür schreiben, um sein Gewissen zu beruhigen?

»Abgemacht!«, sagte er, nachdem er die Idee einer Visualisierung seines Radausflugs als albern verworfen hatte. »Sagen wir um fünf beim Salettl?«

»Bingo, Herr Inspektor«, hörte er von der anderen Seite. »Freu mich.«

»Ein spontaner Radausflug?«, fragte Obermayr. »Zum Salettl und dann in den Wienerwald? Da kann doch nur der Herr Anwalt dahinter stecken.«

»Genau so ist es«, antwortet Nemecek und spürte, wie sich seine Laune weiter hob.

»Genieß es!«, wünschte Zukic, um gleich darauf zu prophezeien: »Der nächste Dämpfer lässt sicher nicht lange auf sich warten!«

Nemecek schluckte. Eine derart pessimistische Perspektive war er von seiner jungen Kollegin gar nicht gewohnt. Ganz abgesehen davon, dass sie ihm die Aussicht auf das gemeinsame Mountainbiken vergällte.

»Wahrscheinlich kommt dieser Dämpfer schon aus dem Reich der Toten«, griff Obermayr Zukic' Prophezeiung auf. »Wäre das erste Mal, dass uns die Nekrophilen da unten was Positives servieren.«

»Wenn du ständig in totem Fleisch herumwühlst, ist das mit dem positiven Denken eine echte Herausforderung«, bestätigte Zukic.

»Nicht einfach nur totes, sondern getötetes Fleisch«, korrigierte Obermayr. »Und wenn du es ständig mit Opfern zu tun hast, wirst du irgendwann selbst zum Opfer.«

Nemecek spürte den starken Impuls, dem haarsträubenden Geplänkel ein Ende zu bereiten. Weder fand er den Ausdruck totes Fleisch angebracht, noch den Begriff Opfer, den neuerdings auch seine Kinder ständig verwendeten. Diese Begriffe standen für ihn für eine Abwertungskultur, die er nicht gutheißen konnte. Doch genau in dem Moment, als er endlich dazwischen gehen wollte, klopfte es an der Tür.

»Herein«, rief Zukic und erklärte ihren erstaunten Kollegen: »Das ist sicher unser Frühstück.« Rasch ging sie dem Lieferanten entgegen, der die Tür nur einen Spalt breit geöffnet hatte. »Nach der gestrigen Nacht habe ich mir nämlich erlaubt, uns etwas Gutes zu tun.«

»Lilly, du bist eine Wucht!« Obermayr war einmal mehr von ihrer Kollegin begeistert. Und die Begeisterung steigerte sich, als sie sah, dass Zukic bei ihrem Lieblingsbäcker geordert hatte. »Die besten Croissants der Welt«, schwärmte sie. »Und sogar an eine Nussschnecke hast du gedacht!« Von Obermayr aus konnte sicher jeder Arbeitstag so beginnen. Ein gut gefüllter Bauch, dachte Nemecek, bevor er nach einem der köstlich duftenden Espressi griff, half besonders in einem Fall, der ihnen ständig Kopfzerbrechen bereitete.

Blieb bloß zu hoffen, dass die Erkenntnisse der Gerichtsmedizin in ähnlichem Maß helfen würden.

Montag, 11:12
Bitte wenden!

Mit vollem Karacho in eine Sackgasse fahren, um dann im letzten Moment aufs Bremspedal zu springen – so ungefähr fühlte sich Nemecek in diesem Augenblick. Beinahe konnte er die Reifen kreischen hören, so abrupt wurde ihr ermittlerischer Elan aufs Neue abgebremst. Also wieder zurück zum Start, dachte er niedergeschlagen – oder zumindest bis zu jener Kreuzung, an der sie falsch abgebogen waren.

»Da steh ich nun, ich armer Tor, und bin so blöd als wie zuvor«, griff Obermayr wieder einmal in ihre schier unermessliche Zitatenkiste. Nemecek musste zugeben, dass ihm ihre eigenwillige Faust-Interpretation aus der Seele sprach.

Als ihm Gerda Probisch gleich zu Beginn erklärt hatte, dass es sich bei dem Toten definitiv nicht um Niels Swartling handelte, war er sprachlos. In Wahrheit konnte er es immer noch nicht glauben. Was war hier los? Die Feuerwehr hatte den Leichnam doch mitten im Wohnzimmer gefunden? Sie hatten in der Zwischenzeit abgeklärt, dass es sich nicht um seine Ex-Frau handeln konnte, da diese derzeit in Salzburg weilte. Wie konnte es dann sein, dass es nicht Swartling war? Hatte sich etwa ein Obdachloser Zugang zu der Villa verschafft?

Nach einer Weile fand Nemecek zwar die Sprache wieder, war aber immer noch so perplex, dass er sich zu einem unüberlegten »Sind Sie absolut sicher?« hinreißen ließ. Mehr als ein leises Knurren hatte die Grande Dame der österreichischen Gerichtsmedizin dafür nicht übrig.

»Natürlich besteht kein Zweifel«, ruderte der Chefinspektor rasch zurück. Immerhin wollte er den Bonus behalten, den er seit dem Ziegelmord bei Probisch genoss. Eine kritische Infrage-Stellung war umso weniger angebracht, als dass sie wieder eine Extraschicht für ihn eingelegt und sogar ihren Dentisten-Freund aufgescheucht hatte, damit der schnellstmöglich das Zahnprofil des Brandopfers abglich.

»Jedenfalls vielen Dank für den neuerlichen Sondereinsatz!«, betonte er nun ausdrücklich. Aber da hatte sich Probisch bereits ihrem Assistenten zugewandt. Bruckners Achte, die gleich darauf den Seziersaal erfüllte, erklärte die Sprechstunde endgültig für beendet.

Ursprünglich wollte Nemecek ja bloß einige Details zur Todesursache klären, da davon auszugehen war, dass es sich bei dem Brandopfer um Swartling handelte. Woran genau war nun Swartling gestorben, dessen verkohlte Überreste die Feuerwehr gleich nach dem offiziellen Brandende entdeckt hatte? Durch die Sprengladung, die nach den ersten Erkenntnissen der Kriminaltechniker an der Terrassentür befestigt gewesen war? Durch eine Rauchgasvergiftung, wie sie viele Brandopfer erlitten? Oder durch etwas, was bereits davor passiert war? Etwa einen kräftigen Schlag gegen den Kopf? Oder ein Schlafmittel, das Swartling vorübergehend außer Gefecht setzte?

Dass es sich erneut um einen Mordanschlag und nicht um einen Unfall handelte, wurde ja gleich an Ort und Stelle bestätigt. Darauf wiesen schon allein die Fragmente des Sprengsatzes hin, die die KTU sichergestellt hatte. Dass es sich bei der Leiche, wie ihnen Probisch gerade nach allen Regeln der forensischen Kunst nachgewiesen hatte, nicht um Niels Swartling handelte, brachte Nemecek allerdings völlig aus dem Konzept. Bis eben zu diesem Termin waren Obermayr und er davon überzeugt, dass der Chef-Veränderer der *Acros* das nächste Opfer und Felix Wondratsch erneut zum Täter geworden war. Über 30 Beamte waren seit sechs Uhr früh über im Einsatz, um den agilen Youngster aufzuspüren. Man hatte nochmals seine wichtigsten Kontakte durchtelefoniert, alle naheliegenden Aufenthaltsorte überprüft und sogar Straßensperren errichtet, um verdächtige Motorradfahrer zu kontrollieren. Natürlich glich das Ganze wieder einmal der berüchtigten Suche nach der Nadel im Heuhaufen. Aber so war das nun einmal mit kriminalistischen Ermittlungen: 99% ihrer Aktionen führten ins Leere und ähnelten der vielzitierten Sisyphusarbeit. Bis ihnen das von Probisch recherchierte Zahnprofil den alles entscheidenden Prozentpunkt lieferte: Ja, der Tote, den sie in Swartlings Haus gefunden hatten, war niemand anderer als Felix Wondratsch.

Es war das Letzte, womit er gerechnet hätte. Dementsprechend peinlich war es Nemecek, dass sie stundenlang einem Toten nachgejagt hatten. Was für eine Verschwendung von Ressourcen! Außerdem konnte er die Schlagzeilen förmlich vor sich sehen: *Wiener Polizei löst Großfahndung nach Leiche aus! Chefinspektor Nemecek sorgt mit Suche nach Totem für Aufruhr!* Was Kappacher dazu sagen würde, konnte er sich leicht ausmalen. Obwohl sich dieser im Ausstiegsmodus befand, würden die aktuellen Ereignisse allemal für eine weitere Explosion reichen.

Die neue Situation stellte ihre bisherigen Annahmen auf den Kopf – und warf naturgemäß eine Menge neuer Fragen auf: Wie war Wondratsch in Swartlings Haus gekommen? Hatte er sich hier die ganze Zeit seit seiner spektakulären Flucht versteckt gehalten? Wusste Swartling davon? Galt der Anschlag überhaupt Wondratsch? Oder war er verwechselt worden?

Nemecek musste sofort an die russische Kreditmafia denken. Gut möglich, dass Swartling auch in dieser Hinsicht gelogen und eben nicht nur Privatkredite in Anspruch genommen hatte. Hier stand definitiv ein weiteres Gespräch an.

»Auf jeden Fall müssen wir unbedingt mit unserem Change-Guru sprechen«, gelangte Obermayr zur selben Schlussfolgerung. »Scheint ganz so, als ob der nun unser neuer Hauptverdächtiger ist.«

Nemecek konnte dem nur zustimmen. Zugleich hatte er schon Kappachers Vorwurf im Ohr, dass er nun offensichtlich Täter am laufenden Band produziere: Falls ihm einer abhanden kam, hatte er praktischerweise sofort einen neuen zur Hand!

Wenn Swartling etwas mit den Morden zu tun haben sollte, müssten sie jedenfalls schlüssig erklären können, was ihn dazu antrieb. War es zum Streit über das angebliche Alibi gekommen, das ihm Swartling geben sollte? Dagegen sprach allerdings, dass Letzterer seinerseits durchaus glaubhafte Alibis vorweisen konnte. Für alle Fälle? Keineswegs, denn zum Brandanschlag hatten sie ihn ja noch gar nicht befragt. Entsprechende Sprach- und Textnachrichten, dass er sich umgehend melden sollte, waren bereits an Swartling übermittelt. Bis dahin blieb ihnen wohl nichts anderes übrig, als wieder einmal zu warten.

Wahrscheinlich lag es an der Müdigkeit. Vielleicht war er sogar ein wenig eingedöst. Als sich das Festnetztelefon meldete, fuhr Nemecek jedenfalls dermaßen zusammen, dass er beinahe vom Stuhl gefallen wäre. Während er sich zu fassen versuchte, stellte er mit Erstaunen fest, dass er alleine im Büro saß. Wohin waren seine Kolleginnen gegangen? Und wieso hatte er davon nichts mitbekommen?

Genau in dem Moment, als er den Hörer von der Gabel nahm, öffnete sich die Tür. Das laute Lachen von Obermayr und Zukic war das Erste, was sein Gesprächspartner am anderen Ende der Leitung mitbekam. Nemecek legte mit einem resoluten »Schscht« den Finger auf den Mund.

»Guten Morgen, Herr Chefinspektor«, begrüßte ihn eine leicht verzerrte Stimme. Trotzdem erkannte sie Nemecek sofort.

»Herr Swartling«, sagte er laut. »Das ist aber eine Überraschung!«

Er hätte jetzt gerne den Knopf für die Freisprechfunktion gedrückt. Das war allerdings eine der Schattenseiten ihres historischen Prachtstücks: Eine solche Funktion hatten sich die Telekomingenieure des Jahres 1976 einfach noch nicht vorstellen können. So nahm er den Hörer vom Ohr und stellte ihn so schräg, dass auch seine Kolleginnen mithören konnten.

»Ja, ich weiß. Ich habe Fehler gemacht.« Swartling hustete. »Schwerwiegende Fehler.«

»Herr Swartling. Wir können über alles in Ruhe reden. Als Erstes müssen Sie sich stellen.«

»Hören Sie mir zu: Sie müssen sie unbedingt stoppen. Sie ist völlig …«

Der Rest des Satzes ging in einem weiteren Hustenanfall unter. Obermayr deutete mit einer Geste an, dass Swartling womöglich betrunken war. Zukic fügte eine zweite hinzu, die an eine Geisteskrankheit denken ließ. Nemecek selbst hing eher der These an, dass sich Swartling gestern am Brandort befunden und ein wenig zu viel Rauchgas eingeatmet hatte. Das konnten sie später klären. Nun ging es primär darum, das Gespräch in Gang zu halten.

»Herr Swartling, beruhigen Sie sich doch erst einmal!«

»Sie haben leicht reden«, presste Swartling hervor. »Hinter Ihnen ist sie ja nicht her.«

»Von wem reden Sie überhaupt?«

»Von wem ich rede?« Swartlings Stimme überschlug sich. »Von Katja natürlich!«

»Von Katja Langholt?«

»Sie ist mir dicht auf den Fersen.«

»Wo sind Sie gerade?«

»Sie müssen Sie aufhalten, sonst bin ich der Nächste.«

»Sie wissen, dass heute Nacht ein Brandanschlag auf Ihr Haus in Hinterbrühl verübt wurde?«

»Ich sage doch: Sie will mich umbringen!«

Nemecek bemerkte, wie seine beiden Kolleginnen die Augenbrauen hochzogen. Es sah ganz danach aus, als zweifelten sie ernsthaft an Swartlings Zurechnungsfähigkeit. Umso mehr bemühte er sich um einen möglichst sachlichen Ton. »Sie unterstellen, dass Frau Langholt für die Morde an Ihren Kollegen Zettl, Joschak, Kniewasser und Wondratsch verantwortlich ist?«

»Das ist keine Unterstellung!«, schrie Swartling. »Das ist eine Tatsache!«

»Das mag ja alles sein«, erhob nun auch Obermayr ihre Stimme. »Wir brauchen aber Beweise. Und wir brauchen Sie hier vor Ort, im Kommissariat.«

Swartling blieb stumm. Hatte er seine Kollegin nicht gehört? Musste er erst noch über ihren Vorschlag nachdenken? Oder hatte er womöglich aufgelegt? Genau in dem Augenblick, als Nemecek zu einer Klärung ansetzen wollte, redete Swartling endlich weiter.

»Ich will eine Kronzeugenregelung.« Nemecek sah, wie Obermayr das Gesicht verzog. Es war ihr anzusehen, dass sie Swartling am liebsten durch die Telefonleitung gezerrt hätte.

»So einfach ist das nicht«, blieb Nemecek seinem sachlichen Ton treu. »Das müssen wir in Ruhe abklären, die Staatsanwaltschaft miteinbeziehen, den …«

»Kommen Sie mir jetzt bloß nicht mit ihrer beknackten Bürokratie«, brauste Swartling auf. »Bei mir geht es um Leben und Tod.«

Nemecek atmete tief durch.

»Herr Swartling«, beschwor er den Change Manager. »Wir müssen dringend in aller Ruhe miteinander reden. Und wir müssen das Ganze zu Protokoll nehmen, ob Ihnen das nun gefällt oder nicht.«

»Außerdem sind Sie bei uns in Sicherheit«, fügte Zukic ein weiteres starkes Argument hinzu.

»Auf keinen Fall«, tönte es aus dem Hörer.

»Dann schlagen Sie einen geeigneten Treffpunkt vor. Wo sind Sie denn gerade?«

»Halten Sie mich für bescheuert?« Swartling war jetzt komplett außer sich. »Damit Sie mich in die Falle locken können? Ich will eine Kronzeugenregelung, sonst läuft hier gar nichts.«

Ein leises Knacken im Hörer besiegelte, dass vorerst bestimmt nichts mehr weiterlief.

»Und was machen wir jetzt?« Obermayr wirkte ratlos. Nemecek hingegen prüfte noch einmal die Idee, die während ihres Gesprächs mit Swartling gereift war.

Und dann beantwortete er die Frage seiner Kollegin.

Montag, 14:25
Auf Granit beißen

»Langholt.«

»Hallo Frau Langholt. Robert Nemecek spricht. Ich sitze hier gemeinsam mit meinen Kolleginnen Obermayr und Zukic. Wir hätten da noch ein paar dringende Fragen an Sie.«

Es knisterte leise. Einige Sekunden lang sagte niemand etwas. Für Nemecek fühlte sich das wie eine halbe Ewigkeit an. Wahrscheinlich ärgerte sich die Chef-Finanzerin, dass sie überhaupt abgehoben hatte. Oder sie überlegte fieberhaft, wie sie sich der Befragung doch noch entziehen könnte. Zumindest startete sie einen Versuch in diese Richtung. »Haben Ihre Fragen nicht Zeit bis morgen? Heute bin ich wirklich total unter Druck. Ich bin in Belgrad und …«

»Es ist uns durchaus bewusst, dass wir Sie stören«, unterbrach Nemecek. »Aber die Aufklärung der Morde duldet keinen Aufschub.«

Langholt gab ein langgezogenes Seufzen von sich. »Also gut. Wenn es denn der Wahrheitsfindung dient.«

»So hoffen wir doch sehr.«

»Sie haben fünf Minuten, dann muss ich wieder in die Besprechung. Was wollen Sie wissen?«

»Wir haben nochmals mit Niels Swartling gesprochen und bitten Sie erst einmal, uns bei der Überprüfung seiner Angaben zu helfen.«

»Sie unterstellen Niels, gelogen zu haben?« Langholts Stimme vibrierte. »Oder glauben Sie gar, dass er etwas mit den Morden zu tun hat?«

»Wir versuchen erst einmal bloß, einige Fakten zu erhärten.« Nemecek war sich bewusst, dass er sich um eine konkrete Antwort herumdrückte. Dennoch überraschte ihn der genervte Ton seiner Gesprächspartnerin. Wie bei jemand, der sich vor Entlarvung fürchtet, ging ihm durch den Sinn. Aber das war wahrscheinlich reines Wunschdenken.

»Worum geht es denn nun konkret?«

Nemecek hätte sie am liebsten sofort mit Swartlings Vorwürfen konfrontiert. Doch nachdem er seine Idee vorgestellt hatte, war allen Beteiligten klar, dass sie systematisch vorgehen mussten. Also startete er mit einigen einfachen Klärungsfragen.

»Herr Swartling hat uns von seiner Spielsucht erzählt. Seit wann wussten Sie davon?«

»Niels hat mir das bereits ziemlich früh gestanden. Wir waren von Anfang an völlig offen zueinander.« Nemecek glaubte ihr zwar nicht, der richtige Moment für eine Konfrontation war aber noch nicht gekommen. Vorerst waren weitere Prüfungsfragen angesagt.

»Wer hat denn noch davon gewusst?«

»Soweit ich weiß, niemand sonst.«

»Nicht einmal Reto Pflückinger, mit dem Swartling so viele Jahre zusammengearbeitet hat?«

Langholt gab einen übertriebenen Zischlaut von sich, als wäre die Frage völlig absurd. »Der schon gar nicht.«

Obermayr warf Nemecek einen vielsagenden Blick zu. Wie sie vermuteten, stand es um die Beziehung zwischen CEO und CFO offenkundig nicht zum Besten. Doch Letztere hatte auch Überraschendes zu bieten: »Dann schon eher Wondratsch und Kniewasser. So wie die überall herumgeschnüffelt haben.«

Nemecek kippte beinahe die Kinnlade herunter. Wenn das stimmte, hätte Swartling ein starkes Motiv für die beiden Morde. Wollte Langholt nur den Verdacht von sich selbst ablenken? Oder wies sie gerade darauf hin, dass sie sich erneut auf der falschen Spur befanden? Er drängte die aufkeimende Verwirrung zur Seite, um erst einmal wie besprochen weiterzumachen.

»Swartling hat uns auch erzählt, dass Sie ihn finanziell unterstützt haben.«

»Großzügig unterstützt«, ergänzte Obermayr.

»Ja, und? Ist das etwa verboten?«

»Wir würden gerne von Ihnen wissen, um welche Summe es sich dabei gehandelt hat.«

»Haben Sie denn Niels gar nicht danach gefragt?«

»Wir fragen Sie, Frau Langholt«, beharrte Nemecek. »Und wir erwarten uns eine ehrliche Antwort.«

»250.000 Euro, wenn Sie es unbedingt wissen wollen.«

»Und Sie verleihen einfach so eine viertel Million? Ohne jede Gegenleistung?«

»Wir sind Freunde. Und Niels ist in Not. Da kann man schon mal helfen.«

Wer's glaubt!, schoss es Nemecek durch den Kopf. Viel wahrscheinlicher war es, dass Swartling das Geld dafür erhalten hatte, dass er Langholt deckte: ihre Machenschaften, vielleicht sogar die Morde, die sie verübt hatte, um diese Machenschaften im Dunklen zu belassen. Beides konnte er freilich noch nicht beweisen.

»Woher haben Sie eigentlich so viel Geld?«, brachte Obermayr einen anderen dunklen Aspekt zur Sprache.

»Ich verdiene gut und lebe sparsam.« Die Finanzerin versuchte, sich keine Blöße zu geben. Dass sie ihnen dabei eine glatte Lüge auftischte, sprach allerdings eine andere Sprache. Es war höchste Zeit, den Druck zu erhöhen.

»Da haben wir aber etwas ganz anderes gehört«, preschte Obermayr nach vorne, als hätte sie nur darauf gewartet, endlich aufs Gas steigen zu dürfen. »Sie leben in einem großzügigen Penthouse mitten in der Altstadt, finanzieren eine sündhaft teure Seniorenresidenz für Ihre Eltern, unternehmen kostspielige Reisen, tragen Designer-Kleidung, gehen gerne in Gourmetrestaurants – das alles kostet doch ein Vermögen! Und wir würden gerne wissen, woher das dafür nötige Geld kommt.«

»Haben Sie das von Niels?«

»Frau Langholt«, knurrte Obermayr vernehmlich. »Wir wären Ihnen sehr verbunden, wenn Sie unsere Frage beantworten würden.«

Doch die gewünschte Antwort ließ auf sich warten. Ohne hinzusehen, wusste Nemecek, dass die Nerven seiner Kollegin zum Zerreißen gespannt waren. Was dann kam, war auch nicht besonders entspannungsförderlich.

»Wie gesagt, ich verdiene gut«, wiederholte Langholt ihr vorheriges Argument. Wenigstens die Sparsamkeit sparte sie sich dieses Mal. »Zudem habe ich in sehr erfolgreiche Aktien investiert. Aber ich weiß eigentlich nicht, was Sie meine finanziellen Verhältnisse angehen.«

»Bei Mord geht uns alles etwas an«, zitierte Nemecek den alten Kripo-Spruch, den sein früherer Chef Josef Kallinger seinerzeit berühmt gemacht hatte. Gleichzeitig war ihnen klar, dass sie hier ohne eine richterliche Verfügung zur Bankeneinsicht auf Granit bissen.

»Ich bin neugierig, was mein Anwalt zu Ihrem Vorgehen sagt«, ging Langholt in eine ähnliche Richtung. Alles wie erwartet, resümierte Nemecek, inklusive Verweis auf ihren Rechtsbeistand. Das war der ideale Zeitpunkt für einen überraschenden Themenwechsel.

»Wissen Sie eigentlich schon, dass es heute Nacht einen Brandanschlag auf das Haus von Petra Swartling gegeben hat?«

»Auf das Haus von Niels' Ex-Frau?« Langholt klang glaubhaft irritiert. »In Hinterbrühl?«

»Exakt.«

»Ich verstehe nicht.«

»Es gab sogar einen Toten.«

»Was?!« Langholt schien um Fassung zu ringen. Oder spielte sie ihnen bloß etwas vor?

»Mit Niels Swartling haben Sie heute noch nicht gesprochen?«

»Nein. Wieso?«

»Weil er behauptet, dass der Anschlag ihm gegolten hat. Und dass Sie ihm nach dem Leben trachten.«

»Das ist doch Irrsinn!«

»Wo waren Sie denn heute Nacht?«

»Sie verdächtigen mich, etwas damit zu tun zu haben?«

»Beantworten Sie einfach unsere Frage«, drängte Obermayr.

»Wo werde ich wohl gewesen sein? Im Bett.«

»Ich nehme an, dass das niemand bezeugen kann.«

»Nein.«

»Wussten Sie eigentlich, dass Ihre Kollegen Wondratsch und Kniewasser ein Liebespaar waren?«

»Felix und Johanna?«

»Sie haben nichts von dieser Beziehung mitbekommen?«

»Wieso sollte ich?«

»Mit Kniewasser hatten Sie ja zuletzt viel zu tun. Allein am Abend, bevor Kniewasser ums Leben kam, haben Sie über eine Stunde mit ihr telefoniert. Im Übrigen auch in finanziellen Angelegenheiten, wie Sie mir zuletzt erzählt haben.«

»Ich verstehe nicht, warum das wichtig ist.« War da eine Spur von Unsicherheit in ihrer Stimme zu hören?

»Wir glauben nicht, dass es sich dabei um die übliche Quartalsroutine gehandelt hat, wie Sie uns zuletzt weismachen wollten.«

»Was Sie glauben, bleibt ganz Ihnen überlassen«, zeigte sich Langholt großzügig.

»Nicht ganz«, lancierte Obermayr einen neuen Vorstoß. »Wir haben nämlich auch Ihre Angaben nochmals überprüft. Dabei sind wir auf ein Verkehrsvideo gestoßen, auf dem Sie am Tag des Mordes an Johanna Kniewasser bereits um halb sieben auf der A9 bei Sankt Pankraz zu sehen sind. Keine zehn Kilometer vom Tatort entfernt.«

Obermayr ließ bewusst einige Sekunden verstreichen, um die Wirkung ihrer Worte zu verstärken. Wie erwartet zeigte Langholt keinerlei wahrnehmbare Reaktion. Nemecek war sich jedoch sicher, dass sie innerlich zusammen krampfte. Und er war sicher, dass das auch zu sehen wäre, wenn sie einander jetzt in einem Raum gegenüber säßen, statt bloß zu telefonieren.

»Was hatten Sie dort schon so früh zu tun? Warum haben Sie überhaupt die Ausfahrt nach Hinterstoder genommen? Und wozu diente das Mountainbike in Ihrem Wagen?« Letzteres war zwar nicht auf dem Überwachungsvideo zu sehen gewesen, das wusste allerdings Langholt nicht.

Wie zu Beginn ihres Telefonats blieb es erst einmal still am anderen Ende der Leitung. Nur dieses leise Knistern war plötzlich wieder zu hören.

»Ich sag Ihnen, wie es war, Frau Langholt. Sie sind mit Ihrem Wagen zur alten Passstraße nach Hinterstoder und dann mit Ihrem Rad die Hössrunde bergauf gefahren, um Ihre Kollegin Johanna Kniewasser gegen acht Uhr früh von der Felswand zu stoßen.«

»Und warum hätte ich das tun sollen?« Der Ton der CFO hatte sich nun merklich geändert. Für Nemecek klang sie total angespannt, wie jemand, der sich mit ganzer Kraft zusammenreißt, obwohl er am liebsten davonlaufen würde.

»Weil Ihnen Johanna Kniewasser auf der Spur war.«

»Wovon reden Sie?«

»Wir reden davon, dass Sie die *Acros* seit Jahren betrügen. Dass Sie heimlich Geld abziehen. Und dass Sie das gemeinsam mit Ihren Kollegen Zettl und Joschak getan haben. Vermutlich haben Sie sich genau aus diesem Grund mit Gernot Zettl in Weidlingbach getroffen. Unmittelbar bevor er verunglückt ist. Wir gehen davon aus, dass Sie seinen Wagen gleich vor Ort manipulierten, bevor Sie sich mit ihm ins Hinterzimmer des *Fischwirts* zurückgezogen haben.«

»Sind Sie verrückt geworden?«, schrie die derart Beschuldigte. Doch Obermayr ließ sich von dieser Attacke nicht irritieren.

»Laut Niels Swartling haben Sie es auch auf sein Leben abgesehen. Schließlich ist er ein gefährlicher Mitwisser.«

»Wir gehen davon aus, dass er Ihnen falsche Alibis gegeben hat. Zumindest für die Morde an Gernot Zettl und Marco Joschak.«

»Ich habe genug von Ihren Hirngespinsten!«, brauste ihr Gegenüber auf. »Wenn Sie handfeste Beweise haben, können Sie sich an meinen Anwalt wenden. Ansonsten lassen Sie mich gefälligst in Ruhe.«

»Sie hören von uns«, setzte Obermayr mit lauter Stimme nach. Nemecek war sicher, dass das noch bei Langholt angekommen war, bevor sie das Telefonat beenden konnte.

Erst als er sich aus seiner verkrampften Position am Schreibtisch löste, fiel ihm auf, was ihn die ganze Zeit über irritiert hatte. Langholt hatte gar nicht danach gefragt, wer denn in Hinterbrühl ums Leben gekommen war. Vielleicht, weil sie es schon wusste?

»Mal sehen, was Pflückinger dazu sagt«, riss ihn Obermayr aus seinen Gedanken. »Der wird aus allen Wolken fallen, wenn er hört, was heute alles
passiert ist.«

»Dazu müssen wir ihn erst einmal erreichen«, gab Nemecek zu bedenken –
und hoffte inständig, dass das noch gelang, bevor er zu seiner Radtour aufbrechen würde.

Montag, 18:32
Am Stein der Weisen

»Und? Wie hat er es aufgenommen?«

»Nicht gut«, antwortete Nemecek, dessen linkes Ohr immer noch von dem Telefonat glühte, das er gerade mit dem CEO geführt hatte. Er spürte den fragenden Blick seines Freundes auf sich, fühlte sich jedoch außerstande, ihm einen kompakten Bericht zu liefern. Er hätte es damit begründen können, dass sie vorhin eigentlich ein ganz anderes Thema diskutiert hatten. Doch Neufeldner akzeptierte die Einsilbigkeit seines Blutsbruders auch ohne Erklärung.

»Darf's noch was sein?«, lockerte der Kellner die angespannte Situation ein wenig auf.

»Also, wenn du mich fragst, sollten wir den Apfelsaft hinter uns lassen«, meinte Neufeldner. »Oder hast du heute noch eine größere Tour vor?«

Nemecek machte ein Geräusch, das bei *Activity* sicher als perfekte Darstellung des Wortes Irrwitz durchgegangen wäre – zumindest bei einem *Activity,* das ausnahmsweise Töne zuließ, wie sie das mit den Kindern spaßeshalber ein paar Mal gemacht hatten. So gerne er mit dem Rad im Wienerwald unterwegs war: Heute suchte er weniger die schweißtreibende Bewegung als vielmehr das ruhige Gespräch. Die kleine Runde, die sie in der letzten Stunde vom Salettl über Salmannsdorf zum Agnesbründl und dann hinauf auf den Hermannskogel hinter sich gebracht hatten, reichte ihm völlig aus. Schließlich juckte es ihn wesentlich stärker im Kopf als in den Beinen. Dass sie im Gasthaus »Zur steinernen Hütte« ausgerechnet den Stammtischplatz ergattert hatten, von dem aus man freie Sicht auf die Stadt hatte, besiegelte seine Entscheidung: Dieses Mal ging Reden eindeutig über Strampeln.

»Na dann«, musste Neufeldner nicht groß herumdeuten. »Zwei Krügerl, bitte. Und dazu gleich eine Speisekarte. Ich denke, dass wir hier noch ein wenig verweilen – und da sollten wir weder Durst noch Hunger leiden.«

»Du sprichst weise Worte.«

»Entschuldige mich kurz.« Neufeldner sprang fluchtartig von seinem Platz auf. »Ich muss davor noch dringend einem natürlichen Bedürfnis nachgehen.«

Erst nach einer Weile fiel Nemecek auf, dass er die ganze Zeit über auf sein Handy starrte. Mit strenger Miene wahrscheinlich, dachte er im Rückblick auf das Gespräch, das er vorhin geführt hatte. Er löste sich von seinem Mobiltelefon und ließ den Blick wieder über die Stadt schweifen. Das war sicher einer der besten Plätze, die Wien zu bieten hatte, hier »am Staa«, wie das Wirtshaus über Döbling von den Stammgästen genannt wurde. Definitiv ein Ort der Kraft, den Nemecek selten, aber stets mit frischer Begeisterung aufsuchte. Doch so kraftvoll der Ort auch sein mochte: So einfach ließ sich die Erinnerung an die letzten 20 Minuten nicht abschütteln. Denn kaum, dass sie ihr Pausenziel erreicht und ihre erste Bestellung aufgegeben hatten, klingelte es in Nemeceks Jacke. *CEO*, verriet ihm der Bildschirm, als er sein Telefon herausgefischt hatte. Daraufhin war er mit einem knappen »Ich komme gleich« aufgesprungen, um den lange erwarteten Rückruf entgegenzunehmen. Nun würde er endlich die Hiobsbotschaft loswerden, die er schon den ganzen Tag mit sich herumschleppte.

Anfangs stand natürlich der Schock im Zentrum. Nemecek konnte sich bildhaft vorstellen, wie Pflückinger bei der neuerlichen Todesnachricht die Knie weich wurden. »Das kann doch nicht wahr sein«, war für geraume Zeit alles, was der CEO zu artikulieren vermochte. Nemecek stand eigentlich schon kurz davor, das Gespräch zu beenden, um seinem Gesprächspartner noch mehr Verdauungszeit einzuräumen. Plötzlich aber hatte dieser Fragen zu stellen begonnen.

Zuerst ging es um Naheliegendes: Wie Felix Wondratsch ums Leben gekommen sei? Was er denn in Swartlings Haus verloren habe? Welche besondere Verbindung es zwischen den beiden gab? Und Ähnliches mehr. Im weiteren Verlauf des Gesprächs mischte sich indes ein unerwartet kritischer Ton in Pflückingers Wissbegier: Warum man es nicht schaffe, den wahnsinnigen

Mörder endlich dingfest zu machen? Wieso schon wieder einer seiner Leute sterben musste? Was man der *Acros* noch alles zuzumuten gedenke?

Es dauerte nicht lange, bis Nemecek gegen die Unterstellungen des Vorstandsvorsitzenden zu rebellieren begann. Zuerst fielen seine Antworten immer knapper aus, dann startete er in bester Obermayr-Manier zum Gegenangriff: Wieso ihnen der CEO immer nur die halbe Wahrheit erzähle, wenn er doch angeblich so bestrebt war, ihnen bei der Aufklärung zu helfen? Wann er endlich seine diplomatische Haltung aufgebe? Und wie er sich eigentlich die mörderischen Vorgänge in seiner Firma erkläre? Der Streit kulminierte in Nemeceks unverblümtem Vorwurf, Pflückinger habe wohl selbst so manches zu verbergen und dass sie längst daran hätten denken müssen, seine Alibis zu überprüfen.

Ärger macht alles nur noch ärger, kam ihm als Erstes in den Sinn, als er sich endlich aus dem unangenehmen Erinnerungsstrom befreite. Gleichwohl diese Einsicht eindeutig in die Kategorie Kalenderweisheiten fiel, traf sie den Nagel auf den Kopf. Er hatte die Beherrschung verloren und sich zu Aussagen hinreißen lassen, die alles andere als hilfreich waren. Obwohl er inhaltlich die richtigen Punkte ansprach, hatte sein Ton alles verdorben – und der machte bekanntlich, wie das nächste Kalenderblatt wusste, die Musik.

Neufeldners Rückkehr erlöste ihn von seinen trüben Gedanken. Entschlossen hob er sein Krügerl, das der Kellner genau zum richtigen Zeitpunkt serviert hatte.

»Auf den Stein der Weisen.«

»Auf den Stein der Weisen«, prostete Nemecek zurück, bevor er sich für einen langen, gierigen Schluck in sein Bierglas vertiefte. Er gönnte sich einen ausgedehnten Aaah-Laut, der für besondere Genüsse reserviert war.

»Das zischt«, bestätigte sein Freund und wischte sich den Schaum von der Oberlippe.

»Wo waren wir stehen geblieben, bevor du telefonieren gegangen bist?«

»Alte Geschichten war das Stichwort.«

»Genau.«

»Also schildere mal.«

Nemecek lehnte sich zurück. Er wusste, dass sein Freund ein ausgezeichneter Zuhörer war. Als Jurist war er daran gewöhnt, ganz genau aufzupassen und dabei auch die Zwischentöne wahrzunehmen, die mitunter wertvoller waren als alles Gesagte. Nemecek war klar, dass er Neufeldner jetzt nicht mit Details überschütten durfte. Dazu brauchte er sich nur an das Credo von Josef Kallinger zu erinnern, dass man als Ermittler fähig sein müsse, selbst die komplexesten Sachverhalte in maximal vier Sätzen zu umreißen. »Aller guten Dinge sind drei«, pflegte sein ehemaliger Chef und Mentor zu dozieren, »zu viert werden die Dinge aber noch besser.«

Nemecek legte sich seine Finger zurecht, mithilfe derer er gleich seine Argumente aufzählen würde. Er ließ seine Augen noch einmal kurz über das in der Sonne leuchtende Stadtbild gleiten und hob dann den Zeigefinger.

Wenig überraschend waren es am Ende weit mehr als vier Sätze geworden. Kaum, dass er die wesentlichsten Ereignisse zu umreißen begann, fielen ihm ständig neue Aspekte ein, die er unbedingt hinzufügen musste. Wahrscheinlich war sein Bericht so konfus, wie sich Nemecek bereits seit längerer Zeit fühlte. Wie sollte es auch anders sein?

Neufeldner schien unterdessen nicht im Geringsten verwirrt zu sein. Wie immer hörte er mit stoischer Miene zu. Nicht umsonst verglich man ihn gerne mit Buster Keaton, der ja nicht einmal dann mit der Wimper gezuckt hatte, als eine ganze Hauswand auf ihn fiel. Im Unterschied zu Nemecek, der nie ohne Notizbuch auskam, schrieb sich Neufeldner niemals etwas auf. Stattdessen ruhten seine Augen stets auf seinem Gegenüber. Eine gute Strategie, um das Gefühl zu vermitteln, dass einem nichts entgeht!

»Vier Morde innerhalb von nicht einmal drei Wochen«, resümierte Neufeldner, nachdem er sich am Ende von Nemeceks Bericht eine Weile ins Stadtbild vertieft hatte. »Vier Morde, die sich als Unfälle tarnen. Meiner Meinung nach erfordert das eine Menge Planung.«

Auf Nemeceks innerem Radar tauchte sofort Wondratschs Collage auf, die ja viele der Geschehnisse auslegte. Doch der junge Agilist war ja mittlerweile selbst einem Anschlag zum Opfer gefallen. Rasch verbannte er dessen überdimensionales Puzzle wieder, um sich voll und ganz auf die Reaktion seines alten Freundes zu konzentrieren. Dieser löste gerade Daumen und Zeigefinger von seinem Kinn, die klassische Denkerpose, die er so gerne einnahm.

»Ich frage mich, ob das eine einzelne Person überhaupt bewerkstelligen kann.« Nemecek unterdrückte ein Grinsen, obwohl ihn der Wiedererkennungseffekt dazu reizte. Die »Ich frage mich«-Sätze gehörten nämlich zu den Herzstücken von Neufeldners Denken. In unaufdringlicher Form servierten sie Gefühle und Gedanken, die oft ins Schwarze trafen. Aufgrund ihrer gemeinsamen Lebensgeschichte hatte Nemecek den Eindruck, dass er diese Resonanzen gut nachvollziehen konnte, selbst dann, wenn er sie nicht teilte. Unter Umständen waren sie sogar besonders interessant, wenn sie ihm nicht seine eigene Sichtweise bestätigten.

»Darüber hinaus frage ich mich, welche Rolle das Unternehmen spielt. Besser gesagt: dessen Geschichte, die ja, soweit wir wissen, eine des Erfolgs, aber auch der dunklen Geheimnisse ist.« Nemecek nickte kurz, um sein Verständnis anzuzeigen, ohne den Redefluss seines Freundes zu unterbrechen.

»Des Weiteren frage ich mich, ob das Ganze gar nicht passiert wäre, wenn es keine Organisationsveränderung gegeben hätte. Mit anderen Worten: ob erst der agile Change diese tödliche Spirale in Gang gesetzt hat.« Neufeldner hielt inne. Es wirkte, als bündle er all seine Kräfte für das Schlussplädoyer. Welche Pointe er jetzt wohl vorbereitete?

»Last, but not least frage ich mich, was du selbst zu dieser Spirale beigetragen hast.«

»Ich?« Nemecek konnte seine Verblüffung nicht verbergen. Er selbst sollte ein Teil des Problems sein, das er zu lösen versuchte? Zugegeben: Im Laufe der Ermittlungen waren ihm einige Fehler unterlaufen. Etwa seine mangelhafte Vorbereitung, die schlechten Gesprächstaktiken oder die falschen Annahmen, die sie mehrmals in die Irre geführt hatten. Zudem musste er sich wohl oder übel eingestehen, dass er des Öfteren neben sich stand. Er konnte sich schlecht konzentrieren, war unaufmerksam und reagierte in vielen Situationen impulsiv. Gerade in den letzten beiden Wochen hatte er sich mehr als einmal gefragt, wo nur die Ruhe und Gelassenheit geblieben waren, die ihn sonst so auszeichneten.

»Auf mich wirkst du ungewohnt hektisch«, stieß Neufeldner in eine ähnliche Richtung vor. »Wie ein Nichtschwimmer, der verzweifelt mit den Armen um sich schlägt, um über Wasser zu bleiben.«

Nemecek schob die Lippen nach vorne. Das war natürlich eine starke Ansage von jemandem, der ihn ziemlich gut kannte! Er brauchte eine Weile, um die Impulse zu ordnen, die in ihm auftauchten. Dass er zum Teil ziemlich wild um sich schlug, wie Sebastians Nichtschwimmer-Bild suggerierte, konnte er gut nachvollziehen. Eigentlich hatte er von Beginn an das Gefühl gehabt, den Kopf kaum über die Wasserlinie der laufenden Ereignisse zu bekommen. Viel zu viel war wellenartig über ihn geschwappt. Wahrscheinlich lief einfach alles viel zu schnell ab.

Am Anfang hatte es ja eine Zeit lang gedauert, bis sie überhaupt in die Gänge gekommen waren. Doch kaum, dass sie nachgewiesen hatten, dass es sich bei Joschaks vermeintlichem Unfall in Wahrheit um einen Mord handelte, war es plötzlich Schlag auf Schlag gegangen. Zuerst entdeckten sie, dass man auch bei Zettls Autounfall nachgeholfen hatte; dann verunglückte Kniewasser, die bis dahin das stärkste Mordmotiv zu haben schien; schließlich kam Wondratsch, den sie ja ebenfalls für dringend tatverdächtig gehalten hatten, im Feuer um.

»Das Bild des Nichtschwimmers trifft es eigentlich ziemlich gut«, versuchte sich Nemecek nun seinerseits an einer möglichst pointierten Resonanz. »Wir hatten von Anfang an Mühe, den Wellengang der Ereignisse zu überblicken. Stattdessen wurden wir ständig von neuen Wasserstrudeln erfasst und haben viel Kraft gebraucht, um uns wieder nach oben zu strampeln. Kaum, dass wir das einigermaßen geschafft hatten, sind wir schon wieder in neue Turbulenzen geraten. Das kostet sehr viel Kraft und macht einen fehleranfällig.«

Neufeldner starrte ihn in bester Buster-Keaton-Manier an. »Wenn ich das richtig verstanden habe, wurden gleich zwei mutmaßliche Täter zu Opfern, ohne dass ihr auch nur ein einziges Wort mit ihnen wechseln konntet?«

Widerwillig musste Nemecek zustimmen. Er hätte angesichts dieser absurden Tatsache auch einfach losprusten können. Doch nach Lachen war ihm gerade überhaupt nicht zumute. Eher zum Weinen, da ihnen der wahre Täter die ganze Zeit über mindestens eine Nasenlänge voraus war.

»Und als ihr geglaubt habt, endlich ausreichend Verdachtsmomente gesammelt zu haben, war schon wieder alles anders«, bekräftigte Neufeldner.

Verworren, versteckt, verdreht, versperrt, kam Nemecek dazu in den Sinn, als ginge es darum, ihren aktuellen Fall nicht mit vier Sätzen, sondern bloß mit vier Stichworten zu beschreiben. Ein Fall, der sich unentwegt um die eigene Achse drehte, wobei die Achse selbst in Bewegung war und von einem

Moment auf den anderen die Position wechseln konnte. Durfte es einen da verwundern, wenn auch die eigenen Gedanken immer verkorkster wurden?

»Ich denke, ihr seid zu einem guten Teil Opfer eurer eigenen Annahmen geworden«, meinte Neufeldner. »Ungeprüfter Annahmen, wohlgemerkt, die euch zu falschen Schlussfolgerungen verleitet und in weiterer Folge in mehrere Sackgassen geführt haben.« Neufeldner hob seine Hände. »Damit habt ihr dem Mörder zweifellos in die Karten gespielt.«

Nemecek musste aufs Neue schlucken. Wie so oft klang die Argumentation seines alten Freundes absolut schlüssig. Um ein wenig Verdauungszeit zu gewinnen, fragte er dennoch nach einem konkreten Beispiel.

»Die Geschichte mit Felix Wondratsch sollte meine These ganz gut illustrieren. Konkret möchte ich es an eurer Deutung seiner Collage festmachen. Bis zu seinem Tod seid ihr felsenfest davon überzeugt gewesen, dass sie seinen mörderischen Racheplan vor Augen führt. Ich gebe zu, dass einiges dafür spricht, es so zu sehen – schließlich beinhaltet der Bilderbogen, soweit ich das auf dem von dir gezeigten Handyfoto richtig erkennen konnte, sowohl wichtige Teile der *Acros*-Geschichte als auch wesentliche Hinweise auf die drei Morde.«

Nemecek fühlte sich schon wieder zu einem stillen Nicken angehalten. Er war gespannt, worauf Neufeldner hinauswollte.

»Sicherlich kann das leicht zu der Annahme verleiten, dass sich Wondratsch über die Jahre in einen regelrechten Hass auf Zettl und Joschak hineingesteigert hat.« Anscheinend musste er als gelernter Anwalt für zusätzliche Spannung sorgen, indem er an dieser Stelle absichtlich innehielt. Nemecek wollte ihm gerade erklären, dass er es mal nicht übertreiben sollte, als Neufeldner endlich seine finale Pointe setzte. »Ich hingegen bin überzeugt, dass die Collage für Wondratsch ein zentrales Mittel war, um sein familiäres Trauma zu verarbeiten – und sich eben nicht in Ressentiments zu vertiefen, sondern diese zu überwinden. Meiner Ansicht nach dokumentiert das, was ihr in der Gartenhütte entdeckt habt, nicht seine Verwandlung in einen Serienmörder, sondern sein Therapeutikum.«

Nemecek war so wenig Psychologe wie Neufeldner. Die These, dass Wondratsch mithilfe seines sonderbaren Panoramas seine Geschichte zu verarbeiten versuchte, schien ihm dennoch einleuchtend. Um nicht einfach eine ungeprüfte Annahme durch eine neue zu ersetzen, nahm er sich vor, Zukic auf die Suche nach dem Psychologen oder Psychiater anzusetzen, bei dem Wondratsch in Behandlung war. Wenn an Neufeldners These etwas dran war, dann war die Idee mit der visuellen Therapie mit hoher Wahrscheinlichkeit nicht auf seinem Mist gewachsen.

»Okay, und was rätst du mir jetzt?«

Neufeldner leerte sein Bier und hob das leere Glas in die Luft. »Noch zwei. Und die Weinkarte bitte«, rief er über Nemeceks Kopf hinweg. Allem Anschein nach befand sich der Kellner genau hinter ihm. Neufeldner stellte sein Krügerl ab und sagte dann: »Drei Dinge.«

»Moment.« Nemecek sprang auf und eilte dem Kellner hinterher. Gleich darauf kam er mit einem Kugelschreiber und einigen Blättern von dem schmalen Notizblock zurück, auf dem sonst die Bestellungen festgehalten wurden. »Jetzt bin ich bereit.«

»Erstens: Konzentriert euch auf Fakten. Spekulationen haben euch bislang in die Irre geführt und ich fürchte, das wird auch so bleiben.«

Fokus ZDF, kritzelte Nemecek auf einen der Zettel, obwohl ihm längst klar geworden war, dass sie sich bislang zu wenig an Zahlen, Daten und Fakten orientiert hatten. Da brauchte er bloß an die Finanzunterlagen in Wondratschs Collage zu denken, deren Herkunft immer noch nicht geklärt war, geschweige denn deren spezielle Bedeutung.

»Zweitens: Versucht die Geschehnisse einmal aus einem anderen Blickwinkel zu betrachten. Setzt eine neue Brille auf. Fragt euch, wie man die Dinge noch sehen könnte, statt ständig ein und dieselbe Perspektive zu verfolgen.«

Hastig schrieb Nemecek: *Anderer Blickwinkel* und hatte das Gefühl, dass er gerade genau eine solche Veränderung vornahm.

»Und drittens?«, fragte er, nachdem Neufeldner keine Anstalten machte, von selbst weiterzureden.

»Drittens rate ich euch, nicht zu viel Zeit auf die Reflexion dessen zu verschwenden, was ihr falsch gemacht habt. Klärt den Fall, dann habt ihr alle Zeit der Welt, um zu lernen.«

Nemecek riss die Augen auf. Selbstverständlich war das ein überraschender Rat, nach alldem, was sie zuvor gesprochen hatten. Doch viel überraschender war für ihn, dass sich dieser Rat mit einem von Kallingers Lehrsätzen deckte: Dass man nämlich während einer laufenden Ermittlung niemals zu lange an dem herumkauen solle, was man falsch gemacht hat. Wenn der Fall abgeschlossen sei, könne man sich die gebotene Zeit nehmen und seine Fehler aufarbeiten. Doch wenn man mitten in einem Fall stecke, müsse man die Selbstzweifel erst einmal zur Seite schieben und weitermachen.

Weniger grübeln, mehr ermitteln, hielt er dazu auf einem weiteren Zettel fest. Die ankommenden Biere setzten der Reflexion einen willkommenen Schlusspunkt. Nemecek hob sein Glas und sagte: »Danke Sebastian. Ich denke, du hast mir wieder mal sehr geholfen. Auf jeden Fall habe ich reichhaltig Stoff zum Nachdenken. Was dabei herauskommt, kann ich dir sagen, wenn ich mal drüber geschlafen habe.«

»Gern geschehen«, sagte der Bedankte, bevor sie die Gläser von Neuem klingen ließen.

Dienstag, 8:26
Katerfrühstück

Der Stein der Weisen war unversehrt geblieben. Der stete Tropfen, den sie im Laufe des Abends zu sich genommen hatten, schien eher sein Hirn ausgehöhlt zu haben. Als sein Wecker um 7 Uhr 12 läutete, fühlte sich sein Kopf jedenfalls ziemlich unförmig an. Innerhalb dieses unförmigen Gebildes, das spürte er ganz deutlich, befand sich Watte. Und ein Teil davon musste auf irgendeinem Weg in seinen Mund gelangt sein, sonst würde sich seine Zunge nicht so pelzig anfühlen.

Besorgt blickte er auf die andere Bettseite. Seine Frau war gottlob noch nicht aufgewacht. Er kroch so leise wie möglich aus dem Bett, griff blindlings nach frischer Wäsche und drückte die Schlafzimmertür hinter sich zu. Die Küche war bereits sonnendurchflutet. Er kniff die Augen zusammen, um sich vor dem brutalen Licht zu schützen. Der zerebrale Notstrom reichte gerade eben, um ihm ein verzweifeltes »Espresso!« zu signalisieren. Mit roboterhaften Handgriffen machte er seine Bialetti startklar: reinigen, mit frischem Wasser befüllen, Kaffeebohnen mahlen, Kaffeepulver in den Einsatz pressen, Oberteil aufschrauben, Herd anschalten, Bialetti auf die heiße Herdplatte stellen.

Kaum, dass er die Prozedur abgeschlossen und ein großes Glas Wasser getrunken hatte, meldete sich der Hunger. Der Kühlschrank hatte allerdings wenig Appetitliches anzubieten. Da musste wohl jemand das Einkaufen vergessen haben! Immerhin fand er zwei Eier und ein altes Stück Käse, das war besser als nichts.

Zehn Minuten später saß er auf der Terrasse und blinzelte in den strahlenden Sommertag. Weitere zehn Minuten später war er zumindest so weit reaktiviert, dass erste Erinnerungen auftauchten.

Natürlich war es nicht bei einem Bier geblieben. Und auch nicht bei zwei. Der Trinkfluss verstärkte vielmehr einen Gesprächsfluss, der die Unterhaltung konsequent vom Hundertsten ins Tausendste führte – und seinerseits den Alkoholkonsum beflügelte. Nach dem vierten Krügerl waren sie auf Wein umgestiegen. Natürlich musste es gleich eine ganze Flasche sein, das war man sich schuldig. Das deftige Essen, das sie zwischendurch zu sich nahmen, vermochte der Promilleflut nicht wirklich etwas entgegenzusetzen.

Spätestens mit der einsetzenden Dämmerung war klar, dass sie noch einen längeren Marsch vor sich hatten. An Fahrradfahren war nicht mehr zu denken, schon gar nicht bergab und ohne Beleuchtung, an die natürlich weder Neufeldner noch Nemecek gedacht hatten. Andererseits hatten beide nicht damit gerechnet, dass der Abend so lange dauern würde. »Lauschig und plauschig«, wie Neufeldner mehrmals und mit zunehmendem Zungenschlag betonte. Nach ihrer konzentrierten Reflexion zu Beginn und dem darauf folgenden Austausch über Familien und Freunde waren sie bald ins Stadium der Albernheit gelangt. Sie erinnerten sich zum x-ten Mal an die gleichen alten Geschichten, zitierten legendäre Aussprüche und machten sich über dies und das lustig. Sogar über einige Aspekte seines aktuellen Falles konnten sie sich auf einmal köstlich amüsieren. Am Ende spürte Nemecek vor lauter Lachen bereits ein unangenehmes Ziehen in den Schläfen.

»Wer sein Fahrrad liebt, der schiebt«, zitierte Neufeldner ein altes Motto, als sie nach der Sperrstunde des »Staa« den Abstieg nach Döbling in Angriff nahmen. Nemecek war froh, dass er sich an der Lenkstange festhalten konnte, wenngleich ihm durchaus bewusst war, dass es sich dabei um ein ziemlich labiles Gleichgewicht handelte. Worüber sie während der langen Wanderung gesprochen hatten, wusste er nicht mehr. Er erinnerte sich nur noch verschwommen, dass es noch einmal um seine Rolle gegangen war. Alle wesentlichen Details schienen von seiner Festplatte gelöscht worden zu sein.

Nemecek spürte ein unangenehmes Jucken unter der Schädeldecke. Er kratzte sich am Kopf und hatte erneut das Gefühl, dass dieser über Nacht angeschwollen war. Dann schnappte er seine Espressotasse und ging in die Küche. Noch etwas Koffein konnte auf keinen Fall schaden.

Während er auf die Fertigstellung seines flüssigen Rettungsankers wartete, schickte er endlich eine SMS an seine Kolleginnen. *Kome heutte erst gg 9*, schrieb er und registrierte seine Tippfehler erst, nachdem er die Nachricht bereits abgeschickt hatte. *War gstern Länge als Erwartungen,* fügte er rasch hinzu. Er war so müde, dass er sich nicht einmal über die Autokorrektur ärgerte, die ihm wieder mal kräftig hineinpfuschte.

Nach dem zweiten Espresso fiel ihm etwas ein. Er schlurfte ins Badezimmer. Zu seinem Erstaunen war die von ihm gesuchte Fahrradhose nirgends zu entdecken. Wo hatte er sich denn gestern Abend ausgezogen? Nach und nach durchforstete er die ganze Wohnung: Wohnzimmer, Vorzimmer, Küche, Toilette, Arbeitszimmer. So sehr er sich bemühte: Er konnte keine Spur von der Kleidung entdecken, die er gestern getragen hatte

Am Ende war er ratlos. Zurück zum Start, fiel ihm nach einer Weile ein, in der er gedankenlos an der schmalen Küchentheke gestanden und seinen dritten Kaffee geschlürft hatte. Also ging er zur Eingangstür und siehe da: Hose, Shirt, Socken und Schuhe lagen in wildem Durcheinander auf der Fußmatte. Hatte er sich gestern etwa auf dem Flur ausgezogen? Er versuchte sich zu entsinnen, aber dazu wollten einfach keine sachdienlichen Hinweise auftauchen. Seltsam jedenfalls, dass er seine verschwitzten Sachen vor der Tür liegen gelassen und nicht auf die Terrasse geworfen hatte, wie er es sonst zu tun pflegte. Die Nachbarn dankten es ihm sicher, wenn sie zumindest geruchstechnisch ein bisschen etwas von seinem Outdoor-Abenteuer mitbekamen!

Er schnappte seine Sachen und durchwühlte endlich die Hosentaschen. Es dauerte nicht lange, bis seine Finger das Gesuchte ertasteten. Vorsichtig zog er die zerknüllten Zettel hervor. *Fokus ZDF,* las er, *Anderer Blickwinkel* und *Weniger grübeln, mehr ermitteln.* Unversehens erinnerte er sich wieder. Hatte er nicht gerade mit der letzten Empfehlung seine Probleme gehabt? Widersprach sie nicht der agilen Idee des kontinuierlichen Innehaltens und Lernens, die sie seit ihrem Fall in der *SafeIT* auch in ihrer Ermittlungsarbeit zu verwirklichen versuchten? War zwischen Neufeldner und ihm nicht eine hitzige Debatte über den Wert regelmäßiger Retrospektiven entbrannt? Und hatte diese Debatte nicht in schmerzhafter Weise vor Augen geführt, wie sehr sie dieses Format in ihrem aktuellen Fall vernachlässigt hatten?

Er war gerade dabei, sein Notizbuch zu holen, als es läutete. Dass er als Erstes zur Eingangstür gehen wollte, sprach nicht gerade für seine geistige Fitness. Erst die Wiederholung machte ihm klar, dass das Klingeln von seinem Telefon kam.

»Nemecek.«

»Die haut uns ab!«

Er fuhr hoch. Obermayr hatte fast geschrien, so aufgeregt war sie. Diese Aufregung war so ansteckend, dass von einer Sekunde auf die andere alle Müdigkeit von ihm abfiel.

»Du redest von Langholt?«

»Von wem sonst?«

»Die wollte sich doch melden, sobald sie sich wieder fit genug fühlte, oder?«

»Ja, deswegen waren Lilly und ich anfangs auch nicht besorgt, als wir kurz nach acht feststellten, dass Langholts Mobiltelefon ausgeschaltet war. Wir sind einfach davon ausgegangen, dass sie nach ihrer späten Rückkehr aus Belgrad heute ein wenig länger schlief.«

Nemecek erinnerte sich: Exakt um 21:26, als Neufeldner und er sich noch im Wald befanden, hatte er nämlich eine lange Textnachricht von Langholt erhalten. Sie entschuldigte sich für die Missverständnisse bei ihrem letzten Gespräch und bedauerte, dass ihr Strategiemeeting in Belgrad, in dem es um die Eröffnung eines neuen *Acros*-Standorts in Serbien ging, so lange gedauert habe. Unerwartet freundlich versprach sie, ihnen gleich morgen früh mit frischen Kräften zur Verfügung zu stehen und dabei einige Dinge klarzustellen. Sehr wahrscheinlich hatte sie sich zum Zeitpunkt dieser Nachricht noch am Belgrader Flughafen befunden. Bis sie dann in ihre Grazer Wohnung kam, war es sicher bereits Mitternacht gewesen.

»Eine halbe Stunde später erhielten wir einen Anruf aus dem Grazer *Acros*-Büro, in dem sie uns offiziell darüber informierten, dass ihre Finanzchefin heute etwas später kommen werde. Nicht zum ersten Mal im Laufe dieses Falls war also Geduld angesagt. Und du weißt ja, wie sehr ich das Warten liebe!«

Nemecek entfuhr ein leises Grunzen. Von Obermayrs Ungeduld hätte er viele Lieder singen können.

»Du kannst dir wahrscheinlich vorstellen, dass wir von Minute zu Minute auf mehr Nadeln gesessen sind. Irgendwann hielt ich es einfach nicht mehr länger aus und hab nochmals im Office angerufen. Und jetzt rate mal, was die mir gesagt haben!«

Dieses Mal fiel Nemeceks Grunzen deutlich lauter aus. Auf Ratespiele reagierte er von jeher allergisch. Selbst wenn sie rein rhetorisch waren, da Obermayr sich ohnehin in voller Fahrt befand.

»Ja, hieß es von dort plötzlich, die Frau CFO würde heute sicher nicht ins Büro kommen, weil sie wegen einer dringenden Familienangelegenheit nach Hamburg musste.«

Es war leicht nachzuvollziehen, warum bei dieser Nachricht ihre Alarmglocken schrillten. Auch Nemecek sprang jetzt auf. »Ich bin in zwanzig Minuten im Büro«, verkündete er, bevor er das Gespräch beendete.

In aller Eile zog er sich an und warf seine Siebensachen in die Tasche: Smartphone, Notizbuch, Kugelschreiber, Taschentücher. Gefahr im Verzug, ging ihm durch den nach wie vor leicht wattierten Kopf, als er die Treppe hinunterlief. Aber das war wohl das, was man einen Hilfsausdruck nennt.

Dienstag, 9:28
Jagdfieber

Keine halbe Stunde später waren sie bereits auf dem Weg in die Polizeitiefgarage. Für diesen Einsatz würden sie eines der schnelleren Autos nehmen. Während sich Obermayr und Nemecek startklar machten, recherchierte Zukic bereits die naheliegenden Reisemöglichkeiten. »Hamburg direkt von Graz aus gibt's nicht«, erklärte sie. »Falls das Ziel stimmt, wird sie wohl über Frankfurt oder München fliegen. Falls es nicht stimmt und sie sich tatsächlich aus dem Staub machen will, wären auch Amsterdam oder Zürich eine Option. Alles andere halte ich für unwahrscheinlich.«

»Frankfurt«, tippten Nemecek und Obermayr wie aus einem Munde. »Gib uns bitte die Flugzeiten durch«, bat Nemecek, als der Porsche mit einem leisen Schnurren ansprang. Im nächsten Augenblick wurde das Kätzchen von einem löwenhaften Brüllen abgelöst, das jedem Actionfilm Ehre gemacht hätte. Obermayr tippte kurz aufs Gaspedal und ließ dann die Kupplung kommen. Nemecek wartete, bis seine Kollegin ihren Kavaliersstart beendet und den Wagen mit quietschenden Reifen auf die Straße befördert hatte. Dann signalisierte er endlich: »Also, ich bin ganz Ohr.«

Die unfreiwillige Komik seiner Worte brachte Nemecek zum Schmunzeln: Zwischen Motoren- und Sirenenlärm verstand er nämlich sein eigenes Wort kaum. Doch Zukic ließ sich davon nicht beirren. In aller Ruhe diktierte sie: »Frankfurt gibt es heute um 10 Uhr 15, 11 Uhr 40, 14 Uhr 30 oder 18 Uhr 55, München um 9 Uhr 50 und 13 Uhr 50 und Zürich um 18 Uhr 55 und um 21 Uhr. Alle Daten sind bereits an dich unterwegs.« Nemeceks Telefon bestätigte die Ankündigung mit einem leisen Ping.

Er blickte auf die Uhr und wandte sich dann seiner Fahrerin zu. »Was denkst du, wie lange wir brauchen werden?«

Obermayr hob die Hände vom Lenkrad, um sie gleich wieder fallen zu lassen. »Wenn sich alle weiterhin so diszipliniert verhalten, könnten wir in einer starken Stunde in Thalerhof sein.« Tatsächlich teilte sich die Straße vor ihnen wie das Meer bei Moses. Der röhrende Sechszylinder, das Blaulicht und die Sirene taten anscheinend ihre Wirkung. Auf ihrem Weg nach Kärnten waren sie hier noch eine halbe Stunde im Stau gestanden; nun rasten sie mit fast 100 km/h die Triesterstraße hoch.

»Nina meint, dass wir den ersten Frankfurt-Flug kriegen sollten. Aber informiere auf alle Fälle die Grazer Kollegen. Falls Langholt über München reist, müssen sie sie unbedingt aufhalten!«

»Alles klar«, entgegnete seine junge Kollegin. »Ich versuche so rasch wie möglich herauszufinden, auf welchen Flug Langholt gebucht ist. Ich beantrage auch gleich eine Hausdurchsuchung. Und die Bankauskunft müssten wir angesichts der veränderten Umstände auch problemlos bekommen, oder?«

»Gute Idee, Lilly«, presste Nemecek hervor, während ihn eine scharfe Rechtskurve gegen die Tür drückte. »Leite das in die Wege. Und gib mir sofort Bescheid, wenn du Langholts Buchung aufgespürt hast.«

Kurz nach der Auffahrt auf die Autobahn schreckte Nemecek neuerlich zusammen. Als unmittelbar vor ihnen ein Campinganhänger ausscherte, hatte er das dumpfe Geräusch zusammengepressten Metalls bereits im Ohr. Zum Glück kam es anders, wiewohl Nemecek sicher war, dass zwischen den Kotflügel ihres Porsches und die Seitenwand des ausgerechnet *Relax* genannten Anhängers kein Löschblatt mehr gepasst hätte.

Ein kurzer Seitenblick zu seiner Kollegin genügte, um seinen Puls wieder zu beruhigen. Obermayr hielt das Sportlenkrad locker umfasst und schien ganz auf den Weg konzentriert, den sie sich bis zum Grazer Flughafen bahnen würde. Ihre Anspannung ließ sich allein daran ermessen, dass sie den Fahrer des Campingwagens mit keinem einzigen Schimpfwort bedacht hatte.

Während die Landschaft in rasantem Tempo an ihm vorbeizog, versuchte Nemecek seine Gedanken zu ordnen. Konnte es sein, dass sie gerade dem nächsten Hirngespinst hinterherjagten? Was, wenn es sich tatsächlich um eine Familienangelegenheit handelte? Wenn Langholts Mutter einen Herzinfarkt erlitten hatte? Oder ihr Vater die Treppe hinuntergefallen war? Aber würde ihnen die Finanzchefin dann nicht Bescheid geben? Nein, gab sich Nemecek überzeugt, dieses Mal waren sie auf der richtigen Fährte! Dafür gab es mittlerweile einfach viel zu viele Verdachtsmomente.

»Es läutet«, riss ihn Obermayr aus seinen Überlegungen. Irritiert blickte Nemecek auf sein vibrierendes Telefon. Er nahm das Gespräch an und hörte Zukic aufgeregt verkünden: »Sie ist auf Lufthansa LH 1261 nach Frankfurt gebucht. Um 11 Uhr 40. Gate 3. Die Kollegen vor Ort sind bereits informiert.«

»Danke Lilly«, sagte Nemecek und blickte zu seiner Kollegin: »11 Uhr 40.«

»Schaffen wir locker.« Obermayr schaltete das Radio an. *Wir müssen uns damit abfinden, dass es nicht geht,* tönte es aus den Lautsprechern. *Am Ende scheitert alles an der Realität.* Aus den Augenwinkeln sah Nemecek, wie seine Kollegin ihren Kopf im Rhythmus der Musik zu bewegen begann. »Es kommt nie die Zeit«, fiel sie plötzlich in den Refrain ein, »Es kommt nie die Zeit, in der das Wünschen wieder hilft.«

»Deinen Humor möchte ich haben«, meinte Nemecek. Doch Obermayr ließ nur ein kurzes Grinsen über ihr Gesicht huschen, bevor sie die Augen zusammenkniff und die Tachonadel noch einmal nach oben trieb.

Exakt eine Stunde und sieben Minuten nach ihrem Aufbruch im Präsidium trafen sie am Grazer Flughafen ein. Obermayr hielt sich nicht mit Parkplatzsuche auf. Sie stellte den Porsche einfach auf dem Gehsteig vor dem Eingang ab und sprang aus dem Wagen. Im nächsten Augenblick hetzte sie bereits durch die Schiebetüren ins Gebäude.

»Gate 3«, gab Obermayr den Schlachtruf vor. Trotz Laufschritts hatte Nemecek Mühe, Obermayr auf den Fersen zu bleiben. Mit gezücktem Ausweis stürmten sie am Security-Check vorbei in Richtung der Abfluggates. Als sie dort eintrafen, fanden sie indes bloß zwei gelangweilt dreinschauende Beamte vor.

»Wo steckt sie?«, rief ihnen Obermayr bereits von Weitem entgegen.

»Ist noch nicht aufgetaucht«, antwortete der dickere der beiden Beamten in breitem Steirisch.

»Was soll das heißen?« Obermayrs Augen funkelten zornig.

Nemecek legte seiner Kollegin die Hand auf den Arm. Er wusste, dass sie kurz vor der Explosion stand – sei es nun, weil sie Langholt immer noch keine Handschellen anlegen konnte, oder sei es, weil sie die teilnahmslose Haltung der Flughafenpolizisten zur Weißglut trieb.

So leicht ließ sich Obermayr freilich nicht einbremsen. »Habt ihr die Toiletten kontrolliert?«, herrschte sie die Grazer Kollegen an. Diese sahen sie verständnislos an, als kämen sie erst jetzt auf die Idee, dass sich die Gesuchte versteckt haben könnte. »Bei den Damen dürfen wir sowieso nicht hinein«, versuchte es der Dünnere mit einer lahmen Rechtfertigung.

Überraschenderweise verzichtete Obermayr darauf, ihn in der Luft zu zerreißen und wandte sich stattdessen an Nemecek: »Mach ich die Klofrau, gehst du zu unseren Sicherheitsfreunden? Ich wette, dass Dick und Doof nicht überprüft haben, ob Langholt überhaupt den Security-Check passiert hat.«

Noch bevor Nemecek reagieren konnte, hatte sich seine Kollegin bereits auf den Weg gemacht.

»Sie warten hier«, befahl er den beiden Uniformierten. »Und geben uns sofort Bescheid, falls die Gesuchte auftaucht.« Nemecek erntete ein lahmes Nicken, dann gab er endlich Fersengeld.

»Die hat uns nach Strich und Faden verarscht«, war das Erste, was Obermayr sagte, als sie sich zehn Minuten später wieder trafen. Seine Kollegin tobte. »Wenn die Grazer nicht solche Pappnasen wären, hätten wir das schon vor einer halben Stunde wissen können.«

»Ja, das ist wirklich ärgerlich«, bestätigte Nemecek, wollte sich aber nicht weiter auf die beiden Kollegen einschießen. Schuldzuweisungen brachten sie keinen Millimeter voran.

»Ich beiße mich sonst wohin, wenn uns die Alte durch die Lappen geht.« Obermayr ließ ihre Faust gegen die Wand krachen. »So – ein – Scheiß!«

»Warte, was Lilly herausfindet.« Doch Obermayr war nicht auf Abwarten programmiert – schon gar nicht nach einer Stunde Vollgas.

»Vielleicht sollten wir alles auf eine Karte setzen und auf gut Glück nach Wien zurückfahren. Falls sie wirklich über Schwechat fliegt, wird sie wahrscheinlich gleich eine Langstrecke gebucht haben.«

Nemecek überlegte. Der Vorschlag seiner Kollegin hatte etwas für sich. Hier am Flughafen konnten sie ohnehin nichts mehr ausrichten. Gleichzeitig befürchtete er, gleich in die nächste Falle zu tappen. Wer sagte ihnen denn, dass Langholt nicht ihren eigenen Wagen genommen hatte? Vielleicht befand sie sich mit ihrem schicken BMW längst auf dem Weg nach Zürich, von wo aus sie sich in aller Ruhe auf die Bahamas begeben konnte, währenddessen er mit Obermayr weiterhin einem Phantom nachjagte? Andererseits: Wenn sie sofort aufbrachen, erhöhte das ihre Chancen, rechtzeitig vor Ort zu sein. Immer vorausgesetzt, Langholt hatte ein Ticket in Wien gebucht. Aber das konnte ihnen Zukic genauso gut unterwegs bestätigen.

Schließlich fasste sich Nemecek ein Herz: »Also gut, lass uns noch einen Versuch wagen.«

Obermayr sah ihn verdutzt an, als hätte sie nicht mit einer solchen Entscheidung gerechnet. Im nächsten Augenblick lief sie bereits los. »Alsdann auf die nächste Jagdetappe«, rief sie ihm über die Schulter zu. »Aber dieses Mal ist sie fällig.«

»Dubai 15 Uhr 30«, las Nemecek vor, was ihm Zukic gerade übermittelt hatte.

Obermayr horchte auf. »Was macht sie in Dubai?«

»Ist doch egal. Hauptsache, wir wissen, dass unsere Fluchtthese stimmt und wir nicht sinnlos Autobahnkilometer fressen.«

»Zeit haben wir dieses Mal mehr als genug. Bleibt bloß abzuwarten, ob sie auch wirklich auftaucht«, meinte Obermayr missmutig. »Vielleicht hat sie ja auf jedem Flughafen Europas einen schönen Köder für uns ausgelegt.«

»Soll Lilly noch München und Zürich prüfen?« Nemecek nutzte die Gelegenheit, um seine vorherigen Überlegungen mit ihr zu teilen. »Womöglich ist sie ja mit dem Wagen unterwegs, um von dort aus direkt ins Paradies zu fliegen.«

Diese Aussicht quittierte Obermayr mit einem undefinierbaren Grunzen. »Auf die Idee bin ich auch schon gekommen. Wäre wirklich gut, wenn Lilly das prüft. Weiter wird Langholt wohl kaum fahren.«

Nemecek war klar, dass sie sich nicht in falscher Sicherheit wiegen durften. Langholt standen trotz allem jede Menge Fluchtmöglichkeiten offen. Darüber hinaus gab es unzählige Verstecke, in die sie sich zurückziehen konnte, bis die Luft wieder rein war. Modell Wondratsch, quasi.

»Ich mach das sofort und geb euch wieder so schnell wie möglich Bescheid«, versprach ihre junge Kollegin. »Obwohl ich bei Wien ein gutes Bauchgefühl habe.«

»Na dann, auf deinen Bauch.«

Obermayr warf ihm einen belustigten Blick zu. »Echt jetzt? Bauchgefühl?«

»Warum nicht?«, rechtfertigte sich Nemecek. »Du musst zugeben, dass uns der Verstand bis jetzt nicht sehr weit gebracht hat.«

»Weit schon«, korrigierte Obermayr mit einer ausladenden Geste. »Und auch schnell.«

»Nur ans Ziel kommen wir nie«, spitzte Nemecek das Argument zu. »Es wird höchste Zeit, dass sich das ändert.«

Dienstag, 14:33
Abflug

Zukic empfing sie an der ersten Sicherheitsschleuse. In ihrem Gesicht stand ein triumphierendes Grinsen.

»Wann hast du gesagt?«, fragte Obermayr noch einmal.

»Vor zwanzig Minuten«, wiederholte Zukic, was sie ihnen bereits per Telefon durchgegeben hatte. Obermayr schlug die Hände zusammen. »Dieses Mal haben wir sie!«

Die Kriminalassistentin nickte heftig. »Ich hab beim *Emirates*-Schalter nachgefragt. Sie hat zwei große Rollkoffer eingecheckt.«

Nemecek taxierte das Flughafengebäude. »Okay. Wie wollen wir vorgehen?«

Obermayr stutzte. »Na, wir gehen rein und schnappen sie uns.«

»Und wo genau, meinst du, finden wir sie?«

»Fürs Boarding ist es eindeutig zu früh«, überschlug Nemecek. »Wahrscheinlich sitzt sie irgendwo und trinkt in aller Ruhe ein Glas Champagner.«

»Dann lassen wir sie eben zum Info-Schalter kommen. Vielleicht finden wir dafür sogar eine halbwegs schlaue Begründung.«

»Wir wär's mit: Die mutmaßliche Vierfach-Mörderin Katja Langholt wird höflichst gebeten, sich bei der Wiener Kripo zu melden?«

Obermayr verzog das Gesicht, als beiße sie in eine Zitrone. »Ich bin eher dafür, dass wir zuerst die paar Restaurants und Geschäfte abklappern, die es am Flugsteig gibt. Dazu die Toiletten und Notausgänge. Wir müssen sie überraschen, sonst riecht sie den Braten und haut uns nochmals ab.«

»So machen wir's.« Nemecek zückte seinen Dienstausweis. »Lasst uns mal reingehen.«

»Manche Leute scheinen wirklich taub zu sein«, schimpfte Obermayr, nachdem sie endlich durch die Passkontrolle gelangt war. »Und blind sowieso.«

Aus irgendeinem Grund musste Nemecek an die drei japanischen Affen denken, obwohl die wartenden Passagiere alles andere als stumm waren. Mit oder ohne Affen konnte er den Ärger seiner Kollegin verstehen. Tatsächlich hatten sie eine gefühlte Ewigkeit gebraucht, um den dichten Pulk vor der Passkontrolle zu durchdringen. Obgleich Obermayr ihr schönstes Schulenglisch mobilisierte, um ihre Aufforderung »Kriminalpolizei. Sondereinsatz. Bitte machen Sie Platz« in internationalem Format kund zu tun, wiederholte sich ihr biblisches Erlebnis aus dem Straßenverkehr nicht. Im Gegenteil: Die Leute schienen noch enger zusammen zu rücken. Hinzu kam, dass einige das Konzept des kleinen Handgepäcks gründlich missverstanden hatten. Wie sonst konnte es sein, dass sich zwischen all den Menschen regelrechte Türme von Taschen, Rucksäcken und Rollkoffern befanden? Alles in allem passte es freilich zu diesem vermaledeiten Fall, dass sie unmittelbar vor der Aufklärung noch einmal einen veritablen Hindernislauf absolvieren mussten!

»Und jetzt?«, versuchte sich Nemecek wieder auf ihre Suche zu konzentrieren. »Gemeinsam oder getrennt?«

»Gemeinsam«, sagte Zukic.

»Getrennt«, sagte Obermayr.

»Ich bin auch für ein getrenntes Vorgehen«, entschied Nemecek. »immerhin ist das Gebäude ziemlich groß und wir sollten so effizient wie möglich vorgehen.«

»Zuerst nur Sichtung, dann rufen wir uns zusammen, um sie gemeinsam festzunehmen, oder?«

»Genau so machen wir es.« »Alles klar, Lilly?«

»Bin bereit.«

»Gut. Alsdann: Waidmanns Heil!«

Nemecek blickte noch einmal auf sein Handy. Konnte es wirklich sein, dass er bereits satte 20 Minuten durch das Gebäude irrte? Und dass seine Kolleginnen dasselbe taten, ohne die geringste Spur von Katja Langholt zu entdecken? Sollten sie sie doch ausrufen lassen? Andererseits begann in 15 Minuten ohnehin das Boarding, dort musste sie spätestens auftauchen. Er wählte Obermayrs Nummer.

»Hast du sie?«, fragte diese atemlos.

»Nein. Und selbst? Irgendwelche Hinweise?«

»Nicht das Geringste. Als ob sie sich in Luft aufgelöst hätte!«

»Warte, ich hole Lilly dazu.« Rasch richtete er eine Konferenzschaltung ein. Doch wie erwartet hatte auch ihre junge Kollegin nichts Relevantes zu berichten.

»Dann nehmen wir sie eben beim Boarding hops.«

»Lilly, was denkst du?«

»Bleibt uns wohl nichts anderes übrig.«

»Also gut. Dann treffen wir uns in fünf Minuten am Gate.«

Als Nemecek bei Flugsteig G01 eintraf, traute er seinen Augen nicht. Obwohl das Boarding noch nicht einmal begonnen hatte, drängten sich bereits Hunderte von Menschen vor dem Ausgang.

»Oh Gott. Da finden wir sie ja nie«, sprach Obermayr aus, was auch Nemecek befürchtete.

»Was haltet ihr davon, wenn ich mich vorne am Schalter postiere?«, holte sie Zukic aus der Überforderung. »Mein Gesicht kennt sie ja noch nicht.«

»Ausgezeichnete Idee! Wir sollten nur vorher am Schalter anrufen und ihnen die Lage erläutern«, sprang Obermayr sofort an. »Dann kannst du dich vielleicht sogar ganz offiziell zu den Stewardessen stellen.«

Wenige Minuten später drängte sich ihre junge Kollegin bereits an der Wand entlang nach vorne. Die Abklärung mit den Schalterdamen war zwar etwas umständlich verlaufen – letztendlich konnten sie aber alles in ihrem Sinne arrangieren. Obermayr und Nemecek beschlossen, sich einstweilen im Hintergrund zu halten. Erstens konnte es ja immer noch sein, dass Katja Langholt erst ganz spät zum Boarding eintraf; zweitens war es ziemlich sinnfrei, in diesem Gedränge nach einer bestimmten Person Ausschau zu halten.

Endlich war es so weit. Im Schneckentempo bewegte sich die Warteschlange nach vorne. Nemecek konnte seine Aufregung kaum zähmen. Zur Ablenkung stellte er sich auf die Zehenspitzen, um nach Langholts Haarschopf Ausschau zu halten. Doch die wenigen Blondinen, die er entdecken konnte, hatten nicht die geringste Ähnlichkeit mit der *Acros*-Managerin. Eventuell steckte sie ja unter einer der zahlreichen Baseballkappen, die er sah? Wie auch immer: Zukic sicherte ab, dass sie nicht unbemerkt ins Flugzeug kam, und Obermayr und er verhinderten, dass sie noch einmal Reißaus nahm. Für Katja Langholt gab es kein Entkommen mehr!

Je länger das Boarding dauerte, umso mehr schwand allerdings seine Zuversicht. An ihre Stelle trat Wut. Wo steckte sie, verdammt!? Mittlerweile hatte sich der Strom der Fluggäste mehr als halbiert, sodass Nemecek nun wieder Blickkontakt mit Zukic hatte. Er hob sogar kurz die Hand, seine Kollegin nahm jedoch keine Notiz von ihm. Obermayr, die sich in den letzten Minuten weiter nach vorne gewagt hatte, schien ebenfalls mit sich selbst beschäftigt zu sein.

Auf einmal ging alles ganz schnell. Zuerst riss Zukic beide Arme in die Höhe. Sie deutete in seine Richtung, aber Nemecek konnte beim besten Willen nichts Verdächtiges entdecken. Daraufhin wichen unmittelbar vor ihm ein paar Leute zurück. Es handelte sich lediglich um einen halben Schritt, doch Nemeceks Aufmerksamkeit war geschärft. Und im nächsten Augenblick erkannte er endlich den mittelgroßen Mann, der sich keine drei Meter vor ihm durch die Menge drängte.

Nemecek blickte nach links: Wie erwartet schob sich Obermayr nun ebenfalls ins Zentrum des verbliebenen Pulks. Gleich darauf richtet er seine Aufmerksamkeit wieder auf den geradewegs auf ihn zukommenden Mann. Kaum, dass er seinen Fokus geschärft hatte, begann sich dieser Mann vor seinen Augen zu verwandeln. Kein Wunder, dass sie Langholt nicht finden konnten: Sie hatten die ganze Zeit über nach einer eleganten Frau Ausschau gehalten, während Langholt mit Anzug, Oberlippenbart und Borsalino herumspazierte! Doch jetzt nutzte ihr auch diese raffinierte Verkleidung nichts mehr. Gleich würde er sie am Arm zu fassen bekommen.

Im Nachhinein hätte Nemecek nicht mehr beschreiben können, was genau passiert war. Wahrscheinlich hatte Langholt dem vor ihr stehenden Passagier einen kräftigen Stoß versetzt. Dieser taumelte zurück und prallte mit voller Wucht gegen seinen Hintermann, der nun seinerseits das Gleichgewicht verlor. Blindlings nach Halt rudernd, klammerte sich der fallende Mann an Nemeceks Hemd und riss auch den Chefinspektor zu Boden. Ehe er sich versah, lagen beide flach, während Langholt ungehindert an ihnen vorbei schlüpfte.

»Nina!«, schrie Nemecek, während er sich mühsam aufrappelte. Als sich die verkrampften Finger des Mannes endlich von seinem Hemd lösten, merkte er, dass sich im Zuge seines Sturzes einige Knöpfe verabschiedet hatten. Außerdem war der Stoff an der Seite eingerissen – doch das kümmerte ihn gerade herzlich wenig.

»Sind sie verletzt?«, fragte er stattdessen.

»Ich denke nicht.« Der Mann, der ihn mitgerissen hatte, wirkte nach wie vor benommen. »Verzeihen Sie bitte. Ich komme selbstverständlich für den entstandenen Schaden …«

»Kripo Wien. Sonderkommission«, unterbrach ihn Nemecek abrupt. »Tut mir leid, ich muss weiter.«

Während sich der zu Boden Gestoßene noch verwirrter zur Seite drehte, kam Nemecek endlich wieder in die Gänge. Er war sich sicher, dass seine Kolleginnen das ganze Tohuwabohu mitbekommen hatten. Dementsprechend ging er davon aus, dass Obermayr der CFO dicht auf den Fersen war. Fragte sich bloß, in welche Richtung die beiden gelaufen waren.

»Sie sind nach rechts«, klärte ihn Zukic auf, die mittlerweile auf seiner Höhe war.

»Ans Ende des Gebäudes?«

Zukic breitete ihre Hände aus. »Ich weiß auch nicht, was sie dort will.«

Nemecek prüfte kurz, ob mit seinen Beinen alles in Ordnung war. Er wusste, dass so ein ruckartiger Sturz unangenehme Zerrungen zur Folge haben konnte. Soweit er auf die Schnelle feststellen konnte, war jedoch alles in Ordnung.

»Vollsprint?«

Nemecek streckte den Daumen hoch. Nach zwanzig Metern zwang ihn sein Telefon zu einer Vollbremsung.

»Notausgang G13, die Treppe hoch«, brachte ihn Obermayr auf den letzten Stand. »Keine Ahnung, was sie da oben will.«

Zukic sah ihn fragend an. »Dach«, fasste Nemecek kurz und bündig zusammen.

»Was will sie dort?«, wunderte sich Zukic. »Selbst fliegen wie Astrid Lindgrens Karlsson?«

Der gesuchte Fluchtweg lag nur einen Minisprint entfernt. Nemecek wunderte sich, dass der Notausgang offenkundig unversperrt gewesen war. Oder verfügte Katja Langholt etwa über einen Spezialschlüssel? Seine junge Kollegin riss die Tür auf und sie stürmten ins Treppenhaus.

Das Erste, was sie hörten, war Obermayrs Stimme. »Bleiben Sie stehen!«, dröhnte diese durch das Treppenhaus. Unweigerlich musste Nemecek an die Verfolgung von Wondratsch denken. Das fühlte sich wie die Erinnerung an ein lang zurückliegendes Ereignis an, dabei war es gerade einmal eine Woche her, dass sie den agilen Rebellen gejagt hatten.

»Frau Langholt, Sie haben keine Chance. Geben Sie auf!«

Die Antwort war ein lautes Krachen, das wahrscheinlich von einer zufallenden Tür stammte. Gleich darauf hörten sie Obermayr fluchen.

»Nina?«, rief Zukic. »Wir sind hier.« Im Eiltempo liefen sie die letzten Stufen hoch.

»Die ist aufs Dach hinaus.« Obermayr wirkte konsterniert. »Keine Ahnung, warum hier alle Sicherheitstüren offen sind.«

»Es hilft nichts«, sagte Nemecek, dem angesichts des bevorstehenden Showdowns ein wenig mulmig zumute war. Seit ewigen Zeiten zog er wieder einmal seine Dienstwaffe aus dem Holster. Sicher ist sicher, dachte er. Wer wusste schon, welche Tricks Langholt noch auf Lager hatte.

»Wir müssen hinaus«, sprach er das Unvermeidliche aus. »Lilly, du sicherst den Ausgang. Falls sie es irgendwie schafft, an uns vorbeizukommen.«

Die junge Kollegin nickte beflissen. Wahrscheinlich war sie erleichtert, dass sie sich im Hintergrund halten durfte. Obermayr hielt ihre Pistole auf Augenhöhe, während sie mit der Linken langsam die Tür aufzog. Die Szene wirkte so grotesk, dass Nemecek beinahe aufgelacht hätte. Doch dann bekam er seine Anspannung wieder in den Griff und rückte zu seiner Kollegin auf.

Kaum, dass sie die Tür aufgestoßen hatten, schlugen ihnen heftige Windböen entgegen. Nemecek blickte nach vorne und sah, wie Langholts Hosenbeine flatterten. Sie war bis zum Ende des Daches gelaufen, als hätte sie erwartet, dass sich dort eine magische Brücke auftat, die ihr eine weitere Flucht ermöglichte. Nun stand sie dort im Wind, die Arme um ihren Oberkörper geschlungen, den Blick geradeaus auf ihre Verfolger gerichtet. Ihr Anblick hatte etwas Archaisches.

»Hände hoch«, schrie Obermayr gegen den Wind an. »Ich will Ihre Arme in der Luft sehen.« Langsam schob sie sich Schritt für Schritt an Langholt heran, die nun tatsächlich die Hände hob. Aus den Augenwinkeln verfolgte Nemecek, wie gerade ein Flugzeug von der Startbahn abhob. Der ohrenbetäubende Lärm ließ keinerlei Unterhaltung zu, obwohl ihm 1000 Fragen auf der Zunge langen. Bis sich der Lärm wieder gelegt hatte, waren sie auf zwei Meter an Langholt herangekommen.

»Warum haben Sie das getan?«, fragte Obermayr ganz außer Atem. »Wieso mussten Ihre Kollegen sterben?«

Nemecek war Langholt jetzt so nahe, dass er ihre grünen Augen sehen konnte. Er war sich allerdings unsicher, was diese widerspiegelten: Enttäuschung? Wut? Erleichterung? Resignation?

»Lassen Sie Ihre Hände langsam auf den Rücken sinken«, befahl Obermayr. »Frau Langholt. Ich verhafte Sie hiermit wegen des dringenden Verdachts, Gernot Zettl, Marco Joschak, Johanna Kniewasser und Felix Wondratsch ermordet zu haben.«

Langholt zeigte keinerlei Reaktion.

»Ich werde Ihnen jetzt Handschellen anlegen.« Obermayr nahm ihre Eisen vom Gürtel und schob sich langsam nach vorne. Währenddessen huschte ein seltsames Lächeln über Langholts Gesicht. Fand sie die Verhaftung etwa amüsant? Oder musste sie selbst im Moment ihrer ultimativen Niederlage noch so tun, als ob sie ihnen überlegen wäre?

»Frau Langholt?«, versuchte Obermayr erneut, mit ihr in Kontakt zu treten. Genau in dem Moment, in dem seine Kollegin den letzten Schritt nach vorne machte, trat Langholt ihrerseits einen kleinen Schritt nach hinten. Reflexartig streckte Nemecek seinen Arm aus, während gleichzeitig ein heiseres »Stopp« aus ihm hervorbrach. Gut möglich, dass dieses Stopp gar nicht bis zu Langholt vordrang. Es spielte so oder so keine Rolle mehr. Denn mit einer letzten kurzen Bewegung drehte sich die Finanzmanagerin nach links und sprang über die Dachkante in die Tiefe.

Dienstag, 18:07
Beim Pokorny

»Bitte sehr, bitte gleich!« Mit einer schwungvollen Bewegung stellte Pokorny das Tablett auf ihren Tisch. »Da haben wir mal die Supperln für unsere wackeren Kriminaler. Gemüse für den Nachwuchs. Backerbsen für den Bleifuß, Speckknödel für den Obersten und die Grießnockerl für unseren Chefkieberer.«

Pokorny grinste schelmisch. Er schien heute besonders gut gelaunt zu sein, Nemecek hatte aber noch keine Gelegenheit gefunden, ihn nach dem Grund dafür zu fragen. Ob er sich mit ihnen über die Lösung des Falls freute? Oder einfach über ihr Wiedersehen? Oder darüber, dass endlich der heiß ersehnte Regen gekommen und es spürbar kühler geworden war? Wie auch immer. Nachdem Nemecek einmal mehr die tänzerischen Bewegungen des Zwei-Meter-Mannes bewundert hatte, die so stark an Balu, den Bären aus dem Dschungelbuch erinnerten, griff er schließlich nach seinem Löffel.

»Ich frage mich allerdings«, nahm Kappacher ihr von Pokorny unterbrochenes Gespräch wieder auf, »wie es zu einer solch tödlichen Eskalation kommen konnte.«

»Wir gehen davon aus, dass sich über die Jahre einfach viel zu viel Aggression angestaut hat, die ständig unter dem Deckel gehalten wurde.« Obermayr presste die Hände aufeinander, bevor sie sie in die Luft fliegen ließ. »Irgendwann musste das Ganze unweigerlich explodieren.«

»Ein klassisches Pulverfass«, bestätigte der Oberst, bevor er sich den nächsten Bissen seines Speckknödels in den Mund schob. Nemecek wartete auf einen provokanten Kommentar seiner Kollegin, zumindest auf eine schnippische Bemerkung, wie das so üblich war zwischen den beiden. Doch heute lief die Diskussion erstaunlich gesittet, geradezu harmonisch ab.

Es war insgesamt ein Tag des Staunens. Das erste Mal staunten sie, als Kappacher in Poloshirt, Jeans und Mokassins im Kommissariat auftauchte. Nemecek traute seinen Augen nicht. Nach fast 25 Jahren Zusammenarbeit sah er ihn das erste Mal in legerer Kleidung im Präsidium. Gleich darauf waren seine Ohren mit dem Staunen dran: Ihr Chef schlug nämlich vor, die anstehende Besprechung ins Wirtshaus zu verlegen. Er begründete seinen Vorschlag damit, dass der Fall doch so gut wie abgeschlossen und das wohl ein Grund zum Feiern sei. Und so hatten sie sich wie ein eingeschworenes Team gemeinsam ins Wirtshaus Pokorny begeben.

Auf dem Weg durch den sintflutartigen Regen überlegte Nemecek, ob es überhaupt schon einmal ein solches Teamessen gegeben hatte. Sicher, es gab die obligatorischen Weihnachtsfeiern und ab und an eine kleine Geburtstagsparty. Nemecek konnte sich allerdings nicht entsinnen, dass sie jemals ohne offiziellen Anlass mit ihrem Vorgesetzten ausgegangen wären. Sobald er sein anfängliches Misstrauen überwunden hatte, freute er sich aufrichtig über die Initiative, die zweifellos im Zeichen der Anerkennung stand.

»Wenn ich das richtig verstehe«, sprang Kappacher unvermittelt zu einem ganz anderen Punkt, »werten Sie Langholts Selbstmordversuch als Schuldeingeständnis.«

»Nicht nur«, erwiderte Zukic. »Mittlerweile haben wir weit mehr als ihren Sprung vom Flughafendach, um sie als Täterin festzunageln. Wir haben das Foto der Verkehrskamera, die Verbindungsnachweise und die E-Mails, das Bewegungsprofil ihres Handys sowie die GPS-Daten ihres Wagens. Außerdem haben die Grazer Kollegen in Langholts Keller sowohl ein verschmutztes Mountainbike als auch ein kleines rotes Kunststoffboot entdeckt. Die Untersuchung der ebenfalls aufgefundenen Chemikalien läuft noch, wir sind aber so gut wie sicher, dass sie den Materialien des Sprengsatzes entsprechen.«

»Außerdem hat die Hausdurchsuchung einige Kontoauszüge zutage gefördert, die Langholts Veruntreuungen schwarz auf weiß dokumentieren«, ergänzte Obermayr. »Im Übrigen gleichen sie den Auszügen in Wondratschs Collage.«

Kappacher machte eine kreuzförmige Handbewegung, als würde er den Bericht seiner Kommissarinnen absegnen. »Wie geht es Langholt eigentlich?«

»Sie liegt mit schweren Kopfverletzungen und zahlreichen Knochenbrüchen auf der Intensivstation«, erklärte Zukic. »Die Ärzte sind sich nicht sicher, ob sie durchkommt – und falls sie es schafft, welche Folgeschäden bleiben werden. Sie wird wohl noch für längere Zeit in künstlichem Tiefschlaf gehalten.«

»Zuerst läuft sie Amok, dann liegt sie im Koma«, spendierte Obermayr ein kleines Anagramm dazu.

Während Kappacher in ein dumpfes Schweigen verfiel, ließ Nemecek die Ereignisse noch einmal vor seinem geistigen Auge ablaufen. Nachdem der Fall die längste Zeit wie eine Sammlung loser Versatzstücke gewirkt hatte, begannen sich die Teile in den letzten Tagen wie von selbst zusammenzufügen. Plötzlich ergab das Ganze ein stimmiges Bild – freilich ein Bild von geradezu monumentalen Ausmaßen, das in vieler Hinsicht an Wondratschs Collage erinnerte. Wie bei dem agilen Informatiker ging es um die großen Dinge des Lebens: Liebe und Betrug, Geld und Sex, Neid und Konkurrenz. Oder, wenn man es weniger pathetisch ausdrücken wollte, um ein Labyrinth an Täuschungen, das die *Acros* eine ordentliche Stange Geld und vier Menschen sogar das Leben gekostet hatte.

Die Ursprünge dieses Labyrinths würden sich wahrscheinlich nicht mehr restlos rekonstruieren lassen. Doch soweit sie bislang ermitteln konnten, hatte das Ganze bereits vor vielen Jahren begonnen. So wie es aussah, ging es anfangs nur um kleinere finanzielle Vergehen: Einmal fehlten bei Zettl Belege für angebliche Büromaterialien, dann waren einige Computer verschwunden, die Joschak auf Firmenkosten gekauft hatte. Andere Male wurden wiederum horrende Summen für Geschäftsessen ausgegeben oder Spesen für Reisen verrechnet, die keinerlei beruflichen Bezug hatten.

Statt allerdings für lückenlose Aufklärung zu sorgen und solchen Praktiken ein für allemal einen Riegel vorzuschieben, nahm Langholt den entgegengesetzten Weg. In einer E-Mail aus dem Jahr 2015 schlug sie den beiden ziemlich unverhohlen vor, gemeinsame Sache zu machen. Gleichzeitig blieb es nicht bei kleinen Unregelmäßigkeiten. Vielmehr entwickelte Langholt ein immer ausgeklügelteres System, um an der *Acros* vorbei in die eigene Tasche zu arbeiten. Zu Beginn waren es wohl noch überschaubare Beträge, doch nach und nach ging es um immer größere Summen. So wie es aussah, hatte sie bald

ein breites Netzwerk von Scheinfirmen aufgebaut, über das sie beeindrucken-
de Erträge umschlug. Es ging um gefälschte Verträge, frisierte Bilanzen und
Geschäfte, die nur auf dem Papier existierten. Die Wirtschaftsabteilung hatte
zwar gerade erst damit begonnen, die verschachtelten Geldflüsse zu entwirren, die Langholt an der *Acros* vorbei in verschiedene Steueroasen kanalisier-
te. Aber bereits jetzt sah es ganz danach aus, dass sie gemeinsam mit Zettl und
Joschak Beträge in Millionenhöhe veruntreut hatte.

»Geldgier also«, fasste Kappacher ihren Bericht mit zwei Worten zusammen.

»Und die Supperln waren in Ordnung?«, tauchte plötzlich Pokorny bei ihnen am Tisch auf. Einmal mehr war er völlig unbemerkt näher gekommen.
Das hatte ihn schon in der Schule ausgezeichnet, dass er sich lautlos heran-
schleichen konnte, vorzugsweise aus dem toten Winkel, sodass man ihn
trotz seiner Größe erst registrierte, wenn er unmittelbar vor einem stand.
Ein Vorgehen, das nicht nur diversen Mitschülern, sondern auch einigen
Lehrern das Fürchten gelehrt hatte.

»Ja, danke dir«, lieferte Nemecek endlich eine Antwort auf die Frage seines
Freundes, der gerade den letzten Teller auf seinen keulenartigen Unterarm lud.

»Die Hauptspeisen kommen in ein paar Minuten«, verkündete Pokorny im
Weggehen, »aber ihr seid ja eh beschäftigt.«

»Wobei sie als CFO doch sicher gut verdient hat«, griff Kappacher sein
Geldgier-Argument wieder auf. »Warum ist sie dann so ein Risiko eingegangen?«

»Soweit wir bisher wissen, gab es dafür mindestens zwei Gründe. Erstens
lebte Langholt auf ziemlich großen Fuß, ihre Fixkosten waren jedenfalls
enorm.«

»Und zweitens«, übernahm Obermayr im freien Flug, »war es wohl der
Reiz, die sich bietende Chance zu nutzen. Die Regeln außer Kraft setzen, ihr
eigenes Ding durchziehen, so etwas in der Art. Offenbar steckte in Langholt
ebenfalls eine Spielernatur.«

»Swartlings Schuldenproblem sollten wir nicht vergessen. Immerhin half sie
ihm mit einer viertel Million Euro aus.«

»Diese angebliche Freundschaft verstehe ich immer noch nicht«, gestand Zukic. »Die passen doch überhaupt nicht zusammen. Ganz abgesehen davon, dass sie für die alte Ordnung steht und er für den Wandel.«

»Gegensätze ziehen sich an«, bot Obermayr eine kleine Volksweisheit zur Erklärung an.

Nemecek schüttelte den Kopf. »Ich glaub eher, dass sich die Langholt ganz bewusst an Swartling herangemacht hat. Auf diese Weise war sie stets am Puls der laufenden Veränderung und konnte entsprechend rasch reagieren, um ihr Geheimnis zu wahren.«

»Freilich war das insgesamt ziemlich kurz gedacht. Immerhin gab es noch andere Veränderungsagenten, die nicht so leicht auszutricksen waren.«

»Sie reden von – wie waren ihre Namen?«, setzte Kappacher nach.

»Kniewasser, Wunzer und Wondratsch, die ebenfalls dem Agile Change Team angehörten.«

»Und aufgrund der Entdeckungen dieses Teams mussten vier Menschen sterben?«

Obermayr warf Nemecek einen auffordernden Blick zu. Bei dieser Frage, sagte ihr Blick, gab es nur einen Experten. Selbst Kappacher sah ihn nun ganz erwartungsvoll an.

Nemecek seufzte. Er spürte wenig Lust, ständig den agilen Erklärbären zu geben. Andererseits stimmte es natürlich, dass er sich am intensivsten mit der Materie beschäftigt hatte. So gab er sich schließlich einen Ruck.

»Nicht ganz. Mit der im März dieses Jahres begonnenen Reorganisation der *Acros* spitzten sich mehrere Dinge zu: Erstens nahm sich der neue CEO selbst beim Wort und startete gleich nach seinem Amtsantritt ein umfassendes Veränderungsprogramm. Gemeinsam mit seinem alten Weggefährten Niels Swartling, mit dem er ja bereits in mehreren Unternehmen erfolgreich zusammengearbeitet hatte, tat er alles, um im gesamten Unternehmen für frischen Wind zu sorgen. Allein dieser Wind brachte Langholts Kartenhaus gehörig ins Wanken.«

»Zweitens«, fuhr Nemecek fort und hielt nun Zeige- und Mittelfinger auf dieselbe Weise in die Höhe, wie das Kappacher zu tun pflegte, »sorgte die Agilisierungsoffensive allerorts für Transparenz. Arbeitsprozesse wurden visualisiert, Entscheidungsstrukturen explizit gemacht und eben auch das Finanzwesen kritisch durchleuchtet.«

»Das ist dieses Kanban, von dem Sie da sprechen, oder?«, fragte Kappacher nach.

»Ja, schon – aber nicht nur«, entgegnete Nemecek ein wenig rätselhaft. »Agilität bedeutet einiges mehr als die Einführung neuer Arbeitstechniken, vor allem wenn man sie, wie im Falle der *Acros*, nicht auf einzelne Teams beschränkt.«

»Sondern?«

»Sondern alles dafür tut, alle Unternehmensbereiche beweglicher zu machen – und das heißt sowohl reaktionsschneller der Umwelt gegenüber als auch effizienter in seinen Arbeitsabläufen.« Nemecek griff nach seinem Notizbuch. »Wie das in einem Text von Kniewasser so schön heißt: *Die ganze Organisation wird fähig, sich von den Veränderungen des Marktes überraschen zu lassen, und versteht es ihrerseits, diesen Markt mit neuen Produkten und Dienstleistungen zu überraschen.*«

»Agil, also«, murmelte Kappacher, klang dabei jedoch wenig überzeugt. »Und was hat das jetzt mit den Morden zu tun?«

»Das genau beschreibt der dritte Aspekt der erwähnten Zuspitzung.«

»Zuspitzung?«, fragte Pokorny, während er das große Tablett von der Schulter nahm. »Ein gutes Stichwort für den Genuss, den ihr gleich erleben werdet!« Nemecek setzte sein strenges Pokorny!-Gesicht auf, wie er das seit der Schulzeit tat, wenn sein Freund wie der sprichwörtliche Elefant durch den Porzellanladen stolperte. Unbeeindruckt von Nemeceks Mimik teilte dieser die Hauptspeisen aus. »A Tafelspitzerl für die Gnädigste, a Portion Eiernockerl für die g'sunde Mamsell, a feines Beuscherl für'n Präsidenten und unser allerbester Breslfetzn für unseren Columbo. Mahlzeit!«

Nemecek ließ seinen Blick über die versammelte Tafelrunde gleiten. Da lief einem ja wirklich das Wasser im Munde zusammen, selbst wenn er jede Form von Innereien hasste. Der Knödel, der auf Kappachers Teller lag, sah dennoch wunderbar flaumig aus. Er löste sich von den Tellern der anderen und wickelte sein Arbeitsgerät aus der rot-weiß karierten Serviette.

Die nächsten Minuten gehörten dem Essen. Selten genug, dachte Nemecek, dass man während einer laufenden Ermittlung zu einer vernünftigen Mittagspause kam, geschweige denn, dass man dabei nach allen Regeln der Wiener Küchenkunst versorgt wurde. Sein Schnitzel jedenfalls machte dieser Küche alle Ehre: zartes Kalbfleisch, gut ausgeklopft und sorgsam durch Mehl, Ei und Semmelbrösel gezogen, in Schweineschmalz herausgebacken, bis es so schön goldgelb und knusprig war, wie es sein sollte.

»Sie erwähnten einen dritten Punkt«, nahm Kappacher den Faden wieder auf, während er ein weiteres Lungenstück in der sauren Sauce versenkte. Nemecek musste an sich halten, um keine Ekellaute von sich zu geben.

»Ja genau«, presste er zwischen den Zähnen hervor, nachdem er endlich seinen Blick vom Ragout seines Vorgesetzten gelöst hatte. »Der dritte Punkt, der die Situation endgültig zum Überkochen brachte, hat direkt mit der erwähnten Transparenz zu tun. Wir sind nämlich mittlerweile überzeugt, dass Johanna Kniewasser, die ja selbst studierte Betriebswirtin war, die finanziellen Unregelmäßigkeiten entdeckt hat. Wir wissen nur noch nicht, ob diese Entdeckung eher zufällig passiert oder ob sie einem konkreten Verdacht nachgegangen ist.«

»Es ist allerdings eher schwer vorstellbar«, meldete sich nun wieder Obermayr zu Wort, »dass Kniewasser zu diesem Zeitpunkt den gesamten Irrgarten durchdrungen hat. Den Eingang dazu hat sie aber mit ziemlicher Sicherheit gefunden.«

Nemecek nickte. »Spätestens in der Diskussion über den bevorstehenden Jahresabschluss muss Kniewasser die Finanzvorständin mit ihrem Verdacht konfrontiert haben – was auch erklärt, warum sie am Abend vor ihrem tödlichen Absturz miteinander telefonierten. Gut möglich, dass Kniewasser dabei ankündigte, Pflückinger gleich nach ihrer Rückkehr ins Büro von ihrem Verdacht zu informieren. Auf jeden Fall muss Langholt klar gewesen sein, dass sie rasch handeln musste.«

Nemecek legte eine kurze Pause ein, um sich wieder seinem Schnitzel zu widmen. Obermayr schloss die Lücke sogleich mit weiteren Informationen. »Obwohl Kniewasser mit dieser Ankündigung wohl ihr Todesurteil unterschrieb, war das über Langholt schwebende Damoklesschwert keineswegs beseitigt. Wir gehen davon aus, dass alles, was Kniewasser herausgefunden hatte, auch Wondratsch wusste – was wiederum Wondratschs Untertauchen und den späteren Brandanschlag erklärt.«

Kappacher ließ den Kopf hin- und herpendeln. Es schien, als versuchte er abzuwägen, was er von der Geschichte halten sollte. »Das klingt einigermaßen plausibel«, lautete sein vorläufiges Urteil. Er schlürfte noch ein wenig Beuschel-Sauce und legte dann den Löffel zur Seite. »Zweifellos hatten wir schon deutlich seichtere Mordmotive. Was ich allerdings immer noch nicht nachvollziehen kann: Wieso mussten auch Zettl und Joschak sterben? Ich dachte, die waren Langholts Komplizen.«

»Hier vermuten wir, dass die beiden sozusagen die Gunst der Stunde ergriffen und Langholt zusätzlich unter Druck gesetzt haben. Sieht ganz danach aus, als ob sie extra Schweigegeld dafür kassieren wollten, dass sie Pflückinger nichts von ihrem groß angelegten Betrugsschema verrieten. Joschak könnte zudem von Langholt verlangt haben, seine Bewerbung als CTO zu unterstützen und seine Konkurrentin Kniewasser aus dem Rennen zu werfen. Und Zettl hat als notorischer Wendehals sowieso ständig mit den Agilen kokettiert. Zum richtigen Zeitpunkt eine falsche Bemerkung fallen zu lassen, wäre ihm garantiert nicht schwergefallen.«

»Wahrscheinlich lieferten ihnen Swartlings Spielsucht und seine Schulden noch weiteren Zündstoff«, ergänzte Zukic, nachdem sie ihre letzten Eiernockerl hinuntergeschluckt hatte. »Wir sind uns jedenfalls sicher, dass sie von Langholts großzügiger Unterstützung wussten.«

»Ich kann mir irgendwie schwer vorstellen, dass eine zierliche Frau einen Mann im See erschlägt und eine andere Frau vom Felsen stürzt. Abgesehen davon, dass sie mit dem Mountainbike auf diesen steilen Berg fährt.«

»Sie werden sich wundern: Langholt war einmal in der Olympiaauswahl des deutschen Fahrradteams. Und als Hamburgerin war sie sowieso am Wasser zu Hause.«

»Und woher wusste sie, wie man eine Bremsleitung so durchtrennt, dass das Opfer noch ausreichend weit kommt, um genau im falschen Moment ins Leere zu treten?«, hielt Kappacher dagegen. »Ganz zu schweigen davon, dass sie sich als professionelle Sprengmeisterin betätigt hat.«

Zukic nickte verständnisvoll. Dafür, dass sie das erste Mal länger mit dem Oberst zusammen saß, verhielt sie sich erstaunlich gelassen.

»Dem sind wir natürlich ebenfalls nachgegangen – und haben herausgefunden, dass beides kein Problem für Langholt war. Erstens hat sie vor ihrem Betriebswirtschaftsstudium vier Semester Chemie studiert: Einen kleinen Sprengsatz zu bauen, war für sie also keine große Sache. Und zweitens hat uns ihre Mutter gestern erzählt, dass die kleine Katja einen guten Teil ihrer Kindheit bei ihrem Onkel Finn verbracht hat. Und jetzt raten Sie mal, was der von Beruf war.«

Kappacher blickte so konsterniert, als hätte ihn Zukic gerade in die Küche zum Abwasch abkommandiert. Anscheinend, dachte Nemecek, mochte sein Vorgesetzter solche Ratespiele ebenso wenig wie er selbst.

»Der Onkel war Automechaniker mit einer eigenen Werkstatt im Herzen von Altona«, klärte ihn Zukic gnädigerweise auf. Laut Elisabeth Langholt kam ihre Tochter Katja mehr als einmal mit ölverschmierten Kleidern nach Hause. Hat mit dem ollen Finn reihenweise die unterschiedlichsten Wagen auseinandergenommen.«

»Mmmh«, brummte Kappacher. Aus irgendeinem Grund wirkte er unzufrieden, was sicherlich nicht an seiner Hauptspeise lag, die er inzwischen bis auf den letzten Saucenrest aufgegessen hatte. »Und das können wir auch alles beweisen?«, brachte der Oberst seine Unzufriedenheit auf den Punkt. »Mir scheint, da ist noch ziemlich viel Spekulation dabei.«

»Das ist uns bewusst«, erklärte Nemecek, der nun ebenfalls das letzte Stück seines Schnitzels vor sich hatte. »Deswegen konzentrieren wir uns erst einmal darauf, die Indizienkette rund um die jeweiligen Tatzeitpunkte zu schließen. Bislang können wir schon einmal nachweisen, dass sie bei den Morden an Joschak, Kniewasser und Wondratsch in der Nähe der jeweiligen Tatorte war.«

»Moment mal!« Kappacher hob die Hand wie ein Verkehrspolizist. »Haben Sie nicht in einem Ihrer Berichte geschrieben, dass Langholt über wasserdichte Alibis verfügt?«

Ohne hinzusehen, spürte Nemecek, wie sich die Augen seiner Kolleginnen neuerlich auf ihn richteten. Es war klar, wer die heiße Kartoffel aus dem Feuer holen musste. Bevor er sich die Hand verbrennen konnte, kam ihm sein guter alter Freund zu Hilfe.

»Sie haben mich gerufen?«, fragte dieser und blickte den Oberst auffordernd an. »War etwas nicht in Ordnung?«

»Wie bitte?«, fragte der Angesprochene überraschend defensiv. Allem Anschein nach fühlte er sich von dem unmittelbar vor ihm stehenden Hünen eingeschüchtert.

»Sie haben doch die Hand gehoben«, argumentierte Pokorny und nun klang es sogar in Nemeceks Ohren ziemlich vorwurfsvoll.

»Ach so.« Kappacher versuchte sich an einem belustigten Gesichtsausdruck. Für Nemecek war das ein überaus seltener Anblick und der totale Kontrast zu dem, was sein Vorgesetzter die letzten 20 Jahre standardmäßig zur Schau getragen hatte. Obermayr behauptete ohnehin seit jeher, dass dieser zum Lachen in den Keller ging.

»Die Bewegung hat nicht Ihnen, sondern meinen Kollegen gegolten.«

»Aha«, meinte Pokorny streng und schaute zu Nemecek, als wollte er sich bei ihm versichern, dass alles in Ordnung war. Es war dem alten Tanzbären durchaus zuzutrauen, dass er im Vorübergehen etwas von der seltsamen Spannung am Tisch wahrgenommen hatte. Denn obgleich man ihm das nicht ansah: In Sachen feine Antennen konnte dem erfahrenen Wirt kaum einer das Wasser reichen.

»Es war wieder einmal köstlich, mein Lieber«, lenkte Nemecek bewusst in neutrale Gewässer. »Kompliment an dein Küchenteam.«

»Danke«, entgegnete Pokorny, während er die leeren Teller aufzunehmen begann. »Das richte ich gerne aus.«

»Im Übrigen soll ich liebe Grüße von Bettina bestellen. Sie hofft immer noch, dass es eines Tages mit dem Wiedersehen klappt.«

Jetzt lachte Pokorny, selbstverständlich in der für ihn typischen weihnachtsmannhaften Art. »Ja, ich weiß. Für nix ist Zeit.«

»Apropos Zeit«, meldete sich Kappacher wieder zu Wort. »Ich glaube, es ist Zeit für die Dessertkarte.«

»Nachspeis, sowieso«, kommentierte Pokorny nun wieder ganz geschäftstüchtig. »Mach ma sofort. Wir wollen diesen besonderen Tag ja gebührend abschließen, gell?«

Dienstag, 19:51
Heimwege

Nemecek rieb sich den Bauch. So voll gefressen hatte er sich schon lange nicht mehr. Daran änderte auch der Schnaps nichts, den ihnen Pokorny vor ihrem Aufbruch spendierte. Nicht einmal das Zufußgehen, auf das sie sich nach Kappachers Verabschiedung geeinigt hatten, zeigte irgendeine verdauungsfördernde Wirkung.

Obermayr schien es nicht viel anders zu gehen »Uff«, stöhnte sie unter ihrem Regenschirm hervor. »Das war ein bisschen viel, denke ich. Und dazu noch diese Überschwemmung!«

Nur Zukic schien weder die Völlerei noch der Dauerregen etwas anzuhaben. »Ein sehr interessanter Abend«, kommentierte sie beschwingt.

»Inwiefern?« Obermayr unterdrückte ein Rülpsen.

»Ich fand den Oberst eigentlich ganz nett – jedenfalls deutlich netter, als ich mir ihn aufgrund eurer bisherigen Erzählungen vorgestellt habe.«

»Glaub mir: Der kann auch ganz anders!« Obermayr verzog das Gesicht. Einer der Nachteile der Jugend, schien dieses kleine Mienenspiel zu sagen, ist deren Naivität.

»Auf mich hat er klar und konstruktiv gewirkt«, hielt Zukic dagegen.

Schon allein wegen Obermayrs gequältem Gesichtsausdruck fühlte sich Nemecek zu einer kleinen Unterstützung verpflichtet. »Nina hat recht. Du hast die große Ausnahme und nicht die Regel erlebt. Vielleicht eine frühe Auswirkung des Pensionsschocks?«

Nemecek war sich nicht sicher, ob ihm der lammfromme Kappacher lieber war. Die Vorstellung, ihr Vorgesetzter könnte in seinen letzten Dienstmonaten noch einen auf Teamplayer machen, erfüllte ihn mit Unbehagen. Nicht zuletzt, weil der alte Kommandant hinter jeder Ecke lauerte.

»Und dass er uns zum Essen eingeladen hat, fand ich richtig nett.« Zukic ließ nicht locker.

»Absolut«, stimmte Obermayr zu. »Das hat es in den zehn Jahren, die ich in der Kripo bin, noch nie gegeben. Oder kannst du dich an etwas Derartiges erinnern?«

Obermayr kippte ihren gelben Knirps zur Seite und sah Nemecek neugierig an.

»Ich glaub nicht«, antwortete Nemecek nach ein paar Schritten, während er krampfhaft versuchte, Energie aus seinem Verdauungstrakt ins Gehirn zu pumpen. Die Region, die für Gedächtnisleistungen zuständig war, schien allerdings auf Siesta zu sein.

»So, gleich seid ihr mich los.«

Nemecek warf seiner jungen Kollegin einen erstaunten Blick zu. Ohne dass er es richtig mitbekommen hatte, waren sie die Türkenstraße nach oben spaziert und standen nun bereits direkt vor der Straßenbahnstation.

Zukic streckte die Hand aus. »Da kommt schon die 38er.«

Nemecek folgte der Handbewegung nach links und sah, wie die Bahn aus der Unterführung im Schottentor auftauchte. Eine alte Garnitur, registrierte er automatisch, in den charakteristischen Farben der Wiener Bim: Rot für die untere Hälfte, Weiß für die mittlere mit den Fenstern, Hellgrau für das Dach mit der Digitalanzeige der Linie und des Fahrziels. *4028*, stand die Nummer der Bahn über dem kreisrunden Scheinwerfer an der Vorderfront, direkt unter dem Logo der Wiener Linien. Der Straßenbahnfahrer war ziemlich flott unterwegs. Aber im Unterschied zu Autolenkern musste er ja kein Aquaplaning befürchten.

»Also dann bis morgen«, verabschiedete sich Zukic, während Nemecek plötzlich einfiel, dass mit Aquaplaning alles begonnen hatte. Wenn er richtig rechnete, war Zettls Unfall jetzt ziemlich genau drei Wochen her. Bis heute der letzte Regentag, den sie in Wien erlebt hatten. »Ciao Lilly«, rief er seiner jungen Kollegin noch schnell hinterher, bevor sich die Falttüren schlossen und die Bahn bereits im nächsten Moment anfuhr.

»Und? Was hast du noch Schönes vor?«, fragte ihn Obermayr, als die Fußgängerampel endlich auf Grün sprang und sie die Währingerstraße überqueren konnten.

»Gute Frage – die du eigentlich meinen Mädels stellen müsstest. Keine Ahnung, was die noch geplant haben. Und selbst?«

»Was soll man bei so einem Sch…wetter schon groß machen?« Obwohl in Oberösterreich geboren und aufgewachsen, hatte sich Obermayr längst gut assimiliert. Denn nur eine Wienerin war imstande, über jede Wetterlage gleichermaßen zu schimpfen, sei es nun über die Hitze, über den Wind, über den Regen oder über alles dazwischen. In diesem Sinne glich es einer Bankrotterklärung, wenn ein Vollblut-Wiener »Ich kann nicht klagen« sagte – wobei das Klagen in der Bundeshauptstadt natürlich raunzen hieß.

»Ich denke, als Erstes ist mal ein ordentlicher Verdauungsschlaf angesagt«, erklärte Obermayr. »Getreu dem Motto: Zuerst schließen wir die Augen und dann sehen wir weiter.«

Nemecek war zu träge, um darauf zu reagieren. Außerdem hätte er ohnehin nicht gewusst, ob er lachen oder die Augen verdrehen sollte. Seine Kollegin verstand es, fast jede Situation mit einem Spruch zu würzen. Das war oft unterhaltsam, manchmal aber auch nervig. Und in einigen Momenten einfach überflüssig. Dennoch: Die Sprüche gehörten zu Obermayr wie sein Notizbuch zu ihm. In diesem Sinne wäre es nicht das Schlechteste, wenn er sich noch ein wenig Zeit für ein paar abschließende Überlegungen nahm, bevor er in die familiäre Dynamik eintauchte.

»Hast du noch Lust auf einen Espresso? Irgendwie werde ich das Gefühl nicht los, dass wir noch kurz über den Tag nachdenken sollten, bevor wir ihn ausklingen lassen.«

Nemecek blickte seine Kollegin verwundert an. Neben dem Sprücheklopfen zählte das Gedankenlesen zweifellos zu ihren besonderen Talenten. Die Entscheidung fiel ihm leicht. »Du weißt ja: Ein guter Kaffee geht immer!«

Ein paar Minuten später lümmelten sie bereits an einem der Stehtische, die das Café Ruder auf dem Gehsteig platziert hatte. Das Vordach bot Schutz vor dem Regen und gleichzeitig frische Luft. In den Innenräumen staute sich nach wie vor die Sommerhitze. Beim Pokorny war es ebenfalls ziemlich dampfig gewesen, obwohl sein Wirtsfreund alle Fenster gekippt hatte.

Wie auf Kommando begann Obermayr wieder an ihrem T-Shirt herumzuzupfen.

»Das Wetter macht mich fertig. Statt dass es ordentlich abkühlt, ist es extrem schwül.«

Schwül statt kühl, echote es in Nemeceks Kopf. Aufs Neue fühlte er sich an den Anfang ihrer Ermittlungen zurückversetzt, als sie sich noch mit Kappachers *Cold Cases* herumgeschlagen hatten. Bis eines Tages Marina Joschak im Präsidium aufgetaucht war. Wie es der wohl ging? Im Eifer des Gefechts hatte Nemecek ganz vergessen, sich noch einmal nach ihrem Befinden zu erkundigen. Ob sie sich bereits von ihrem Nervenzusammenbruch erholt hatte? Soviel er wusste, hatten sie ihre Aussage noch nicht einmal offiziell zu Protokoll genommen. Dafür war in der Zwischenzeit einfach viel zu viel passiert.

Sobald die Kaffees vor ihnen standen, kehrte Obermayr zu ihrer außergewöhnlichen Fallbesprechung zurück. »So ungewohnt harmonisch das mit Kappacher die ganze Zeit gelaufen ist, die Nachspeise wäre uns dann doch beinahe explodiert.«

»Du meinst wegen der Geschichte mit Langholts Alibis?«

Seine Kollegin deutete ein Nicken an.

»Ja, das ist ein wenig blöd gelaufen«, räumte Nemecek ein. Dank Pokornys Einmischung war die heiße Kartoffel ihrer Fehleinschätzung am Ende höchstens noch lauwarm gewesen. »Da haben uns Swartling und Langholt einen ordentlichen Bären aufgebunden.«

»Im Nachhinein wundert es mich nicht, dass er sie gedeckt hat. Immerhin hat sie ihm dafür finanziell aus der Patsche geholfen.«

»Dafür ist er auf jeden Fall wegen Falschaussage dran. Wenn nicht gar wegen Beihilfe.«

»Wobei ich mich frage, wie Langholt eigentlich auf Hinterbrühl gekommen ist.«

»Wahrscheinlich hat er ihr ganz arglos erzählt, dass er sich für ein paar Tage in die alte Villa zurückziehen wollte. Eine willkommene Gelegenheit, den lästigen Mitwisser zu beseitigen.«

»Vielleicht hat er ihr aber auch verraten, dass sich Wondratsch in der Villa versteckt. Und dass er ihn dort treffen wollte.«

»Wäre halt gut, wenn wir Swartling bald einmal in die Finger kriegen, um ihn persönlich dazu zu befragen.«

»Ich bin sicher, dass der demnächst bei uns auftaucht, wo er nun doch keine Angst mehr vor seiner Spezialfreundin haben muss.« Obermayr deutete auf die Schlagzeile der Gratiszeitung, die vor ein paar Minuten ins Café geliefert wurde. *Mörderjagd am Flughafen* titelte das Blatt, mit einem großen Foto der von Rettungs- und Polizeifahrzeugen zugestellten Rollbahn. Wie üblich gab es nur einen kurzen Text dazu, der pointiert über die dramatische Jagd nach der dringend Tatverdächtigen Katja L. berichtete.

»Da hat die Presse wieder einmal ihre eigene Agilität unter Beweis gestellt«, meinte Nemecek lapidar. »Keine sechs Stunden nach dem Ereignis liefern sie bereits eine Schlagzeile.«

»Und die Polizei hat wieder mal gezeigt, dass sie nicht ganz dicht ist. Wie sonst konnten die Informationen so schnell an die Pressefuzzis gelangen?«

Nemecek wollte jetzt nicht über die speziellen Kontakte nachdenken, die so etwas bewirkten. Morgen würden ohnehin alle Medien voll mit der Geschichte sein. Und im Internet kursierten wahrscheinlich schon jetzt die unterschiedlichsten Schnappschüsse schaulustiger Flugpassagiere, von hanebüchenen Erklärungen des Geschehens ganz zu schweigen.

Er nahm einen Schluck von seinem Espresso und ließ seine Gedanken wieder zu Swartling zurück schweifen. Wann dieser wohl von Katja Langholts fatalem Absprung erfuhr? Ob er dadurch endlich zur Vernunft kam? Und wie lange es dann noch dauern würde, bis er sich ihnen stellte?

»Kappachers Zweifel konnte ich eigentlich ganz gut nachvollziehen«, kehrte Obermayr noch einmal zu ihrem speziellen Teamessen zurück.

»Du meinst, dass es möglicherweise doch ein wenig anders gelaufen und Swartling mehr als ein williger Komplize ist?« Nemecek zuckte mit den Schultern.

»Ja, aber dieses Szenario sind wir schon durchgegangen. Dagegen spricht vor allem der letzte Anschlag auf Swartlings Haus.«

»Weil wir annehmen, dass der Anschlag ursprünglich ihm galt und nicht Wondratsch.«

»Ja«, bestätigte Obermayr, was sie bereits Kappacher gegenüber argumentiert hatten. »Alles, was wir bisher herausgefunden haben, spricht dafür, dass es eigentlich Swartling hätte treffen sollen.«

»Ich weiß, alles sieht danach aus, als ob die Langholt versucht hat, ihren Komplizen aus dem Weg zu räumen.«

»Zu grillen trifft's wohl besser«, korrigierte Obermayr. »Oder: in der Luft zu zerreißen.«

So drastisch das seine Kollegin ausdrückte – von der Sache her musste ihr Nemecek Recht geben. Langholts Fluchtplan war definitiv als Solo angelegt.

»Am Ende entschließt sich vielleicht auch Reto Pflückinger dazu, einmal wirklich auszupacken«, brachte Obermayr noch einen weiteren Ermittlungsaspekt ein. »Aber das ist eigentlich so gut wie sicher, wenn unser Oberster mit ihm spricht.« Sie malte Anführungszeichen in die Luft: »'Quasi von Vorgesetztem zu Vorgesetztem'.«

Nemecek erinnerte sich noch gut an den Vorschlag ihres Chefs und daran, dass er sich rasch eine Hand auf den Mund legen musste, damit ihm kein Lachen entwischte. So konstruktiv sich der Oberst im Laufe des bisherigen Gesprächs verhalten hatte – plötzlich war er wieder da, der gute alte Kappacher, der im Handstreich die Welt rettete!

Mit ein wenig Abstand betrachtet, fragte sich Nemecek allerdings, ob er nicht auch selbst wieder ins alte Muster zurückgefallen war. Wollte er nur den Aspekt der Einmischung sehen und nicht auch den der Unterstützung? Hatte er womöglich die ganze Zeit über nur darauf gewartet, seine Vorurteile bestätigt zu bekommen? Um ihn wieder ins Eck der Management-Dinosaurier zu stellen und sich selbst davon abzugrenzen?

Im Gasthaus half ihm die Ankunft ihrer Nachspeisen, die Irritation über Kappachers Vorschlag zu verdrängen. Schlagartig galt ihre ganze Aufmerksamkeit den Powidltascherln, Apfelstrudeln, Marillenknödeln und Mohnpalatschinken, die Pokorny vor ihnen auf den Tisch lud. Doch mitten in den hemmungslosen Genuss der Wiener Dessertklassiker hinein hatte Kappacher erneut für Aufsehen gesorgt.

»Das ist nur als kleine Hilfestellung gemeint«, relativierte er plötzlich seinen Vorschlag, »Sie kommen einfach auf mich zu, wenn es denn sein soll.«

»Wirklich ein Tag, an dem man aus dem Staunen nicht mehr herauskommt«, bilanzierte Nemecek. Obermayr nickte heftig. »Wenn man nicht sogar von einem Wunder sprechen muss«, fügte sie hinzu, »oder hast du ihn jemals so einsichtig erlebt?«

»Nicht, dass ich mich erinnern könnte«, bestätigte Nemecek, bevor er seine Espresso-Tasse leerte. »Aber jetzt lass uns mal aufbrechen. Der Tag war lang genug.«

Keine fünfzig Schritte später blieb Obermayr erneut stehen. »Bitte sehr, bitte gleich, wie Pokorny sagen würde: Hier trennen sich unsere Wege.«

Nemecek musste lachen. »Klingt dramatisch. Ist aber eh nur für ein paar Stunden, dann kreuzen sich diese Wege schon wieder. Und du wirst sehen: Gleich morgen taucht Swartling bei uns auf. Und wird uns bereitwillig die letzten Beweise liefern, die uns noch fehlen.«

»Erinnere mich nicht daran«, bat Obermayr. »Wenn ich denke, wie viel Arbeit da noch auf uns wartet, wird mir ganz anders.«

»Ach komm«, ermunterte Nemecek. »Der Fall ist gelöst. Wir räumen bloß noch auf.«

»Schaun mer mal, dann sehn mer scho«, schloss Obermayr mit einem weiteren klassischen Ausspruch, der, wie Nemecek zufällig wusste, von einem berühmten Fußballspieler stammte. »Grüß mir die Damen.«

»Mach ich gerne. Und bis dann: Habe die Ehre!«

Es lebe das agile Management!
Eine kurze Skizze einer neuen Führungskultur

Tod dem Management heißt der vorliegende Roman, dessen Geschichte natürlich von vorne bis hinten erfunden ist. Weder gibt es bei der Wiener Polizei einen Chefinspektor Robert Nemecek noch ein auf Mikroelektronik spezialisiertes Unternehmen namens *Acros*. Die beschriebenen Ereignisse haben so niemals stattgefunden und auch die mörderische Zuspitzung der Veränderungskonflikte ist glücklicherweise bloß die Ausgeburt meines spannungshungrigen Geistes. Jegliche Ähnlichkeit mit tatsächlichen Begebenheiten oder lebenden oder verstorbenen Personen wäre rein zufällig, wie es so schön heißt.

Und doch enthält dieser Krimi sozusagen einen wahren Kern. Denn die Themen Agilität, Change und Management, die sich wie rote Fäden durch den Fall ziehen, gibt es wirklich. Tatsächlich stehen reale Unternehmen heutzutage vor ganz ähnlichen Herausforderungen wie die fiktive *Acros*. Sie müssen ein ungeahntes Ausmaß an Dynamik verarbeiten, die die Eckpfeiler traditioneller Organisationen fundamental infrage stellen.

Wie die *Acros* versuchen viele, einen unberechenbaren Markt, die wachsende Komplexität und die damit einhergehende Unsicherheit durch umfassende Veränderungsinitiativen zu bewältigen. Dass in deren Brennpunkt immer wieder die Themen Führung und Management stehen, ist alles andere als zufällig. Schließlich konstatieren Jeremy Hope und Robin Fraser bereits 2003, dass sich für die meisten heutigen Organisationen *»die Erfolgsfaktoren ebenso wie deren Strategien verändert (haben). Deren Managementprozesse, Führungsstile und Unternehmenskulturen hinken jedoch hinterher«* [Hope & Fraser 2003, S. 29].

Spannungen und Konflikte scheinen also auch im echten Leben vorprogrammiert zu sein, selbst wenn diese nicht ständig zu spektakulären Unfällen oder gar Morden führen. Ob Sie den Titel *Tod dem Management* nun als kühnes Postulat interpretieren, als übertriebene Provokation oder als anarchische Drohung: Es bleibt die Frage, welches Management hier eigentlich sterben soll. Warum ist es dem Tod geweiht? Wer macht sich dafür zum Mörder? Und was tritt an seine Stelle?

Wenn ich die wichtigsten Antworten, die in den letzten Jahren dazu geliefert wurden, daumenkinoartig Revue passieren lasse, sind die Todeskandidaten rasch identifiziert:

- das mittlerweile über 100 Jahre alte Paradigma eines wissenschaftlichen Managements, das von linearen Ursache-Wirkungs-Beziehungen, durchgängiger Planbarkeit und rationaler Steuerung ausgeht;
- der damit verbundene mechanistische Zugang, der Organisationen als komplizierte Maschinen betrachtet – was sich nicht zuletzt in diversen Management-Cockpits und Unternehmens-Dashboards niederschlägt;
- das analytische Denken, das ein komplexes Ganzes in Einzelteile zerlegt, statt nach systemischen Zusammenhängen zu forschen – und damit monokulturellen Fachabteilungen und Spezialistensilos Vorschub leistet;
- die hierarchische Ordnung, die eine Vielzahl persönlicher Abhängigkeiten zwischen Führungskräften und Mitarbeitenden kultiviert, die ja nicht umsonst Vorgesetzte und Untergebene genannt werden;
- das chronische Misstrauen gegenüber diesen Untergebenen, das eine Vielzahl von Anweisungs- und Kontrollmechanismen auf den Plan ruft.

Bereits ein kurzer Reality-Check verdeutlicht, warum ein auf diesen Fundamenten aufbauendes Management heute schlechte Überlebenschancen hat. Es passt nämlich nicht mehr zu den Ansprüchen des 21. Jahrhunderts. Einerseits legen Kundinnen und Kunden heutzutage auf ganz andere Dinge wert als vor fünf, zehn oder gar zwanzig Jahren und andererseits suchen die Mitarbeiterinnen und Mitarbeiter der Generationen X, Y und Z nach neuen Rahmenbedingungen und Unternehmenskulturen. Nicht wenigen Unternehmen fehlt es hier buchstäblich an der nötigen Fitness: Sie sind zu unattraktiv, zu langsam und zu schwerfällig, um zu jener Kreativität und Beweglichkeit zu passen, nach der heutzutage verlangt wird. Kein Wunder, dass die durchschnittliche Lebenserwartung von Organisationen seit vielen Jahren kontinuierlich sinkt.

In Wirklichkeit geht die Todesdrohung gegen das traditionelle Managementsystem also nicht von mörderisch gesinnten Einzelpersonen, sondern von den tektonischen Verschiebungen auf sozialer wie ökonomischer Ebene aus. Das verschärft die Frage, was Unternehmen tun können, um der existenzbedrohenden Dynamik der vielzitierten VUKA-Welt zu entgehen. Was brauchen sie, um in dieser von Volatilität, Unsicherheit, Komplexität und Ambiguität geprägten Welt die nötige Fitness zu erreichen? Wodurch gelingt es ihnen, schnell auf sich rasant wandelnde Umfelder zu reagieren? Welche Verbesserungsmaßnahmen sind notwendig, um das eigene Business schneller, leichter und ansprechender zu machen? Und wie schaffen sie es, auch in unberechenbaren Situationen positive Entwicklungsimpulse zu setzen?

In den letzten Jahren wurde vor allem das agile Vorgehen als neues Lebenselixier angepriesen. Entsprechend erwartungsvoll setzt sich auch die *Acros* in Bewegung: weg von einer starren Aufbauorganisation hin zur konsequenten Fokussierung auf kundenorientierte Geschäftsabläufe; weg von detaillierten Plänen hin zu iterativen Planungs- und Umsetzungszyklen; weg von bürokratischen Prozessen hin zu regelmäßigen Feedback- und Lernschleifen; oder weg von einer zentralistischen Führungslogik hin zu einer netzwerkartigen Steuerung.

Auf den Spuren von Nemecek & Co lässt sich entdecken, dass solche Bewegungen weder an den Mitarbeitenden noch am Linienmanagement spurlos vorübergehen. Diesbezüglich erscheinen mir zumindest drei Konsequenzen der Agilisierung erwähnenswert:

1. Dass es bei Führung und Management eben nicht um Machtfülle, sondern um Dienstleistung geht. Führung und Management sind keine persönlichen Privilegien, sondern Services, die zum Wohle des Unternehmens, der Kunden und der Mitarbeitenden erbracht werden. Ein solches *Servant Leadership* hängt indes nicht von hierarchischen Positionen ab, sondern von Fachwissen, Erfahrung und Vertrauenswürdigkeit.
2. Dass die Komplexität der heutigen Welt eine intelligente Verteilung der Managementaufgaben selbst zur Überlebensfrage macht. Es geht um die Bereitschaft, Entscheidungsbefugnisse zu delegieren, Selbststeuerung zu fördern und gleichzeitig angemessene Formen der Koordination zu schaffen, damit nicht vor lauter Autonomie das große Ganze aus den Augen gerät.

3. Dass selbst dann, wenn die Verantwortung auf verschiedene Schultern verteilt und erfolgreiche Unternehmenssteuerung zu einer ko-kreativen Leistung wird, nicht alle dieselben Führungsservices erbringen. Agile Transformation bedeutet ebenso wenig, dass das Linienmanagement per se überflüssig wird. Es braucht allerdings viel weniger den routinierten Master of Business Administration, der Prozesse und Personal verwaltet, als den wendigen Master of Business Design, der Arbeitskontexte gestaltet und diese laufend prüft und adaptiert. Vor allem John Seddons Unterscheidung zwischen der Arbeit am System und der Arbeit im System erscheint mir hierfür richtungsweisend: »*Die Rolle des Managements verwandelt sich von einer hierarchischen in eine ergänzende: in eine, die am System arbeitet. Wenn die Expertinnen und Experten ihre Arbeit selbst kontrollieren, brauchen sie nämlich jemand, der an den Rahmenbedingungen arbeitet, die sich ihrer Kontrolle entziehen*« [Seddon 2008, S. 71].

Die genannten Konsequenzen unterstreichen, dass agile Unternehmen nicht ohne ein neues Führungsverständnis zu haben sind. Wie die Geschichte von *Tod dem Management* illustriert, passiert eine solche Neuerung weder per Knopfdruck noch von heute auf morgen. Dafür braucht es vielmehr ein umsichtiges Change Management, das selbst agil vorgeht und somit auf große Masterpläne verzichtet. Wandel braucht Zeit, ausreichend Übungsgelegenheiten und die gezielte Unterstützung des notwendigen Lernens und Verlernens auf allen Seiten. Und es braucht den berühmten langen Atem, da strukturelle Spannungen und persönliche Konflikte unvermeidlich sind. Schließlich ist Veränderung weder ein technischer Vorgang noch ein rein intellektueller. Stattdessen sind immer Emotionen im Spiel: positive wie Stolz, Begeisterung oder Spaß, aber auch negative wie Verwirrung, Unsicherheit, Angst oder Aggression.

In *Tod dem Management* treibe ich diese negativen Emotionen ganz bewusst auf die Spitze. Die Gesetze des Krimi-Genres legen eine solche Eskalation ja auch nahe. In meiner Praxis als agiler Begleiter diverser Agilisierungsprozesse erlebe ich das glücklicherweise weit weniger dramatisch. Dennoch ist es gang und gäbe, dass gerade gestandene Manager à la Joschak und Zettl dem skizzierten Rollenwandel zumindest mit gemischten Gefühlen gegenüberstehen. Wenn wir an den Grundlagen des professionellen Selbstwertgefühls rütteln, wie etwa an Rollen, Verantwortlichkeiten oder Jobtiteln, überfordern wir einige Leute und stoßen andere vor den Kopf. Immerhin müssen agile Manager einige der psychischen Befriedigungen aufgeben, die mit dem klassischen Vorbild des souveränen Steuermanns verbunden sind: »*Den Nervenkitzel der Macht, anderen Leuten anzuordnen, was sie tun sollen, das Gesehen-Werden, Verantwortlich-Sein, das Ausleben der kleinen napoleonischen Herrschaftsträume, jederzeit eine willkürliche Entscheidung treffen zu können*« [Denning 2010, S. 112].

Und auch wenn das alte, von solchen Träumen getragene Managementsystem garantiert keine Zukunft hat – es wird sicher noch ein paar Krimis lang dauern, bis es endgültig zu Grabe getragen ist.

Nachwort

Jetzt bin ich also endgültig zum Wiederholungstäter geworden. Nach *Tatort Kanban* liegt nunmehr mein zweiter agiler Kriminalroman vor. Falls Sie bereits den ersten Krimi gelesen haben, wird Ihnen wahrscheinlich aufgefallen sein, dass es sich bei *Tod dem Management* in mancher Hinsicht um eine Fortsetzung handelt. Aber auch allen, die *Tatort Kanban* noch nicht kennen, sei hiermit verraten: In beiden Büchern kommen zu einem guten Teil dieselben Schauplätze, Figuren und Interaktionen vor.

Gleichzeitig wäre es für alle Wiederholungsleser*innen und für mich als Autor höchst langweilig, wenn quasi alles beim Alten bliebe. Also geht es in meinem zweiten Kriminalroman nicht nur um einen neuen Kriminalfall in einem neuen Unternehmenskontext, sondern auch um neue Fachthemen, die für die Ermittlungsarbeit von Bedeutung sind. Während es im ersten Buch das visuelle Arbeitsmanagement mit Kanban war, das im Zuge der Ermittlungen gleichsam automatisch mitentdeckt wurde, sind es jetzt die Themen agile Veränderung und agiles Management, die die Arbeit von Nemecek & Co begleiten.

Um Ihnen diese doppelte, kriminalistische wie thematische Entdeckungsreise zu erleichtern, finden Sie im Anschluss zwei Glossare: Das erste stellt Ihnen kurz die wichtigsten Figuren vor, die in der tödlichen Welt des Managements eine Rolle spielen. Das zweite Glossar erläutert die wichtigsten Fachbegriffe, die im Buch vorkommen.

Dazu finden Sie noch ausgewählte Literaturtipps – falls Sie auf den Geschmack gekommen sind und mehr über die agilen Realitäten abseits der Fiktion in Erfahrung bringen wollen.

Last, but not least habe ich, apropos Geschmack, noch einige kulinarische Hinweise angefügt. Schließlich schwören Leser*innen darauf, dass sich die

Krimi-Lektüre durch eine feine Frittatensuppe, ein knuspriges Schnitzel oder einen saftigen Apfelstrudel noch genussreicher gestalten lässt!

Mit seinem agilen Anspruch steht der neue Kriminalroman auch im Zeichen der kontinuierlichen Verbesserung. Dabei folge ich zumindest drei großen Impulsen: erstens meiner eigenen Unzufriedenheit mit einigen Elementen von *Tatort Kanban*, zweitens den kritischen Anmerkungen zu diesem Buch, die ich trotz aller Anerkennung nicht übergehen wollte, und drittens den Anregungen der Testleserinnen und -leser, die sich intensiv mit früheren Versionen von *Tod dem Management* auseinandergesetzt haben.

Für ihr Feedback möchte ich folgenden Personen herzlich danken: Melanie Andrisek, Rolf Dräther, Rusanna Gaber, Kathrin Herrmann, Selina Kaltenecker, Stella Kaltenecker, Marion Kremla, Karin Krischanitz, Francois Mairey, Britta Mauerböck, Petra Morgenbesser, Alois Nöbauer, Stefan Nöbauer, Silke Spögler-Mairey, Dirk Volovsek.

Hervorheben möchte ich drei Personen, die die Entwicklung dieses Romans besonders stark beeinflusst haben: meine Lektorin Christa Preisendanz, deren reichhaltige Erfahrung ich ebenso schätze wie ihren leidenschaftlichen Einsatz, meinen langjährigen Weggefährten Georg Tillner, mit dem mich weit mehr als die Lust am Mountainbiken und am Philosophieren verbindet, und natürlich Sabine Eybl, mit der ich so vieles in meinem Leben teilen und mich immer wieder aufs Neue über die Inspirationen freuen darf, die daraus entspringen.

Glossar der Figuren

Die Ermittelnden

- **Robert Nemecek:**
  Chefinspektor in Wien, Ehemann und Familienvater, passionierter Läufer und Radfahrer

- **Nina Obermayr:**
  Bezirksinspektorin, langjährige Sparringpartnerin von Robert Nemecek, stammt ursprünglich aus Oberösterreich, was man an ihrem Dialekt, vor allem aber an ihren Sprüchen erkennt.

- **Lilly Zukic:**
  Kriminalassistentin, junge, hitzeresistente Kollegin mit Migrationshintergrund

- **Heribert Kappacher:**
  Vorgesetzter der Mordkommission, Führungskraft der alten Schule und doch für einige Überraschungen gut

- **Ingrid Poppowitz:**
  Kappachers Chefsekretärin, zumindest ebenso alte Schule

- **Gerda Probisch:**
  Grande Dame der Rechtsmedizin, Schönbrunner Original und Opernfreundin

- **Raimund Probisch:**
  Gerda Probischs Sohn, der in den sogenannten Ziegelmord verwickelt ist und erst von Nemecek daraus befreit wird

▧ **Martin Habicher:**
Gerda Probischs ewiger Assistent, der immer wieder für Konzertatmosphäre im Seziersaal der Pathologie sorgt

▧ **Gunther Rüdinger:**
Staatsanwalt, der Nemecek & Co seit vielen Jahren als ruhiger und gelassener Partner zur Seite steht

▧ **Franz Kremslechner:**
Chef der Kriminaltechnischen Untersuchung (KTU), der sich binnen eines halben Jahres bereits einen ausgezeichneten Ruf erarbeitet hat

▧ **Josef Kallinger:**
Nemeceks früherer Chef und persönlicher Mentor, der ihm vieles über die Geheimnisse erfolgreicher Ermittlungen beigebracht hat

▧ **Franz Bialek:**
Chef des Unfallkommandos in Wien, mit einer unübersehbaren Tendenz zur Selbstgefälligkeit

▧ **Rudi Hinteregger:**
Leiter der Polizeiinspektion Faak, der mit Nemecek seit Langem befreundet und ihm zu Beginn des Falles eine große Hilfe ist

▧ **Karl Glantschnig:**
Direktor des Landeskriminalamts Kärnten und alter Studienkollege von Heribert Kappacher

▧ **Andreas Ruschitz:**
junger Polizeibeamter in Faak, der weit weniger behilflich ist

▧ **Stefan Prenneisen:**
Leiter der Polizeiinspektion Hinterstoder und ehemaliger Schulkamerad von Nina Obermayr

Die Unternehmen

▦ Acros:
ein internationaler, auf Mikroelektronik spezialisierter Technologiekonzern mit zahlreichen Standorten, unter anderem in Wien, Graz, Villach und Linz

▦ SafeIT:
ein auf digitale Sicherheitslösungen spezialisiertes Familienunternehmen mit Sitz im 20. Wiener Gemeindebezirk, das im ersten Buch zum *Tatort Kanban* wurde

Friends & Family

▦ Bettina Nemecek:
Universitätsprofessorin für Biologie, Nemeceks Ehefrau und die Mutter ihrer gemeinsamen Töchter

▦ Lea Nemecek:
aufgeweckte 14-Jährige und Meisterin der gepflegten Arschbombe

▦ Sophie Nemecek:
nicht weniger aufgeweckte 12-Jährige und Heldin diverser Seeschlachten

▦ Klara und Lydia:
Schulfreundinnen von Sophie, die in der sommerlichen Ferienwohnung der Nemeceks zu Besuch sind

▦ Rosi, Gottfried, Isak und Eliot Schnaitl:
mit den Nemeceks befreundete Familie, die viele Jahre sogar im selben Haus wohnte, sodass die annähernd gleichaltrigen Schnaitl-Buben und Nemecek-Mädels in vielerlei Hinsicht wie Geschwister aufwuchsen

▦ Sebastian Neufeldner:
Jurist, alter Schulfreund und langjähriger Weggefährte von Robert Nemecek

▦ Rudolf Pokorny:
Inhaber des gleichnamigen Gasthauses, ebenfalls ein ehemaliger Schulkamerad Nemeceks

Die beteiligten Personen

- **Marina Joschak:**
  Ehefrau von Marco Joschak, die gleich zu Beginn für Aufsehen sorgt

- **Marco Joschak:**
  langjähriger Abteilungsleiter der Softwareentwicklung in der *Acros* und erfolgreicher Triathlet

- **Gernot Zettl:**
  wie Joschak langjähriger Abteilungsleiter Operations in der *Acros* und Oldtimer-Fan

- **Reto Pflückinger:**
  neuer CEO der *Acros*, der vom agilen Vorgehen überzeugt und entschlossen ist, die *Acros* entsprechend umzugestalten

- **Niels Swartling:**
  Change Manager, der mit Reto Pflückinger schon lange zusammenarbeitet, auch in der *Acros* für die Gestaltung der agilen Transformation verantwortlich ist und das dazu gebildete Agile Change Team (ACT) moderiert

- **Johanna Kniewasser:**
  leitet seit drei Jahren die Produktabteilung der *Acros*, gilt als Pionierin des agilen Vorgehens und ist folglich auch ein engagiertes ACT-Mitglied

- **Katja Langholt:**
  seit vielen Jahren CFO der *Acros*, Herrin über alle Finanzprozesse

- **Melanie Wunzer:**
  agile Produktmanagerin, die bereits aus dem *Tatort Kanban* bekannt ist, arbeitet nun in der *Acros* mit Johanna Kniewasser zusammen und im ACT

- **Felix Wondratsch:**
  junger Informatiker, Mitarbeiter der Softwareentwicklung, Mitglied des ACT und *Agile Aficionado*

Hermann Totzauer:
Vater von Felix Wondratsch, ehemaliger Leiter der Softwareentwicklung, der sich 2007 vom Dach der *Acros* in den Tod gestürzt hat

Karl Matschnig:
Direktor des Hotels Matschnighof und Schulfreund von Marco Joschak

Reinhild Ziessegger:
Mitarbeiterin am Matschnighof, die eine interessante Beobachtung macht

Emilia und Alois Kniewasser:
Johanna Kniewassers Eltern, die in Hinterstoder leben

Wilma Pospisil:
Felix Wondratschs wachsame Nachbarin und Wiener Original

Glossar der Begriffe

Agil
Bedeutung (laut Duden): beweglich, regsam, wendig

Agile Führung
Alle richtungsweisenden Impulse, die einem Unternehmen dabei helfen, Kundenbedürfnisse rasch und effizient zufriedenzustellen. Beweglich ist diese Führung nicht zuletzt dadurch, dass sie eben nicht an eine hierarchische Position gebunden ist. Je nach Situation, Informationsstand und vorhandenen Kompetenzen kann sie vielmehr von unterschiedlichen Personen oder Teams übernommen werden. Dementsprechend wird Führung nicht als allgemeines Machtprivileg, sondern als spezielle Dienstleistung (Servant Leadership) verstanden.

Agile Methoden
Strukturierte Arbeitsweisen, um in überschaubaren Etappen bestimmte Produkte und Dienstleistungen zu liefern, die für Anwender wertvoll sind. Das regelmäßige Feedback seitens der Kunden ermöglicht es, schnell auf sich verändernde Anforderungen zu reagieren und gezielt Verbesserungen vorzunehmen mit dem Ziel, auf iterative Weise das tatsächlich gewünschte Ergebnis umzusetzen. Bekannte Beispiele für solche Methoden sind: Scrum, Kanban, Lean Startup oder Design Thinking. Sie beruhen allesamt auf der intensiven Zusammenarbeit von Fachleuten aus unterschiedlichen Disziplinen in einem Team, die möglichst rasch möglichst gute Lösungen entwickeln wollen.

Agiler Change

Doppeldeutiger Begriff, der sowohl die Veränderung in Richtung mehr Agilität anzeigt als auch die agile Gestaltung eines solchen Veränderungsprozesses. Während es sich in einem Fall um die Einführung neuer Arbeitsweisen
handelt (siehe Agile Methoden), geht es beim anderen um die konsequente
Anwendung agiler Prinzipien auf den Change selbst: etwa durch das iterative Vorgehen von Etappe zu Etappe, durch das gezielte Testen kleinerer
Verbesserungen (sogenannter *Minimal Viable Changes)* oder durch das
gemeinsame Lernen aus den gemachten Erfahrungen.

Agiles Management

Spezielle Form der agilen Führung, die den Rahmen für die gewünschte Beweglichkeit setzt. Dazu gehören strategische Ziele, die sich aus einer möglichst
umsichtigen Wahrnehmung der aktuellen Marktsituation ergeben, die Transparenz der laufenden Arbeitsprozesse, mit der diese Ziele verfolgt werden, Ent-
scheidungsregeln, die das selbstständige Agieren der Mitarbeiter und Teams
fördern, oder regelmäßige Feedbackschleifen in Form kurzer Meetings und aus-
gewählter Messungen, die über die erzielten Ergebnisse Aufschluss geben. Entsprechend dieser Definition arbeitet das agile Management an den Rahmenbedingungen jener Systeme, innerhalb derer die unterschiedlichen Fachleute
gemeinsam arbeiten. Es versteht sich, dass diese unterschiedlichen Arbeiten am
und im System nicht unabhängig voneinander ablaufen. Da die Organisation
beständig Veränderungen unterliegt, müssen Rahmenbedingungen wie Interaktionen ebenfalls regelmäßig geprüft, angepasst und verbessert werden.

Kanban

Kanban: jap. »Signalkarte«. Auf solchen Karten, die oft Tickets genannt
werden, sind stichwortartig arbeitsrelevante Informationen wie etwa Inhalt,
Umfang oder Start- und Beendigungsdaten eines Arbeitsschritts oder Pro-
jekts erfasst. Sie bilden das Basiselement des visuellen Arbeitsmanagements.

Kanban-Board

Zentrales Medium des visuellen Arbeitsmanagements, auf dem neben den
einzelnen Karten für die Arbeiten (siehe Kanban) viele weitere Aspekte dar-
gestellt sind: etwa die Kernaktivitäten, die jede Arbeit durchläuft, die sogenannten Work-in-Process-Limits (siehe Work-in-Process, WIP), mit denen

die Menge paralleler Arbeiten bewusst eingeschränkt wird, oder die Regeln, die für die laufende Arbeit mit dem Board vereinbart werden.

Kanban in der Wissensarbeit
Anwendung der ursprünglich aus der Automobilindustrie stammenden Methode auf andere komplexe Einsatzgebiete wie Softwareentwicklung, Marketing, Human Resources oder eben kriminalistische Ermittlungsarbeit, wie sie von Nemecek & Co betrieben wird.

Lean
Bedeutung (laut dict.cc): schlank, hager, knapp

Lean Management
Ursprünglich von Toyota entwickelte Managementphilosophie, die auf starken Grundprinzipien beruht. Dazu gehören die konsequente Ausrichtung aller Arbeitsvorgänge auf die Bedürfnisse von Kunden, die Fokussierung auf entsprechend kundenorientierte Wertströme sowie die kontinuierliche Verbesserung aller Arbeitsvorgänge.

Retrospektive
Meeting, um den gesamten Arbeitsprozess in regelmäßigen Abständen auf den Prüfstand zu stellen. Dabei wird eine gemeinsame Rückschau (Was ist zuletzt gut gelaufen? Was nicht?) mit pointierten Einsichten (Was zeigt uns die Bilanz? Wo liegen unsere Hauptprobleme?) und einem klaren Ausblick verbunden (Welche konkreten Verbesserungsmaßnahmen wollen wir setzen?).

Selbstorganisation
Management- und Führungsprinzip, das auf der Grundannahme beruht, dass Fachexpertinnen und -experten fähig sind, ihre eigene Arbeit in hohem Maße selbst zu steuern. Damit diese Fähigkeit für alle Beteiligten profitabel wird, braucht es allerdings gute Rahmenbedingungen. Dazu gehören ein klarer Fokus, unbürokratische Prozesse, die gezielte Delegation von Entscheidungskompetenz, kollegiale Unterstützung auf allen Ebenen sowie eine kooperationsfreundliche Infrastruktur. Die sukzessive Entwicklung der vorhandenen Potenziale braucht Zeit, praktische Übung sowie gezielte Unterstützung in Form von professionellem Training und Coaching.

Standup
Zentrales Meeting für die operative Koordination, das im Stehen abgehalten wird, sich auf die wichtigsten Punkte konzentriert und je nach Meetingintervall und Beteiligtenzahl auf 15 bis 30 Minuten begrenzt ist. Detailliertere Diskussionen oder Problemlösungen werden konsequent ausgelagert.

Wertstrom
Serie von Aktivitäten, die notwendig sind, um aus rohen Ideen konkrete Produkte oder Dienstleistungen zu machen, die die Kunden zufriedenstellen oder sogar begeistern. Diese wertgenerierenden Aktivitäten werden von allen Arbeiten unterschieden, die dem Kunden nichts bringen und möglicherweise überflüssig sind (im Lean Management »Verschwendung« genannt).

Work-in-Process (WIP)
Anzahl der parallelen Arbeiten innerhalb eines bestimmten Arbeitssystems. Durch die bewusste Limitierung dieser Anzahl lässt sich das Arbeitssystem auch in hochkomplexen Umfeldern so stabilisieren, dass die vorhandene Kapazität optimal auf die gestellten Anforderungen ausgerichtet werden kann. Ohne eine solche Limitierung kommt es unweigerlich zu Stauphänomenen ähnlich einer überfüllten Autobahn.

Literatur

[**Carney & Getz 2009**] Carney, B. M.; Getz, I.: Freedom, Inc. – Free Your Employees and Let Them Lead Your Business to Higher Productivity, Profits, and Growth. Crown Business, 2009.

[**Denning 2010**] Denning, S.: The Leader's Guide to Radical Management. Jossey-Bass, 2010.

[**Habighorst 2018**]. Habighorst, M.: Auf die schlanke Tour. So werden Unternehmen lean und agil. O'Reilly, 2018.

[**Hope & Fraser 2003**]. Hope, J.; Fraser, R.: Beyond Budgeting. Harvard Business Review Press, 2003.

[**Hope et al. 2011**]. Hope, J.; Bunce, P.; Röösli, F.: The Leader's Dilemma. Jossey-Bass, 2011.

[**Kaltenecker 2017**]. Kaltenecker, S.: Selbstorganisierte Unternehmen. Management und Coaching in der agilen Welt. dpunkt.verlag, 2017.

[**Kaltenecker 2018**]. Kaltenecker, S.: Selbstorganisierte Teams führen. Arbeitsbuch für Lean & Agile Professionals. 2., überarbeitete und erweiterte Auflage, dpunkt.verlag, 2018.

[**Kaltenecker 2019**]. Kaltenecker, S.: Tatort Kanban – Ein agiler Kriminalroman. dpunkt.verlag, 2019.

[**Kaltenecker & Eybl 2020**]. Kaltenecker, S.; Eybl, S.: Agile Zwischenbilanz. In: managerSeminare, Heft 269, August 2020, S. 39-47.

[**Leopold 2018**]. Leopold, K.: Agilität neu denken. Warum agile Teams nichts mit Business-Agilität zu tun haben. LEANability, 2018.

[**Leopold & Kaltenecker 2013**]. Leopold, K.; Kaltenecker, S.: Kanban in der IT. Eine Kultur kontinuierlicher Verbesserung schaffen. Hanser Verlag, 2013.

[Oestereich & Schröder 2019]. Oestereich, B.; Schröder, C.: Agile Organisationsentwicklung. Handbuch zum Aufbau anpassungsfähiger Organisationen. Vahlen Verlag, 2019.

[Seddon 2008] Seddon, J.: Systems Thinking in the Public Sector. Triarchy Press Ltd, 2008.

[Stoffel 2015] Stoffel, M.: Mitarbeiter führen. Unternehmen, Demokratie und Agilität bei der Haufe-umantis AG. In: Sattelberger, T.; Welpe I.; Boes, A.: Das demokratische Unternehmen. Neue Arbeits- und Führungskulturen im Zeitalter digitaler Wirtschaft. Haufe Gruppe, 2015, S. 263–286.

[van Solingen 2017] van Solingen, R.: Der Bienenhirte. Über das Führen selbstorganisierter Teams. dpunkt.verlag, 2017.

[van Solingen 2020] van Solingen, R.: Agile. Ein schönes Buch darüber, wie eine Organisation gesund, flexibel und fit wird, voller Tipps, Fallstricke und Praxiserfahrung. dpunkt.verlag, 2020.

[Wheatley 2006] Wheatley, M. J.: Leadership and the New Science. Berrett-Koehler Publishers, 2006.

Musik

- Antilopen Gang
  Wünsch dir nix. *https://open.spotify.com/album/1GtiqiDmQVGbVYB-Sa5tW19?highlight=spotify:track:3Blttz17YKFTW08LOOFw7F*

- Anton Bruckner
  Sinfonie Nr. 8 c-Moll. *https://www1.wdr.de/orchester-und-chor/sinfo-nieorchester/werkeinfuehrungen/bruckner-achte-sinfonie-100.html*

- Fiva & Granada
  Gönn dir. *https://fivagranada.lnk.to/GoennDir*

- Lou Asril
  https://louasril.wordpress.com

- Ludwig van Beethoven
  Freude, schöner Götterfunken, 9. Sinfonie. *https://www.lieder-archiv.de/freude_schoener_goetterfunken-notenblatt_300600.html*

Yasmo
Kein Platz für Zweifel. *https://yasmo.bandcamp.com/album/kein-platz-f-r-zweifel*

Kulinarik

Apfelstrudel (nach Omas Art)
https://www.steirische-spezialitaeten.at/rezepte/apfelstrudel.html

Breslfetzn alias Wiener Schnitzel
https://www.austria.info/de/aktivitaeten/essen-und-trinken/oesterreichische-kueche/rezepte-aus-oesterreich/wiener-schnitzel

Eiernockerl
https://www.ichkoche.at/eiernockerl-rezept-12851

Frittatensuppe
https://www.gutekueche.at/frittatensuppe-rezept-1349

Marillenknödel
https://www.backenmitchristina.at/rezepte/marillenknoedel

Mohnpalatschinken
https://www.ichkoche.at/mohnpalatschinken-rezept-214933

Powidltascherl
https://www.gutekueche.at/powidltascherl-aus-erdapfelteig-rezept-32432

Tafelspitz
https://www.gutekueche.at/omas-tafelspitz-rezept-10659

Topfengolatsche (Quarktasche)
https://www.sweetsandlifestyle.com/topfengolatschen

Wiener Beuschel
https://www.chefkoch.de/rezepte/1154691221717012/Wiener-Beuschel.html

Wiener Kaiserschmarrn
https://www.gutekueche.at/wiener-kaiserschmarrn-rezept-847

Siegfried Kaltenecker

Tatort Kanban

Ein agiler Kriminalroman

2019
316 Seiten, Broschur
€ 19,95 (D)

ISBN:
Print   978-3-86490-653-4
PDF   978-3-96088-793-5
ePub   978-3-96088-794-2
mobi   978-3-96088-795-9

Ein Sicherheitsunternehmen, das sich Agilität auf die Fahnen geschrieben hat. Ein Whiteboard, an dem viele bunte Karten hängen. Ein Mitarbeiter, der vor dem Board tot aufgefunden wird.

Chefinspektor Robert Nemecek nimmt die Ermittlungen auf. Dabei müssen er und seine Kollegin Nina Obermayr zunächst ein dichtes Netz von Beziehungen entwirren. Ein Dschungel an neuen Begriffen macht ihnen die Suche nach dem Täter auch nicht gerade leichter: Agilität, Selbstorganisation, visuelles Arbeitsmanagement ...

Zu Beginn ist Nemecek höchst skeptisch. Handelt es sich bei Kanban & Co nicht um reine Modeerscheinungen, wie er sie von seinem Vorgesetzten Oberst Kappacher zur Genüge kennt? Doch dann entdeckt er nicht nur eine neue Arbeits- und Organisationswelt, sondern auch wie ihm die Kanban-Methode bei der Ermittlungsarbeit helfen kann.

»Der Autor [...] ist kein Unbekannter. Er ist Berater und Spezialist für agiles, selbstgesteuertes Arbeiten. Sein erster Krimi besticht durch eine spannende, konsistente Geschichte, die in ihren Details lebendig und ausführlich beschrieben wird.«
personaleum.at, November 2019

www.dpunkt.de